VON POL ZU POL

SVEN HEDIN

VON POL ZU POL

Neue Ausgabe in zwei Bänden

ZWEITER BAND

F·A·BROCKHAUS WIESBADEN · 1980

Neue Ausgabe der ersten, 1911/1912 bei F. A. Brockhaus in Leipzig erschienenen
Auflage in drei Bänden.

CIP-Kurztitelaufnahme der Deutschen Bibliothek

Hedin, Sven:
Von Pol zu Pol: in 2 Bd./Sven Hedin. – Neue Ausg.
Wiesbaden: Brockhaus
ISBN 3-7653-0319-4
Bd. 2. – 1980.

V. Nr. W 1489 – ISBN 3-7653-0319-4
© F. A. Brockhaus, Wiesbaden 1980 – Printed in Germany – Alle Rechte vorbehalten. Ohne ausdrückliche Genehmigung des Verlages ist es nicht gestattet, das Buch oder Teile daraus auf photomechanischem Wege zu vervielfältigen (Photokopie, Mikrokopie) – Satz und Druck: Druck- und Verlags-Gesellschaft mbH, Darmstadt

Inhaltsverzeichnis

	Seite
Ägypten	7
Mit Gordon nilaufwärts	9
Der weiße Pascha	12
Die Räumung des Sudans	17
In der Gewalt des Mahdi	19
Gordons Tagebuch	21
Der Fall Chartums und Gordons Ende	25
Kitcheners Heereszug im Sudan	32
Der Vogel Strauß	36
Löwenjagd	38
Das Nilpferd	45
David Livingstone	48
Die Entdeckung des Ngami-Sees	53
Von Küste zu Küste	56
Afrikas Apostel	62
Wie Stanley Livingstone fand	68
Livingstones letzte Reise	76
Der Leichenzug eines Helden	81
Durch den dunklen Weltteil	84
Kämpfe mit den Eingeborenen	89
Über die Kongofälle	91
»Bula Matari«, der »Steinbrecher«	94
Gordons letzter Gouverneur	97
Hundertundsechzig Tage im Urwald	101
Auf der Suche nach Emin Pascha	106
Das Schicksal der Nachhut	111
Rettung aus Rebellenhänden	117
Im Reich der Zwerge	121
Am Hofe eines Kannibalenfürsten	129
Timbuktu	139
Die Sahara	142
Im Banne des Atlas	147
Christoph Kolumbus	153
Die Entdeckung Amerikas	156
Der Dank der Heimat	162
Auswanderer	168
Im Zwischendeck	171
Neuyork	175
Ein nordamerikanisches Märchen	184
Pittsburg	193
Der Mississippi	198
Chicago	199
Kanada und die Großen Seen	202

	Seite
Der Niagara	204
Indianer	207
Das Felsengebirge	214
Der Grislibär	217
Jaguar und Puma	219
Die Cañons des Coloradoflusses	221
Abraham Lincoln	224
»Merrimac« und »Monitor«	232
Der Alexander der neuen Welt	239
Cortez auf dem Wege nach Mexiko	243
Der König der Azteken	249
Menschenopfer in Mexiko	254
Montezumas Gefangennahme und Tod	256
»Die traurige Nacht«	260
Die Zerstörung Mexikos	265
Kaiser Maximilian von Mexiko	273
Das Trauerspiel von Queretaro	279
Die Landenge von Panama	286
Das Inkareich	289
Pizarro	292
Der Kondor	296
Die Fahrt des Orellana	299
Durch die Urwälder des Amazonenstroms	302
Alexander von Humboldt	308
Über die Llanos von Venezuela	311
Auf dem Orinoco	316
Unter den Indianern des Gran Chaco	320
Der Albatros	325
Walfischfänger	328
Die Robinson-Insel	330
Der Stille Ozean	334
Die Inseln der Südsee	339
Schiffbruch	342
Über Samoa nach Neuseeland	345
Zurück zum Kap Hoorn	348
Der Südpol	352
Shackleton	355
Im unendlichen Raum	358
Der Mann im Monde	360
Die Erde	364
Die ersten Menschen	368
Weltende	371
Zu den ewigen Sternen	372

Ägypten

Ich erinnere mich noch, als ob es gestern gewesen sei, des Tages im Jahre 1885, an dem der Telegraph über die ganze Erde die Trauerbotschaft verkündete, daß Chartum gefallen und Gordon Pascha, der Gouverneur des Sudans, umgekommen sei! Selten wohl bemächtigte sich der ganzen Welt über den Tod eines Mannes eine so tiefe Erregung.

Gordon war ein Schotte, aber in einer Londoner Vorstadt 1833 geboren, und schon als junger Leutnant beim Geniekorps hörte er unter den Mauern Sewastopols den Kriegsdonner dröhnen. Als dreißigjähriger Major befehligte er das kaiserliche Heer in China und unterdrückte den schrecklichen Taiping-Aufstand, der seit 1851 in den Provinzen am Blauen Fluß wütete. In anderthalb Jahren hatte er die Ruhe wiederhergestellt.

Nachdem er einige Jahre teils in seiner Heimat, teils in den Ländern des Orients geweilt hatte, trat er 1874 in den Dienst des Khedive, des Vizekönigs von Ägypten. Der Khedive Ismail war ein tatkräftiger Mann mit weitausschauenden Plänen. Bis an die großen Seen am Äquator, aus denen der Nil entspringen sollte, wollte er sein Reich ausdehnen, und Gordon sollte über eine Provinz herrschen, die ihren Namen vom Äquator führt, Äquatoria.

Unmittelbar im Süden Kairos, der größten Stadt Afrikas, der Hauptstadt Ägyptens, beginnt ein Hochland, das sich von Norden nach Süden fast durch den ganzen Kontinent erstreckt. In Abessinien erhebt es sich zu bedeutender Höhe, und um den Äquator herum türmt es sich zu Afrikas höchsten Berggipfeln auf. Gleich einem Schirm hält dieses Gebirge von Ägypten und großen Teilen des Sudans allen Regen fern.

Die Wasserdämpfe, die der Monsun während des Sommers über Abessinien hintreibt, verwandeln sich in den Gebirgsgegenden dieses Landes in Regen und Schnee, und der Wind kommt trocken nach Nubien und Ägypten. Was an Feuchtigkeitsmassen aus dem warmen Indischen Ozean aufsteigt und von dem Passatwind nach Nordwesten getrieben wird, verwandelt sich acht Monate des Jahres hindurch in den Gebirgen am Äquator in Wasser, und so erhält das Niltal auch von dorther keine Niederschläge. Sein Boden bleibt trocken, und ungeheure Gebiete sind Wüsten, wo Brunnen nur in weiten Entfernungen voneinander liegen. Aber von den Winden des Indischen Ozeans getragen, rieselt der Regen auf die ostafrikanischen Gebirge nieder und sammelt sich dort in mächtigen Flüssen. Die Atbara und der Blaue Nil strömen aus Abessinien herab und verursachen im Herbst die bekannten Überschwemmungen des Nils; während des übrigen Jahres sorgt der Weiße Nil für die Bewässerung Ägyptens. So gedeiht das Land auch ohne Regen, und unzählige Kanäle befruchten an seiner Stelle die Felder, in deren kräftigem, sumpfigem Schlammboden zahlreiche Getreidearten: Weizen, Mais, Gerste und Durrha (Negerhirse), Gemüse wie Bohnen und Erbsen und unzählige Dattelpalmen gedeihen und Zuckerrohr und Baumwollsträucher sich immer mehr ausbreiten. Von einem Ballon aus gesehen würden sich diese Felder, die Palmen und die Obstbäume wie ein grünes Band längs des Flusses ausnehmen, während das ganze übrige Gebiet gelb und grau erschiene; denn es besteht nur aus trockenen Sandwüsten.

So ist der Nil für Ägypten die wichtigste Lebensbedingung. Davon erzählt uns schon die Geschichte des grauesten Altertums. Denn Ägypten ist eines der ältesten Kulturzentren der Erde. Wen schwindelt es nicht bei dem Gedanken, daß der erste König, von dem Altertumsfunde berichten, 3200 Jahre vor der christlichen Zeitrechnung gelebt hat und daß die große Pyramide bei Giseh 4600 Jahre alt ist! Ihr Grabgewölbe ist in das feste Gestein eingemauert, und hier steht noch heute der rote Granitsarkophag des Königs Cheops. 2 Millionen 300 000 Steinblöcke, jeder über zehn Kubikmeter groß, haben dazu gehört, einem vergänglichen König ein unvergängliches Denkmal zu errichten! Es gilt als das größte Bauwerk, das je von Menschenhänden aufgeführt wurde; Gebäude unserer Zeit schrumpfen neben ihm in nichts zusammen. Nur die lange Chinesische Mauer könnte sich mit ihm an Mächtigkeit messen, aber sie ist zerfallen und zum großen Teil von der Erde verschwunden, während die Cheops-Pyramide noch immer wie vor Tausenden von Jahren dasteht, bald von der Sonne erwärmt, bald kalt vom Mondschein beleuchtet, bald wie eine märchenhafte Erscheinung inmitten der finstern, lauwarmen Nacht.

Zweitausend Kilometer südlich von der Hauptstadt Ägyptens endet die Wüste, und von da an bedecken gewaltige Sümpfe und Schilfdickichte den Boden. Dies ist der Sudan, »das Land der Schwarzen«. Auf der Landspitze, in deren Winkel der Weiße und der Blaue Nil ihre Fluten vereinigen, lag Chartum, die einzige Stadt des Sudans, zu der Handelsstraßen von allen Seiten hinführten und wo die Waren niemals unverkäuflich liegen blieben. Nach den wertvollen Federn des schnellfüßigen Straußes war ja zum Schmuck europäischer Damenhüte stets die eifrigste Nachfrage, und ebenso nach dem kostbaren Elfenbein der afrikanischen Elefanten, die größer und kräftiger sind als ihre indischen Vettern und die herdenweise niedergeschossen oder im Wald durch Fallgruben gefangen wurden. Der geschätzteste aller Handelsartikel aber, die durch Chartum gingen, waren die Sklaven, »das schwarze Elfenbein«, wie ihre herzlosen arabischen Händler sie nannten. Der Transport der Elefantenzähne durch Pferde oder Ochsen war zu teuer, da viele der Tiere den Stichen der giftigen Tsetsefliege erlagen. Deshalb mußte das Elfenbein von Menschen getragen werden, und sobald diese ihren Dienst geleistet hatten, wurden sie selbst nach Ägypten, Rom, Syrien und der Türkei hin verkauft. Wälder und Wüsten waren nicht unerschöpflich, Elfenbein und Straußenfedern konnten einmal ein Ende nehmen; ein Aussterben der Neger dagegen war nicht zu befürchten. Seit vor dreihundert Jahren ein englischer Kapitän die erste Schiffslast Sklaven nach Amerika verfrachtete, hat dieser schändliche Handel bis in die moderne Zeit hinein wie ein Fluch auf dem Weltteil der Schwarzen gelegen.

Mit Gordon nilaufwärts

Gordon hatte die Statthalterschaft der neuen Provinz unweit der Nilquellen in der Hoffnung übernommen, den Sklavenhandel endlich auszurotten oder wenigstens die Jagd auf schwarze Männer und Weiber einigermaßen hemmen zu können. Von Kairo fuhr er über das Rote Meer nach Suakin, ritt nach Berber am Nil und wurde dort vom Generalgouverneur der Provinz Chartum mit großem Pomp empfangen. Hier erfuhr er, daß der Nil noch 1500 Kilometer weiter südwärts schiffbar sei und er daher seine Reise ohne Aufenthalt fortsetzen könne.

Der Nil bot Gordons Dampfer den trefflichsten Weg. Aber derselbe Fluß kann dem Reisenden auch ein unüberwindliches Hindernis sein. Denn nach der Regenzeit überschwemmt er seine Ufer und bildet ein unentwirrbares Labyrinth von Seitenarmen, Seen und Morästen. Zwischen undurchdringlichen Schilfdickichten und Feldern von Papyrusstauden ist die freie Wasserstraße oft nur mehr eine schmale Gasse. Die Wurzeln der größeren Pflanzen lösen sich aus dem Bodenschlamm los und ballen sich mit Stengeln und Erde zu Fladen zusammen, die das andringende Wasser dann nordwärts schwemmt. In schmalen Öffnungen oder an scharfen Krümmungen bleiben sie hängen, und neue Vegetationsinseln prallen gegen sie an. So stauen sie den Flußlauf, und zwischen diesen natürlichen Dämmen bildet das Wasser Seen. Solche Wülste treibender und steckenbleibender, verrottender Vegetation nennt man »Sedd«, und je stärker der Regen, desto größer ist diese flußabwärts geschwemmte Schlammasse. Zuletzt weichen die hartgewordenen Fladen wieder auf, geben dem Wasserdruck nach, und dann ist der Nil wieder schiffbar. –

Langsam glitt Gordons Dampfer flußaufwärts und drang immer tiefer in die bisher unbekannte Welt des tropischen Afrika ein. An den Ufern schwankten die Wedel der Papyrusstauden über dem Schilf. Aus dem Mark des Papyrus bereiteten die alten Ägypter einen Stoff, das Papier, auf das sie ihre Chroniken aufzeichneten. Zwischen den Gebüschen sah die Besatzung des Dampfers die schwarzen Eingeborenen und wandernde Scharen lärmender Affen. Die Flußpferde, schwimmenden Inseln vergleichbar, zeigten sich nur bei Nacht, wenn sie das seichte Wasser aufwühlten. Hinter der üppigen Vegetation der Ufer dehnten sich endlose Grassteppen aus mit ihrem reichen Tierleben und ihrem spärlichen Waldbestand.

Nach vier Tagen und vier Nächten glitt der Dampfer an der Insel Abba vorüber. Hier wohnte in seiner Grotte ein Bettelmönch, der Derwisch Mohammed Ahmed, und dieser einfache Mann schwang sich später zum Beherrscher des Sudans auf, und seine fanatischen Scharen sollten zehn Jahre später Gordons Mörder werden! –

Mitte April langte Gordon in Gondokoro an, einem kleinen Ort, der heute auf der Grenze zwischen dem Sudan und Britisch-Ostafrika liegt. Und nun begann er als Generalstatthalter der Äquatorialprovinz seine Tätigkeit. Die ägyptischen Soldaten, die hier und in zwei andern Orten am Nil in Garnison lagen und auf eigene Hand ein Räuberleben geführt hatten, erzog er zu fruchtbringender Arbeit mit Pflug und Spaten, die Sklavenjäger, deren man habhaft werden konnte, wurden eingefangen und die Sklaven befreit. Allenthalben stand Gordon den Armen bei, beschützte die Hilflosen und sandte den Hungrigen Durrha.

Die Hitze war entsetzlich, und schlimmer fast noch die Wolken blutgieriger Mücken, von denen Gordon und seine Begleiter gequält wurden. Als aber im September Regen niederging und die ganze Gegend in Morast verwandelte, wurde ihre Lage noch gefährlicher, denn aus diesen Sümpfen stiegen mörderische Fieberdünste auf. Nach einem Monat waren von Gordons Offizieren schon sieben am Fieber gestorben, nur er selbst arbeitete unverdrossen an seinem Werke weiter. »Wenn Gott will, werde ich in diesem Lande viel ausrichten«, schrieb er in sein Tagebuch.

Bald sah er ein, daß die besten Gegenden seiner Provinz an den großen Seen im Süden lagen. Aber die Äquatorialprovinz war zu weit von Ägypten entfernt; sie hing wie an einer unendlich langen Schnur, dem Nil, und vom Viktoria-Njansa, dem größten See, waren es bis nach Kairo in gerader Linie 3500 Kilometer. Um so kürzer war der Weg nach Mombasa an der Ostküste. Gordon riet daher dem Khedive, Mombasa zu erobern und von dort einen Weg nach dem Viktoria-Njansa zu erschließen. Dadurch wäre die Bekämpfung des Sklavenhandels bedeutend leichter gewesen. Mit flammenden Worten schilderte er ihm brieflich den Zustand im Sudan, und diese Briefe öffneten dem Khedive die Augen über Dinge, über die er aus dem Mund seiner Paschas niemals die Wahrheit gehört hatte.

Gordon wollte zunächst eine Dampferverbindung mit den Seen einrichten; als der Nil zu steigen begann, kamen die Dampfer an. Nun ging es weiter nach Süden. Die Eingeborenen betrachteten aber diese Expedition mit Haß und fürchteten sich vor der ägyptischen Herrschaft. Sie versuchten das Vordringen des »weißen Paschas« zu hindern, und es war Gordon schmerzlich genug, gegen sie die Waffen kehren zu müssen. Sie verlangten ja nichts weiter, als in ihren Wüsten und Wäldern in Ruhe gelassen zu werden, und die Absichten des Eindringlings waren ihnen unverständlich. Gewalttätigkeiten erlaubte aber Gordon seinen Leuten nicht. Gestohlenes Vieh mußten sie wieder herausgeben, und die Tochter eines Häuptlings, die sie gefangen hatten, ließ er mit den kostbarsten Stoffen und Gewändern schmücken und unter ritterlichem Schutz wieder nach Hause bringen. Allen Europäern unähnlich, kannte er weder Haß noch Grausamkeit; daher seine wunderbare Macht über die Wilden Afrikas, genau so, wie er sie zehn Jahre früher über die Chinesen gehabt hatte!

Nach großen Schwierigkeiten erreichte er endlich den nördlichsten der Nil-Seen, den Albert-Njansa. Die Erreichung dieses Ziels war eine Heldentat. Nach dem Viktoria-Njansa vorzudringen gelang ihm aber nicht, denn der Beherrscher des Landes zwischen den Seen duldete keinerlei Eindringlinge, weder Weiße noch Araber.

Der weiße Pascha

Drei Jahre lang arbeitete Gordon am oberen Nil in der Nähe des Äquators. Während der folgenden drei Jahre finden wir ihn weiter nördlich als Generalstatthalter des ganzen ägyptischen Sudans; Chartum ist seine Hauptstadt. Seine Provinz ist 2000 Kilometer breit, vom Roten Meer bis an die Sahara, und ihre Ausdehnung nach Norden und Süden ist nicht geringer.

Das ganze Land lebt in einem Zustand des Aufruhrs. Der Khedive von Ägypten hat mit dem König des christlichen Abessinien einen unglücklichen Krieg geführt, und die mohammedanischen Reiche Kordofan und Darfur im westlichen Sudan haben sich gegen ihn empört. Gerade in diesem Teil der Provinz Gordons durchstreifen halbwilde Beduinenstämme die Wüsten; einige der bösartigsten Sklavenhändler haben hier ihre Nester.

Im Mai 1877 besteigt Gordon sein schnelles Dromedar zu einer Reise von 3300 Kilometern. Er selbst will die Dörfer und Zeltlager der Sklavenhändler im fernen Darfur aufsuchen, der heißen Jahreszeit zum Trotz. Trostlos breitet sich nach allen Seiten hin die Wüste aus, graugelb, staubig und trocken. Wenn die Sonne in Mittagshöhe steht, verschwindet der Schatten des Dromedars fast unter dem Tiere.

Eine Meile nach der andern jagt der weiße Pascha auf seinem prächtigen Reittier, das im ganzen Sudan berühmt wurde, über den Wüstensand hin. Einige hundert ägyptische Reiter folgen ihm, aber sie bleiben weit hinter ihm zurück; nur der Führer ist imstande, mit ihm Schritt zu halten. Geheimnisvoll und unerwartet wie der Wind saust er daher und hält vor den Toren einer Oase, ehe noch die Wache ihr Gewehr schultern kann. Und nachdem er im Namen des Khedive seine Befehle erteilt hat, verschwindet er ebenso geheimnisvoll; niemand weiß, wohin. In einer andern, 500 Kilometer weiter liegenden Oase hat man Nachricht von seiner Reise erhalten, und der Häuptling hat Wachen ausgestellt, die das Nahen des weißen Paschas melden sollen. Gelb und sandig dehnt sich rings die von der Sonne durchglühte Wüste, eben wie der Meeresspiegel; meilenweit muß man jeden Wanderer sehen können. Da meldet die Wache zwei schwarze Punkte in der Ferne. Das können nur die Vorreiter des Paschas sein, und es wird wohl noch Stunden dauern, ehe er selbst mit seinen Truppen anlangt. Die beiden Punkte werden größer und nähern sich schnell; die langen Beine der Dromedare huschen über den Wüstenboden hin, sie fliegen wie auf unsichtbaren Flügeln heran. Schon sind sie am Rand der Oase, und die Einwohner trauen ihren Augen nicht: der eine der beiden Ankömmlinge trägt die goldgestickte Uniform des ägyptischen Paschas! Ohne Fahne und Militärmusik und all den äußern Glanz seiner Stellung – nie hatte man im Sudan einen Statthalter so reisen sehen!

Ebenso rätselhaft schnell ist er auch wieder verschwunden. In unsichere Orte legt er Besatzungen; in andern Gegenden besetzt er die Pfade, die zu den Brunnen führen, um aufrührerische Stämme zur Unterwerfung zu zwingen. Mit eiserner Strenge bricht er die Macht der Häuptlinge, die noch Sklavenhandel treiben. Er befreit große Massen schwarzer Sklaven und bildet sie zu Soldaten aus, denn er braucht Leute; die Krieger seines Gefolges sind nur der Abschaum Ägyptens und Syriens. Mit einer Handvoll Männer vollführt er wohlgezielte Streiche gegen die schwächsten Punkte des Feindes und ist immer siegreich. In vier Monaten hat er den Aufruhr unterdrückt und die Herrschaft der Sklavenhändler gebrochen!

Diese schnelle Beruhigung des Westsudans war gleichfalls eine

Heldentat, und es ist kaum zu begreifen, wie Gordon, fast alleinstehend gegenüber zahlreichen aufrührerischen Stämmen, sie vollbracht hat. Durch die ungeheure Geschwindigkeit und überraschende Allgegenwart ließ er die Leute glauben, daß er über Heerscharen verfüge, während ihm nur einige hundert Mann zu Gebote standen, und durch seine unerschütterliche Ruhe und überlegene Autorität lähmte er alle Anschläge.

Eine Sklavenkarawane zieht durch die Wüste. In langen Reihen kommen die schwarzen Männer, die zur schweren Arbeit der Leibeigenschaft verurteilt, und die jungen Mädchen, die für die Harems Ägyptens und der Türkei bestimmt sind, dahergeschritten, von ihren arabischen Herren wie Vieh mit Peitschenschlägen angetrieben und oft zu Tode gehetzt. Während der heißesten Tagesstunden erlaubt man den vor Hunger und Durst Verschmachtenden zu ruhen, aber die Wüste hat keinen Schatten, und so liegen sie mitten in der Glut der Mittagssonne halbtot vor Erschöpfung. Und dann saust wieder die Peitsche auf ihre nackten Rücken nieder, und in der Abendkühle treibt man sie weiter nach Osten hin.

Da naht in einer Staubwolke der weiße Pascha. Die Tyrannen flüchten wie Spreu vor dem Winde, alle Bande werden gelöst, aller Hunger wird gestillt, und die Männer treten unter Waffen. Einem Sklavenzug hat die Stunde der Befreiung geschlagen!

So reinigte Gordon den ganzen westlichen Sudan. Zuletzt blieb nur noch Dara in Süd-Darfur übrig. Hier hatten sich die mächtigsten Sklavenkönige zum Widerstand versammelt. Aber wie ein Blitz schlug er eines Tages in ihr Zeltlager ein. Sie hätten ihn mit Leichtigkeit umbringen können; mit übermenschlicher Ruhe ging er allein zwischen ihren Zelten umher, und keiner wagte ihn anzurühren. Als dann seine Truppen anlangten, beschied er die Häuptlinge in sein Zelt und stellte ihnen dort seine Bedingungen: Streckung der Waffen und Abzug nach Hause. Und einer nach dem andern gehorchte und zog still seiner Wege.

Wer war dieser außerordentliche Mann, der sein Zepter über einem Land schwang, das größer ist als alle Königreiche Europas zusammen! Araber, Ägypter und Neger, Unterdrücker und Unterdrückte fürchteten und bewunderten ihn in gleichem Maße. Er ritt schneller als der räuberische Beduine auf seinem schnellfüßigen Dromedar und überholte sogar die Strauße am Rand der Libyschen Wüste! Keine Gefahr schreckte ihn, Gerechtigkeit und Schutz der Schwachen war seine Tätigkeit, und er begehrte keinen Lohn. Ein Pascha, der seine Macht nicht zu Erpressungen mißbrauchte – davon hatte man noch nie gehört! Die Erinnerung an Gordon schwebt noch heute wie ein Lied und eine Sage über der trostlosen Wüste!

Was gewann Gordon mit seiner rastlosen Jagd zum Glück der Schwarzen? Der Sklavenhandel wurzelte wie ein Unkraut viel zu tief in Afrikas Erde, um mit einem Schlage ausgerottet zu werden. Kaum war Gordon nach Chartum zurückgekehrt, so begannen die Sklavenhändler ihr schändliches Gewerbe von neuem. Und doch gab er die Hoffnung nicht auf. »Schafft mir einen Mann«, schrieb er in sein Tagebuch, »der Geld, Ruhm und Auszeichnungen verachtet, der keine Hoffnung mehr hegt, seine Heimat wiederzusehen, und zu Gott als der Quelle des Guten und dem Rächer des Bösen aufschaut, einen Mann mit gesundem Körper und eisernem Charakter, der den Tod als den Befreier aus allem Elend betrachtet – ich nehme ihn in meinen Dienst. Findet ihr keinen dieser Art, dann laßt mich allein! Mich selbst zu ertragen ist mir genug; ich brauche kein Gepäck!«

Von seinem großen Palast in Chartum aus regierte Gordon seine gewaltige Provinz und richtete neue Schläge gegen den Sklavenhandel. Oft lag er, als im September nach der Sommerhitze die Fieberzeit eintrat, in hohem Fieber phantasierend auf seinem Lager oder wanderte ruhelos durch seine einsamen Säle, immer neue Pläne zur Rettung der Schwarzen schmiedend. Für ihn hatte das Leben keinen Wert, wenn er es nicht zur Linderung fremder Leiden benutzen konnte.

Beim Jahreswechsel gärte es wieder auf allen Seiten. Die Provinz Bahr el-Ghasal, aus deren Innern der Weiße Nil zahlreiche Zuflüsse erhält, war in Aufruhr, und Abessinien drohte mit Krieg. In Bahr el-Ghasal herrschte Ziber, ein mächtiger Araberhäuptling; dieser hatte die Brandfackel gegen Ägypten angezündet, und nun drohte sich die Bewegung über ganz Darfur zu verbreiten. Der Häuptling kaufte bei den Negerstämmen im Herzen Afrikas Massen schwarzer Sklaven auf, um sie als Soldaten gegen Ägypten zu verwenden. Die Neger selbst haben ja stets den Sklavenhandel erleichtert; wenn die Stämme untereinander mit Bogen, Speeren und Schilden aus Nilpferdhaut Krieg führten, verspeisten sie ihre erschlagenen Feinde und verkauften die

Gefangenen als Sklaven. Daher war es dem Araberhäuptling ein leichtes, sich Leute zu verschaffen. Aber Gordons Wachsamkeit vereitelte seine Pläne.

Kaum war die Ruhe wiederhergestellt, als Gordon die Nachricht erhielt, Khedive Ismail Pascha sei abgesetzt, und ein neuer Khedive lenke die Geschicke Ägyptens. Da eilte er nach Kairo und bat um seine Entlassung. Aber der neue Khedive konnte ihn nicht entbehren und drang in ihn, zu bleiben. Gordon ließ sich überreden und begab sich nun im Auftrag des neuen Khedive zum König Johannes von Abessinien, um zu sehen, ob sich der drohende Krieg nicht abwehren lasse. Der König aber behandelte ihn geringschätzig und stellte unannehmbare Bedingungen. Gordon kehrte daher nach seiner Hauptstadt Chartum zurück. Aber in dem Augenblick, als er die Grenzen des Sudans erreicht hatte, wurden er und seine Begleiter von abessinischen Reitern gefangen, die ihn zwangen, den Sudan zu verlassen und durch Abessiniens schneebedeckte Berge den Rückzug nach der Küste des Roten Meeres anzutreten.

So kehrte er wieder nach Kairo zurück. Neid und Mißgunst belauerten alle seine Schritte. Auch viele Europäer haßten und fürchteten ihn, denn Ägypten sollte ja zur Verzweiflung getrieben werden; Gordon aber unterstützte den Khedive. In seinem eigenen Vaterland England verleumdete man ihn, und sein privater Briefwechsel mit dem Khedive wurde durch die Zeitungen veröffentlicht. Die einen nannten ihn verrückt, die andern einen gefährlichen Abenteurer. Und doch war Gordon einer der größten und edelsten Männer aller Zeiten!

Bald darauf finden wir ihn in Bombay. Hier erhielt er ein Telegramm von dem großen Staatsmanne Li-hung-tschang, der ihn bat, sofort nach Peking zu kommen. Rußland bedrohte China mit Krieg, und China erinnerte sich Gordons, der den Taiping-Aufstand erstickt hatte. Tatsächlich gelang es ihm wieder durch klugen Rat, die Kriegsgefahr abzuwehren, und er unterrichtete auch die Chinesen, wie sie ihre Verteidigung zu organisieren hätten.

Welches Blatt der Lebensgeschichte Gordons wir auch aufschlagen – es mutet uns wie eine alte Heldensage an. Nach seiner Rückkehr von China weilte er in Irland; dann in englischem Dienst auf der Insel Mauritius im Osten Madagaskars und bald nachher in Südafrika. Ende 1882 war er wieder in England, und ein Jahr darauf wanderte er einsam und vergessen durch die Straßen Jerusalems. Er suchte alle Orte auf, an denen der Heiland gelebt und gelitten hatte, als ob er sich durch diesen Pilgerzug auf das letzte Jahr seines wunderbaren Lebens vorbereiten wollte.

Die Räumung des Sudans

Unterdes hatten sich wichtige Ereignisse in Ägypten zugetragen. England hatte Schiffe und Soldaten gegen das Land des Khedive geführt und in Ägypten die Zügel der Macht an sich gerissen. Mohammed Ahmed, der König der Derwische, der ehemals auf der kleinen Nilinsel Abba wohnte, hatte sich als einen Gesandten Gottes zur Rettung der Unterdrückten, als Mahdi oder Messias des Islam ausgegeben. Im mohammedanischen Sudan herrschte allenthalben Unzufriedenheit, denn Ägypten hatte endlich doch den Sklavenhandel verboten. Alle mißvergnügten Stämme sammelten sich unter der Fahne des Mahdi. Sein Ziel war die Abschüttelung des ägyptischen Jochs, und gleich einem Steppenbrand flog sein Aufruf zum heiligen Krieg durch ganz Nordafrika. Mit Klugheit und Tatkraft zauberte er aus dem elenden Sudan ein so mächtiges Reich herauf, daß England in Sorge geriet. Ein aus 10 000 Ägyptern bestehendes Heer, das teilweise unter englischer Führung stand, wurde, als es Kordofan erobern wollte, von den fanatisierten Scharen des Mahdi so völlig aufgerieben, daß kaum ein Augenzeuge dieser Begebenheiten übrigblieb! Waffen und Munition dieses Heeres bedeuteten für den Sieger eine willkommene Verstärkung.

Schwierig war nun die Lage der englischen Regierung. Der Sudan mußte entweder erobert oder geräumt werden. Man entschloß sich, ihn zu räumen. Aber in Chartum und an mehreren andern Orten bis an den Äquator lagen noch ägyptische Garnisonen. Wie sollte man sie aus der Gewalt des Mahdi erretten und den Nil hinunter schaffen?

Da erinnerte man sich des Mannes, der den Sudan am besten kannte und allein fähig war, diese Riesenaufgabe, die Rettung der Garnisonen, durchzuführen! Und als Ende 1883 eine neue Hiobspost kam, daß der Mahdi abermals ein ägyptisches Heer unter englischem Kommando vernichtet habe, da bat die englische Regierung Gordon, jene Aufgabe zu übernehmen! Gordon erklärte sich bereit und reiste sofort nach Kairo ab.

Von hier trat er seine letzte Reise den Nil hinauf an. Hinter ihm verschwanden Kairos prächtige Moscheen und Minarette, von deren Altanen die Priester zum Gebet rufen, und die uralte Pyramide des Cheops entzog sich hinter Hügeln und Palmenhainen seinen Blicken. In Korosko, an der Nordspitze der großen S-förmigen Nilkrümmung, bestieg er sein Dromedar und folgte dem schmalen, gewundenen Pfad, der seit Jahrtausenden durch die trockenen Talgänge der Nubischen Wüste, über verwitterte vulkanische Hügel und durch Dünen erstickenden Sandes führt. Wie glücklich war er, als er jetzt wieder den Schritten seines Dromedars auf dem Wüstensand lauschen konnte! Als ob der flüchtige Lauf seines Tieres ihn geradeaus dem ersehnten Ziele zuführen müsse! So war er viele tausend Meilen durch den Sudan geritten, als er noch für die Befreiung der Sklaven kämpfte. Nun hatte er nur den einen Gedanken, die bedrohten Garnisonen zu retten, auch wenn es sein eigenes Leben kostete.

Die Garnisonen in Sicherheit bringen! Das klang so einfach. Aber in Wirklichkeit war es ein aussichtsloser Auftrag. Chartum liegt erst auf der Hälfte des Wegs nach dem Äquator, und der größte Teil des ganzen Landes war in der Gewalt des Mahdi. Dennoch glaubte Gordon, durch schnelles Handeln seine Aufgabe lösen zu können, und wenn nicht, so wollte er jedenfalls seine Pflicht tun.

Auf der Straße nach Abu Hammed, die den nördlichen Bogen des Nils abschneidet, ritt Gordon durch die Nubische Wüste, gelangte glücklich nach Abu Hammed und zog dann nilaufwärts weiter über Berber nach Chartum. Trotz des Krieges war der ganze Weg offen.

Die selbstverständliche Aufgabe der englischen Regierung, die einen der größten Söhne ihres Landes nach Chartum sandte, um viele Tausende Menschenleben zu retten, wäre nun gewesen, Besatzungen nach Korosko, Abu Hammed und Berber am Nil zu schicken, um den Rückzug der Garnisonen zu decken! Aber statt dessen redeten die englischen Minister und ägyptischen Paschas, die Gesandten, Generäle und Ingenieure hin und her, zankten sich über Kleinigkeiten, versuchten einander zu überlisten und vergaßen darüber die einfachste aller Vorsichtsmaßregeln, die sich innerhalb eines Monats hätte ausführen lassen und die am wenigsten gekostet hätte! Statt dessen plante man die Anlage einer Eisenbahn vom Roten Meer nach dem Nil; aber die Ingenieure rechneten schließlich aus, der Bau werde zwei Jahre dauern, und das Wasser, das man vom Meer nach der Wüste hinaufpumpen müsse, werde so kostspielig sein, daß man ebensogut den Dampfkessel der Lokomotive mit Champagner füllen könne! Genug, Korosko, Berber und Abu Hammed blieben *ohne* Verteidiger, und damit – waren Gordon und die Garnisonen ihrem Schicksal überlassen!

In der Gewalt des Mahdi

Am 18. Februar 1884 zog Gordon zum zweitenmal als Generalstatthalter des Sudans in Chartum ein und bezog wieder seinen alten Palast. Grausamkeit und Ungerechtigkeit aller Art hatten in den Jahren seiner Abwesenheit wieder um sich gegriffen. Jetzt öffnete er die Türen der überfüllten Gefängnisse, unbezahlte Steuerzettel wurden verbrannt, Prügelgeräte und Marterwerkzeuge zerbrochen und in den Nil geworfen. Dann begann er mit der Räumung der Stadt. Gegen 3000 Frauen und Kinder wurden nach Abu Hammed und durch die Nubische Wüste nach Korosko gesandt; sie gelangten noch ohne Gefahr dahin und waren gerettet. Auf demselben Weg wäre das Vorrücken neuer Truppen aus Ägypten eine Kleinigkeit gewesen. Statt dessen schickte England eine Expedition nach Suakin, um am Roten Meer einen festen Stützpunkt zu haben! Das entflammte die Wut der aufrührerischen Stämme im Sudan noch mehr, denn sie glaubten natürlich, die Weißen wollten nun von dort aus ihr Land erobern. Immer fester schlossen sie sich um den Mahdi zusammen, und ihr Haß wandte sich gegen den gefürchteten Gordon und die wenigen Europäer, die sich mit ihm in Chartum befanden.

Solange die Telegraphenlinie nach Kairo noch in Ordnung war, unterrichtete Gordon die Machthaber von seiner Lage. Vor allem verlangte er, daß die Straße von Suakin nach Berber besetzt werde, denn auch von dieser Linie aus war der Sudan zu beherrschen. Aber man verwarf seine Ratschläge, und Berber wurde von den Scharen des Mahdi erobert! Mehrere bisher befreundete Häuptlinge im Norden und Nordosten Chartums fielen nun auch zum Mahdi ab, unaufhörlich kamen Nachrichten von neuen Empörungen nach Chartum, und in der Stadt selbst war Gordon allenthalben von Verrätern umgeben. Am 10. März wurde der Telegraphendraht durchschnitten, und nun lag ein ganzes halbes Jahr lang tiefes Schweigen über dem Schicksal Gordons und seiner Mannschaft! Schon am 11. März zeigten sich am Ufer des Roten Meeres arabische Kriegerscharen – der Mahdi zog das Netz immer fester um die unglückliche Stadt zusammen.

Während der letzten Jahre hatte die ägyptische Regierung Chartum notdürftig befestigen lassen, und während der ersten drei Monate der Belagerung arbeitete Gordon Tag und Nacht an der Verstärkung der Verschanzungen. Rings um die Stadt wurden Erdwälle aufgeworfen, Stacheldrahtnetze gezogen, und da, wo Angriffe zu erwarten waren, Minen gelegt. Ende April war Chartum völlig eingeschlossen und nur der Weg auf dem Flusse nach Norden hin noch frei. Anfang Mai überschritten die Araber den Blauen Nil, erlitten jedoch größere Verluste durch explodierende Minen und wurden mit Kruppschen Kanonen aus ihrer Stellung vertrieben. Solange wie irgend möglich hatte Gordon Truppen ausgeschickt, um Durrha und andere Lebensmittel aus der Umgegend zu holen. Ende Juli säuberte er mit seinen besten Truppen die Nilufer und nahm dreizehn arabische Verschanzungen. Aber bis dahin hatte er schon 700 Mann verloren. Jeder Gedanke an eine Räumung der Stadt war nun aufgegeben. Es galt jetzt nur noch auszuhalten – bis zum Ende.

Im September 1884 war noch Proviant für drei Monate vorhanden, und die Araber, die einsahen, daß sie dem weißen Pascha die Stadt nicht nehmen könnten, beschlossen nun, sie auszuhungern.

Im September hatte der Nil seinen höchsten Wasserstand erreicht. Wie oft mögen Gordon und seine beiden Kameraden Oberst Steward und der Timeskorrespondent Power vom platten Dach des Palastes aus nordwärts nach der ersehnten Hilfe ausgespäht haben! Gewaltige, grauschmutzige Wassermassen wälzten sich nach Norden; über die Katarakte unterhalb von Chartum und Berber brauste das Wasser zehn Meter hoch, und jetzt allein war es möglich, mit einem Dampfer nach Dongola vorzudringen. In der Nacht des 9. September wurde einer von den acht kleinen Dampfern, mit denen Gordon die Araber von den Ufern des Weißen und Blauen Nils zu vertreiben pflegte, zur Abreise bereitgehalten. Steward, Power, der französische Konsul und einige Griechen, kurz alle Europäer in Chartum, begaben sich an Bord und mit ihnen fünfzig Soldaten. Sie nahmen die Belagerungschronik, die amtlichen Briefschaften, die Listen über Proviant, Munition, Waffen und

Mannschaft, die Verteidigungspläne und alle wertvollen Papiere mit. Als der Dampfer vom Ufer abstieß und bei Tagesgrauen in der Dämmerung verschwand, war Gordon in Chartum der einzige Europäer!
Im Februar hatte die Stadt 60 000 Einwohner gehabt. Während der Belagerung wurde jedoch der dritte Teil der Bewohner vertrieben, weil man wußte, daß sie Verräter waren. Von den übrigen 40 000 konnte sich Gordon kaum auf die Hälfte verlassen, und auch die zuverlässigsten seiner Leute dachten nur daran, ihr Hab und Gut zu retten. Im Vergleich zu den siegestrunkenen, fanatischen Derwischen unter der Fahne des Mahdi waren Gordons Soldaten erbärmliches Gesindel.
Was nun während dieses halben Jahres geschah, das wird man nie erfahren. Man weiß nur, daß Gordon die Befestigung der Stadt verstärkte, die Boote und Dampfer mit Stahlplatten bekleiden und mit Kanonen bewaffnen ließ und unermüdlich seine Soldaten zum Widerstand einübte. Man weiß auch, daß er die gerechte Verteilung der Lebensmittel überwachte, Kranke und Verwundete in den Hospitälern besuchte und ermutigte und seine Nächte in den Außenwerken zubrachte, wo die nächste Gefahr drohte. Im Basar kaufte er große Massen blaugrauen Baumwollstoffes, der über die Erdwälle gebreitet wurde, damit diese wie mit Stahlplatten bedeckt erschienen und den Angriff der Araber verzögerten, bis man mit dem Aufwerfen neuer Wälle innerhalb der alten fertig war. Aber alle diese Nachrichten sind nur gerüchtweise aus dem belagerten Chartum in die Welt gedrungen. Denn auch Steward und die übrigen Europäer auf dem Dampfer gelangten nicht ans Ziel. Gleich hinter Abu Hammed scheiterte das Schiff, die ganze Besatzung wurde von den Leuten des Mahdi ermordet, und die sämtlichen wertvollen Papiere Gordons fielen dem Usurpator in die Hände!

Gordons Tagebuch

Das einzige, was an zuverlässigen Nachrichten über die Zeit vom 10. September bis 14. Dezember 1884 vorliegt, wissen wir aus dem Tagebuch Gordons, das noch vorhanden und ergreifend zu lesen ist.
Im August hatte die englische Regierung endlich beschlossen, eine Hilfsexpedition zur Rettung Gordons zu entsenden. Es handelte sich

nicht mehr um die Garnisonen, sondern nur noch um Gordon selbst; die ganze Welt war über sein Schicksal in Aufregung, und mit jedem Monat wurde die Spannung größer. Seit einem halben Jahr hatte man keine Nachricht von ihm, und jetzt überstürzte man die Hilfeleistungen, um noch rechtzeitig zu ihm zu gelangen. Große Truppenmassen aller Waffengattungen wurden südwärts gesandt, Flußdampfer zu Hunderten gebaut, die besten englischen Offiziere übernahmen das Kommando, und schon Mitte September rückte das erste Infanteriebataillon in Dongola in der nördlichen Hälfte des großen Nils ein. Unterdessen waren die Dampfer aber erst in Alexandria angekommen und mußten noch den Nil hinauf und über die gefährlichen und zeitraubenden Katarakte hinüber, und die Wüstenkolonnen, die zum Sturm auf Chartum bestimmt waren, hatten England noch gar nicht verlassen.

Ohne Verbindung mit der Außenwelt, ohne Freund und Gefährten, vertraute Gordon sich nur seinem Tagebuch an, und in den wenigen Blättern, die davon erhalten sind, spiegelt sich das Tiefste und Innerste seines Seelenlebens wider. Er ist ein Held, ein großer Heerführer und ein guter Christ. Er beklagt sich nie, und kein Vorwurf gegen diejenigen, die daheim die Verantwortung für sein Schicksal tragen, kommt über seine Lippen! Tag für Tag schildert er den Fortgang der Belagerung so kühl und ruhig, als ob es die einfachste Sache der Welt sei. Nirgendwo spricht er von seinem eignen Heldenmut und den nächtlichen Stunden der Einsamkeit, die er unter dem feindlichen Feuer in den Schanzen zubrachte; er sucht sogar seinen Heldenmut selbst herabzusetzen, indem er einmal schreibt:

»Während der Belagerung haben wir oft die Frage der Furcht erörtert, jenes Gefühls, das ein echter Mann nach dem Urteil der Welt nicht soll empfinden dürfen. Ich aber bin stets von Furcht befangen, oft sogar sehr! Todesfurcht aber ist das nicht, die ist, Gott sei Dank, vorüber; aber Furcht vor einer Niederlage und ihren Folgen. Ich glaube nicht an den immer ruhigen, unerschütterlichen Mann. Die Hauptsache ist nur, daß er nicht zeigt, was er empfindet. Deshalb soll kein Befehlshaber zu eng mit seinen Subalternen zusammen sein, denn sie beobachten ihn mit Luchsaugen, und es gibt keinen gefährlicheren Ansteckungsstoff als die Furcht! Ich konnte wütend werden, wenn ich vor Angst nicht zu essen vermochte, und wenn ich dann sah, daß die

Offiziere an meinem Tisch die gleichen Anwandlungen hatten ...
Vielleicht fragt man mich, weshalb ich mich nicht mit Steward und den
übrigen davonmachte. Nun, ganz einfach darum nicht, weil die Leute
hier nicht so töricht gewesen wären, mich gehen zu lassen!« –

Unterdes lagerten die Derwische etwa zehn Kilometer von den
Außenwerken entfernt und warteten ihre Zeit ab. Aus der Ferne
wurden Schüsse gewechselt, aber noch verliefen die Tage einigermaßen
ruhig. Am 21. September erfuhr Gordon durch einen gewandten
Kundschafter, daß die Hilfsexpedition unterwegs sei, und zehn Tage
später schickte er seine Dampfer eine Strecke nordwärts ihr entgegen,
um das Heranbringen der Truppen zu beschleunigen. Dadurch aber
büßte er auch die Hälfte seiner eigenen Widerstandskraft ein.

Am 21. Oktober traf der Mahdi selbst im Lager vor Chartum ein,
und am nächsten Tag schickte er Gordon die Beweise, daß Stewards
Dampfer untergegangen und alle Mitreisenden getötet worden seien;
er legte sogar eine Liste der Tagebücher und Aufzeichnungen bei, die
sich an Bord befunden hatten. Aus diesen Papieren hatte der Mahdi fast
bis auf den Tag genau ersehen, wie lange sich Chartum noch halten
konnte, wie groß die Garnison und wie die Verteidigung organisiert
war, wo die Batterien standen und wie lange die Munition noch reichte.
Das war ein entsetzlicher Schlag für Gordon, aber er brach seinen Mut
nicht. Am meisten schmerzte ihn der Tod Stewards und der übrigen, da
er glaubte, ihn selbst verschuldet zu haben. Dem Mahdi aber ließ er
sagen: »Auch wenn Ihr mir 20 000 Boote wegschnappt – ich stehe hier
wie Eisen!«

Am 2. November zählte er in dem streng bewachten Speicher die
Säcke mit Durrha. Auf sechs Wochen noch reichte der Proviant. Diese
Frist ließ sich verlängern, wenn die Leute auf halbe Rationen gesetzt
wurden. Aber wozu die Besatzung durch Beschränkung der täglichen
Kost unnütz schwächen? Sie war ja ohnehin, auch mit vollem Magen,
schon mutlos genug!

Unter den Truppen der englischen Hilfsexpedition befand sich ein
Major Kitchener, ein Name, der später hochberühmt wurde, der jetzige
Lord Kitchener of Chartum. Er versuchte, sich verkleidet an Chartum
heranzuschleichen, und es gelang ihm, Gordon die briefliche Mitteilung zukommen zu lassen, daß das Entsatzkorps am 1. November aus
Dongola aufbrechen werde. Als der Brief anlangte, war das Korps schon

zwei Tage unterwegs; aber der Weg zwischen Dongola und Chartum betrug 450 Kilometer!

Kitcheners Brief war in eine Zeitung eingewickelt. Seit neun Monaten hatte Gordon nichts mehr von der Außenwelt gehört als dunkle Gerüchte, und als er dieses verirrte Umschlagpapier las, sah er eine Spalte nach der andern mit Nachrichten und Vermutungen über ihn selbst gefüllt. »Die Expedition zum Entsatz Gordons«, stand da in gesperrtem Druck. Die Überschrift verdroß ihn, und er schrieb in sein Tagebuch, es müsse heißen: »Die Expedition zum Entsatz der Sudan-Garnisonen.«

Gordons Tagebuch verrät uns auch, wie er seine Tage und Nächte zubrachte und wie rastlos und angestrengt er arbeitete. Erst um 3 Uhr nachts pflegte er sich erschöpft auf sein Lager zu werfen. Aber oft war er kaum eingeschlafen, so wirbelten draußen die Trommeln. Er erwacht, reibt sich den Schlaf aus den Augen und erinnert sich, daß er in Chartum ist. Was bedeutet der Lärm? Er ruft die Soldaten zu den Waffen und den Befehlshaber zu den Außenwerken. Bei Tage ist Gordon allgegenwärtig, um seine Leute zu beruhigen und anzufeuern. Nur selten bleibt ihm einmal eine kurze ungestörte Stunde, um sein Tagebuch zu schreiben. Wenn der Tag graut, hält er auf dem Dache Ausschau. Er sieht von dort weithin über das flache Land; er sieht, wie die Araber die Belagerungskette immer enger zusammenziehen. Wie weit noch sind die englischen Heerscharen hinter dem flachen Rand des nördlichen Horizonts? Werden sie ankommen, ehe es zu spät ist?

40 000 Schüsse wurden täglich aus Chartum abgefeuert, und trotzdem genügte die Munition noch für vierzig Tage. Mochten die Soldaten nur drauflosschießen – der Proviant reichte doch nicht länger als dreißig Tage. An Übergabe aber dachte Gordon nicht; ausharren und fallen unter der Fahne, das war sein Entschluß. Zahlreiche Überläufer verließen Chartum, die Ratten flüchteten aus dem sinkenden Schiff. Von Verrat umgeben, versuchte er immer noch, die zusammenschmelzenden Scharen seiner Getreuen aufrechtzuhalten.

Am 22. November hatte Gordon im ganzen schon zweitausend Soldaten verloren. Dennoch ließ er die Hoffnung nicht sinken. Sein Tagebuch verrät uns, daß er, wenn der Entsatz rechtzeitig ankommen würde, noch südwärts zu ziehen beabsichtigte, um den Garnisonen in den Äquatorialprovinzen Hilfe zu bringen!

Am 10. Dezember ist noch auf fünfzehn Tage Proviant da. Die Tagebuchnotizen werden immer kürzer und sprechen fast von nichts als von Deserteuren, Überläufern und zusammenschmelzenden Lebensmitteln. Am 14. Dezember bietet sich noch eine letzte Gelegenheit, aus Chartum Nachricht zu geben, und das Tagebuch, das der Bote mitnimmt, schließt daher mit jenem Datum und mit den Worten: „Ich habe mein Bestes für die Ehre meines Vaterlandes getan, lebt wohl!« Brieflich nimmt er von seinen Freunden Abschied, und an seine Schwester schreibt er: »Ich bin vollkommen glücklich, Gott sei Dank; ich habe meine Pflicht getan.« Einen Freund bittet er, für seine Angehörigen zu sorgen. Aus allen Abschiedsbriefen spricht seine unerschütterliche, heldenhafte Ruhe, aber auch die Gewißheit, daß er seit diesem letzten Lebewohl alle Hoffnung auf Rettung begraben hatte!

Der Fall Chartums und Gordons Ende

Nach der Absendung des Tagebuchs senkt sich auf die letzten Wochen Chartums undurchdringliche Nacht herab. Von Gordons Hand haben wir keine Zeile mehr, und keine Nachforschungen werden imstande sein, vollständiges Licht über seinen letzten Kampf zu bringen.

Durch Überläufer aber haben sich noch einige wenige Nachrichten erhalten. Während der vierzig Tage, die sich die Stadt noch nach dem 14. Dezember hielt, wurden 15 000 Einwohner in das Lager des Mahdi geschickt, um sie vor dem Tode zu retten. Daher reichte der Proviant für die Zurückbleibenden länger, als man berechnet hatte. Der Rest von 14 000 Bürgern und Soldaten wurde auf halbe Rationen gesetzt; der Entsatz mußte ja jetzt nahe sein! Omdurman, ein Fort am linken Ufer des Weißen Nils, das schon länger von der Stadt abgeschnitten war, fiel, und die Truppen des Mahdi drangen nun von allen Seiten heran. Entflohene Sklaven haben berichtet, die ägyptischen Offiziere hätten kapitulieren wollen, aber Gordon habe seine Zustimmung unter keiner Bedingung gegeben. Er hatte seine Rechnung mit der Welt abgeschlossen, und solange er am Leben war, wollte er die Flagge nicht streichen, auch wenn ihn alle verließen. Als aller Proviant verzehrt war, lebte man von Ratten und Mäusen, Häuten und Leder und entrindete die

Stämme der Palmen, um die weichen Fasern in ihrem Innern zu essen. Trotz alledem stand der weiße Pascha noch immer erhobenen Hauptes und mit unbewölkter Stirn vornan im Feuer, um seine Leute zu heldenmütiger Verteidigung anzufeuern.

Inzwischen rückte die Entsatzkolonne südwärts und erreichte am 20. Januar 1885 Metemma, 160 Kilometer von Chartum. Hier stieß sie auf Gordons Dampfer, die schon seit vier Monaten vergeblich gewartet hatten. Vier Tage später gingen zwei der Dampfer nach Chartum ab.

Warum wartete man ganze vier Tage, wo doch jede Stunde Gordon das Leben kosten konnte? Vor kaum einem Monat war ein Bote Gordons bei dem Heere eingetroffen und hatte einen Zettel mit den Worten gebracht: »In Chartum alles wohl, kann mich noch jahrelang halten.« Daraus schloß man, die Lage könne noch nicht gefährlich sein. Erst später ist man darauf gekommen, den Sinn dieser Worte richtig zu deuten. Er wußte, daß der Bote dem Mahdi in die Hände geraten würde, und der Mahdi wußte, daß die Stadt jeden Tag fallen konnte. Gordon wollte daher den Boten vor Gefangenschaft und Tod bewahren; der Mahdi mußte ja den Mann mit Vergnügen laufen lassen, denn seine Botschaft war nur dazu angetan, den Marsch des Entsatzheeres zu verlangsamen.

Am 24. Januar erst fuhren die beiden Dampfer aus Metemma ab; auf halbem Wege mußten sie über einen Katarakt hinüber und verloren dadurch wieder zwei Tage. Erst am 28. hatten sie die Wasserfälle hinter sich, und die Mittagssonne schien hell, als die englischen Offiziere Chartum auf der Landspitze zwischen dem Weißen und dem Blauen Nil vor sich liegen sahen. Alle Ferngläser richteten sich auf den hohen Palast; man wagte nicht zu sprechen, kaum zu atmen. Da stand der Palast Gordons, aber – die Flagge war gestrichen!

Dennoch fuhren die Dampfer weiter. Aber kein Freudengeschrei begrüßte die Besatzung als heißersehnte Befreiung. Als sie in Schußweite waren, begannen die Derwische auf sie zu feuern, siegestrunkene, wilde Scharen sammelten sich am Ufer, Chartum war in der Gewalt des Mahdi – die Hilfe kam achtundvierzig Stunden zu spät!

Zwei Tage vorher, am 26. Januar, hatten die Derwische, zur äußersten Wut gereizt durch den hartnäckigen Widerstand, ihre beständigen Verluste und den unerschöpflichen Kugelregen aus Chartum, sich zu einem letzten Sturmlauf gesammelt. Der Angriff geschah während der dunkelsten Nachtstunden nach Untergang des Mondes. Die Verteidiger wurden überrascht, obendrein waren sie erschöpft und infolge der Hungersqual gleichgültig gegen ihr Schicksal. Sie leisteten kaum mehr Widerstand, als die Derwische in die Stadt einbrachen und ihr wildes Geheul in den Straßen und Gassen erscholl.

Während die rasende Meute der blutgierigen Derwische sich dem Palast Gordons zuwälzte, lauschte im Lager des Mahdi ein zweiter Europäer mit fieberhafter Spannung auf jeden Ton, der von den Befestigungswerken Chartums herüberdrang. Mit vierzehn Meter langen, schweren Ketten, mit Hals- und Fußeisen gefesselt lag er vor seinem Zelt und bedurfte seiner ganzen bewundernswerten Energie, um den lauernden Wächtern nicht seine Erregung zu verraten. Auf den Wällen der bedrängten Stadt fiel wahrscheinlich auch für ihn die Entscheidung über Leben und Tod!

Dieser Gefangene des Mahdi war ein früherer österreichischer Offizier namens Rudolf Slatin. Er war Ende 1878, dem Rufe Gordons folgend, in den Dienst der ägyptischen Regierung getreten, und dank seiner Gewandtheit und Tapferkeit herrschte er binnen wenigen Jahren als Gouverneur und Militärkommandant über die ägyptische Provinz Darfur. Hier war es seine Aufgabe, die nomadisierenden und räuberischen Araber im Zaum zu halten, und seiner unerschrockenen Energie gelang es, nach und nach eine Reihe aufrührerischer Stämme mit starker Hand niederzuwerfen. Als aber der Mahdi die Fahne des Propheten erhob und die Völker des Sudans zum heiligen Krieg aufrief, fielen auch die bisher treuen Vasallen der ägyptischen Regierung ab, und nach wenigen Wochen stand Slatin mit seinen spärlichen und obendrein unzuverlässigen Truppen mitten im Herd des Aufruhrs, der außerdem noch von persönlichem Haß und Rachedurst gegen den strengen Gouverneur geschürt wurde. Ein Entrinnen gab es nicht mehr, und nach tapferer Verteidigung mußte sich Slatin im Dezember 1883 mit dem Rest seiner Soldaten der siegreichen Übermacht des Mahdi ergeben.

Zuerst hielt der schlaue Mahdi ihn in erträglicher Gefangenschaft; dieser hohe Beamte der ägyptischen Regierung, den man außerdem für den Neffen Gordons hielt, war ihm eine zu wertvolle Geisel. In überlegener Kriegslist hatte sich Slatin schon als Gouverneur, um über seine eingeborenen Truppen stärkere Macht zu haben, äußerlich zum

Islam bekannt; der Fanatismus der Mahdisten hatte daher keinen Grund mehr, diesen »Christenhund« wie so viele andere gewaltsam beiseite zu schaffen.

Slatin hatte sich in der Hoffnung ergeben, bei der Belagerung Chartums zu Gordon entfliehen zu können. Aber der Mahdi durchschaute ihn und hatte ihn vor Chartum in Eisen legen und aufs schärfste bewachen lassen, um jeden Fluchtversuch und jede Verbindung mit Gordon unmöglich zu machen. So war dieser Gefangene der einzige überlebende Europäer, der die Belagerung Chartums aus nächster Nähe und mit voller Übersicht über die Kräfte der kämpfenden Parteien miterlebte. Was an schriftlichen Botschaften Gordons in die Hände der Derwische fiel, wurde ihm vorgelegt, denn im Lager des Mahdi war er allein imstande, Gordons Briefe und Rapporte zu lesen. Nur seine ungewöhnliche Geistesgegenwart und erstaunliche dialektische Gewandtheit beschützten ihn vor dem Schicksal, zur eigenen Rettung durch Übersetzung jener Briefe Verrat an den Seinen üben zu müssen. Der Mahdi war ja auch durch Überläufer und durch Nachrichten geheimer Anhänger in Chartum selbst vollauf über den unhaltbaren Zustand der belagerten Stadt unterrichtet. Aber ebenso genau kannte nun Slatin die Lage Gordons, und als am 26. Januar 1885 das Heer des Mahdi unter dem Schutz der finstern Nacht und so lautlos wie möglich zum Sturm auf Chartum ausrückte, bemächtigte sich des zurückbleibenden Gefangenen, der bis dahin Fesseln und Hunger, Verachtung und Spott seiner Peiniger mit stoischem Gleichmut ertragen hatte, eine von Stunde zu Stunde wachsende Aufregung.

Als er gegen Morgengrauen vor Abspannung ein wenig eingeschlafen war, wurde er plötzlich durch das Geknatter der Gewehre und die ersten Kanonenschüsse aufgeschreckt. Zu sehen war in der Dämmerung noch nichts. Nach einigen Salven fielen nur noch vereinzelte Schüsse – dann wurde alles wieder ruhig. Das konnte doch unmöglich der Sturm auf Chartum sein?

Die Sonne stieg empor, ringsum alles still – die Wächter hatte die Neugier fortgetrieben. Da plötzlich Geschrei und Jubelrufe, die Wächter kamen zurück mit der Nachricht: Chartum ist erstürmt und in den Händen der Mahdisten.

Diese Hiobspost trieb Slatin aus seinem Zelt. Eine große Menschenmenge hatte sich vor den Quartieren des Mahdi und seiner Kalifas angesammelt. Sie schien sich in Bewegung zu setzen und sich dem Verhau zu nähern, mit dem Slatins Zelt umgeben war. Und wirklich nahm sie jetzt die Richtung auf Slatins Zelt. Voran schritten drei Negersoldaten, von denen einer ein blutiges Bündel in den Händen trug. Hinter ihnen drängte sich die heulende Menge. Die Sklaven traten in die Umzäunung ein, blieben mit grinsender Miene vor Slatin stehen, der eine schlug das Tuch auseinander und zeigte dem entsetzten Gefangenen – das Haupt General Gordons!

Das Blut schoß Slatin zu Kopfe, sein Atem stockte; mit äußerster Anstrengung behielt er aber so viel Selbstbeherrschung, ruhig in das fahle Antlitz zu sehen. Die blauen Augen waren halb geöffnet, der Mund hatte seine natürliche Form behalten, das Gesicht war ruhig, die Züge nicht verzerrt; das Kopfhaar und der kleine Backenbart waren beinahe weiß.

»Ist das nicht der Ungläubige, dein Onkel?« fragte der Sklave, den Kopf emporhaltend.

»Und was weiter?« antwortete Slatin ruhig. »Jedenfalls ein tapferer Soldat, der auf seinem Posten gefallen ist und ausgelitten hat. Wohl ihm!«

»Du lobst den Ungläubigen noch! Du wirst die Folgen schon erfahren«, murrte der Sklave und entfernte sich langsam mit dem schrecklichen Wahrzeichen des Triumphes des Mahdi. Die Menge wälzte sich heulend hinter ihm drein.

Slatin schleppte sich in sein Zelt zurück und warf sich, zum Sterben matt, auf den Boden. Chartum gefallen! Gordon tot! Das also war das Ende des Mannes, der seinen Posten mit solchem Heldenmut verteidigt hatte, eines Mannes, der von vielen vielleicht zu hoch emporgehoben und vergöttert, von vielen verkannt und verlästert, durch seine außerordentlichen Eigenschaften die Welt aber mit seinem Ruhme erfüllt hatte! Was nützte jetzt die siegreiche Avantgarde, was die ganze englische Armee?

Durch Freunde, die sich Slatin durch seine Freigebigkeit auch im Lager der Feinde zu gewinnen gewußt hatte, erfuhr er dann nach und nach alle Einzelheiten der schrecklichen Nacht. Der Überfall hatte Gordon nicht unvorbereitet gefunden; aber er schien nicht erwartet zu haben, daß der Sturm so rasch und am frühesten Morgen unternommen werden würde. Zur Täuschung des Feindes und zur Ergötzung seiner Mannschaft ließ er noch am Abend vorher ein Feuerwerk abbrennen, und gerade als der Mahdi den Sturm vorbereitete, stiegen die ersten Raketen über Chartum in buntem Farbenspiel zum Himmel empor, und die Musik spielte lustige Weisen, um die niedergebeugten Gemüter etwas aufzurichten.

Das Feuerwerk war abgebrannt, die Musik schwieg, und die Verteidiger Chartums schliefen. Aber die Feinde waren nur allzu wach! Sie kannten die Befestigung, wußten genau, wo sie stark und mit regulären Truppen besetzt, wo sie schwach und nur von den Stadtbewohnern verteidigt war. Gegen diese schwachen Stellen der Befestigung, hauptsächlich am Weißen Nil, richteten sie beim ersten Morgengrauen den Hauptangriff. Die Verteidiger flohen, und als die Soldaten auf der Befestigungsmauer die Mahdisten in ihrem Rücken in die Stadt eindringen sahen, verließen auch sie ihren Posten und ergaben sich meist freiwillig und ohne Kampf.

Die Mahdisten trachteten vor allem, die Kirche und das Palais zu erreichen, weil man dort Schätze und in dem letztern vor allem Gordon Pascha zu finden hoffte. Die im Erdgeschoß befindlichen Diener des Generals wurden niedergemetzelt. Er selbst erwartete die Feinde auf den obersten Stufen der zu seinen Gemächern führenden Treppe. Ohne sich um seinen Gruß zu kümmern, stieß ihm der erste der Angreifer, die Stufen emporspringend, die Lanze in den Leib. Gordon fiel mit dem Gesicht nach vorn lautlos auf die Treppe und wurde von seinen Mördern bis vor den Eingang des Palais geschleppt. Hier wurde mit einem Messer sein Haupt vom Rumpf getrennt und an den Mahdi gesandt, der es Slatin zu zeigen befahl; der Rumpf wurde den Fanatikern preisgegeben, und Hunderte dieser Unmenschen versuchten die Spitzen ihrer Lanzen und die Schärfe ihrer Schwerter an dem gefallenen Helden, der in wenigen Minuten einer unkenntlichen blutigen Masse glich.

Lange Zeit nachher noch waren die Spuren dieser blutigen Tat vor dem Palais sichtbar, und die schwarzen Blutflecke auf der Treppe des Palastes kennzeichneten den Ort, wo man Gordon gemordet; sie wurden erst entfernt, als der Nachfolger des Mahdi, der Kalifa, das Regierungspalais zur Wohnung seiner Weiber einrichten ließ.

Als man dem Mahdi den Kopf des Generals Gordon brachte, erklärte der Heuchler, es wäre ihm lieber gewesen, wenn man Gordon lebendig gefangengenommen hätte, da er ihn »nach seiner Bekehrung« gegen gefangene Derwische habe austauschen wollen. Aber wenn er wirklich befohlen hätte, Gordon zu schonen, würde niemand von seinen Scharen gewagt haben, seinem Befehl zuwiderzuhandeln.

Die Greueltaten der Derwische in der eroberten Stadt spotteten jeder Beschreibung. In den ersten Tagen, in denen der Mahdi Chartum der Plünderung überließ, wurden nur Sklaven und Sklavinnen und die hübschen Frauen und Mädchen der freien Stämme verschont, alle andern hatten es nur einem außerordentlichen Zufall zu verdanken, wenn sie mit dem Leben davonkamen. Viele der Einwohner verschmähten es noch weiterzuleben; noch viel mehr wurden von ihren eigenen Dienern und ehemaligen Freunden hingemordet oder fielen unter dem Schwert von Verrätern, die der raub- und mordlustigen Horde als Führer dienten.

Es würde Bände füllen, versichert Slatin Pascha selbst, wollte man im einzelnen die grauenhaften Mordtaten erzählen, die in der wehrlosen Stadt verübt wurden. Auch die Überlebenden gingen keinem glücklichen Los entgegen. Nachdem alle Häuser besetzt waren, fing man an, nach den verborgenen Vermögen zu forschen; da galt kein Leugnen, keine Beteuerung; wer im leisesten Verdacht stand, etwas zu besitzen und verborgen zu halten – und wer stand nicht unter diesem Verdacht –, wurde so lange gemartert, bis er das Versteck angegeben oder, wenn er wirklich nichts zu gestehen hatte, bis er unter den Händen seiner Peiniger starb oder bis diese ermüdeten.

Und die englisch-ägyptische Entsatzexpedition, deren Schiffe bereits im Angesicht Chartums lagen? Mit dem Fall Chartums und Gordons Tod war ihre Aufgabe beendet, und unter der einheimischen Bedienungsmannschaft der Dampfer waren so viele Verräter, daß die englische Bemannung genug mit sich zu tun hatte, um einer Umzingelung durch die siegestrunkenen Mahdisten zu entgehen, deren Übermacht die Entsatztruppen nicht annähernd gewachsen waren. Sie machten daher schleunigst wieder kehrt und überließen den Sudan damit endgültig dem Mahdi, der Omdurman nunmehr zur Hauptstadt seines von der ägyptischen Regierung nicht mehr gefährdeten Reichs erwählte.

Kitcheners Heereszug im Sudan

Wie schnell folgten dort unten im Lande der Schwarzen die denkwürdigen Ereignisse! 1881 hatte der Mahdi die Fahne des Aufruhrs erhoben, und schon nach vier Jahren war er alleiniger Herrscher im Sudan. Aber lange sollte er die Früchte seines Sieges nicht genießen: am 28. Juni 1885, genau fünf Monate nach dem Fall Chartums, starb er.

Sein Nachfolger Abdullahi legte sich den Titel Kalifa bei und schwang seine Geißel dreizehn Jahre lang über dem unglücklichen Lande! Die Stämme des Sudans, die des ägyptischen Druckes überdrüssig geworden waren, hatten den Mahdi als ihren Befreier begrüßt. Statt türkischer Paschas erhielten sie jetzt einen Despoten, der an Grausamkeit und Schändlichkeit seinesgleichen suchte. Abdullahi belegte alles bare Geld und alles Getreide in seinem Reich mit Beschlag und erließ die törichtesten Verordnungen. Wer nicht gehorchte, wurde gehängt. Er plünderte und brandschatzte sein eigenes Land, und mehr als die Hälfte der Bevölkerung wurde durch diese Mißwirtschaft ausgerottet. Mit den Schätzen, die er seinem eigenen Volk erpreßte, konnte der Kalifa leicht ein mustergültiges Heer unterhalten. Die Stunde der Vergeltung mußte ja einmal schlagen, und dazu hielt er sein Heer in Bereitschaft. Seine Hauptstadt war Omdurman, wo der Mahdi unter der Kuppel einer Moschee begraben lag. Ehe die Christenhunde so weit vordrangen, bleichten wohl ihre Gebeine im Sand der Nubischen Wüste!

Aber die Stunde der Rache näherte sich doch. Ein englisch-ägyptisches Heer zog langsam nilaufwärts, und sein Führer, General Kitchener, der letzte, der Gordon eine briefliche Nachricht übermittelt hatte, machte alle seine Pläne mit solch kluger Vorausberechnung, daß er schon zwei Jahre vorher fast den Tag nennen konnte, an dem Chartum und Omdurman in seiner Hand sein würden.

An dem Atbara, dem großen aus den Gebirgen Abessiniens kommenden Nebenfluß des Nils, besiegte er in einer mörderischen Schlacht zuerst eines der Heere des Kalifa. Im August 1898 marschierte die Expedition gegen Metemma. Voran zogen Kundschafter und Kavallerie, ihnen folgten ägyptische Truppen, Kanonen und Gespanne von Grauschimmeln, Maxim-Nordenfeldtsche Kugelspritzen, englische

Truppen in graugelben, leichten Uniformen und Korkhelmen, die am besten gegen die Sonne schützten, ägyptische Truppen mit bunten Turbanen und mit Offizieren in goldstrotzenden Uniformen. Dahinter endlose Karawanen starker Transportmaulesel, Lastdromedare mit Sonnenschirmen über den Köpfen und mit Kisten voll Proviant, Munition und Waffen, Zelten, Kleiderballen und der ganzen unermeßlichen Ausrüstung, deren ein Heer von zweiundzwanzigtausend Mann bedarf. Große Herden fetten Schlachtviehs, Ochsen, Schafe und Ziegen, wurden mitgeführt. Der Zug glich einer langen schwarzen Schlange, die sich über den gelben Sand des Nilufers hinringelte. Soweit das Auge reichte, lauter Heerscharen, einer aus Ägyptenland kommenden Völkerwanderung des Alten Testaments vergleichbar.

Ohne Scharmützel erreichte das Heer Metemma, und am 28. August war es nur noch vier Tagereisen weit von Chartum, wo Englands Ehre im Sudan wiederhergestellt werden sollte! Jetzt näherte man sich der Entscheidungsschlacht. Die grauen Kanonenboote fuhren langsam den Nil hinauf, dessen Flut hoch gestiegen war; die Sonnenglut brannte entsetzlich, aber Schritt für Schritt ging es vorwärts, und die Lagerplätze wurden so gewählt, daß nächtliche Überrumpelungen nicht möglich waren.

Da erscheinen in weiter Ferne Scharen berittener Derwische. Der Weg geht durch Buschwerk und zwischen Hügeln weiter. Schon zeigen sich weiße Zelte und feindliche Fahnen. Trommelwirbel erschallen – der Kalifa ruft die Seinen zum Kampf. Aber die Derwische ziehen sich wieder zurück; das englisch-ägyptische Heer setzt seinen Marsch fort.

Endlich steigt am südlichen Horizont die gewölbte Kuppel über dem Grab des Mahdi am Nilufer auf, und oberhalb des Grabmales werden Omdurmans gelbgraue Lehmhäuser und Mauern sichtbar. Zwischen der Stadt und dem Heere liegt eine mit gelbem Gras bedeckte Sandebene. Vor der Stadt zeigt sich eine dunkle Linie. Vielleicht eine Verschanzung? Doch nein, sie bewegt sich, es ist eine Menschenmauer, die Derwische beabsichtigen zu kämpfen. Nun ist für die Weißen die Stunde der Rache da – nun beginnt ein Spiel, das den ganzen Sudan in Schrecken versetzen soll.

Das Kriegsgeheul der Derwische nähert sich wie eine Brandung, schon ist das Klirren ihrer Waffen vernehmbar. Noch sind sie einen

Kilometer entfernt – da machen sie wieder kehrt. Kitchener läßt die Nacht ruhig verstreichen; seine Zeit wird schon kommen.

Am Morgen des 2. September steht das Heer in Schlachtordnung. Aus dem Nebel auf den Hügeln im Süden kommen vereinzelte Reiter hervor. Es werden immer mehr, ein Heer von fünfzigtausend Derwischen wimmelt vor den Engländern bunt durcheinander. Wieder steigt ihr fanatisches Kriegsgeheul zum Himmel empor und rollt wie ein Sturmwind über die Ebene hin. Sie reiten zum Angriff heran – Gott sei ihnen gnädig, sie reiten in ihr Verderben! Unter dem Wehen der Fahnen nähert sich die lange Linie in scharfem Trab, als wolle sie wie eine Lawine den Feind begraben. Nun sind sie in Schußweite – da knattern viele Tausende Gewehre, und die Reiterhorden machen plötzlich halt, während die Kartätschen Tod und Entsetzen in ihren Reihen verbreiten.

Aber nur einen Augenblick sind die gelichteten Reihen der Derwische in ihrem Ansturm gehemmt. In blinder Wut und mit einer Tapferkeit, die nur religiöser Fanatismus erzeugen kann, reiten sie vorwärts. Aber die englischen Kugelspritzen versenden ihre tödlichen Geschosse so dicht, daß man nur einen einzigen vibrierenden Ton zu hören glaubt. Die englischen Soldaten feuern so schnell, daß sich die Gewehre erhitzen und mit andern vertauscht werden müssen. Die Derwische fallen kompanieweise, aber die Lücken werden immer wieder durch neue Glieder ersetzt. Die Leichen in den weißen, blutbefleckten Kaftanen bedeckten wie Kirschblüten nach einem Wirbelwind im Frühjahr die Walstatt. Endlich ziehen sie sich zurück.

»Vorwärts nach Omdurman!« lautet das englische Kommando; noch ist der blutige Tag nicht zu Ende. Die Derwische sammeln sich wieder, die Fahne des Kalifa wird auf einem Hügel aufgepflanzt und neben ihr die grüne Fahne des Propheten; sie ruft die Gläubigen zum letzten Verzweiflungskampf. Unter dem Schutz der heiligen Fahne rückt eine Linie ins Feuer; schon schwankt sie und wird niedergemäht. Aber kaum hat sich der Pulverrauch verzogen, so rückt eine zweite auf der blutigen Spur der ersten vor, um dasselbe Schicksal zu erleiden. Die Derwische schlagen sich wie Löwen, denn hier gilt es die Herrschaft im Sudan, Mahdi, Kalifa und Paradies, Sieg oder Tod! –

Als der Tag zu Ende ging, war das Heer des Kalifa vernichtet, und seine Fahne, die beim Tode Gordons gehißt worden war, sank in den

Staub. Elftausend Tote, sechzehntausend Verwundete, viertausend Gefangene! Der Kalifa selbst entkam. Sein Harem und seine Diener verließen ihn, und er, der am Morgen noch der Despot eines unermeßlichen Reiches gewesen war, irrte bei Sonnenuntergang als ein Geächteter im Gebüsch umher. Er floh südwärts, und es gelang ihm, ein neues Heer zu sammeln, das aber im nächsten Jahre ebenfalls vollständig aufgerieben wurde. In dieser Schlacht fiel er selbst.

Nun blieb dem Sieger noch eine teure Pflicht zu erfüllen. Dreizehn Jahre und sechs Monate waren seit Gordons Tod vergangen, und nun sollte der Held, wo auch immer seine Gebeine zwischen den Ufern des Weißen und des Blauen Nils bleichen mochten, endlich seine christliche Totenfeier erhalten. Auf dem Hofe vor Gordons Palast in Chartum bildeten die Truppen drei Seiten eines Karrees; auf der vierten stand Kitchener inmitten der Divisions- und Brigadegeneräle und seines Stabes. Kitchener erhebt die Hände, die Fahne Großbritanniens fliegt zur Spitze der Fahnenstange auf dem Palast hinauf und wird von den Kanonenbooten mit donnerndem Salut begrüßt. Das Musikkorps der Garde spielt die englische Nationalhymne. Jetzt flattert Ägyptens Fahne neben der englischen unter den Klängen der Hymne des Khedive empor. Vier Geistliche verschiedener christlicher Bekenntnisse verrichten das Totenamt. Dann blasen die Sudanesen den Lieblingsmarsch Gordons, und ein letztes Hoch der Offiziere und der Mannschaft gilt dem Rächer des Gefallenen, dem General Kitchener.

Im Generalstab des siegreichen englischen Heeres befand sich auch Slatin Pascha, dem es nach zwölfjähriger, mit ungebrochener Standhaftigkeit ertragener Gefangenschaft endlich gelungen war, die Wachsamkeit des Kalifa und seiner Diener zu überlisten und nach einer abenteuerreichen Flucht Vaterland und Familie wiederzusehen. Nach Wiederaufrichtung der englisch-ägyptischen Herrschaft im Sudan wurde er zum Generalinspektor dieses Landes ernannt, ein Posten, den er noch heute bekleidet.

Der Vogel Strauß

Heute ist im Sudan alles anders geworden, eine Eisenbahn führt vom Nildelta nach Chartum und eine andere vom Roten Meer nach Berber. Chartum besitzt nun Schulen, Krankenhäuser, Kirchen und andere öffentliche Gebäude, und die Dampfer auf dem Weißen Nil gehen gefahrlos bis zu den großen Seen. Gordons Plan, den Viktoria-Njansa mit Mombasa an der Küste zu verbinden, ist verwirklicht, und eine Eisenbahnlinie durchschneidet Britisch-Ostafrika. Kurz, die Weißen sind von allen Seiten immer tiefer in den Weltteil der Schwarzen eingedrungen und haben sich zu Herren über fast ganz Afrika gemacht. Der Tierbestand dieses Erdteils ist dadurch vielfach beeinträchtigt worden, und durch den Übereifer der Jäger ist das jagdbare Wild in einigen Gegenden vollständig verschwunden; es hat unzugängliche Gebiete aufgesucht, wo es einstweilen noch in ungestörter Ruhe leben kann.

In der Sahara, in der Libyschen Wüste, auf den offenen Grassteppen am oberen Nil, auf den Steppen Südafrikas und überall, wo offenes und freies Terrain ist, lebt einer der schönsten und interessantesten Repräsentanten der afrikanischen Tierwelt, der Vogel Strauß. Obgleich er seiner kostbaren Federn wegen seit Jahrtausenden verfolgt wird, kommt er noch in großer Anzahl vor. In den schlimmsten Wüstengegenden hält er sich jedoch nicht auf, er durchkreuzt sie nur, wenn er muß; er bleibt nur da, wo er Wasser in der Nähe hat.

Dieser sonderbare Vogel wird zweieinhalb Meter hoch und wiegt in ausgewachsenem Zustand bis zu fünfundsiebzig Kilogramm. Sein langer nackter Hals trägt einen kleinen platten Kopf mit großen glänzenden Augen; die hohen Beine ruhen auf nur zwei Zehen. Die Flügel, an denen die wertvollen Federn sitzen, sind so klein, daß er sich nicht über den Erdboden erheben kann; dafür aber besitzt er eine schwindelerregende Schnelligkeit und läßt Pferd und Reiter weit hinter sich zurück.

Die Strauße leben in kleinen Scharen zu fünf oder sechs zusammen. Den Vormittag benutzen sie, um sich den Magen mit Pflanzen, aber auch kleinen Tieren und Insekten zu füllen. Dann ruhen sie oder spielen miteinander, wobei sie im Kreise über den Sand laufen, ohne Rücksicht auf Sonnenglut und erhitzten Boden. Dann trinken sie, und am Nachmittag gehen sie wieder auf Nahrung aus. Abends suchen sie ihr Lager auf.

Das Gesicht ist der schärfste Sinn des Straußes, aber auch sein Geruch und sein Gehör sind ungemein fein. Wenn er Gefahr wittert, flieht er mit flatternden Flügeln und nimmt drei bis vier Meter lange Schritte. Er ist stets sorgsam auf seiner Hut, so daß das Zebra gern in seiner Nähe weilt, um durch seine Wachsamkeit Schutz zu haben.

Die Jagd auf Strauße wird von den Arabern in Nordafrika seit alten Zeiten mit schnellen Pferden oder mit Renndromedaren ausgeführt. Zwei oder drei Reiter verfolgen ein Männchen, das nach einstündigem Laufe endlich erschöpft ist. Zwar ermüden auch die Pferde bei solcher Jagd. Aber einer der Reiter zwingt seinen Renner zu einer letzten Anstrengung, überholt schließlich den Strauß und schlägt ihn im Vorbeireiten auf den Kopf, so daß der Vogel tot niederstürzt. Dann springen die Jäger vom Pferde, häuten ihre Beute ab, kehren die Haut um, so daß sie einen Sack für die empfindlichen Federn bildet, und reiten dann wieder nach ihren Zelten zurück.

Die Federn des wilden Straußes sind bei weitem schöner und wertvoller als die des zahmen. Ein ausgewachsener Strauß hat nur vierzehn der größten weißen Federn.

Die Weibchen legen ihre riesigen Eier in eine flache Vertiefung des Sand- oder Tonbodens, und merkwürdigerweise brütet das Männchen sie aus. Bei Tage verlassen sie das Nest auf Stunden, decken es aber mit Sand zu. Schon nach anderthalb Monaten verlassen die Jungen ihr Gefängnis und zeigen sich in der Wüste. Dann sind sie schon so groß wie Hähne, aber ein Straußenei wiegt auch so viel wie vierundzwanzig Hühnereier und mißt in seinem längsten Durchschnitt fünfzehn Zentimeter.

Bewundernswert ist der Appetit des Straußes. Es gibt fast nichts, das sein Magen verschmähte. Der große Tierkenner Brehm, der auf seinem Tierhof zahme Strauße zog, erzählt, daß sie Ratten und Kücken verzehren, kleine Steine und Ziegelsteine verschlucken, und zweimal verschwand Brehms Schlüsselbund im Magen eines seiner Strauße. In einem solchen Straußenmagen fand man einmal vier Kilogramm »Diverses«, nämlich Steine, Lumpen, Metallstücke, Münzen, Schlüssel usw. Ein zahmer Pavian auf Brehms Hofe lebte mit allen Tieren dort in Feindschaft. Nur mit den Straußen vertrug er sich. Aber auch diese

Freundschaft ging schließlich zu Ende, denn wenn sich der Pavian auf der Hofmauer sonnte und seinen Schwanz herabhängen ließ, kam jedesmal einer der Strauße, der seiner Gewohnheit nach alles, was er sah, auf seine Eßbarkeit probieren wollte, um nach dem empfindlichen Anhängsel zu schnappen. Der Affe geriet dann natürlich in Wut und fiel über den Strauß her, wobei es niemals ohne Kratzwunden und ausgerissene Federn abging.

Man sagt, der Strauß sei das dümmste aller Tiere. Einige Zoologen sind nicht dieser Ansicht. Der deutsche Forschungsreisende Schillings, den die nachts mit Blitzlicht aufgenommenen Photographien wilder Tiere berühmt gemacht haben, folgte einmal stundenlang der Fährte einiger Löwen; die Spur führte ihn plötzlich an einem Straußennest vorüber, in dem sich eben ausgebrütete Junge befanden. Gleichwohl waren die Eltern nicht sichtbar, und merkwürdigerweise hatten die Löwen den wehrlosen kleinen Geschöpfen nichts zuleide getan. Bald aber fand er eine Erklärung für diese ungewöhnliche Erscheinung: die alten Strauße, die in der mondhellen Nacht die Gefahr rechtzeitig gemerkt hatten, waren beim Herannahen der Löwen aufgesprungen, um sie vom Nest fortzulocken. Die List war ihnen auch gelungen, die Spur ergab deutlich, daß die Löwen die fliehenden Strauße verfolgt hatten und so immer weiter von dem Neste fortgejagt waren. Als dann das Straußenelternpaar meinte, die Feinde weit genug abgelenkt zu haben, kehrte es auf Umwegen wieder zu seinen Jungen zurück.

Löwenjagd

Wir begeben uns nun nach Mombasa an der Ostküste Afrikas unmittelbar südlich vom Äquator und kommen damit in die eigentliche Heimat des afrikanischen Löwen. Uns begleitet der beste Wegweiser, der zu denken ist, der englische Oberst Pattersson, der zahlreiche Abenteuer mit den Königen der Wüste erlebt hat, und eines von diesen Abenteuern sei hier erzählt. Es ist ein wenig schaurig, aber weder erdichtet noch auch nur übertrieben, denn mehrere tausend Menschen waren Zeugen dieser Begebenheiten.

Oberst Pattersson war im Jahre 1898 zum Dienst an der Ugandabahn kommandiert, die von Mombasa nordwestwärts durch Britisch-Ostafrika nach dem großen Viktoria-Njansa führt, dem größten Quellsee des Nils. Bei seiner Ankunft dort war die Bahn noch nicht weiter fertig als bis an den Tsavo, einen kleinen Nebenfluß des Sabaki, der sich im Norden von Mombasa ins Meer ergießt. Hier am Tsavo, über den eine provisorische Holzbrücke führte, die Patttersson durch eine stehende Eisenbrücke ersetzen sollte, hatten er und einige tausend Bahnarbeiter aus Indien ihr Lager.

Einige Tage nach Patterssons Ankunft hörte er von zwei Löwen, die die Gegend unsicher machten. Zuerst gab er nicht viel darauf, bis nach einiger Zeit einer seiner Diener von einem Löwen fortgeschleppt wurde. Ein Kamerad des Unglücklichen, der in demselben Zelt lag, hatte gesehen, wie der Löwe sich mitten in der Nacht lautlos ins Lager einschlich, geradenwegs in das Zelt hineindrang und den Diener Patterssons an der Gurgel packte. Der Mann hatte gerufen: »Laß mich los!« und seine Arme um den Hals des Raubtiers gelegt. Dann senkte sich wieder nächtliche Stille auf das Lager herab. Am Morgen konnte der Oberst die Löwenspur leicht verfolgen, denn die Füße des Opfers waren auf dem ganzen Weg im Sand nachgeschleift; da, wo der Löwe seine Mahlzeit verzehrt hatte, lagen nur noch die Kleider des Unglücklichen und sein Kopf; seine Augen waren mit einem vor Entsetzen starren Blick gebrochen.

Tief erregt durch diesen Anblick und das traurige Ereignis schwor der Oberst, nicht eher zu ruhen, als bis die beiden Löwen getötet seien. Mit der Flinte in der Hand wartete er in der nächsten Nacht in der Nähe des Dienerzelts. Als es still und dunkel geworden war, ertönte in der Ferne ein Gebrüll, es näherte sich immer mehr; die Löwen kamen, sich ein neues Opfer zu holen. Dann wurde es wieder still; der Löwe greift stets schweigend an, nur wenn er sich auf seine nächtliche Wanderschaft begibt, stößt er zuerst ein dumpfes Gebrüll aus, wie um die Menschen und Tiere in der Wildnis zu warnen. Der Oberst wartete – da ertönten plötzlich in dem nächsten Lager, ungefähr hundert Meter entfernt, Rufe des Entsetzens. Dann wieder Schweigen. Ein neues Opfer war von den Räubern fortgeschleppt worden!

Nun verbarg sich der Oberst in dem andern Lager. Aber auch hier wurde seine Hoffnung vereitelt. Aus großer Entfernung erscholl in der nächsten Nacht herzzerreißendes Geschrei – ein dritter Arbeiter war geraubt worden.

Die indischen Arbeiter schliefen in verschiedenen Lagern, und die Löwen hatte sich jede Nacht ein anderes Lager ausgesucht, um die Leute irrezuführen. Als sie jetzt merkten, daß sie mehrere Nächte jedesmal einen Menschen hatten rauben können, ohne sich dabei einem Angriff auszusetzen, wurden sie immer dreister und zeigten nicht die geringste Furcht vor den Lagerfeuern. Sie machten sich nichts aus dem Aufstand, den sie im Lager verursachten, kümmerten sich nicht einmal um die Flintenkugeln, die man ihnen in der Dunkelheit nachschickte.

Man baute nun um jedes Lager einen hohen, starken Zaun aus Dornsträuchern, aber dennoch gelang es den Löwen stets, darüberzuspringen oder ein Loch zu brechen und ihre Beute trotz alledem zu holen. Bei Tage verfolgte Oberst Pattersson die Löwenspur nach allen Richtungen hin, aber sobald er auf felsigen Boden kam, verlor er sie natürlich aus den Augen.

Noch schlimmer wurde es, als das Bahngleis weiter landeinwärts gelegt wurde und nur ein paar hundert Arbeiter an der Tsavobrücke blieben. Die Zäune wurden außergewöhnlich hoch und stark gebaut, die Wachtfeuer loderten gleich Scheiterhaufen, Wächter wurden allenthalben aufgestellt, die Flinten lagen bereit, und in jedem Lager mußte ein Mann auf leeren Ölkannen trommeln, um die Bestien zu verscheuchen. Aber immer wieder verschwanden neue Opfer. Vor Angst waren die Arbeiter so gelähmt, daß sie nicht einmal schießen konnten, wenn sie die Löwen unmittelbar vor sich hatten. Sogar aus dem Hospitalzelt wurde ein Kranker fortgeschleppt. Das nächste Opfer war ein Wasserträger; er hatte mit dem Kopf nach der Mitte des Zeltes und mit den Füßen zur Tür hin gelegen; der Löwe hatte den Zaun übersprungen, den Mann an den Füßen gepackt und herausgezogen. Der Unglückliche hatte sich an einer Kiste angeklammert, dann an einem Zelttau, das riß. Dann war der Löwe mit seiner Beute im Rachen innen am Zaun entlang gelaufen, um eine undichte Stelle zu suchen, und hatte sich hier durch den Zaun gezwängt. Am Morgen fand man hier Zeuglumpen und Fleischfetzen. Der zweite Löwe hatte draußen gewartet, und beide hatten die Beute geteilt. An einer zurückgelassenen Hand des Getöteten steckte ein Ring, der seiner Frau nach Indien geschickt wurde.

Darauf folgte eine Zeit der Ruhe. Die Löwen waren jedenfalls anderwärts beschäftigt, und die Arbeiter begannen schon der Hitze wegen außerhalb der Zelte zu schlafen. Eines Nachts saßen sie rings um das Lagerfeuer, als der eine Löwe plötzlich über den Zaun sprang, vor ihnen stehenblieb und sie anstarrte. Alles sprang entsetzt auf, warf mit Steinen, Holzscheiten und Feuerbränden nach dem Untier. Aber der Löwe machte unbekümmert einen Sprung, packte wieder einen der Männer und stürmte mit ihm durch den Zaun fort. Die andere Bestie erwartete ihn draußen, und sie verspeisten ihre Beute nur dreißig Meter vom Lager entfernt.

Während einer ganzen Woche saß der Oberst jede Nacht in einem der Lager, wo voraussichtlich der Besuch zu erwarten war. Nichts Nervenerschütternderes, sagt er selbst, als solch ein vergebliches Warten. Immer hörte er das warnende Gebrüll in der Ferne, wenn die Räuber nahten; aber immer schwiegen sie, sobald sie dicht beim Lager waren. Dann pflegten die Wachen zu rufen: »Seht euch vor, Brüder, der Teufel kommt!« Und eine Weile später immer wieder Schreckensrufe und die Todesschreie des Fortgeschleppten! Schließlich ging die Frechheit der Löwen so weit, daß sie beide zugleich den Zaun übersprangen, um sich jeder einen Mann zu holen. Einmal glückte es dem einen Löwen nicht, sein Opfer durch den Zaun zu zwängen; er hatte es im Stich lassen und sich mit einem Anteil an der Beute seines Kameraden begnügen müssen. Der zurückgelassene Mann war aber so fürchterlich zugerichtet, daß er starb, ehe man ihn ins Krankenzelt bringen konnte.

Die von beständiger Todesangst und Nachtwachen erschöpften Arbeiter konnten diesen Zustand schließlich nicht mehr aushalten, sie streikten. Sie waren nach Afrika gekommen, um bei dem Bahnbau zu verdienen, nicht um als Löwenfutter zu dienen. Eines Tages hielten sie einen Zug an, füllten seine Wagen mit ihren Habseligkeiten und fuhren der Küste zu. Die wenigen Mutigen, die bei Oberst Pattersson aushielten, verbrachten ihre Nächte in Bäumen, im Wasserreservoir der Station oder in verdeckten Gruben, die sie sich in ihren Zelten gegraben hatten.

Nun hatte Oberst Pattersson einen englischen Kameraden gebeten, zu ihm an den Tsavo zu kommen und an der Jagd auf die Löwen teilzunehmen. Der Zug, mit dem der Freund anlangte, verspätete sich, und es war bereits dunkel, als der Ankömmling auf dem Fußpfad durch das Dickicht das Lager aufsuchte. Er hatte nur einen Diener mit einer

Laterne bei sich. Auf dem halben Weg vom Bahnhof sprang plötzlich vom Abhang eines Hügels ein Löwe auf sie herab, riß dem Engländer vier tiefe blutende Wunden in den Rücken und hätte ihn fortgeschleppt, wenn jener nicht seinen Karabiner abgefeuert hätte. Betäubt von dem Knall ließ der Löwe unwillkürlich los, stürzte sich aber auf den Diener und war im nächsten Augenblick mit seiner Beute in der Finsternis verschwunden.

Einige Tage darauf meldete plötzlich ein Suaheli, der Abkömmling eines arabischen Vaters und einer Negermutter, der Löwe habe einen Esel geraubt und verzehre ihn ganz in der Nähe. In Begleitung des Boten eilte der Oberst hin und sah schon von weitem über dem Strauchwerk den gelben Rücken des Tieres. Unglücklicherweise trat der Führer auf einen Zweig. Der Löwe verschwand in einem undurchdringlichen Dickicht. Nun wurden alle Leute aufgeboten, die erreichbar waren, und mit Trommeln und Blechkannen versehen umzingelten sie das Dickicht und drangen nun lärmend vor, während der Oberst an der Stelle lauerte, wo die Bestie wahrscheinlich herauskommen mußte. Und richtig, bald zeigte sie sich, ein gewaltiger Löwe, grimmig und wütend über die Störung. Langsam ging er geradeaus, blieb oft stehen und sah sich um und war in seinen Gedanken so mit dem Lärm hinter sich beschäftigt, daß er den Jäger gar nicht gewahrte. Nur noch dreizehn Meter war er entfernt; der Oberst erhob seine Doppelflinte – da hörte der Löwe die Bewegung, krallte die Vordertatzen in die Erde und schickte sich zum Sprung an, indem er wütend fauchte und seine mörderischen Reißzähne zeigte. Der Oberst zielte nach dem mähnenlosen Kopf, drückte ab und – die Flinte versagte!

Aber in diesem Augenblick drehte sich der Löwe um und wich in das Dickicht zurück; einen Schuß beantwortete er nur mit einem wütenden Gebrüll. Nun mußte sich der Oberst bis zur Nacht gedulden. Die tückische Doppelflinte hatte er sich in der Eile geliehen; jetzt galt es also, sich auf die eigenen Waffen zu verlassen. Der Esel lag noch unberührt da. In nächster Nähe des Kadavers wurde ein vier Meter hoher Schießstand errichtet, und bei Sonnenuntergang besetzte der Oberst die kleine Plattform. Am Äquator ist die Dämmerung sehr kurz, und wenn der Mond nicht leuchtet, wird es schnell dunkle Nacht. Dann liegt über den Dschungeln Afrikas eine drückende, unheilverkündende Stille. Pattersson selbst gesteht, daß ihm immer beklommener zumute wurde, je weiter die Nachtstunden fortschritten. Das Gewehr in der Hand, wartete er regungslos; er war gewiß, daß der Löwe kommen und mit seinem Kameraden den Esel verzehren würde, denn aus den Lagern der Arbeiter war diesen Abend kein Angstgeschrei ertönt.

Klang es da nicht, als ob ein dürrer Zweig unter einer schweren Last zerbrach? Ein großer Körper zwängte sich durch die Büsche, das war deutlich zu hören. Dann wieder lautlose Stille. Jetzt ein tiefes Stöhnen, das Zeichen des Hungers – die Bestie war nahe. Wieder rauschte es leise zwischen den Büschen, dann durchschallte ein häßliches Gebrüll die Nacht. Der Löwe hatte die Nähe eines Menschen gewittert. Wird er umkehren? Im Gegenteil, er verschmäht jetzt den Esel und geht geradenwegs auf den Sitz des Obersten los!

Zwei Stunden lang umschlich das Raubtier den Schießstand und zog seine Kreise immer enger. Dem Jäger war unheimlich zumute. Plötzlich fühlte er etwas Weiches seinen Nacken berühren – »nun hat mich das Scheusal«, dachte er! Aber es war nur eine Nachteule, die die regungslose Gestalt des Obersten nicht bemerkt hatte.

Endlich hatte der Löwe seinen Angriffsplan zurechtgelegt und setzte zum Sprung an. Kaum merkbar zeichnete sich das Tier auf dem Sandboden ab. Da dröhnte der erste Schuß durch die Nacht, der Löwe stieß ein entsetzliches Gebrüll aus und flüchtete in das nächste Gebüsch, wo er sich umherwälzte, noch immer brüllend vor Schmerz. Dann wurden die Töne schwächer und verstummten zuletzt mit ein paar langgezogenen Seufzern. Die Rechnung mit dem ersten Räuber war abgeschlossen!

Noch vor Tagesanbruch zogen die Arbeiter mit Pauken und Trompeten aus und trugen den Obersten unter Freudengeschrei im Kreise um die tote Bestie herum. Der zweite Löwe setzte jedoch seine Besuche fort, wurde dann aber auch bald erlegt. Nun konnten die Bahnarbeiten wieder fortgesetzt werden, und der Oberst besaß in der ganzen Umgegend, die er von einer neunmonatigen Plage befreit hatte, die größte Popularität. –

Solcher Abenteuer erlebte Pattersson eine große Anzahl, nicht nur mit Löwen, sondern auch mit Nashörnern, Flußpferden, Leoparden, Giraffen, Krokodilen usw. Aber noch eines seiner Löwenabenteuer sei hier erzählt.

Eines Tages hatte er in einer kleinen Station oberhalb des Tsavo mit dem Polizeikommissar Ryall in einem Eisenbahnwagen zu Mittag gespeist, nichts ahnend von dem Schicksal, das diesen Mann einige Monate später genau in demselben Wagen treffen sollte. Ein Löwe hatte sich diese Station zu seinem Jagdgebiet ausersehen und schleppte einen Mann nach dem andern fort. Der Polizeikommissar zog deshalb mit zwei andern Europäern hin, um den Ort von dem Räuber zu befreien. Bei der Ankunft erfuhren sie, das Tier könne nicht fern sein, es habe sich ganz kürzlich noch in der Nähe des Bahnhofs sehen lassen. Die drei Europäer beschlossen also, die Nacht über zu wachen. Ryalls Wagen wurde vom Zug abgekoppelt und auf ein Nebengleis geschoben. Hier war die Planierung noch nicht fertig, und infolgedessen stand der Wagen etwas schräg. Nach dem Essen wollten sie abwechselnd Wache halten, Ryall selbst zuerst. In dem Wagen standen zwei Schlafsofas, das eine ziemlich hoch über dem Fußboden. Ryall hatte sie seinen Gästen angeboten, aber der eine wollte lieber zwischen den beiden Sofas auf dem Boden liegen. Als nun Ryall meinte, lange genug gewacht zu haben, und sich keine Spur von dem Löwen zeigte, legte er sich auf dem niedrigen Sofa schlafen.

Der Wagen hatte eine Schiebetür, die sehr leicht in ihren Rillen lief und nicht verschlossen war. Als alles still war, schlich der Löwe aus einem nahen Dickicht heraus, sprang auf die hintere Plattform des Wagens, machte mit der Tatze die Türe auf und glitt lautlos hinein. Aber kaum war er drinnen, so rollte die Tür infolge der Schrägstellung des Wagens wieder zurück, und das Schloß schnappte ein. Nun war die Bestie mit den drei schlafenden Männern zusammen im Wagen eingesperrt! Der auf dem höherstehenden Sofa schlafende erwachte von einem gellenden Angstgeschrei und sah, wie der Löwe, der den schmalen Zwischenraum zwischen den beiden Lagerstätten fast ganz ausfüllte, mit den Hinterbeinen auf dem am Boden Liegenden und und mit den Vordertatzen auf Ryall stand. Mit dem Mut der Verzweiflung sprang er vom Sofa, um die gegenüberliegende Tür zu erreichen, konnte aber nicht an dem Tier vorbeikommen, ohne es auf den Rücken zu treten! Zu seinem Entsetzen merkte er, daß die Diener, vom Lärm aufgeschreckt, die Tür von außen zuhielten. Mit Aufbietung seiner ganzen Kraft gelang es ihm trotzdem, die Tür zu öffnen und hinauszukommen, worauf man sie schnell wieder zuwarf. In demselben Augenblick ertönte ein gewaltiges Krachen – der Löwe war mit Ryall im

Rachen aus dem Fenster gesprungen, und da die Öffnung zu schmal war, hatte er das Holzwerk wie Glas zertrümmert! Am Tage darauf fand man die Überreste des Unglücklichen und begrub sie. Der Löwe wurde aber bald nachher in einer Falle gefangen und noch mehrere Tage gezeigt, ehe man ihn erschoß.

Das Nilpferd

In den Seen und Flüssen Mittelafrikas lebt das große plumpe, häßliche Nilpferd, der Behemoth der Bibel. In alten Zeiten kam es auch in Unterägypten vor und wurde hier Flußschwein genannt. Heute aber muß man schon eine ganze Strecke südwärts über Nubien hinausgehen, um es anzutreffen. In vielen Flüssen unternimmt es Wanderungen, und es richtet sich dabei nach der Regenzeit. Sinkt der Spiegel des Flusses, dann begibt es sich flußabwärts, und wenn der Regen das Flußbett wieder füllt, aufwärts.

Während andere Tiere seit ihrem ersten Auftreten in früheren geologischen Epochen der Erde große Formänderungen durchgemacht haben, hat das Nilpferd sein früheres Aussehen im wesentlichen bewahrt. Es macht darum auch heute noch einen urweltlichen Eindruck. Der rundliche plumpe Körper des Nilpferds ruht auf vier kurzen, unförmigen Beinen mit vier Hufen an jedem Fuß. Der Kopf ist beinahe viereckig, Augen und Ohren sind klein, das Maul entsetzlich breit und die Nasenlöcher groß. Die zwei Zentimeter dicke Haut ist unbehaart und schillert, je nachdem sie naß oder trocken ist, grau, dunkelbraun oder schmutzigrot. Ohne den kurzen Schwanz wird das Tier vier Meter lang; es wiegt soviel wie dreißig ausgewachsene Männer.

Die Nilpferde verleben die meiste Zeit im Wasser; nachts gehen sie aufs Land, besonders in Gegenden, wo die Flüsse selbst nicht viel Nahrung bieten. Schleicht man an ruhigströmenden Flüssen vorsichtig entlang, so kann man das Tier oft überraschen; wenn es auftaucht, um Luft zu schnappen, steigen unter starkem Pusten und Schnauben Strahlen von Spritzwasser aus seinen Nasenlöchern auf. Dann taucht es wieder unter und bleibt wohl drei bis vier Minuten unter Wasser. Ist es unmittelbar unter der Oberfläche, so sieht man über dem Wasser nur sechs kleine Erhöhungen: die Ohren, die Augen und die Nasenlöcher.

Fühlt es sich nicht sicher, so steckt es nur die Nasenlöcher aus dem Wasser und atmet so leise, wie ihm nur möglich ist.

Oft liegen die Nilpferde in seichtem Wasser und plätschern darin herum, oder sie klettern auch auf das Ufer hinauf, um sich zu sonnen und sich's behaglich und bequem zu machen. Dann hört man sie alle Augenblicke vor Wohlbehagen grunzende Töne ausstoßen. Gegen Abend aber suchen sie die tieferen Stellen des Flusses auf, wo sie umherschwimmen, einander jagen und sich mit größter Gewandtheit und Gelenkigkeit im Wasser tummeln. Sie schwimmen außerordentlich schnell und stoßweise und erfüllen dabei die Luft mit brüllenden, gurgelnden Tönen. Gleichwohl können sie aber auch so leise schwimmen, daß man das Wasser gar nicht rauschen hört. Ein verwundetes Nilpferd bringt den Wasserspiegel in so heftige Bewegung, daß kleine Boote in den Schlagwellen kentern können. Wenn mehrere alte Männchen zugleich brüllen, durchdringt der Lärm den Urwald meilenweit, und es rollt wie Donner über das Wasser hin. Kein anderes Tier kann solchen Lärm machen; sogar der Löwe bleibt dann horchend stehen.

Am oberen Nil, oberhalb der Stadt Chartum, wo die üppige Vegetation die Ufer erobert und der Fluß sich oft in Seen und Sümpfen verliert, geht das Nilpferd gleich dem Krokodil nur selten ans Land. Es lebt hier von den Blättern der Lotospflanzen und Papyrusstauden, den weichen Schilfsprossen und den übrigen saftigen Pflanzen, die in Sumpfgegenden gedeihen. Es taucht unter, wühlt minutenlang auf dem Boden des Flusses und trübt das Wasser weit umher. Hat es sein gewaltiges Maul mit Blättern und Stengeln gefüllt, dann erhebt es sich wieder über die Oberfläche, und das Wasser strömt dann in Bächen von seinem gewölbten Leib herab. Jetzt setzt es die Kiefer in Bewegung, und die Zähne zermalmen das Futter; Speichel und Pflanzensaft träufeln ihm wie eine grüne Suppe von den dicken Lippen, und die mächtigen Eckzähne zeigen sich in ihrer ganzen Kraft. Der Appetit des Nilpferdes ist unverwüstlich.

In Gegenden, wo es zur Weide aufs Land geht, verübt es in den Getreide- und Gemüsefeldern großen Schaden und fällt sogar oft die Dorfleute an. Auch läßt es nicht mit sich spaßen, wenn ein Boot es in seiner Ruhe stört. Am gefährlichsten ist die Mutter, solange ihr Junges noch klein ist; sie trägt es auf dem Rücken, wenn sie schwimmt und liegt, ja sie taucht sogar mit ihm unter und bleibt mit ihm lange Zeit auf dem Grund des Flusses. Soll ein Flintenschuß durch den Hautpanzer des Nilpferdes etwas ausrichten, so bedarf es einer tüchtigen Ladung. Wenn das getroffene Tier nach dem Schuß schnaubt und untertaucht, ist es dem Jäger verloren; richtet es sich aber hoch über dem Wasser auf und fällt dann nieder, so traf die Kugel tödlich, und das Tier sinkt auf der Stelle. Der Jäger wartet dann einige Stunden, bis es auf der Oberfläche treibt.

Einige Negerstämme am Weißen Nil graben dem Nilpferd Fallgruben. An den Flüssen, die am Nordufer des Ngami-Sees münden, jagen die Eingeborenen die Tiere mit Harpunen, die eine scharfe, mit Widerhaken versehene eiserne Spitze tragen. Mit dem Holzschaft der Harpune ist durch eine Leine ein Korkstück verbunden. Auf einem aus Rohrbündeln bestehenden Floß werden zwei Kanus gezogen, und zwischen ihnen hocken die schwarzen Jäger mit bereitgehaltenen Harpunen und leichten Speeren. Das Floß wird der Strömung überlassen und treibt lautlos flußabwärts. In der Ferne hört man die Tiere schnauben und im Wasser plätschern. Die Unterhaltung der Jäger verstummt, und jeder muß auf seinem Posten sein. Ein Schilfvorsprung verbirgt die Tiere noch; das Floß gleitet unhörbar daran vorüber. Jetzt sieht man die dunklen Massen über dem Wasserspiegel. Sie wittern keine Gefahr in dem Schilf- und Reisigbündel, das da von der Strömung ihnen entgegengetragen wird. Ein Nilpferd taucht unmittelbar neben dem Floß auf! In diesem Moment erhebt sich der Harpunierer blitzschnell und stößt ihm mit aller Kraft die Waffe in die Seite. Das verwundete Tier taucht mit einer heftigen Wendung bis auf den Grund, aber das auf dem Wasser schwimmende Korkstück zeigt die Richtung seiner Flucht. Nun werden die Kanus zur Verfolgung ins Wasser geschoben. Sobald das Tier wieder auftaucht, wird es von einem Hagel von Wurfspeeren empfangen. Es taucht wieder unter und hinterläßt einen blutroten Streifen im Wasser. Wenn es beim nächsten Auftauchen abermals mit Speeren überschüttet wird, kommt es oft vor, daß es sich wütend gegen seine Verfolger wendet und ein gar zu zudringliches Kanu mit seinen großen Zähnen zerbricht oder ihm von unten her mit dem Kopf einen gewaltigen Stoß versetzt. Dann und wann begnügt sich das verwundete Nilpferd auch nicht mit dem Kanu, sondern geht auf die Männer los, und mancher kühne Jäger ist von ihm schon zerrissen worden.

Ist aber das verwundete Nilpferd ermattet, dann fischt der Jäger das Korkstück auf, rudert ans Land, schlingt die Leine um einen Baum und zieht mit allen Kräften so lange, bis das Tier aus dem Wasser herauskommt.

Das Fleisch des Nilpferdes wird mit Vorliebe gegessen. Das Fleisch der jungen und das Fett der älteren Tiere gelten als besonders wohlschmeckend; die Zunge ist ein Leckerbissen. Aus seiner Haut fertigt man Reitpeitschen, Schilde und anderes, auch die großen Eckzähne sind wertvoll. Manche Tiersammlungen Europas besitzen Flußpferde, die als Junge gefangen worden sind. Will man sich eines Jungen bemächtigen, so muß man erst die Mutter töten, denn das Junge verläßt sie auch in der Gefahr nicht, bleibt sogar noch bei ihrem toten Körper. Die jungen Flußpferde, die für Zoologische Gärten gefangen werden sollen, werden auch harpuniert. Dabei bedienen sich die Jäger einer besonders eingerichteten Harpune, die nicht tief in das Fleisch der Dickhäuter eindringen kann; infolgedessen ist die Verwundung nur eine leichte und heilt rasch, und dem Transport des jungen Gefangenen steht nichts mehr im Wege. In der ersten Zeit ernährt man das Junge mit Kuhmilch; es braucht für eine Mahlzeit die Milch von vier Kühen. Aber es fühlt sich im Schutz der Menschen nicht wohl, es träumt von Afrikas Seen und Flüssen, wo es unter Lotosblättern und in Rohr- und Binsenverstecken lag. Statt des rauschenden Flusses ist es jetzt auf einen elenden Teich beschränkt. Und doch ist es, der Bibel nach, der Erstling der Werke Gottes.

David Livingstone

Bei einer ehrlichen und frommen, aber armen Arbeiterfamilie in Blantyre bei Glasgow in Schottland wurde vor hundert Jahren ein Junge geboren, dessen Name später weltberühmt werden sollte. Er hieß David Livingstone und wurde nicht nur der Entdecker unbekannter Länder und Volksstämme, Seen und Flüsse, sondern auch einer der edelsten Männer, die je dem Wohle ihrer Mitmenschen ihr eigenes Leben geopfert haben.

In der Dorfschule lernte er schnell lesen und schreiben, aber da die Eltern nicht in der Lage waren, ihn studieren zu lassen, gaben sie den zehnjährigen Knaben in eine Baumwollspinnerei, wo er von 8 Uhr früh bis abends um 10 arbeiten mußte. Die schwere Arbeit aber brach seinen Mut und seinen Lerneifer nicht, und während die Maschinen um ihn herum surrten und das Garn sich um die Spulen schlang, schweiften seine Gedanken sehnsüchtig umher jenseits der Fabrikmauern und beschäftigten sich mit Natur und Leben da draußen. Fleiß und sorgfältige Arbeit brachten ihm bald höheren Lohn ein, und seine Ersparnisse verwendete er auf den Einkauf aller möglichen Bücher, die ihn bis tief in die Nächte hinein beschäftigten. Zur Vermehrung seiner Kenntnisse besuchte er eine Abendschule, und an Feiertagen machte er mit seinen Geschwistern weite Fußtouren über Land.

So reifte der Knabe David zum Jüngling heran, und eines Tages erklärte er seinen Eltern, er wolle Missionsarzt werden, die Völker des Orients und des Südens besuchen, den Kranken helfen und allen, die ihn hören wollten, das Evangelium predigen. Um die Mittel zum Studium zu gewinnen, sparte er von seinem Fabriklohn, und als er genug für den Unterhalt während des ersten Semesters hatte, ging er nach Glasgow, wo er sich für wöchentlich zwei Mark fünfzig Pfennig ein Zimmer mietete und Medizin studierte. Nach Schluß des Semesters kehrte er in die Fabrik zurück, um sich die Mittel für ein weiteres halbes Jahr zu erwerben. Auf diese Weise schlug er sich durch die Universitätsjahre durch, machte schließlich sein Examen mit Auszeichnung, und eines Tages begleitete ihn sein Vater zum letztenmal nach Glasgow, um ihm dort auf ewig Lebewohl zu sagen! Der junge Missionsarzt reiste nach Afrika ab.

Zunächst begab er sich nach dem Kap und von da nach Kuruman, der nördlichsten Missionsstation im Betschuana-Lande. Von hier machte er mehrere Reisen in das Innere des Landes, um die Eingeborenen und ihre Sprache kennenzulernen, ihren Kranken Hilfe zu bringen und ihr Vertrauen zu gewinnen. Als er einmal von einer solchen Reise heimkehrte, fand er an einem Rastort, 250 Kilometer von seinem Ziel entfernt, ein kleines schwarzes Mädchen unter seinem Wagen kauernd. Die Kleine war ihren Besitzern entlaufen, um nicht später als Sklavin von ihren Angehörigen verkauft zu werden, und zu Fuß dem Wagen des Missionars gefolgt. Livingstone labte sie mit Speise und Trank, als sie plötzlich laut zu weinen begann. Sie hatte einen Mann mit einer Flinte erblickt, der ihr nachgeschickt worden war, um sie zurückzuholen, und sich nun drohend dem Wagen näherte. Aber Livingstone nahm das Mädchen in Schutz und sorgte dafür, daß es auch später vor der Sklaverei bewahrt wurde.

Dieses Kind war ihm ein Sinnbild Afrikas, der Heimat des Sklavenhandels, und Livingstone verstand den Ruf, der an ihn erging: bis zu seinem Lebensende arbeitete er, wie Gordon viele Jahre später, an der Befreiung der Sklaven. Er bekämpfte die grausamen Sitten und den stumpfen Aberglauben der Eingeborenen und hoffte, sich mit der Zeit Schüler heranbilden zu können, die seine Lehre im Lande weiterverbreiten würden. Livingstone bewies den Schwarzen, daß die Zauberei ihrer Medizinmänner, die zugleich Regenmacher waren, nur Betrug sei, und daß er selbst ihnen Wasser für ihre Felder verschaffen könne. Aber nicht durch Beschwörungen, sondern durch Kanäle, die von den benachbarten Flüssen abgeleitet würden. Durch glückliche Kuren half er den Kranken, deren Mut und Kaltblütigkeit oft sein Erstaunen erregten. Ohne eine Bewegung und ohne einen Schmerzensschrei ließen sie sich Geschwüre wegschneiden oder andere tiefe Eingriffe mit seinen Messern vornehmen. Dann sagte er wohl manchmal: »So schrei doch, Mensch, es tut ja weh«, aber der Eingeborene antwortete: »Ein Mann schreit nicht, nur Kinder schreien.«

So gewann er allmählich ihr Vertrauen und eine ungewöhnliche Macht über die Schwarzen. In einigen Gegenden hielt man ihn für einen Hexenmeister, der über geheime Kräfte verfüge und Tote erwekken könne. Da er aber niemals an seinen eigenen Vorteil dachte, sondern immer nur um das Wohl der Schwarzen besorgt war, die er stets freundlich, nie mit harten Worten behandelte und denen er ein gleichmäßig ruhiges, offenes Wesen zeigte, erwarb er sich die Liebe und Bewunderung dieser Wilden, die nur eines nicht verstanden, daß ein so mächtiger Häuptling sich zum Diener anderer machte, statt, wie sie es sonst gewohnt waren, die Schwächeren zu unterdrücken und auszunutzen. Die schlimmste Drohung in seinem Munde war, daß er sie verlassen werde, wenn sie ihm nicht gehorchten; und wenn er dann wirklich zu einem anderen Stamm weiterziehen mußte, schickten ihm die Häuptlinge ihre eigenen Söhne mit zuverlässigen Leuten als Begleiter zu ihren Nachbarn mit.

Im Jahre 1843 gründete Livingstone die Missionsstation Mabotsa unweit der jetzigen Stadt Mafeking, die heute von Kapstadt aus mit der

Eisenbahn leicht zu erreichen ist. Der Häuptling des Ortes war gern bereit, ihm Grund und Boden zu verkaufen, er erhielt ja Glasperlen und andere für ihn kostbare Sachen dafür. Vor siebzig Jahren aber war jene Gegend noch völlige Wildnis, und Livingstones Leben schwebte häufig in größter Gefahr. So war einmal ein Löwe in das Dorf eingebrochen und hauste entsetzlich unter den Schafen. Die Eingeborenen machten unter Livingstones Führung Jagd auf ihn. Der Störenfried wurde auch schwer verwundet und zog sich ins Dickicht zurück; aber plötzlich stürmte er aus dem Buschholz wieder heraus, stürzte sich auf Livingstone, zerfleischte ihm die Schulter und zerbrach ihm den linken Arm. Schon hatte er seine Tatze auf dem Kopf des Missionars, als ein christlicher Eingeborener auf die Bestie eindrang, die nun ihr Opfer fahren ließ, um den neuen Angreifer ebenfalls übel zuzurichten. Das Tier war aber so schwer verwundet, daß seine Kraft erschöpft war und es tot niederstürzte. Aber noch dreißig Jahre später fühlte Livingstone die Narben des Löwenbisses, und den linken Arm konnte er nie wieder höher als bis zur Schulter erheben.

Nachdem die Wunden geheilt waren, baute er mit eigenen Händen das neue Missionshaus, wobei er sich durch das Auffangen eines herunterfallenden Steins den kaum geheilten Arm wieder schwer verletzte. Als dann das Haus langsam fertig geworden war, bezog er es mit seiner jungen Frau, der Tochter des als Forschungsreisender hervorragenden Missionars Moffat in Kuruman.

In Mabotsa wohnte noch ein zweiter Missionar, der nur darauf ausging, Livingstone das Leben zu verbittern. Dieser aber wollte den Schwarzen nicht das Schauspiel geben, daß sich weiße Männer untereinander stritten. Daher räumte er dem andern das Feld und zog mit seiner Frau abermals weiter, siebzig Kilometer nordwärts. Das Haus in Mabotsa hatte er von seinen eigenen Ersparnissen gebaut; denn da die englische Missionsgesellschaft ihm nur achtzehnhundert Mark Jahresgehalt gab, konnte zu einem Hausbau nicht viel übrigbleiben. Als er fortzog, waren die Eingeborenen ringsum ganz verzweifelt. Als schon die Ochsen vor den Wagen gespannt waren, baten sie ihn noch flehentlich, doch bei ihnen zu bleiben, und versprachen ihm, ein neues Haus für ihn zu bauen. Aber er blieb fest und begab sich nun nach dem Dorfe Tschonuane, wo der Unterhäuptling Setschala herrschte.

Dieser empfing Livingstone mit großer Freude und hörte seine

Predigten mit großer Aufmerksamkeit an. Er versprach sogar, seinen ganzen Stamm zum Christentum zu bekehren, und zwar mit Hilfe der Flußpferdpeitsche. Da aber Livingstone dieses Verfahren nicht billigen konnte, meinte Setschala, daß er ohne Anwendung der Peitsche wohl schwerlich seine Untertanen zum Glauben an Christus bewegen könne! Er selbst schickte übrigens seine zahlreichen Frauen außer einer fort und verringerte dadurch bedeutend sein Ansehen; denn einen Häuptling mit nur einer Gattin fand man recht armselig!

Von dieser neuen Station aus machte Livingstone eine Reise ostwärts in die Gegend, die holländische Buren von Kapland aus bereits aufgesucht hatten. Die Kapkolonie hatten sie verlassen, weil die englische Verwaltung keinen Sklavenhandel duldete und die Freilassung der Hottentotten befahl. Die Buren gründeten deshalb eine eigene Republik, Transvaal genannt, weil sie jenseits des Vaals, eines Nebenflusses des Oranjeflusses, lag. Hier meinten sie, die Schwarzen ungestört zum Sklavendienst zwingen zu können; sie besetzten alle Quellen, und die Eingeborenen mußten in ihrem eigenen Lande von der Gnade der Fremden leben.

In seinem neuen Wohnsitz hatte Livingstone alle Hände voll zu tun; er baute, bestellte seinen Garten, besuchte die Kranken, besserte seine Flinten und Wagen aus, flocht Teppiche und Schuhzeug, predigte, gab Unterricht in einer Kinderschule, hielt medizinische Vorträge und unterrichtete die Eingeborenen, die gleichfalls Missionare werden sollten. Seine Mußestunden verwendete er auf naturwissenschaftliche Sammlungen, die er nach seiner Heimat schickte; daneben studierte er die giftige Tsetsefliege und das mörderische Fieber, das sie hervorrief, und arbeitete unverdrossen daran, Mittel gegen beide zu finden.

Sein neuer Wohnsitz hatte aber eine große Schattenseite; es fehlte an Regen und Bewässerung; daher beschloß Livingstone, noch weitere siebzig Kilometer nordwärts nach Kolobeng überzusiedeln, wo er sich zum drittenmal ein eigenes Haus baute. Auch diesmal waren seine schwarzen Freunde über seinen Entschluß ganz bestürzt. Da sie ihn nicht zum Bleiben bewegen konnten, packte der ganze Stamm seine Habseligkeiten zusammen und begleitete ihn, und nun ging es aufs neue ans Roden, Bauen und Anpflanzen. In Kolobeng behielt Livingstone fünf Jahre seinen festen Wohnsitz, die längste und letzte Ruhezeit seines Lebens, das weiterhin eine ununterbrochene Wanderschaft wurde. Auch hier gewann er das Vertrauen und die Freundschaft der Eingeborenen, denn um einem Kranken beizustehen, ritt er Tag und Nacht meilenweit, aller Gefahren ungeachtet. In Kolobeng wurde ihm auch eine neue große Freude, das Spiel mit seinen eigenen Kindern, die hier zur Welt kamen.

Die Nachbarschaft der Buren vernichtete aber den eigentlichen Erfolg seiner Arbeit. Sie haßten ihn als einen Feind des Sklavenhandels und beschuldigten ihn, daß er Setschalas Stamm mit Waffen versehe und gegen die Buren aufhetze. Sie drohten, alle schwarzen Missionare, die sich in Transvaal sehen lassen würden, ohne weiteres zu töten, und ließen kein Mittel unversucht, auch Livingstone zu beseitigen. Daher beschloß dieser, noch weiter nach Norden vorzurücken, wo weiße Männer, die Christen hießen, aber die Eingeborenen wie Tiere behandelten, ihn nicht in seiner Wirksamkeit hinderten. Eine in Kolobeng hereinbrechende Hungersnot unterstützte diesen Entschluß. Eine große Dürre hatte die Saaten vernichtet und das Flußbett völlig ausgetrocknet. Die Eingeborenen mußten fortziehen, um von der Jagd zu leben, und die Frauen sammelten Heuschrecken als Nahrungsmittel. Kein Kind besuchte mehr die Schule, und die Kirche öffnete sich sonntags vergebens. So brach also Livingstone zu einem neuen Ziele auf.

Die Entdeckung des Ngami-Sees

Schon als Livingstone Afrika zum erstenmal betreten hatte und in Kuruman weilte, hörte er, daß fern im Norden ein großer Süßwassersee liege, den man Ngami nannte. Und auf einer seiner späteren Fahrten war es ihm schon einmal gelungen, bis auf zehn Tagereisen zu diesem von Europäern noch nicht besuchten See vorzudringen. Aber er mußte damals umkehren, weil unter den Zugochsen die Rinderpest ausbrach. Nun traf aber eines Tages in Kolobeng ein Bote des schwarzen Königs Letscholetebe bei ihm ein, der am Ngami-See herrschte. Dieser ließ den Missionar bitten, zu ihm zu kommen, und versprach die beste Aufnahme. Auch gebe es in seinem Lande viel Elfenbein. Als die Leute Livingstones von Elfenbein hörten, waren sie sogleich zu der langen Reise bereit, und am 1. Juni 1849 ging es wieder nordwärts.

Ein Freund Livingstones, der Engländer Oswell, begleitete den Zug; als wohlhabender Mann hatte er mehrere Wagen, achtzig Ochsen, zwanzig Pferde und fünfundzwanzig Diener mitgenommen. Einer der letzteren diente als Wegweiser, denn schon nach zwei Tagen ging die Reise durch Gegenden, die noch nie der Fuß eines Europäers betreten hatte. Am Wüstenrand hielten sie in einer Talmulde Rast; ringsum waren die Quellen versiegt, nur in einer Grube, wo sich ein Nashorn im Sande gewälzt hatte, stand noch so viel Wasser, daß beim Nachgraben jedes Pferd ein Maul voll erhielt. Für die Ochsen reichte es aber schon nicht mehr aus, und da der Weg zur nächsten Raststelle hundertundzwanzig Kilometer weit quer durch die berüchtigte Kalahari-Wüste ging, trieb man die Ochsen nach der letzten ergiebigen Quelle vierzig Kilometer weit zurück. Als sie von dort wiederkamen, hatte man inzwischen mehrere wasserreiche Brunnen gegraben, und als nun die ganze Karawane zu der Wüstenreise aufbrach, hatten sich alle Tiere satt getrunken.

Karg und nackt lag die Wüste vor ihnen. Die ausgedörrten Wagen knarrten über die Sandebene hin, und die Räder schnitten tiefe Furchen. Bald nahm die Kraft der Ochsen, denen das Wasser fehlte, ab. Drei Tage lang zogen die schweren Gespanne nordwärts durch die Kalahari, und erst siebzig Kilometer waren zurückgelegt. Da hatte plötzlich der Führer keine Ahnung mehr vom Wege, und als man ihn nach der Entfernung bis zur nächsten Quelle fragte, antwortete er aufs Geratewohl: fünfzig Kilometer. Eine trübe Aussicht für die Reisenden! Bis dahin mußten ja sämtliche Ochsen vor Durst umgekommen sein! Die Pferde wurden deshalb vorausgeschickt, um wenigstens sie zu retten. Mit ihnen konnte man im Notfall allein weiterziehen, wenn die übrige Karawane verlorenging, und vom Ertrag der Jagd leben. Auch konnten die Ochsen der Spur der Pferde folgen und vielleicht durch eigene Klugheit eine Quelle finden.

Die Pferde und ihre Führer waren aber noch nicht eine Stunde weit gekommen, als sie auf Buschwald stießen, und bald verriet das Quaken einiger Frösche einen Sumpfsee, dessen Süßwasser für die ganze Karawane lebenspendend wurde.

Nach zweimonatiger Reise erreichte Livingstone das Ufer des Ngami-Sees, den noch nie ein Europäer erblickt hatte. Der König Letscholetebe erwies sich aber nicht so freundlich, wie man gehofft hatte. Da er hörte, Livingstone wolle noch weiter nordwärts zu dem großen Häuptling Sebituane ziehen, fürchtete er, dieser werde von den weißen Männern Feuerwaffen erhalten und sein Land um den See herum mit Mord und Plünderung überziehen. Infolgedessen mußte die Expedition schließlich wieder nach Kolobeng zurückkehren. Aber Livingstones Ausdauer ließ sich nicht abschrecken; er kam noch ein zweites Mal an den Ngami-See zurück in Begleitung seiner Familie und Oswells und freute sich, wenn er nun seine Kinder in dem von ihm entdeckten See plätschern sehen konnte.

Auf dieser Reise gelangte er auch in das Reich des mächtigen Sebituane, wo er aufs gastfreundlichste empfangen wurde. Der Häuptling, der in diesem Teil von Innerafrika als gutherziger Mensch bekannt war, freute sich sehr, einen weißen Mann zu sehen, und verstand sogleich das Wohlwollen, das dieser weiße Missionar ihm und seinem Stamm entgegenbrachte. Schon am ersten Sonntag besuchte er Livingstones Predigt und hörte mit großer Aufmerksamkeit zu. Einige Tage darauf erkrankte Sebituane aber an einer Lungenentzündung, und bald sah Livingstone, daß der Häuptling im Sterben liege. Seine letzten Worte galten Livingstones kleinem Sohn: »Bringt ihn in die Hütte der Frauen und gebt ihm Milch!« – Dann war der neue Freund Livingstones verschieden.

Nun setzten die beiden Reisenden ihre Wanderung nordostwärts nach dem großen Dorfe Linjanti fort und entdeckten bald darauf einen gewaltigen Fluß namens Sambesi. Sein Unterlauf war den Europäern schon seit langer Zeit bekannt, aber niemand wußte, woher er kam. Das Klima in dieser Gegend war sehr ungesund, und an die Gründung einer neuen Missionsstation war daher nicht zu denken. Das Makololovolk, der Stamm des toten Häuptlings, versprach ihm zwar Grundbesitz, Hütten und Ochsen, wenn er bei ihnen bleiben wolle, aber er trug sich mit größeren Plänen. Ehe hier an eine Missionsstation gedacht werden konnte, mußte erst ein ehrlicher Handel aufblühen; auch das Makololovolk hatte angefangen, Sklaven zu verkaufen, um sich Schußwaffen und andere begehrenswerte Dinge aus Europa zu verschaffen. Brachte man sie nun statt dessen dazu, mit Elfenbein und Straußenfedern zu handeln, so konnten sie gleichfalls alles, was ihr Herz begehrte, von europäischen Kaufleuten eintauschen. Aber dazu fehlte zunächst ein Weg zur Küste, nach der des Atlantischen oder des Indischen Ozeans, und diesen Weg zu finden war nun Livingstones nächste Absicht. Später, meinte er, wenn ein ehrlicher Handel den Verkauf der Sklaven überflüssig gemacht habe, würde es noch Zeit genug sein, hier das Christentum zu predigen.

So brach er denn nach Süden auf. Frau und Kinder konnten ihn auf diesen mühevollen Reisen nicht begleiten; sie schickte er heim nach England. In Kapstadt sagte er ihnen Lebewohl, dann fuhr er allein nach Kuruman und begab sich auf einem westlichen Umweg nach Kolobeng. Unterwegs wurde er lange aufgehalten, und diesmal zu seinem Glück. Denn inzwischen hatte der erste Präsident der Burenrepublik, Pretorius, mit sechshundert Buren und siebenhundert schwarzen angeworbenen Kriegern Kolobeng verheert, Livingstones ganze Habe geraubt, sein Vieh fortgetrieben, alles, was sie nicht mitnehmen konnten, sogar die Möbel im Hause, zertrümmert, seine Bücher zerrissen, die Dörfer der Eingeborenen überfallen und sechzig Menschen mit Kanonen niedergeschossen. Die Hoffnung der Buren aber, Livingstone selbst zu fangen, erfüllte sich zum Glück nicht. Die Schwarzen hatten sich übrigens tapfer gewehrt, und fünfunddreißig Buren waren auf der Walstatt geblieben. Dieser Überfall sollte eine Strafe der Schwarzen sein, weil sie englischen Reisenden freien Durchzug gewährt hatten. Dabei waren diese Buren Christen, aber sie verschlossen allen Europäern ihr Land, damit sie selbst ungehindert die Schwarzen mißhandeln und aussaugen und als Sklaven gebrauchen konnten, während sie selbst behaglich daheim saßen, ihre Pfeife rauchten und in schönster Ruhe – die Bibel lasen!

Von Küste zu Küste

Im Jahre 1853 trat Livingstone seine Weiterreise zur Westküste an und gelangte zuerst zu dem Makololovolk. Hier herrschte Sebituanes Sohn Sekeletu, der ihn freundlich aufnahm und ihn am liebsten gar nicht wieder fortgelassen hätte. Als dann Livingstone dennoch längs des Sambesi flußaufwärts weiterzog, begleitete ihn der Häuptling mit vielen seiner Krieger. Nach einigen Tagesmärschen trafen sie auf den Halbbruder des Häuptlings, der Mpepe hieß, Sklavenhändler war und dem Sekeletu längst nach dem Leben trachtete, um dadurch seine

Macht zu vergrößern. Zweimal versuchte es Mpepe, seinen Stiefbruder zu töten, und einmal war es Livingstone, der den Häuptling vor einem Speerwurf rettete. Der Streit zwischen den beiden Nebenbuhlern endete schließlich damit, daß Mpepe selbst getötet wurde.

Noch weiter aufwärts am Sambesi wohnte der Vater des Getöteten. Dieser verbündete sich nun mit einem Nachbarhäuptling, um für seinen Sohn Rache zu nehmen. Beim ersten Zusammentreffen der beiden Parteien wurden zunächst friedliche Verhandlungen gepflogen, bis Sekeletu plötzlich ein Zeichen gab: sogleich umringten seine Krieger die beiden feindlichen Häuptlinge, und ehe Livingstone es verhindern konnte, wurden sie von den Leuten Sekeletus niedergehauen. Die Leichname wurden zerstückelt und den Krokodilen des Sambesi vorgeworfen. Livingstone war über diese Hinterlist so empört, daß er sogleich den Ort verließ und weiterwanderte.

Dann machte Livingstone seinen merkwürdigen Zug von Linjanti nach Loanda an der Westküste südlich der Kongomündung. Diesen Weg hatte vor ihm noch kein europäischer Reisender zurückgelegt. Seine Begleiter waren siebenundzwanzig Makololomänner, und sein Gepäck bestand fast aus nichts anderem als aus Zeugstoffen und Glasperlen, den in Afrika gangbaren Münzen. Proviant führte er nicht mit, denn er beabsichtigte, von dem zu leben, was auf der Wanderung selbst sich ihm und seinen Leuten bot.

Diese Reise war antrengend und mühevoll und führte durch ein Gewirr wilder Völker. Zunächst ging es den Sambesi hinauf und dann an andern Flußufern weiter. Infolge heftiger Regengüsse mußten zahlreiche angeschwollene Wasserläufe und tückische Sümpfe überschritten werden. Seit Livingstone einmal mit einem Boot schlechte Erfahrungen gemacht hatte, ließ er sich stets von einem Ochsen durch das nasse Element tragen. Wolken von Moskitos schwärmten über das feuchte Erdreich, und das Fieber warf Livingstone derart nieder, daß er nicht einmal mehr auf seinem Ochsen sitzen konnte. Aber unter all diesen Plagen versäumte er nie, die ihn umgebende Naturwelt zu beobachten und die Karte seines Wegs auszuarbeiten. Sein Tagebuch war ein dicker Band mit starken Deckeln und verschließbarem Schloß, und er schrieb darin fein und zierlich wie gedruckt. Man sollte denken, die Makolololeute hätten der mühsamen Wanderschaft durch unbekannte Gegenden und Völkerschaften überdrüssig werden müssen;

aber gar nichts vermochte sie, ihren Herrn und Führer zu verlassen. Schon beim Antritt dieser langen Reise hatte Livingstone eine Schar von achtzehn aneinandergeketteten Sklaven befreit, und je weiter er durch die Wälder drang, desto öfter mußte er sehen, wie der Sklavenhandel die Menschen verwilderte, sie mißtrauisch und gehässig machte. Mehr als einmal befreite er Sklavenzüge dadurch, daß er den Treibern einfach befahl, die Gefangenen laufenzulassen.

Durch Güte und Freundlichkeit gewann Livingstone so allenthalben das Vertrauen der Wilden, so daß sie ihm nicht allein freien Durchzug gewährten, sondern ihm sogar Lebensmittel schenkten. Machte hier und da auch wohl ein Häuptling Schwierigkeiten und verlangte als Zollgebühr einen Ochsen, eine Flinte oder einen von Livingstones Begleitern, so verstand dieser doch so gut mit ihm fertig zu werden, daß er schließlich in Frieden weiterziehen durfte. Oft entwaffnete er solch einen Häuptling durch einen Spaß, und wenn das nicht half, beruhigte er die erregten Gemüter durch sein Skioptikon mit biblischen Bildern. In gespannter Erwartung drängten sich die Schwarzen hinter ihm zusammen, wenn die Bilder auf dem Wandschirm erschienen, nicht frei von Furcht, daß es Geister seien, die ihnen Übles tun wollten. Von einem andern Gottesdienst als dem Anblick dieser biblischen Bilder wollten sie aber nichts hören.

So näherte sich Livingstone mit seiner tapfern Schar Schritt für Schritt der Westküste. Kurz vor seinem Ziel wurde ihm aber noch von einem unversöhnlichen Häuptling ein schwerer Zoll abgepreßt; er büßte seine Filzdecke, sein Rasiermesser und eine Menge Kleidungsstücke ein, und seine Leute mußten ihren Schmuck und ihre kupfernen Armringe hergeben. Von allem entblößt, trafen sie endlich einen Portugiesen, und in seiner Gesellschaft hielt Livingstone seinen Einzug in das portugiesische Gebiet an der Westküste. Von den Portugiesen in Loanda wurde Livingstone gastfrei aufgenommen; sie verschafften ihm alles, was er brauchte, und kleideten ihn von Kopf bis Fuß neu ein.

Vor Loanda lagen mehrere englische Kreuzer, die gekommen waren, um den Sklavenhandel unmöglich zu machen. Bei diesen seinen Landsleuten erfreute sich nun Livingstone einer herrlichen Ruhezeit. Welch ein Genuß, wieder einmal in einem ordentlichen Bett zu schlafen, nachdem er ein halbes Jahr lang immer nur auf nassem Boden gelagert hatte! Und wieviel Neues hörte er nun aus der großen Welt, aus der so lange keine Nachricht zu ihm gedrungen war. Man berichtete ihm vom Krimkrieg, in dem Gordon als unbekannter Leutnant zum erstenmal kämpfte, und von der Hilfsexpedition, die auf die Suche nach dem Nordpolfahrer Franklin und seinen unglücklichen Gefährten ausgefahren war. Nach so vieljährigem Umherwandern im schwarzen Weltteil wäre es gar zu schön gewesen, sich in einer bequemen Schiffskabine auf dem Rückweg nach England gründlich auszuruhen! Aber Livingstone widerstand der Versuchung. Er wollte seine treuen Makololomänner nicht einem ungewissen Schicksal überlassen, da er obendrein festgestellt hatte, daß der Weg nach der Westküste sich nicht zur Handelsstraße eignete. Vielleicht wies der Sambesi einen sichereren Weg vom Innern nach der Ostküste hin, und um diesen festzustellen, bot er allen Gefahren und Fiebern Trotz, sagte den Engländern und Portugiesen Lebewohl und zog abermals in das dunkelste Afrika hinein.

Bevor jedoch Livingstone Loanda verließ, ordnete er seine Papiere, seine Aufzeichnungen und Karten der neuentdeckten Länder zu einem gewaltigen Paket. Aber das englische Schiff, das seine Post an Bord genommen hatte, scheiterte bei Madeira und ging mit Mann und Maus unter! Nur ein einziger Passagier wurde gerettet. Livingstone befand sich noch in der Nähe der Küste, als ihn diese Unglücksnachricht erreichte, und nun mußte er alle diese Niederschriften und Zeichnungen noch einmal anfertigen, eine Arbeit, die mehrere Monate in Anspruch nahm. Und doch konnte er noch von Glück sagen! Hätte er heimreisend seine Makolololeute im Stich gelassen, so wäre auch er mit dem verunglückten Schiff zugrunde gegangen.

Regen und Krankheit verursachten auf dieser neuen Reise mancherlei Hindernisse, aber sonst ging sie leichter vonstatten. Aus Loanda hatte er einen großen Vorrat Geschenke für die Häuptlinge mitgenommen, und jetzt bei seiner Rückkehr war er ihnen ja auch schon bekannt. Als er in die Dörfer des Makololovolkes wieder einzog, kam ihm der ganze Stamm entgegen, um ihn zu begrüßen, und Livingstone hielt einen Dankgottesdienst vor allem Volk. An den nächtlichen Feuern wurden Ochsen geschlachtet, die schwarzen Männer schlugen ihre Trommeln, unter Tanz und Gesang stiegen Freudenrufe über die Kronen der Affenbrotbäume empor, und von obenher funkelten die Sterne durch die Wedel der wilden Palmen.

Sekeletu zeigte sich noch immer freundschaftlich gesinnt. Livingstone hatte ihm aber auch ein prächtiges Geschenk aus Loanda mitgebracht, eine abgelegte Oberstuniform, in der er nun sonntags in der Kirche erschien; sie zog die Aufmerksamkeit des Volkes weit mehr auf sich als der Prediger mit seinen Worten. Sekeletus Freigebigkeit ging so weit, daß er, als Livingstone nun nach der Ostküste weiterziehen wollte, seinem weißen Freund zehn Schlachtochsen, drei seiner besten Reitochsen und Mundvorrat für die ganze Reise schenkte. Und hiermit noch nicht genug, befahl er hundert seiner Krieger, als Wache mitzuziehen, und so weit, wie sein Name Wald und Feld beherrschte, gab er Befehl, daß alle Jäger und Ackerbauer dem weißen Manne und seiner Schar geben sollten, was diese brauchten. Livingstones Reisen sind ja überhaupt dadurch besonders merkwürdig, daß er sie ohne nennenswerte Unterstützungen aus der Heimat durchführte; als Freund der Afrikaner legte er weite Strecken ausschließlich als ihr Gast zurück.

Nun wurde die Richtung flußabwärts längs des Sambesiufers eingeschlagen, eine völlig unbekannte Strecke. In Linjanti hatte Livingstone schon während seiner früheren Besuche von einem gewaltigen Wasserfall des Sambesi gehört, und nun war es ihm beschieden, diesen Niagara Afrikas zu entdecken. Er gab ihm den Namen Viktoria-Fall. Oberhalb des Falls ist der Sambesi 1800 Meter breit, und über eine Basaltschwelle hinweg stürzt sich dieser ungeheure Fluß 119 Meter in die Tiefe, wo die siedenden und brodelnden Wassermassen ein oft kaum 50 Meter breiter Felsenkessel zusammenpreßt. Wolken von Sprühregen und Wasserdampf schweben beständig über dem Fall; daher nennen die Eingeborenen ihn »das rauchende Wasser«. Die Beschreibung des Viktoria-Falls machte später auf die Europäer einen weit tieferen Eindruck als die übrigen Entdeckungen Livingstones. Daß es in Afrika einen Wasserfall gebe, der sich mit dem Niagara messen könne, ja ihn an wilder Schönheit und großartiger Kraft sogar noch übertreffe, davon hatte man bis dahin nichts geahnt. Heute führt eine Eisenbahn über den Viktoria-Fall, und auch eine Stadt ist in seiner Nähe entstanden, die Livingstones Namen trägt. –

Das betäubende Tosen des Viktoria-Falls verhallte in der Ferne hinter den Wanderern, und die Schar folgte weiter den Waldpfaden von der Grenze eines Stammes zu der eines andern. Mit bewundernswerter Ruhe setzte Livingstone allen Gefahren und Tücken Mut und Todesverachtung entgegen, und mit unermüdlichem Fleiß arbeitete er an seiner Karte Südafrikas, dessen Grundlinien er aufzeichnete. Im Lauf der Jahre war er mehr Forscher als Missionar geworden, aber der Grundgedanke seiner Zukunftsträume war stets: das Ende der geographischen Entdeckungsarbeit ist nur der Anfang der Tätigkeit des Missionars.

In der ersten portugiesischen Station am Sambesi ließ er seine Makolololeute mit dem Versprechen zurück, daß er später zurückkommen, sie abholen und nach ihren Dörfern zurückführen werde. Dann fuhr er den Sambesi hinunter nach Quelimane und hatte somit Afrika von Küste zu Küste durchquert. Livingstone war der erste wissenschaftlich gebildete Europäer, dem dies gelang.

Nachdem er so fünfzehn Jahre im Innern Afrikas verbracht hatte, konnte er es sich wohl erlauben, auch einmal heimzureisen. Eine englische Brigg brachte ihn nach Mauritius, und Ende 1856 langte er in England an. Ungeheurer Jubel empfing ihn überall, und wohl noch nie war ein Forscher so geehrt worden wie er! Von Stadt zu Stadt huldigte man ihm als einem Helden, und er benutzte diese seine Popularität, um überall gegen den Sklavenhandel zu predigen und seinen Landsleuten die Überzeugung beizubringen, daß die Weißen für die Befreiung der Schwarzen verantwortlich seien. Afrika, das dunkel und vergessen unter seinen wandernden Regengürteln dagelegen hatte, wurde nun mit einem Male der Mittelpunkt der Aufmerksamkeit aller Gebildeten.

Zwar blieb auch Tadel dem Sieger bei seiner Heimkehr nicht erspart. Wie stets gab es Geographen, die behaupteten, seine Entdeckungen seien bereits von andern gemacht worden, aber das Geschrei dieser Zwerge gegen den Riesen verstummte nach und nach. Auch die Missionsgesellschaft gab ihm zu verstehen, daß er nicht genug für die Verbreitung des Evangeliums gewirkt habe, daß er zu sehr Forscher und zu wenig Missionar gewesen sei. Livingstone trat deshalb aus der Missionsgesellschaft aus, und als er nach mehr als zwölfmonatigem Aufenthalt in der Heimat mit seiner Frau nach Afrika zurückkehrte, reiste er im Auftrag der englischen Regierung.

Während dieser zweiten, sechs Jahre dauernden Wanderung durch den schwarzen Erdteil gelang ihm unter andern wichtigen Entdeckungen die Auffindung des großen Nyassa-Sees, aus dessen Umgebung bisher jährlich neunzehntausend Sklaven nach Sansibar gebracht wurden; die Zahl der Ärmsten, die auf dem Weg nach der Küste zusammenbrachen, dürfte alljährlich noch viel größer gewesen sein.

Während dieses zweiten Aufenthalts in Afrika starb Livingstones Gattin und wurde unter den dichten Zweigen eines Affenbrotbaums begraben. Auch dieses Unglück beugte seinen Mut und seine Arbeitskraft nicht, und als er nach sechs Jahren in seine Heimat zurückreiste, hatte er wiederum ein gewaltiges Stück Aufklärung des Innern Afrikas hinter sich gebracht.

Afrikas Apostel

Im Jahre 1866 landete Livingstone abermals in Zanzibar und diesmal in der Eigenschaft als britischer Konsul von Innerafrika. Er durchquerte das Land nach dem Nyassa-See hin; als er aber in den Booten der Eingeborenen nach dem Westufer dieses Sees übersetzen wollte, hinderten ihn Araber daran, die ihn als gefährlichsten Feind des Sklavenhandels kannten. Er mußte deshalb zu Fuß um den See herumgehen und eroberte Schritt für Schritt dem menschlichen Wissen neue Gebiete, arbeitete Karten aus, schrieb Aufzeichnungen nieder und legte Sammlungen an. Nochmals näherte er sich Gegenden, die er von der vorigen Reise her schon kannte, wo die Weiber der Schwarzen an den Ufern des Flusses von Krokodilen weggeschleppt wurden, wo er seine Gattin verloren hatte und wo alle Missionare, die man auf seinen Vorschlag dorthin geschickt hatte, am Fieber gestorben waren!

Nur siebenunddreißig Leute hatte er bei sich; einer von ihnen, Musa, hatte ihn schon früher begleitet, und viele von den Dienern waren Inder. Bald stellte sich aber heraus, daß seine Begleitung elendes Gesindel war. Die Inder mußte er entlassen, und von den übrigen konnte er nur wenigen Vertrauen schenken. Die besten waren Susi und Tschuma, die später in Afrika und Europa als Vorbilder der Treue berühmt wurden. Musa dagegen war ein Schuft. Als er von einem arabischen Sklavenhändler erfuhr, das ganze Land, durch das Livingstone vordringen wolle, werde von kriegerischen Stämmen bewohnt, die kürzlich eine Schar von vierzig Arabern überfallen und niedergemacht hätten, packte ihn und die meisten seiner Gefährten solche Furcht, daß sie ausrissen. Bei seiner Ankunft in Zanzibar erzählte dann

Musa dem englischen Konsul, Livingstone sei überfallen und getötet und seine ganze Habe geraubt worden. Er hatte seinen erlogenen Bericht so geschickt erdacht und so gut auswendig gelernt, daß er sich beim Kreuzverhör in keine Widersprüche verwickelte und allenthalben Glauben fand. Die englischen Zeitungen brachten schon spaltenlange Klagelieder über den Toten. Nur ein Freund Livingstones, der ihn auf seiner früheren Reise begleitet hatte und den Diener Musa genau kannte, zweifelte an der Wahrheit des Berichts. Er begab sich selbst nach Afrika, folgte der Spur des Totgesagten und erfuhr denn auch bald von den Eingeborenen, daß Livingstone niemals überfallen worden sei, sondern sich jetzt auf dem Weg nach dem bisher unbekannten Tanganjika-See befinde.

Dieser Weg war weit und mühevoll und brachte Livingstone große Verluste. Die Lebensmittel gingen aus, und ein gemieteter Träger brannte mit der Reiseapotheke durch. Infolgedessen war Livingstone aller Mittel gegen das Fieber beraubt, und seine Gesundheit wurde ernstlich erschüttert. Dennoch erreichte er die Südspitze des Tanganjika-Sees, und ein Jahr später entdeckte er den Bangweolo-See. Zu Boot besuchte er die im See liegenden Inseln und erregte großes Aufsehen unter den Eingeborenen, die noch nie einen Weißen erblickt hatten.

Rings um den See dehnten sich große Sümpfe, und Livingstone hatte die Überzeugung gewonnen, daß man in dieser Gegend die äußerste südliche Quelle des Nils zu suchen habe. Die Frage nach der Wasserscheide des Nils fesselte ihn so stark, daß er ein Jahr nach dem andern in Afrika blieb, und doch war es ihm nicht vergönnt, dieses Problem zu lösen. Er hat nie erfahren, daß der aus dem Bangweolo-See strömende Fluß nicht zum Nil geht, sondern ein Nebenfluß des Lualaba oder oberen Kongo ist.

Am Ufer des Bangweolo meuterten die meisten seiner Begleiter, aber er wußte sie so weit zu beruhigen, daß sie ihm noch weiter folgten. Er reiste nun in Gesellschaft eines freundschaftlich gesinnten Arabers, der Muhammed hieß. Zu der Schar gehörten noch einige andere Araber, mehrere Eingeborene vom Ostufer des Tanganjika-Sees und Sklaven, die Elfenbein und Proviant trugen. Und wie oft sah jetzt Livingstone große Scharen von Sklaven einherwandern, die mit einem Gabelholz, das um ihren Hals griff, vorwärtsgestoßen wurden und, wenn sie sich nicht weiterschleppen konnten, von ihren unmenschlichen Peinigern auf der Stelle getötet wurden, damit sie nicht andern Händlern zugute kamen. Einmal hörte er eine solche Schar aus voller Brust singen, und als er sie nach dem Grund ihrer Fröhlichkeit fragte, antworteten sie, daß sie Rachelieder sängen. Jetzt würden sie nach der Küste gebracht, um sich in der Sklaverei abzuarbeiten, aber dereinst würde dieses Joch abgeschüttelt werden. Dann würden sie in ihre Wälder zurückkehren und dort ihre Tyrannen ihrerseits quälen.

Livingstone erkrankte auf dieser Reise gefährlich und mußte auf einer Bahre getragen werden. Oft lag er bewußtlos in Fieberträumen und verlor völlig die Zeitrechnung. Wenn man nur glücklich zum Tanganjika-See hin gelangte und über den See hinüber nach dem Land Udjidji am östlichen Ufer, dann fand er ja wieder Ruhe, neue Vorräte und Briefe aus der Heimat, und diese Hoffnung hielt ihn aufrecht.

Von allem entblößt und elend erreichte er wirklich Udjidji, einen der Hauptpunkte des arabischen Sklavenhandels. Aber die erwarteten Vorräte waren spurlos verschwunden, und von den zahlreichen Briefen, die er an den Sultan von Zanzibar und in seine Heimat geschrieben hatte, ist niemals ein einziger angekommen. Die Stämme an der Ostseite des Sees lagen gerade miteinander in Fehde. Dennoch ließ Livingstone den Mut nicht sinken. Kein Geschick erschien widrig genug, um die Widerstandskraft dieses Mannes zu brechen. Mit Susi und einer Schar neuangeworbener Träger brach er aufs neue auf, um westwärts über den See zu gehen, wo das Land Manjema sein Ziel sein sollte. Durch dessen Randgebiet strömte der Lualaba, und wenn es ihm gelang festzustellen, wo dieser mächtige Fluß blieb, ob er dem Mittelländischen Meer oder dem Atlantischen Ozean zuströmte, dann wollte er mit ruhigem Gewissen in seine Heimat zurückkehren. Er hatte sich vorgenommen, den schwarzen Weltteil nicht eher zu verlassen, als bis er dieses Problem gelöst habe, und diesem Entschluß hat er vergeblich sein Leben geopfert.

Auch im Manjema-Lande führten die Schwarzen Krieg mit ihren Nachbarn, verspeisten ihre erschlagenen Feinde, beteten Götzen an, die sie selbst aus Holz schnitzten, und glaubten an Beschwörungen und ähnlichen Hokuspokus. »Sterben bei euch die Leute auch oder kennt ihr Beschwörungen, die gegen den Tod helfen?« fragten sie. »Wo bleibt der Mensch, wenn das Leben erloschen ist?« Und Livingstone versuchte, ihnen dies alles zu erklären.

In westlicher Richtung zog er dann weiter. Der Lualaba ließ ihm keine Ruhe. Die Eingeborenen der Gegenden, die er durchwanderte, hielten ihn für einen Sklavenhändler gleich den andern Fremdlingen und unterstützten ihn daher in keiner Weise. Aber welch ein märchenhaftes Land durchwanderte er! Auf den Hügeln schwankten die Palmen im Wind, und Kletterpflanzen, so dick wie Kabeltaue, wanden sich um Riesenbäume, auf denen kreischende Papageien von Ast zu Ast flogen. Ganze Heerscharen munterer Affen lebten in den grünen Laubgewölben, und die Tierwelt wetteiferte mit der Vegetation an Mannigfaltigkeit und Reichtum. Seltsame Pflanzen, die Insekten und selbst kleine Fische, die sich in das nasse Gras hinaufschnellten, an sich zogen und verspeisten, wuchsen an den Ufern der Flüsse, und für all solche Naturerscheinungen hatte Livingstone ein immer offenes Auge.

Durch den Eintritt der Regenzeit verlor er mehrere Monate, und als er sich zur Weiterreise anschickte, hatte er nur noch drei Begleiter, darunter die beiden Getreuen Susi und Tschuma. In den dunklen Gestrüppen des tropischen Waldes zerriß er sich die Füße, über umgestürzte Baumstämme und morsche Äste kletterte er vorwärts, durch hochangeschwollene Flüsse mußte er waten, während zwischen den Kronen der Bäume und in dem dichten Unterholz die Fieberdünste schwebten gleich kaum sichtbaren Schleiern. Abermals erkrankte er und mußte lange in einer dürftigen Hütte auf einem Grasbett liegen, wo er seine Zeit damit zubrachte, immer wieder seine schon ganz zerlesene Bibel zu studieren oder sich von den Eingeborenen über ihre Kämpfe mit Menschen und Menschenaffen berichten zu lassen; denn auch der Gorilla hauste dort im Walde.

So verging ein Jahr nach dem andern, ohne daß auch nur das schwächste Echo des Weltgetümmels an Livingstones Ohr drang, und er selbst war für die europäische Welt verschollen! Was ihn festhielt, war immer noch der Lualaba-Fluß. Ergoß sich sein unerschöpfliches Wasser in das große Meer im Westen oder floß es langsam durch Wälder, Sümpfe und Wüsten nach Ägypten hin?

Livingstone hatte eine Tochter namens Agnes. Sie ist noch am Leben, und in ihrem gastfreien Hause in Edinburgh sind noch die Tagebücher ihres Vaters zu sehen, seine alte Bibel und seine Instrumente. Als junges Kind hatte sie ihrem Vater geschrieben, er solle sich nicht beeilen heimzukehren ihretwegen, sondern es sei weit besser, wenn er erst ruhig sein Werk vollende, auf daß er selbst damit zufrieden sei. Solch eine Aufmunterung von seiten seiner eigenen Tochter konnte ihn natürlich in seinem Entschluß zu bleiben nur bestärken, und in einem Brief aus Manjema schrieb er ihr, daß er auch seinen jungen Landsleuten ein Beispiel von Ausdauer geben wolle. In diesem Briefe erzählte er auch, wie alt, grau und zahnlos er geworden sei, daß er eingefallene Wangen und eingesunkene Augen habe. Ein Häuptling hatte ihm einen jungen Gorilla geschenkt, über den er schreibt: »Wenn das Tier sitzt, ist es beinahe zwei Fuß hoch, und es ist der klügste, am wenigsten alberne Affe, den ich gesehen habe. Er streckt seine Hände bittend aus, damit man ihn aufhebe und umhertrage, und wenn man sich dann weigert, verzerrt er sein Gesicht wie ein weinender Mensch und ringt die Hände genau so wie ein Mensch! Manchmal streckt er dabei noch eine dritte Hand aus, um die Aufforderung noch dringlicher erscheinen zu lassen. Mich nahm er sogleich zum Freund, und wenn ihn jemand neckte, suchte er bei mir Schutz; auf meiner Matte hat er sich eine Lagerstatt aus Gras und Blättern gemacht, und wenn es Schlafenszeit ist, deckt er sich mit der Matte zu. Leider kann ich ihn nicht mit nach Hause bringen, denn ich fürchte, er wird sterben, ehe ich heimreise. Aber recht struppig sieht er aus; solange seine Mutter lebte, die ihn sauber pflegte, war sein langes schwarzes Haar hübsch und fein. Aber wozu soll ich ihn auch mitbringen? Ich werde schon allein genug begafft – zwei Gorillas, er und ich, würden gewiß nicht zufrieden gelassen werden!« –

Im Februar 1871 verließ dann Livingstone Manjema und begab sich nach Njangwe am Ufer des Lualaba, einem der Hauptnester des Sklavenhandels. Wieder zeigten sich die Eingeborenen ihm feindlich, weil sie auch ihn für einen Sklavenhändler hielten, und vergebens versuchte er Boote zu erhalten, um den großen Fluß hinunterzufahren. Einem der Araberhäuptlinge namens Dugumbe bot er reichliche Bezahlung an, wenn er ihm behilflich sein wolle, aber während Dugumbe sich das Anerbieten überlegte, wurde Livingstone Augenzeuge einer Begebenheit, die an Scheußlichkeit alles übertraf, was er in Afrika ähnliches erlebt hatte.

Es war an einem schönen Julitag am Ufer des Lualaba; fünfzehnhundert Schwarze, besonders Frauen, hatten sich in einem Uferdorf zu einem Markt versammelt. Livingstone streifte draußen im Freien umher, als er auf einmal sah, wie zwei Kanonen auf die Menge gerichtet und abgefeuert wurden. Die Sklavenhändler waren am Werk! Viele der Überfallenen stürmten zu ihren Booten, aber die Bande der Sklavenjäger schnitt ihnen den Weg ab und überschüttete sie mit einem Pfeilregen, und die Boote am Ufer lagen zu dicht nebeneinander, um in Eile abgestoßen zu werden. Das Geschrei der Verwundeten erfüllte die Luft, und alles rannte in Verzweiflung durcheinander. Auf dem Spiegel des Flusses zeigte sich eine Menge schwarzer Köpfe; viele der Verfolgten versuchten, schwimmend eine anderthalb Kilometer entfernte Insel zu erreichen, aber die Strömung war ihnen entgegen. Einige gingen still unter, andere stießen laute Rufe des Entsetzens aus und streckten die Arme gen Himmel, ehe sie in die dunklen Kristallsäle der Krokodile hinuntersanken. Drei Kähne, die zu stark besetzt waren, gingen unter, und ihre ganze Besatzung ertrank. Allmählich wurde die Zahl der über dem Wasser sichtbaren Köpfe immer kleiner, und nur noch wenige Menschen kämpften um ihr Leben, als sich der Häuptling Dugumbe endlich ihrer erbarmte und die letzten einundzwanzig retten ließ. Eine tapfere Frau weigerte sich aber, seine Hilfe anzunehmen, und zog die Krokodile der Gnade des Sklavenkönigs vor. Die Araber selbst schätzten die Umgekommenen auf vierhundert Mann. Die Beschreibung solcher Szenen, die nachher durch die ganze englische Presse ging, erregte in Europa einen solchen Sturm des Abscheus, daß eine Kommission eingesetzt und nach Zanzibar geschickt wurde, um den Sklavenhandel an Ort und Stelle zu studieren und mit Hilfe des Sultans von Zanzibar Mittel und Wege zu seiner Ausrottung zu suchen. Mit welchem Erfolg, das wissen wir! Noch zu Gordons Zeit war der Sklavenhandel im Sudan in vollem Gange, und noch viele Jahrzehnte sollten vergehen, ehe die Macht der Sklavenhändler gebrochen war!

Für Livingstone selbst war es aber ein Glück, daß er sich nicht dem Häuptling Dugumbe angeschlossen hatte, denn die Eingeborenen sammelten sich zur Gegenwehr, überfielen den Sklavenhändler und seine Schar und töteten zweihundert ihrer Peiniger.

Die Frage nach dem Schicksal des Lualaba-Flusses blieb aber nun ungelöst, und Livingstone selbst begann zu fürchten, daß sein Traum, im Lualaba die Nilquelle vor sich zu haben, falsch sei. Ein Gerücht drang zu ihm, daß der Fluß nach Westen abbiege; aber immer noch konnte er nicht den Glauben aufgeben, daß der Lualaba nach Norden gehe und die Nilquelle deshalb unter den Zuflüssen des Bangweolo-Sees zu suchen sei. Obgleich die Schwierigkeiten um ihn herum wie Mauern emporwuchsen, wurde sein Entschluß, nicht nachzugeben, nur noch fester. Ohne eine starke, gut ausgerüstete Karawane konnte er allerdings nichts durchsetzen. Daher mußte er nach Udjidji zurückkehren, wo neue Vorräte von der Küste sicherlich längst eingetroffen waren. Unter tausend Gefahren bewerkstelligte er den Rückzug durch das empörte Land, und halbtot von Fieberanfällen und von allem entblößt erreichte er im Oktober Udjidji.

Hier wartete seiner aber eine neue Enttäuschung! Die Vorräte waren freilich angelangt, aber der arabische Schuft, der Livingstones Sachen aufbewahren sollte, hatte sie verkauft, darunter zweitausend Meter Zeugstoff und mehrere Säcke Perlen, die einzige gangbare Münze im Verkehr mit den Schwarzen. Der Araber erklärte ruhig, er habe geglaubt, der Missionar sei tot!

Wie Livingstone in dieser hilflosen Lage zumute war, lesen wir in seinem Tagebuch; er glich dem Mann, der da nach Jericho hinabging und in Räuberhände fiel, und er schien vergeblich auf den Priester, den Leviten und den barmherzigen Samariter warten zu sollen. Aber fünf Tage nach seiner Ankunft in Udjidji schreibt er in sein Tagebuch:

»Als ich aber am tiefsten niedergeschlagen war, da näherte sich doch schon der barmherzige Samariter! Denn eines Morgens kam Susi Hals über Kopf angelaufen und rief atemlos: ›Ein Engländer! Ich sehe ihn!‹ Damit machte er wieder kehrt, um dem Fremden entgegenzueilen. Eine amerikanische Flagge an der Spitze der Karawane verriet die Landsmannschaft der Ankömmlinge. Warenballen, Zelte, Kochgeschirre, Zinkbadewannen usw. wurden da herangebracht, und ich mußte unwillkürlich denken: das muß ein reicher Herr sein, kein so armer Teufel wie ich!«

Wie Stanley Livingstone fand

Während nun Livingstone vor seiner Hütte steht und, die Augen mit der Hand beschattend, die amerikanische Flagge betrachtet, die von dem nächsten Hügel herab im Winde flatternd sich nähert, wollen wir hören, was sich unterdessen in Europa begeben hatte.

Ein junger Journalist namens Henry Morton Stanley, Angestellter der großen Zeitung New-York Herald, deren Besitzer der amerikanische Millionär Gordon Bennett war, befand sich im Oktober 1869 in Madrid. Eines Morgens weckte ihn sein Diener mit einem Telegramm, das nur die Worte enthielt: »Kommen Sie in wichtiger Angelegenheit nach Paris. Gordon Bennett.«

Mit dem ersten Zug fuhr Stanley nach Paris und eilte nach Bennetts Hotel. Bennett empfing ihn mit der Frage:

»Wo, meinen Sie, ist jetzt Livingstone?« –

»Das weiß ich wirklich nicht«, antwortete Stanley.

»Glauben Sie, daß er noch lebt?« –

»Vielleicht – vielleicht auch nicht.« –

»Ich glaube, daß er lebt«, erklärte nun Bennett, »und Sie sollen ihn suchen!«

»Was?« rief Stanley, »ich soll nach Afrika?«

»Ja, ich möchte, daß Sie dorthin reisen und Livingstone ausfindig machen. Vielleicht leidet der alte Mann Mangel; nehmen Sie also alles mit, was er brauchen könnte. Handeln Sie ganz nach Belieben, aber – finden Sie mir Livingstone!«

Stanley hatte nur noch einzuwenden: »Solche Reise kostet Geld.« Aber Bennett antwortete ihm: »Lassen Sie sich 20 000 Mark von der Bank holen, und wenn Sie die ausgegeben haben, so erheben Sie weitere 20 000 Mark und so fort, solange es nötig ist – aber finden Sie mir Livingstone!«

»Schön«, sagte Stanley, »ich werde tun, was ich kann, mit Gottes Hilfe.« Und so ging er denn nach Afrika.

Stanley hatte von Gordon Bennett noch einige andere Aufträge erhalten, die er unterwegs ausführen sollte. Er fuhr den Nil hinauf, besuchte Jerusalem, reiste nach Trapezund und Teheran und quer durch Persien nach Buschehr, auf demselben Wege, der den Lesern des ersten Bandes bekannt ist, und langte erst Anfang Januar 1871 in Zanzibar an.

Hier traf er zunächst gründliche Vorbereitungen zur Reise ins Innere. Er hatte von Afrika nur Abessinien kennengelernt und war nie im Innern des schwarzen Erdteils gewesen, aber als kluger und mutiger Mann unterrichtete er sich über alles Wissenswerte und konzentrierte sich auf sein Vorhaben wie ein Spürhund. Er kaufte so viel Zeug zusammen, daß sich hundert Mann zwei Jahre lang damit kleiden ließen, Glasperlen, Metalldraht und andere Dinge, die den Schwarzen lieb sind; ferner Sättel und Zelte, Flinten und Patronen, ein Boot, Arzneimittel, Werkzeuge, Proviant und Esel. Zwei englische Seeleute schlossen sich der Expedition an, aber beide starben im Fieberlande. Schwarze Träger wurden gemietet und zwanzig Mann, die Stanley seine Soldaten nannte, mit Gewehren bewaffnet. Das große Gepäck wurde auf Boote geladen, und unter Segel ging es von Zanzibar nach dem afrikanischen Festland. In Bagomoyo wurde die letzte Hand an die Ausrüstung gelegt, und nun galt es zu eilen, um den Marsch noch vor Beginn der Regenzeit antreten zu können.

In fünf Abteilungen, zusammen hundertzweiundneunzig Mann, zog die große und reiche Karawane westwärts. Führer der letzten Abteilung war Stanley selbst, und als er, die amerikanische Fahne voran, abzog, war ganz Bagamoyo auf den Beinen. In dem tiefen Schatten der Mimosenhecken marschierten die Soldaten dahin, das Gewehr geschultert, und sangen muntere Lieder; vor ihnen lag die Wildnis, Innerafrika mit seinen dunklen Rätseln!

Beizeiten langte der sangesfrohe Zug an seinem ersten Lagerplatz an. Hier wuchs ringsum hoher Mais, und auf weiten Flächen wurde die Maniokpflanze gezogen. Ihre großen Wurzelknollen enthalten zum größten Teil Stärkemehl, aber auch einen giftigen, milchigen Saft, der tötet, wenn man die Wurzel ohne weiteres verzehrt. Bei richtiger Behandlung läßt sich der Saft aber leicht entfernen, und die zerriebene Wurzel gibt dann ein Mehl, aus dem eine Art Brot hergestellt wird. Um die nahen Sümpfe herum standen niedrige Fächerpalmen und Akazien zwischen üppigem Gras und Farnkräutern in träger Ruhe.

Am nächsten Tage marschierte die Karawane unter Ebenholzbäumen und Kalebaßbäumen, aus deren Fruchtschalen die Eingeborenen Gefäße machen, denn durch äußere Eingriffe läßt sich die Frucht während der Zeit ihres Wachstums fast in jede beliebige Form bringen. Fasanen und Wachteln, Sumpfhühner und Tauben flogen erschreckt auf, als sich die lange Reihe der schwarzen Männer durch das mannshohe Gras hinschlängelte. In den Wasserläufen, die überschritten wurden, lagen Flußpferde, die gar keine Scheu zeigten und behaglich schnaubten.

Lange dauerte aber die günstige Witterung nicht; dann zogen die Vorläufer der Regenzeit mit Geplätscher und Geprassel über das Land hin. Die beiden Pferde der Karawane brachen zusammen; etliche Kerle, denen es in Bagamoyo besser gefallen hatte, rissen aus, und ein Dutzend Träger erkrankte am Fieber. Trotzdem beeilte Stanley seinen Marsch nach Kräften, er selbst schlug jeden Morgen auf einer Blechkanne die Reveille. Durch dichte Dschungeln ging es weiter. In einem kleinen Tal wiegten sich Maisfelder im Winde, und linde Lüfte sausten durch regennasses Zuckerrohr. Die hängenden Bananen glichen vergoldeten Gurken, und rechts und links vom Pfad dufteten Tamarisken und Mimosenbäume. Bisweilen rastete man in Dörfern, die aus gutgebauten Grashütten bestanden.

Nach vierzig Tagen ging die Regenzeit am letzten April zu Ende. Wälder prachtvoller Palmyrapalmen umgaben nun die Wanderer; diese Palmen wachsen fast im ganzen tropischen Afrika, in Indien und auf den Sunda-Inseln, und sie werden schon in einem altindischen Liede verherrlicht, weil ihre Frucht, ihre Blätter und ihr Holz angeblich zu achthundertundein verschiedenen Zwecken brauchbar sind. Dann wurde das Land hügelig, und im Westen überragte ein Bergkamm den andern. Soldaten und Träger freuten sich, aus dem feuchten Küstenland in trockene Gegenden zu kommen, aber den Eseln wurde der Weg jetzt recht sauer. Man lagerte in Dörfern, deren bienenkorbartige Hütten mit Bambusrohr und Bast gedeckt und mit Lehmmauern umgeben waren. Einige Wegstrecken waren so öde, daß nur Euphorbien, Disteln und Dornsträucher im dürren Erdreich Nahrung fanden. An einem kleinen See fand man zahlreiche Spuren von Büffeln, Zebras, Giraffen, Wildschweinen und Antilopen, die zur Tränke dorthin zu kommen pflegten.

In einem Dorf holte Stanley eine große arabische Karawane ein, mit der er das gefürchtete kriegerische Ugogo-Land durchzog. Die gemeinsame Karawane zählte nun vierhundert Mann, die auf dem schmalen Pfade, den Elefanten und Nashörner seit unvordenklichen Zeiten in den Dschungeln ausgetreten hatten, im Gänsemarsch vorrücken mußte. In einer Gegend zeigten die Hütten eine Form wie die Zelte der Kirgisen, und in einer andern erhoben sich mitten im Walde Felsen gleich den Ruinen eines Märchenschlosses.

In Tabora, dem Hauptort von Unjamwesi, einer der vornehmsten Siedlungen in Ostafrika, holte Stanley die vorderen Karawanenabteilungen ein, und die Araber erwiesen ihm alle möglichen Ehren. Sie bewirteten ihn mit Weizenkuchen, Hühnern und Reis und schenkten ihm fünf fette Ochsen, acht Schafe und zehn Ziegen. Prächtig angebaute Felder dehnten sich ringsum, auf denen große Viehherden weideten, und den stattlichen, schöngewachsenen Männern sah man nicht an, daß auch sie Sklavenhändler waren.

Das Land Unjamwesi befand sich gerade im Kriegszustand. Mirambo, ein mächtiger Häuptling im Nordwesten, bedrohte Tabora; die Araber sammelten daher die Unjamwesi-Krieger, um ihm zuvorzukommen, und ein Heer von zweitausendzweihundert Mann zog zum Kampfe aus. Zwanzig Araber gingen mit fünfhundert Eingeborenen auf das Dorf Mirambos los und eroberten es, aber der Häuptling entfloh mit seinen Leuten. Die Hütten wurden geplündert; mit einer reichen Beute von hundert Elefantenzähnen, sechzig Zeugballen und zweihundert Sklaven kehrten die Krieger nach Hause zurück. Damit war aber der Krieg keineswegs zu Ende. Mirambo und seine Leute überfielen die Unjamwesi, töteten alle Araber und eine große Menge Eingeborener und holten sich ihr Eigentum wieder. Auch fünf Leute Stanleys wurden bei dieser Gelegenheit erschlagen.

Als Stanley Tabora verließ, hatte er nur noch vierundfünfzig Mann; er mußte deshalb einen Umweg nach Süden machen, um die im Kriegszustand befindlichen Stämme zu vermeiden. Mit jedem Tag wuchs seine Spannung und seine Sorge. Wo steckte wohl dieser Livingstone, von dem die ganze Welt sprach? War er längst tot oder wanderte er noch immer in den Wäldern Afrikas umher, wie seit fast dreißig Jahren?

Oft mußte Stanley einen oder auch wohl gar zwei Zeugballen einem Häuptling als Zoll bezahlen. Einer dieser schwarzen Könige sandte Lebensmittel, von denen die ganze Karawane vier Tage lang leben konnte, und besuchte dann mit einer Schar schwarzer Krieger Stanley in seinem Zelt. Man forderte sie auf, sich niederzulassen, und eine Weile saßen die Schwarzen still, blickten den weißen Mann neugierig an, berührten seine Kleider, sahen einander an und brachen in schallendes Gelächter aus. Nach und nach wurden sie so vergnügt, daß sie mit den Fingern schnippten und an ihren eingehäkelten Zeigefingern so heftig zogen, daß sie sich fast die Hände ausrenkten. Dann durften sie die Gewehre und die Apotheke besehen. Stanley zeigte ihnen auch eine Flasche Ammoniak und erklärte ihnen, diese Medizin helfe gegen

Kopfschmerz und Schlangenbisse. Der schwarze König klagte darauf sofort über Kopfweh, als aber Stanley ihm die Flasche unter die Nase hielt, fiel er mit verzerrtem Gesicht der Länge nach auf den Rücken, während seine Krieger vor Lachen brüllten und in die Hände klatschten. Für diesmal hatte Seine Majestät genug von der starken Medizin!

Als eines Abends gerade während des Essens Stanley das Zeichen zum Aufbruch gab, kam es zu einer Meuterei unter seinen eigenen Trägern. Diese warfen nach halbstündigem Marsch ihr Gepäck hin und begannen, in drohend aussehenden Gruppen miteinander zu flüstern; zwei Rädelsführer legten sich in den Hinterhalt und richteten ihre Gewehre auf Stanley. Aber dieser griff sofort zu seiner Flinte und drohte ihnen, sie auf der Stelle niederzuschießen, wenn sie nicht sofort ihre Gewehre beiseite legten. Der Vorgang endete ohne Blutvergießen, und die Leute gelobten von neuem, ruhig mit nach dem Tanganjika-See zu ziehen, wie es bei der Abreise vereinbart worden war.

Nun mußte die Karawane durch eine waldige Gegend, wo die Tsetsefliege alles Vieh hinmordete und der kleine Honigvogel geschäftig zwischen den Bäumen umherflog. Dieser Vogel gleicht dem gewöhnlichen Sperling, nur ist er etwas größer und hat auf jeder Schulter einen gelben Fleck. Durch fortwährendes Hin- und Herflattern in bestimmter Richtung macht er die Eingeborenen auf die Stöcke wilder Bienen aufmerksam. Folgt man ihm freundlich pfeifend, ohne ihn durch Lärm zu erschrecken, dann merkt der Vogel, daß man seine Absicht versteht. Je mehr er sich dem Bienenstock nähert, desto kürzere Strecken flattert er hin und zurück, und wenn er am Ziel angelangt ist, setzt er sich auf einen nahen Zweig, um geduldig auf seinen Anteil an der Beute zu warten. Deshalb ist der Honigvogel bei den Eingeborenen sehr beliebt, und sie folgen ihm, wohin er sie ruft. –

Von da wandte sich Stanley nordwärts nach einem Fluß, der sich in den Tanganjika-See ergießt. In kleinen, gebrechlichen Kähnen setzte die Karawane über, während die Esel hinüberschwimmen mußten, wobei eines der Tiere die Beute eines Krokodils wurde. Da begegnete Stanley eines Tages einer aus Udjidji kommenden Karawane und hörte von ihr, daß sich dort ein weißer Mann befinde! »Hurra, das kann niemand anders sein als Livingstone!« dachte Stanley, und sein Eifer, vorwärtszukommen, steigerte sich nun aufs höchste. Durch höhere Bezahlung vermochte er seine Träger zu längeren Tagesmärschen zu bewegen, und immer schneller ging es nun von Land zu Land, von einem Häuptling zum andern.

Einmal verlegte eine Schar Eingeborener der Karawane den Weg, und die Schwarzen riefen Stanley zu: »Weshalb zieht der weiße Mann ohne Gruß und Gabe an dem Dorf des Königs von Ukka vorbei? Weiß er nicht, daß der König von Ukka für die Erlaubnis, sein Land zu durchziehen, Zoll erhebt?« Aus dem benachbarten Dorfe näherten sich fünfzig Krieger mit einem hochgewachsenen Anführer. Er trug einen kirschroten Mantel, eine Kopfbinde und an einem Halsband ein Stück Elfenbein. Alle waren mit Speeren, Keulen, Bogen und Pfeilen bewaffnet. Mit vornehmem Anstand trat der schwarze Häuptling an den Führer der Weißen heran und begrüßte ihn freundlich: »Wie geht es euch, Herr?« Und Stanley erwiderte: »Wie geht es euch selbst, Häuptling?« Stanley setzte sich nun auf einen Zeugballen, und die Schwarzen legten ihre Waffen zur Erde. Nach einer Pause sprach der Häuptling: »Ich bin der große Mionwu, der erste Mann nach dem König von Ukka. Will der weiße Mann dem König keinen Zoll bezahlen? Der weiße Mann ist stärker als wir, er hat Flinten, wir nur Bogen und Speere. Aber Ukka ist groß und unserer Dörfer sind viele. Der weiße Mann mag sich umsehen, alles, was er erblickt, gehört zu Ukka. Wünscht der weiße Mann Krieg oder Frieden?«

Auf diese feierliche Anrede antwortete Stanley: »Der große Häuptling Mionwu weiß, daß weiße Männer nicht gegen schwarze Männer Krieg führen. Sie kommen weder der Sklaven noch des Elfenbeins wegen, sondern um das neue Land zu sehen, seine Berge und Seen, seine Menschen und Tiere, um daheim in ihrem eigenen Lande davon zu erzählen. Die Weißen sind mächtig, ihre Kugeln reichen weiter, als ihr sehen könnt. Aber ich will keinen Krieg, ich will Mionwus und aller schwarzen Männer Freund sein.«

Das Ende dieser Verhandlung war, daß Stanley eine hohe Abgabe an Kattun entrichten mußte. Der nächste Häuptling forderte gleichfalls hohen Zoll, und Sklaven berichteten, daß auf der nächsten Tagereise fünf verschiedene Häuptlinge die gleichen Ansprüche erheben würden. Das ging zu weit! Man konnte sich doch nicht geradezu plündern lassen. Da erbot sich der Führer, für zwölf Ellen Kattun die Karawane bei Nacht durch den Wald zu bringen, wenn man sich ganz still verhalte. Und tatsächlich führte er sie durch das vom Mondlicht überflutete Dickicht, und die Karawane erreichte unbelästigt ihren letzten Lagerplatz vor dem Tanganjika-See.

Der 10. November des Jahres 1871 brach an. Es war ein prächtiger sonniger Morgen, und sechs Stunden lang marschierten Stanley und seine Leute nach Südwesten. Durch dichtes Bambusrohr führte der Pfad auf eine Anhöhe, von der man den silberglänzenden Spiegel des Tanganjika-Sees vor sich sah, und am westlichen Ufer zeigten sich blaue Berge, deren dunstige Silhouetten in der Ferne verschwammen. Die ganze Karawane erhob ein Jubelgeschrei. Von einem letzten Landrücken aus wurde schon das Dorf Udjidji sichtbar, seine Hütten, seine Palmen und seine großen Boote drunten am Ufer. Stanley spähte wie ein Falke am Ufer umher. Das Gerücht vom Verweilen eines weißen Mannes am See war in den letzten Tagen immer bestimmter geworden. Wo war die Hütte des Gesuchten? War es Livingstone, lebte er noch, oder war sein Name nur noch eine Sage oder ein Traum?

Nun wird die Fahne geschwenkt. Die Dorfleute strömen den Ankommenden entgegen unter ohrenbetäubendem Lärm, ein Bewillkommnen, Fragen und Durcheinanderrufen beginnt. Nur noch einige hundert Schritte bis zum Dorf – Vorwärts! Marsch!

Da ruft jemand aus dem Gedränge: »Good Morning, Sir!«

Wer kann das sein? Ein Schwarzer, mit einem weißen Hemd und Turban bekleidet!

»Wer in aller Welt sind Sie?« fragte Stanley.

»Ich bin Susi, Dr. Livingstones Diener!«

»Also Dr. Livingstone lebt?«

»Ja, Herr!«

»In diesem Dorf?«

»Ja, Herr!«

»Dann laufen Sie schnell und holen Sie mir den Doktor!«

Und Susi lief so schnell er konnte.

Als Livingstone die überraschende Kunde von der Ankunft einer Karawane erhielt, stieg er von der Veranda seines Hauses hinunter in den Hof, wo sich auch die in Udjidji wohnenden Araber versammelt hatten. Stanley bahnte sich einen Weg durch die Menge und sah nun einen kleinen Mann vor sich, ergraut und blaß, mit einer blauen Konsulmütze, deren ehemals goldenes Band ganz verblichen war, einem Wams mit roten Ärmeln und abgetragenen grauen Beinkleidern.

Stanleys erste Regung war, auf ihn zuzueilen und ihn zu umarmen; aber mit Rücksicht auf die Volksmenge nahm er nur seinen Hut ab, trat heran und sagte:
»Dr. Livingstone, nicht wahr?«
»Ja«, antwortete dieser freundlich, indem er leicht die Mütze lüftete.
»Gott sei Dank, Doktor, daß es mir vergönnt ist, Sie zu treffen.«
Worauf Livingstone entgegnete: »Auch ich danke Gott dafür, daß ich hier bin, um Sie zu bewillkommnen.«
Die beiden ließen sich nun auf der Veranda nieder, und die umherstehenden Eingeborenen schauten ihnen verwundert zu. Ich fragte Stanley einmal in London bei einem Diner, wie ihm zumute gewesen sei, als er Livingstone so mitten im Herzen Afrikas begegnete; er antwortete, sein Gefühl sei viel zu überwältigend gewesen, um sich beschreiben zu lassen. Er habe den berühmten Einsiedler, der seit fast dreißig Jahren der Welt entsagend unter den schwarzen Völkern umhergewandert war, immer wieder ansehen müssen und jede einzelne Runzel seines bleichen Gesichts betrachtet, in dem sich Leiden und Ernst, die Jahre der Einsamkeit und Arbeit, der Krankheit und Sorge ausprägten; und er habe immer wieder an Gordon Bennetts Worte denken müssen: »Gleichgültig was es kostet – aber finden Sie mir Livingstone!« –
Noch spät am Abend saßen die beiden beisammen und plauderten miteinander. Die Nacht breitete ihre Schleier über die Palmen, und es wurde finster über den Bergen, von denen Stanley heute herabgestiegen war. Eine dumpfe Brandung schlug rauschend an das Ufer des Tanganjika-Sees. –

Livingstones letzte Reise

Vier Monate lang blieben Stanley und Livingstone zusammen. Sie mieteten zwei große Boote und ruderten nach dem Nordende des Tanganjika-Sees. Denn wenn auch Livingstone nach den letzten sechs Jahren sich nach der Heimat sehnte und besonders nach seinen Kindern, so weigerte er sich doch zurückzukehren, ehe er nicht wisse, ob der Lualaba zum Nil oder zum Kongo gehöre. Nun stellten die beiden

Forscher fest, daß der See nördlich keinen Abfluß habe. Damit war das Problem, das Livingstone so tief beschäftigte, aber noch keineswegs gelöst. Erst zwei Jahre später gelang es dem Engländer Cameron, den Lukuga zu entdecken, der aus dem Tanganjika-See heraustritt und sich in den Lualaba ergießt. Und da er obendrein noch feststellte, daß Njangwe am Lualaba hundertundfünfzig Meter tiefer liegt als der Nil bei seinem Ausfluß aus dem Albert-Njansa, so war damit bewiesen, daß der Lualaba nichts mit dem Nil zu tun hatte und daß Livingstones Traum, die äußersten Quellen des Nils im Bangweolo finden zu wollen, eine Täuschung gewesen war! Der Lualaba mußte also dem Atlantischen Ozean zuströmen, und tatsächlich ist er nichts anderes als der Oberlauf des Kongos.

Nur zu bald war Stanleys Zeit abgelaufen. Er mußte nach Zanzibar zurück, um der Welt zu berichten, daß Livingstone noch lebe. Sie begaben sich zusammen nach Tabora, wo Livingstone neue Vorräte erwarten wollte, und Stanley schenkte ihm von seinem Überfluß noch vierzig Lasten Kattun, Glasperlen und Metalldraht, ein Boot aus Segeltuch, ein wasserdichtes Zelt, zwei Hinterlader und andere Waffen und versah ihn reichlich mit Munition, Werkzeugen und Kochgeschirr, Dinge, die für Livingstone unschätzbar waren, da er unbedingt noch so lange in Afrika bleiben wollte, bis er seine Aufgabe gelöst hatte!

Stanley hatte außerdem Livingstone versprochen, in Zanzibar eine Schar zuverlässiger Träger zu dingen und sie nach Tabora zu schicken, wo Livingstone ihre Ankunft abwarten sollte. Seine Tagebücher, Briefe und Karten hatte Livingstone dem Abreisenden eingehändigt, was für Stanley selbst von größter Wichtigkeit war; denn als er nach England zurückkam, bezweifelte man die Wahrheit seiner Berichte! Die Zeitungen bemühten sich ihn zu verdächtigen, wenn auch das große Publikum seinen Worten glaubte. Später erhielt er aber für dieses Mißtrauen völlige Genugtuung, und keiner zweifelte mehr, daß er mit der Auffindung Livingstones eine glänzende Tat ausgeführt hatte.

Endlich kamen die neuen Träger Livingstones, siebenundfünfzig Mann, in Tabora an. Sie waren tüchtig und zuverlässig, und Ende August trat nun Livingstone eine neue Reise an, seine letzte! Nochmals schlug er die Richtung nach dem Tanganjika-See ein, und Neujahr 1872 befand er sich in der Nähe des Bangweolo-Sees. Der Regen goß diesmal nieder wie nie zuvor, als ob der Himmel alle seine Schleusen geöffnet habe, und die Karawane kämpfte sich auf den schlammigen Wegen nur mühsam vorwärts. Bisweilen marschierte man stundenlang im Wasser, und die Flüsse waren nur an ihren Wellen von den sie umgebenden Sümpfen und dem weit überschwemmten Lande zu unterscheiden. Auch die Eingeborenen waren unfreundlich, verweigerten Lebensmittel und machten falsche Angaben über die Wege. Solch eine schwere Reise hatte Livingstone noch niemals durchgemacht!

Sein Plan war, den Bangweolo auf der Südseite zu umgehen und alle ihm zuströmenden Flüsse zu erforschen, besonders auch den aus ihm heraustretenden Luapula, der dem Lualaba zufließt. Dem nach Norden fließenden Wasser wollte er dann folgen und sich von seiner Richtung und seinem letzten Ziel überzeugen. Aber welchen Weg auch der rätselhafte Fluß nach irgendeinem Meere einschlagen mochte – die zu überwindende Strecke war ungeheuer groß, und Livingstones Tage waren gezählt. Nach langer Krankheit wurde jetzt sein Zustand infolge der Anstrengungen der letzten Reise schlimmer. Sein Körper war aufgerieben und von beständigem Fieber und mangelhafter Ernährung geschwächt. Doch noch glaubte er an einen Erfolg seiner Reise, und mit unermüdlicher Gewissenhaftigkeit schrieb er seine Beobachtungen nieder. Einen Monat nach dem andern schleppte er sich weiter. Aber seine Kräfte reichten für solche Anstrengungen nicht mehr aus. Am 21. April 1873 schrieb er mit zitternder Hand nur folgende Worte in sein Tagebuch:

»Versuchte zu reiten, mußte mich aber niederlegen, und man trug mich ganz erschöpft ins Dorf zurück.«

Eine bequeme Tragbahre wurde nun für ihn angefertigt, und Susi und Tschuma waren stets um ihn. Am nächsten Tage wurde er zwei Stunden weit durch die morastige Grasebene getragen, aber während der folgenden vier Tage war er nicht mehr imstande, eine Zeile seinem Tagebuch anzuvertrauen. Nur auf der Karte verband er noch ein Dorf am Südufer des Bangweolo mit dem andern. Am 27. April heißt es:

»Mit mir ist es völlig aus, und ich bleibe hier. – Muß gesund werden! – Habe ausgeschickt, zwei Ziegen zum Melken zu kaufen. Wir sind am Ufer des Molilamo.«

Mit diesen Worten – schließt sein Tagebuch, das dreißig Jahre umfaßt! Ziegen waren aber nicht aufzutreiben, doch sandte der Häuptling des Ortes andere Lebensmittel als Geschenke.

Zwei Tage später wurde die Reise fortgesetzt, und der Häuptling besorgte Boote zur Überfahrt über den Molilamo, einen Bach, der sich in den See ergießt. Der Kranke wurde in ein Boot gehoben und über den stark angeschwollenen Bach gerudert. Am andern Ufer eilte Susi voraus zum benachbarten Dorfe des Häuptlings Tschitambo, um eine Hütte herzurichten. Die Bahre folgte langsam nach; immer wieder mußte der Kranke seine Leute bitten, abzusetzen und ihn ruhen zu lassen. Er schien in eine Betäubung zu fallen, die seine Diener erschreckte. Als er endlich im Dorfe ankam, hatten sich die Eingeborenen versammelt und standen schweigend, auf ihre Speere gestützt, um die Tragbahre herum, auf der der weiße Mann ruhte, von dessen Taten und Ruhm sie so oft gehört hatten. Eine Hütte war hergerichtet, und an ihrer Innenwand wurde von Gras und Zweigen eine Bank hergestellt, auf der man das Bett ausbreitete. Vor dem Eingang zündete man ein Feuer an, und der Knabe Majvara hielt davor Wacht.

Früh am Morgen des 30. April machte der Häuptling Tschitambo seinem Gast einen Besuch, aber Livingstone war zu schwach, um mit ihm sprechen zu können. Als am Abend die Männer sich zur Ruhe gelegt hatten, wurde Susi um 11 Uhr zu seinem Herrn gerufen. Aus der Ferne ertönte lautes Geschrei, und Livingstone fragte Susi, ob seine Leute solchen Lärm machten; da er hörte, daß diese schliefen, sagte er:

»Ich höre an den Rufen, daß die Leute einen Büffel aus ihrem Durrhafeld vertreiben.«

Nach einer Weile fragte er:
»Ist das der Luapula?«
»Nein«, antwortete Susi, »wir sind im Dorf des Tschitambo.«
»Wieviele Tagereisen sind es noch bis zum Luapula?«
»Ich glaube drei Tage«, erwiderte Susi.
Nach einer Pause seufzte Livingstone tief auf und sagte:
»O lieber, lieber Gott!«
Dann verlor er die Besinnung.

Um Mitternacht rief Majvara Susi wieder zu dem Kranken, der ein Pulver einnehmen wollte. Nachdem ihm Susi dabei behilflich gewesen war, meinte Livingstone: »Jetzt kannst du gehen.«

Um 4 Uhr am Morgen des 1. Mai 1873 rief Majvara wieder den

Diener Susi und bat ihn, sogleich zu kommen. »Ich fürchte mich, ich weiß nicht, ob unser Herr noch lebt.« Susi weckte Tschuma und einige andere, und sie eilten nach der Hütte Livingstones. Dieser kniete neben seinem Bett, den Kopf auf die gefalteten Hände gebeugt. So hatten sie ihn oft im Gebet versunken gesehen, und sie zogen sich daher in ehrerbietigem Schweigen zurück. Aber merkwürdig war ihnen dabei zumute, und als sich nichts regte, näherten sie sich leise. Livingstone atmete nicht mehr! Einer der Diener berührte die Wange des Knienden. Sie war kalt. Afrikas Apostel war tot!

Tief betrübt legten seine Diener ihn auf sein Bett und gingen dann hinaus, um sich zu beraten. Eben begannen die Dorfhähne zu krähen, und ein neuer Tag ging über Afrika auf. Nun gingen sie wieder in Livingstones Hütte hinein, um sein Gepäck zu ordnen. Alle Begleiter waren dabei zugegen, um gemeinschaftlich die Verantwortung zu übernehmen. Mit besonderer Sorgfalt legten sie die Tagebücher und Briefe des Doktors, seine Bibel und seine Instrumente in eiserne Kisten, um sie vor Nässe und wilden Ameisen, die sonst alles zerstören, zu schützen.

Was nun? Susi und Tschuma wußten, welch ungeheure Aufgabe ihrer wartete. Sie kannten den Abscheu der Eingeborenen vor einem Leichnam; die Eingeborenen glauben, daß die Geister der Verstorbenen im Totenreich an nichts anderes denken als an Rache und Bosheit. Daher versuchen sie durch Beschwörungen diese Geister zu besänftigen, damit sie nicht die Lebenden mit Krieg, Mißernten oder Krankheit heimsuchen. Aber Susi und Tschuma, die während der letzten sieben Jahre die steten Begleiter Livingstones gewesen waren, fühlten auch ihre Verantwortlichkeit in vollem Maße. Sie verhandelten nun mit den Trägern, die Stanley von Zanzibar geschickt hatte. Diese erklärten: »Ihr seid unter Reisen und Anstrengungen alt geworden, daher müßt ihr unsere Häuptlinge sein, und wir versprechen, euch zu gehorchen.«

So übernahmen Susi und Tschuma jetzt den Oberbefehl über die Truppe, und sie führten nun eine Heldentat aus, die in der Geschichte aller Entdeckungsreisen einzig dasteht.

Der Leichenzug eines Helden

Zunächst beschlossen die Begleiter Livingstones, daß der Tod ihres Herrn Geheimnis bleiben solle; denn wenn Tschitambo dahinterkam, war zu fürchten, daß er der Karawane einen übermäßig hohen Zoll abforderte und dadurch die Wanderung zur Küste unmöglich machte. Außerdem beschlossen die Leute, ihren toten Herrn den ganzen Weg nach Zanzibar zu tragen! Einstweilen sollte in einiger Entfernung vom Dorf eine Hütte gebaut werden, damit man sich ungestört zu der langen Reise vorbereiten könne. Tschuma erbat von dem Häuptling Tschitambo die Erlaubnis zum Bau und erhielt sie auch bereitwilligst.

Im Lauf des Tages verbreitete sich aber im Dorf das Gerücht vom Tode Livingstones, und Tschitambo kam, sich selbst zu überzeugen. »Warum habt ihr mir nicht die Wahrheit gesagt?« fragte er die Leute, »ich weiß, daß euer Herr heute nacht gestorben ist. Ihr fürchtet, es mich wissen zu lassen, aber auch ich habe Reisen gemacht und bin mehr als einmal an der Küste gewesen. Ich weiß, daß ihr bei eurem Besuch in unserem Land nur gute Absichten gehabt habt, und der Tod überfällt oft Wanderer auf ihren Reisen.«

Beruhigt durch diese Worte teilten sie dem Häuptling ihre Absicht mit, den Toten bis nach Zanzibar tragen zu wollen. Das sei unmöglich, meinte Tschitambo, und riet ihnen dringend, Livingstone im Ort selbst zu begraben. Am nächsten Morgen brachte Susi dem Häuptling ein reiches Geschenk, und später kam dieser an der Spitze seines ganzen Stammes zu der neu erbauten Hütte. Mit einem roten Kattunfetzen hatte er seine Schultern geschmückt, und um den Leib trug er einen Rock aus selbstgewebter Leinwand, der ihm bis an die Knöchel reichte. Seine Begleiter trugen Bogen, Pfeile und Speere. Nun erscholl lautes Klagegeheul um die Bahre herum, und Trommelwirbel hallten dumpf in der Umgebung wider. Dann wurde die Bahre in eine hohe und starke Umzäunung gestellt, damit keine wilden Tiere an die Leiche heran könnten.

Livingstone war bei seinem Tode so zusammengeschrumpft, daß sein Leib nur noch aus Haut und Knochen bestand. Eingeweide und Herz wurden herausgenommen und in einem Blechkasten tief in die Erde gegraben. Ein Christ unter den Dienern sprach die Gebete. Der Leib wurde mit Salz ausgefüllt und vierzehn Tage der Sonnenglut ausgesetzt, um zu vertrocknen und der Verwesung zu entgehen. Dann wurden die Beine von den Knien an rückwärts gebogen und die Leiche fest in Kattun eingenäht. Von einem Baum schälte man einen Rindenzylinder ab und schob die Leiche hinein, schnürte das Ganze dann mit Segelleinen zusammen und befestigte das Paket an einer Stange, um es bequemer tragen zu können. In einen nahen Baum wurde Livingstones Name und Todestag eingeschnitten, und die trauernden Diener baten Tschitambo, rings um den Baum herum regelmäßig das Gebüsch abschlagen zu lassen, damit er nicht einmal bei einem Grasbrand in Flammen aufgehe.

Als alles fertig war, hoben zwei Männer die kostbare Last auf ihre Schultern, die andern nahmen ihr Gepäck auf den Rücken, und nun begann eine Wanderung, die neun Monate dauern sollte, der eigenartigste Leichenzug, von dem die Geschichte erzählt! Der Weg führte bald durch freundlich, bald durch feindlich gesinnte Stämme, und einmal mußte sich die Karawane den Durchzug erzwingen. Trotz aller Vertuschung eilte das Gerücht von dem Tode des großen Missionars ihnen überall voraus und verbreitete sich durch ganz Afrika. In einigen Gegenden flüchteten die Leute aus Furcht vor dem unheimlichen Todeszug, in andern eilten sie neugierig herbei, um diese sonderbare Karawane zu betrachten. Die Affenbrotbäume streckten ihre Zweige über den Weg, als wollten sie einen Thronhimmel über den heimkehrenden Sieger bilden, und die Palmen, die Sinnbilder des Friedens und der Auferstehung, hielten am Wege treue Wacht. Eine Meile nach der andern zog man so unter den grünen Laubgewölben nach Osten hin.

In Tabora begegnete die Karawane einer englischen Expedition, die Livingstone Entsatz bringen sollte, und die Ankömmlinge lauschten nun unter tiefer Bewegung dem Bericht der Diener. Aber von dem Vorschlag, den Toten in Tabora zu begraben, wollten Susi und Tschuma nichts wissen. Einige Tage später stießen die Wanderer auf ernstlichen Widerstand, ein Stamm verbot ihnen der Leiche wegen den Durchzug. Sie halfen sich mit einer List. Sie packten eine der Leichenbürde gleiche Last und gaben vor, nach Tabora zurückkehren zu wollen, um ihren Herrn dort zu begraben. Einige Leute zogen nun mit der falschen Last ab, nahmen sie eines Nachts im Walde auseinander, versteckten sie im dichten Dornengebüsch und kehrten dann wieder zu ihren Kameraden zurück, die inzwischen der verhängnisvollen Bürde ein anderes Aussehen gegeben hatten, so daß sie nun einem Zeugballen glich. Damit waren die Eingeborenen zufrieden und ließen sie nun ungehindert weiterziehen.

Im Februar 1874 erreichte man Bagamoyo, und der Tote wurde von einem Kreuzer nach Zanzibar und von dort aus endlich nach England gebracht. In London zweifelte man aber, daß dieser Tote wirklich Livingstone sei. Der eine gebrochene, schlecht wieder angewachsene Arm, den vor Jahren der Löwe in Mabotsa so übel zugerichtet hatte, mußte daher den Toten identifizieren. Nun wurde Livingstone unter den Helden englischer Nation, in der Westminsterabtei, mitten im Hauptschiff der Kirche begraben. Unter den Trägern des Leichentuchs befand sich auch Henry M. Stanley. Das Grab deckt eine schwarze Granitplatte mit den Worten: »Hier ruhet, von treuen Händen über Land und Meer getragen, David Livingstone, Missionar, Entdeckungsreisender und Menschenfreund, geboren am 19. März 1813 in Blantyre, gestorben am 1. Mai 1873 im Dorfe Tschitambos. Dreißig Jahre seines Lebens opferte er in unermüdlicher Arbeit der Verbreitung des Evangeliums unter den Eingeborenen, der Erforschung noch unentdeckter Geheimnisse und der Ausrottung des verderblichen Sklavenhandels in Mittelafrika.« –

Noch heute gedenken die Eingeborenen des »weißen Herzens«, des »Helfers der Menschen«, wie sie Livingstone nannten, mit dankbarer Erinnerung und freuen sich, daß sein Herz in Afrikas Erde unter dem Baum im Dorfe Tschitambos ruht. Livingstones Traum, die Nilquelle aufzufinden und den weiteren Lauf des Lualaba festzustellen, erfüllte sich nicht. Aber sein Verdienst wird dadurch nicht geschmälert. Er entdeckte den Ngami, den Nyassa und andere Seen, den Viktoria-Fall und den Oberlauf des Sambesi und hat von ungeheuren Gebieten unbekannten Landes Karten aufgenommen. Die Arbeit der Wissenschaft und der Humanität hat seit Livingstones Zeiten riesengroße Fortschritte im Weltteil der Schwarzen gemacht, aber diese Fortschritte wären kaum zu denken ohne jenes Mannes entsagungsvolle Vorarbeit und bewundernswerte Ausdauer.

Durch den dunklen Weltteil

Erfolg spornt an. Schon im Herbst 1874 war Stanley wieder in Zanzibar, um noch einmal im dunklen Weltteil sein Glück zu versuchen! Er rüstete eine Karawane von dreihundert Trägern mit Proviant, Zeugstoffen, Perlen, Messingdraht, Waffen, zerlegbaren Booten, Zelten, Werkzeugen und all dem aus, was man auf einer mehrjährigen Reise braucht, und schlug die Richtung nach dem Viktoria-Njansa ein. Er umsegelte den ganzen See, besuchte Uganda und Udjidji, wo Livingstones Hütte schon längst dem Boden gleichgemacht war, und vollbrachte dann noch eine Umsegelung des Tanganjika-Sees.

Zwei Jahre nach seiner Abreise gelangte er an das Ufer des Lualaba, dessen Rätseln Dr. Livingstone sein Leben gewidmet hatte. Nach zwei Jahren anstrengender Wanderung stand nun Stanley an dem westlichsten Punkt, bis zu dem jemals Europäer von der indischen Küste Afrikas aus vorgedrungen waren, und vor ihm lag ein völlig unbekanntes Land, das auf den damaligen Karten Afrikas nur mit einem großen weißen Fleck bezeichnet war. Von allen Seiten hatten sich Reisende dem Rand dieses Gebietes genähert, aber keiner war weiter gedrungen; man wußte ja nicht einmal, wo der Lualaba blieb, und vergeblich hatte Livingstone Eingeborene und Araber darüber auszufragen versucht. Hier in Njangwe hatten die arabischen Sklavenhändler ihren westlichsten Markt. Getreide, Früchte und Gemüse, Fische, Vieh, Grasmatten, Metalldraht, Bogen, Pfeile und Speere wurden hier verkauft und ein schwunghafter Handel mit Elfenbein und Sklaven aus dem Innern getrieben. Aber obgleich von allen Seiten Straßen in Njangwe zusammenliefen, waren die Araber ebensowenig über das Innere des Landes unterrichtet.

Schwierigkeiten gab es jedoch für Stanleys eisernen Willen nicht. Sein Entschluß stand fest, keinesfalls wieder nach Osten zurückzukehren; westwärts zur atlantischen Küste wollte er durchdringen, und wenn es sein eigenes Leben kostete, gemäß seinem Wahlspruch: »Wage zu gewinnen und zu verlieren!« So brach er denn am 5. November 1876 in Begleitung des mächtigen und reichen Araberhäuptlings Tipu Tip auf und schlug die Richtung nordwärts nach einem großen Walde ein.

Tipu Tips Schar bestand aus siebenhundert Männern, Weibern und

Kindern; Stanley hatte hundertvierundfünfzig Begleiter, die mit Flinten, Revolvern und Beilen bewaffnet waren. Eine gewaltige Karawane also, die sich in langer Reihe dem Urwald näherte und unter den gewaltigen Bäumen verschwand. Wie Säulen standen hier die Stämme nebeneinander, Palmen kämpften mit der wilden Weinranke und dem Rotang um den Platz, Farne und Schilf wucherten am Boden, und Dornsträucher bildeten undurchdringliche Dickichte. Schlingpflanzen kletterten an den Stämmen empor und hingen wie Netze von den Zweigen herab. Aus dem Blättergewölbe tropfte der Tau wie Sprühregen hernieder, die Luft war dick und schwül und vom Duft der Pflanzen und Erdgeruch gesättigt. Nur selten drang ein Windhauch in das Innere. Hoch oben über den Baumkronen mochten Stürme wüten, aber da unten in der Dämmerung des Waldes regte sich kein Blatt. In dem lockeren, mit Wasser durchtränkten Boden brauchten sich daher die Wurzeln nicht so tief einzubohren, um Bäumen und Sträuchern Kraft und Stütze zu geben; oft lagen die mächtigen Wurzeln uralter Waldriesen fast völlig bloß da.

Mit Beilen mußte sich die Karawane Schritt für Schritt ihren Weg durch den tropischen Urwald, durch sein nie von einem Sonnenstrahl getroffenes Unterholz bahnen. Ameisen, Tausendfüßler, Käfer und andere Insekten krochen hier in ganzen Völkerwanderungen umher; zwischen Baumwurzeln lauerte die Pythonschlange auf ihre Beute, auf den Ästen der Bäume kletterten Affen und schwangen sich schaukelnd und mit gewandten Sprüngen von einer Baumkrone zur andern; Paviane lärmten und brüllten, und man hörte die Laute des Schimpansen und erblickte in einer Astgabelung sein geflochtenes Nest.

Langsam ging es auf dem schlüpfrigen Boden und durch das Dickicht vorwärts. Die Lasten trug man auf dem Kopf, um die Arme frei zu haben und Zweige und junge Bäume beiseite zu schieben. Die Kleider hingen bald in Fetzen, bei den nackten Schwarzen mußte die Haut herhalten. Für die Träger des zerlegbaren Bootes mußte oft ein besonderer Pfad mühsam gehauen werden. Dabei immer die gleiche schwüle, erstickende Treibhausluft und die tiefe bedrückende Dämmerung! Man tastete wie durch einen dunklen Korridor; nirgends ein Licht, nur ein ewiger Dämmerschein, der von pechfinsteren Nächten abgelöst wurde. Gleich dem Polarfahrer in der langen Winternacht sehnt sich jeder nach der Wiederkehr der Sonne und der Tageshelle.

In einiger Entfernung vom Ostufer des Lualaba ging die Wanderung nordwärts. Stanley erkletterte einen Baum, der freier und einsamer auf einem Hügel stand. Welch ein wunderbarer Anblick hier über den Gipfeln der Waldbäume! Ringsum ein einziges Blättermeer, die von der Sonne beleuchtete Oberfläche der dicht ineinander verflochtenen, grünen Baumkronen. Hier oben rauschten die Blätter im Winde, und der Sturm trieb mächtige Wellen über die grüne Dünung.

Selbst für den Mut und die Ausdauer eines Stanley war dieser Urwald eine Katastrophe. Krankheit, Überdruß und Ungehorsam machten sich in seiner Schar bemerkbar. Der große Tipu Tip meinte, in solch einem Lande sei weiteres Vordringen unmöglich; er wollte daher mit seinem schwarzen Troß wieder kehrtmachen. Nach langem Hin und Her ließ er sich schließlich bewegen, noch zwanzig Tagereisen weit mitzuziehen, und nach unzähligen Mühseligkeiten erreichte die Karawane endlich wieder das Ufer des Lualaba.

Lautlos und majestätisch glitt die gewaltige Wassermasse am Ufer vorüber. Dick und braun von verwesten Pflanzen wälzte sich die Flut einem Lande entgegen, von dessen zahllosen Negerstämmen die Europäer noch nichts wußten und das noch nie der Fuß eines Weißen betreten hatte. Die Elefanten in den dunklen Gängen des Waldes fühlten sich noch nicht durch europäische Jäger beunruhigt, und das Flußpferd lag noch unbekümmert zwischen den Lotosblättern und im Schilfdickicht. Und diesen geheimnisvollen Fluß, über den sich die Gelehrten erfolglos stritten, wollte Stanley besiegen, koste es was es wolle!

Nun errichtete man Zelte und Umzäunungen auf dem rechten Ufer. Drüben auf dem linken waren Hütten unbekannter Eingeborener sichtbar, und Stanley ließ sein Boot zusammensetzen, um über den Fluß zu fahren und mit den Wilden zu reden. Unterdes lag er grübelnd in seinem Zelt. Durch diese ewigen Wälder zu Fuß zu wandern, war auf die Dauer nicht möglich. Warum nicht den breiten Weg benutzen, den der Lualaba selber bot! Der Wald stand ja voller wachsender Boote! Aus diesen Stämmen ließ sich eine ganze Flotte brauchbarer Fahrzeuge zurechthauen.

Kurz entschlossen ließ Stanley seine Karawane durch ein Trommelzeichen zusammenrufen, um seinen Plan bekanntzugeben. Zögernden

Schritts kamen die Leute herbei, Tipu Tip und die übrigen Araber voran. Sie erwarteten nichts anderes, als daß der Marsch durch den verhaßten Wald sogleich fortgesetzt werden solle. Als alle versammelt waren, sprach Stanley zu ihnen:

»Araber, Männer aus Unjamwesi und Männer aus Zanzibar! Ihr seht diesen Fluß, der seit Urzeiten still und unbekannt nach dem Salzmeer hinströmt, wo meine weißen Freunde wohnen.« Und nun setzte er ihnen seinen Plan auseinander, mit einer starken Flottille den Lualaba hinabrudern zu wollen.

Zuerst ertönte als Antwort ein unwilliges Gemurmel. Aber Stanley ließ sich nicht einschüchtern. Er erklärte ihnen geradezu, daß er diese Fahrt machen werde, auch wenn ihn niemand anders als Frank Pocock, der einzige Überlebende der drei aus Zanzibar mitgekommenen Weißen, begleiten würde. Dann wandte er sich an die Bootsleute:

»Ihr, die ihr mit mir die großen Seen umsegelt habt, wollt ihr mich und meinen weißen Bruder im Wald umkommen lassen? Wer begleitet mich?«

Schon traten einige vor, und schließlich erklärten sich zweiunddreißig Mann bereit mitzugehen. Tipu Tip aber und seine Araber versicherten, eine solche Fahrt sei heller Wahnsinn, man werde kriegerischen Wilden und Menschenfressern in die Hände fallen oder in tosenden Wasserfällen umkommen. Stanley bat die Araber, wenigstens nicht durch ihr furchtsames Geschwätz diejenigen abzuschrecken, die schon versprochen hatten, ihn zu begleiten.

Gerade in diesem Augenblick kam vom linken Ufer her ein Boot mit zwei Ruderern, und einer von Stanleys Dolmetschern rief den Eingeborenen zu:

»Verschafft uns Boote, damit wir euch drüben besuchen können.«

»Füllt die Boote mit Muscheln, so dürft ihr kommen.«

»Ihr könnt jeder zehn Muscheln erhalten«, entgegnete der Dolmetscher. Aber die Wilden erwiderten:

»Nein, ihr seid schlechte Kerle, kehrt um, kehrt um!« Und damit stimmten sie ein unheimliches, seltsames Lied an, und von dem jenseitigen Ufer schallte ein unheilverkündendes »O-hu, o-hu-hu« herüber.

»Da drüben scheint ein streitbarer Herr zu wohnen«, meinte der Dolmetscher Stanleys.

»Unsinn«, entgegnete Stanley, »warum sollten sie Streit mit uns suchen?«

»Es sind Wilde und daher kampflustig wie die Tiere.«

»Ich werde dir zeigen, daß du unrecht hast«, entgegnete Stanley, bestieg mit Tipu Tip, einigen Arabern und allen Dolmetschern sein Boot und ruderte mit schnellen Schlägen nach dem andern Ufer hinüber.

Hier wimmelte es von schwarzen Kriegern, und eine Flotte von zwanzig Booten lag am Ufer.

Aus gebührender Entfernung rief der Dolmetscher den Wilden zu, der weiße Mann wolle nur ihr Land sehen, man werde nichts von ihrem Eigentum anrühren und ihnen nichts zuleide tun. Die Antwort lautete, der weiße Mann solle mit zehn Dienern am nächsten Morgen nach einer kleinen Insel in der Nähe rudern; ihr Häuptling werde gleichfalls mit zehn Kriegern dorthin kommen. Sobald man dort Blutsbrüderschaft geschlossen habe, dürften die Fremdlinge die Hütten der Schwarzen besuchen!

Da Stanley einen Überfall fürchtete, schickte er in der Nacht zwanzig Bewaffnete nach der Insel ab, die sich im Unterholz verstecken mußten. Pocock und zehn Mann ruderten dann am Morgen nach dem Zusammenkunftsort, während Stanley selbst nahebei in seinem Boot wartete. Stanley hatte richtig vorhergesehen – ein ganzer Schwarm von Kähnen der Wilden stieß vom linken Ufer ab, und als sie sich der Insel näherten, erhoben die Schwarzen ihr Kriegsgeschrei »O-hu, o-hu-hu« und stürmten mit gespannten Bogen und erhobenen Speeren ans Land. Da aber waren auch schon die zwanzig im Versteck Liegenden zur Stelle, und nach einem kurzen Scharmützel stürzten sich die Wilden Hals über Kopf in ihre Boote, um schleunigst nach ihren Dörfern zurückzurudern.

Stanley führte nun seine ganze Mannschaft zu einer geschützten Stelle auf dem linken Ufer hinüber. Am nächsten Morgen waren die Eingeborenen entflohen, und ihre Dörfer standen leer. Nur zwei Reihen grinsender Schädel verspeister Feinde und Gefangener zierten die Dorfgassen.

Kämpfe mit den Eingeborenen

Trotz dieser unfreundlichen Haltung der Eingeborenen gab Stanley den Entschluß, mit seinem Boot den Lualaba abwärts zu fahren, keineswegs auf. Mit etwa dreißig Mann schiffte er sich schließlich ein, während Tipu Tip und Pocock mit der übrigen Schar am Ufer entlang ziehen sollten.

Ein Dorf nach dem andern wurde am Ufer sichtbar, aber überall hatten die Eingeborenen sich zurückgezogen, nur aus der Ferne hörte man ihren Kriegsruf »O-hu, o-hu-hu!«

Auf einer Insel zwischen dem Hauptfluß und einem Nebenfluß ging Stanley mit seinem Boot an Land, um die Karawane zu erwarten und sie bei dem Übergang über den Nebenfluß zu unterstützen. Um das Lager herum wurde ein Zaun errichtet. Dann fuhr er eine Strecke in den Nebenfluß hinein, dessen Wasser infolge der dunklen Baumwurzeln, die sich vom Ufer aus bis auf seinen Grund hinunterzogen, schwarz wie Tinte aussah. Bei seiner Rückkehr fand er die Lagerinsel von feindlichen Kähnen umringt; aber sobald sich sein Boot näherte, ruderten die Wilden pfeilschnell davon.

Endlich kam Tipu Tip mit seiner Schar angekeucht, und nun konnte man weiterziehen. Stanley hielt sich mit seinem Boot jetzt aber stets in der Nähe des Ufers, damit sich die beiden Abteilungen durch Trommelzeichen leicht miteinander verständigen konnten. Wieder standen alle Dörfer verlassen, aber gleichwohl beobachteten die Eingeborenen die seltsamen Fremdlinge und lagen allenthalben im Hinterhalt; als eines Tages einige Leute Stanleys in zwei geraubten Booten auf Kundschaft ausfuhren, wurden sie überfallen und gerieten auf der Flucht in Strudel und Stromschnellen. Dabei schlugen ihre Boote um, und sie verloren vier Flinten; sie selbst aber schwangen sich auf die gekenterten Kähne und ritten darauf so lange, bis sie von ihren Kameraden gerettet wurden. Auch aus dem großen Dorfe Ikondo waren sämtliche Einwohner entflohen. Aber zwischen den käfigartigen Rohrhütten, die sich in zwei langen Reihen erstreckten, hingen noch die gefüllten Weinkrüge an den Palmen, Melonen und Bananen dufteten, und allenthalben stieß man auf Maniokpflanzungen, Erdnußbeete und Zuckerrohrfelder. In der Nähe von Ikondo fand sich ein großes Boot, das aber geborsten und undicht war; es wurde ausgebessert, ins Wasser geschoben und als

Lazarett benutzt, denn Blattern und Ruhr waren in der Karawane ausgebrochen, und täglich mußte man zwei oder drei Tote im Fluß begraben.

Als eines Tages die kleine Flotte am Ufer entlang ruderte, stieß plötzlich ein Mann im Krankenkahn einen lauten Schrei aus. Ein vergifteter Pfeil war ihm in die Brust gedrungen, und diesem ersten folgte ein ganzer Pfeilregen. Schnell ruderte man aus der gefährlichen Nachbarschaft fort und lagerte an einem Platz, wo früher Markt abgehalten worden war. Die übliche Reisighecke wurde um die Zelte herum errichtet, und zur Sicherheit stellte man im Dickicht Posten auf. Es dauerte auch nicht lange, da ertönten Flintenschüsse und Geschrei. Die Wachen kamen Hals über Kopf angelaufen und riefen schon von weitem: »Macht euch bereit, sie kommen!« Und ehe man sich dessen versah, sausten Pfeile und Wurfspeere gegen die Verschanzung, und die Wilden stürmten heran, ihre unheimlichen Kriegslieder singend. Arme Teufel! Was nützten ihnen Pfeile und Speere gegen Kugeln und Pulver! Sie wurden zurückgeschlagen, kehrten aber immer mit neuen Verstärkungen wieder. Erst nach zweistündigem Kampf und bei Einbruch der Dunkelheit zogen sie sich zurück. –

Unter solchen Kämpfen gelangten Stanley und Tipu Tip in eine dicht bebaute Gegend auf dem Westufer, und auch hier traten ihnen die Eingeborenen feindlich entgegen. Bei dem ersten Zusammentreffen wurden sie zurückgeschlagen, ruderten dann aber nach einer langgestreckten Insel hin, wo sie ihre Boote an Pfählen festbanden, offenbar in der Absicht, am nächsten Tag den Kampf wieder aufzunehmen.

Diese Absicht sollte ihnen aber verleidet werden. In der pechschwarzen Nacht, während der Regen hernniederprasselte, ruderte Stanley nach der Insel hinaus, und während sein Boot lautlos und vorsichtig unter dem hohen, mit Bäumen bestandenen Ufer hinglitt, schnitt er die Fahrzeuge, soviel er erreichen konnte, von den Stricken ab, und bald darauf trieben sechsunddreißig Boote den Fluß hinunter, wo sie von den Leuten Stanleys aufgefangen wurden. Mit dieser erbeuteten Flotte fuhr man vor Tagesanbruch wieder zum Lager zurück. Die Wilden, die die kalte Nacht in den Grasschuppen auf der Insel zugebracht hatten, waren gewiß mächtig verdutzt, als sie am nächsten Morgen fast sämtliche Boote vermißten. Nun ruderte Stanleys Dolmetscher zu ihnen hinaus, um den Schwarzen die Forderungen mitzuteilen, die

Stanley an sie stellte. Sie hätten die Schar des weißen Mannes treulos überfallen, vier Mann getötet und dreizehn verwundet; jetzt sollten sie ihm Lebensmittel verschaffen, dann für die geraubten Boote entschädigt werden und schließlich versprechen, Frieden zu halten.

Durch diesen klugen Handstreich gelang es, einige Tage in Ruhe verleben zu können, und das war dringend notwendig; denn Tipu Tip hatte jetzt übergenug und wollte keinen Schritt weiter diesem kriegerischen Fluß folgen, sondern durchaus mit seiner Schar umkehren. Stanley dagegen bestand darauf, mit einer ausgesuchten Mannschaft, die zum großen Teil Weiber und Kinder bei sich hatte, im ganzen hundertundfünfzig Seelen, die Reise fortzusetzen.

Die erbeuteten Boote wurden mit Stangen paarweise aneinander festgebunden, damit sie nicht kenterten, und die ganze Flotte bestand nun aus dreiundzwanzig Fahrzeugen. Lebensmittel wurden auf zwanzig Tage eingepackt, und an einem der letzten Dezembertage, als eben ein frischer Wind den dichten Frühnebel zerstreut hatte, riefen die Trompeten- und Trommelsignale zum Aufbruch. Stanley kommandierte: »An Bord!« Die Söhne Unjamwesis sangen Abschiedslieder, auf die Tipu Tips heimziehende Schar antwortete, und dann glitt Stanleys Flotte den Fluß hinab, aufs neue unbekannten Ländern und Schicksalen entgegen.

Über die Kongofälle

Stanley war überzeugt, daß dieser gewaltige Fluß, dem er Livingstones Namen gab, kein anderer als der Kongo sei, dessen Mündung man schon seit länger als vierhundert Jahren kannte. Aber auch er hielt es für möglich, daß sich der Lualaba entweder mit dem Nil vereinigte oder mit dem Niger fern im Nordwesten in Verbindung stand. Die Lösung dieses Rätsels sollte jetzt von Stanley und seinen Begleitern mit Blut und Tränen erkauft werden; es wurde eine Fahrt, die für alle Zeiten hochberühmt bleiben wird und an Kühnheit, Gefahren und Abenteuern den Bootsfahrten der Spanier auf den von ihnen entdeckten Flüssen Amerikas, dem Amazonenstrom und dem Mississippi, würdig zu Seite steht.

Am Abend des ersten Tages legte Stanleys Flotte an einem Ufer an, in dessen dichtem Buschwald vierzehn Dörfer eingebettet lagen, und zum erstenmal nach der Trennung von Tipu Tip sollte nun ein Lager aufgeschlagen werden. Diesmal aber kamen die Eingeborenen den Fremden freundlich entgegen! Etwas weiter abwärts jedoch hallte abermals der Wald vom Lärm der Kriegstrommeln wider. Die Trommelsignale pflanzten sich von Dorf zu Dorf, von Ufer zu Ufer fort. Von beiden Seiten näherten sich scharenweise die Boote der Eingeborenen, und bald war Stanleys Flotte umringt.»Friede, Friede!« riefen die Dolmetscher, aber die Wilden antworteten in befehlendem Ton: »Kehrt um oder kämpft!« Schließlich kam es doch zu Unterhandlungen, während deren die ganze Gesellschaft, Freund und Feind, flußabwärts trieb. Neue Dörfer zeigten sich zwischen den Bäumen. Aber hier wohnten Feinde der Angreifer, und nun machten diese schleunigst kehrt, ehe es zum Kampf gekommen war.

Das nächste Mal aber lief das Zusammentreffen mit den Eingeborenen nicht so glücklich ab. Ein Hagel von Speeren wurde auf Stanleys Flotte geschleudert, und auf die giftigen Pfeile der Wilden mußten die Waffen der Europäer nachdrücklich Antwort geben. Dabei erbeuteten Stanleys Leute eine Anzahl Schilde, die ihnen später sehr nützlich wurden.

Beim nächsten Lagerplatz drohten die Wilden, die Fremden als Braten bei einem großen Festschmaus, den sie gerade planten, zu gebrauchen, und Stanley hielt es deshalb für geratener weiterzufahren und lieber am Ufer eines Nebenflusses zu lagern. Hier war der Wald außerordentlich dicht, Farnkräuter und Rotang wuchsen zwischen hohen Stämmen, und überall wimmelte es von Insekten, von braunen, gelben und schwarzen Ameisen und den schauderhaften Termiten, die alles, was ihnen in den Weg kommt, zernagen. Ein ununterbrochenes Sausen erfüllte die Luft von den zahllosen Insektenflügeln, den Grillen, Heuschrecken und Käfern, die in ungeheuren Massen sprangen, flogen, auf Stengeln und Blättern einherliefen, fraßen oder emsig arbeiteten.

Hier erschienen zum erstenmal friedliche Eingeborene als Besucher im Lager. Als Stanleys Flotte aber wieder weiterfuhr, ertönte abermals die Kriegstrommel an den Ufern. Stanley ließ nun die Seinen kampfbereit in der Mitte des Flusses halten. Schwärme flinker Kähne flogen schnell wie Wildenten heran, und die Speere der schwarzen Krieger schlugen helltönend gegen die Schilde.

Der Dolmetscher im vordersten Boot rief ihnen zu »Friede! Hütet euch, sonst schießen wir!« Dieser Ruf machte die Wilden unschlüssig, sie zogen sich langsam unter die überhängenden, bewaldeten Ufer zurück. Oftmals gelang es dem Dolmetscher, durch das eine Wort »Friede!« ganze Scharen rudernder Krieger zu lähmen; andere aber beantworteten die Friedensbotschaft mit Hohngelächter. Unter heftigen Ruderschlägen kamen sie näher, schleuderten ihre Wurfspeere nach den Fremden, und ihre Pfeile pfiffen durch die Luft. Erhielten sie dann Antwort mit Pulver und Blei, dann kehrten sie blutend ans Ufer zurück. –

Das Jahr 1877 hatte bereits begonnen, als ein friedlicher Stamm die Reisenden vor gefährlichen Wasserfällen und Stromschnellen warnte, deren Tosen sie bald hören würden. Die Flottille glitt nun längs des rechten Ufers hin, und alles horchte auf das Nahen der Wasserfälle. Da stürmten plötzlich acht Wilde das Ufer hinunter und schleuderten ihre Speere auf die Bemannung der Boote. Einige dieser Speere drangen in die Seiten der Kähne ein, andere flogen über sie hinweg, und als nun Stanley Befehl gab, flußabwärts zu rudern, dröhnte wieder die Kriegstrommel, und eine große Zahl langer Boote nahte heran. Die Leiber der Eingeborenen waren halb gelb bemalt, halb rot mit breiten schwarzen Streifen, und die Gesellschaft sah nicht wenig unheimlich aus. Ihr Geheul und ihre Hornsignale ließen einen heißen Kampf erwarten.

Stanley stellte nun seine Boote in Schlachtordnung und ließ auf der Reeling jedes einzelnen die früher erbeuteten Schilde zum Schutz der Nichtkämpfenden aufrichten. Ein fünfundzwanzig Meter langes Boot ruderte geradewegs auf Stanleys Boot zu, wurde aber mit einer schmetternden Salve empfangen. Nun ging Stanley zum Angriff über. Das Boot des Gegners konnte aber nicht schnell genug wenden, und die Krieger und Ruderer sprangen ins Wasser, um schwimmend zu flüchten. Bald verschwanden auch die übrigen, und die Fahrt nach den Fällen konnte fortgesetzt werden.

Jetzt war das Tosen der Wasserfälle schon deutlich vernehmbar. Die Eingeborenen aber dachten diese Gelegenheit wahrzunehmen, um die Fremdlinge zu fangen, und Schritt für Schritt mußte sich Stanley bald zu Land, bald zu Wasser durch ihre Scharen hindurchkämpfen. Auf den ruhigen Flußstrecken zwischen den verschiedenen Fällen konnte man rudern, dann aber mußte man das Ufer gewinnen und durch den

Buschwald Pfade hauen, um die Boote über Land ziehen zu können. Oft mußte man von Baum zu Baum die Wilden zurückschlagen; einmal versuchten sie es sogar, Stanleys Mannschaft in einem Netz zu fangen, aber der Versuch endete damit, daß sie selbst acht ihrer Leute verloren. Diese Gefangenen waren auf der Stirn tätowiert, und ihre Vorderzähne waren spitz zugefeilt. Wie alle Stämme dieser Gegend waren auch sie Menschenfresser, und das frische Fleisch der Fremdlinge wäre ihnen eine sehr willkommene Beute gewesen.

Ende Januar 1877 glitt Stanleys Flotte über den Äquator, und der Fluß wandte sich nun immer mehr nach Westen, ein Beweis, daß er nicht dem Nil zuströmen konnte. Hier wurde der siebente und letzte der Kongofälle glücklich überwunden, und die lange Reihe dieser Wasserfälle, die seitdem unter dem Namen Stanley-Fälle bekannt sind, war damit entdeckt. Zwei Jahre später schon tat man den ersten Schritt zur Gründung des belgischen Kongostaates!

»Bula Matari«, der »Steinbrecher«

Unterhalb der Kongofälle erweiterte sich das Flußbett stellenweise bis auf drei Kilometer Breite, so daß oft das gegenüberliegende Ufer kaum noch sichtbar war und Stanleys Flottille sich zwischen den vielen Inseln in Labyrinthen von Wasserstraßen verirrte. Die Gefahren der Reise blieben die gleichen. Beständig mußte man Ausschau halten, und immer wieder wurden die Fremden von den Eingeborenen verfolgt. In den Booten zeigten sich Krieger mit abschreckenden Gesichtern und roten und grünen Papageienfedern auf dem Kopf. Sie trugen Armringe aus Elfenbein, und die Knäufe ihrer Ruder waren ebenfalls aus Elefantenzähnen geschnitzt. Am Bug der großen Boote wehte ein Busch grüner Palmenwedel, und aus den Elfenbeinhörnern riefen schmetternde Töne zum Angriff.

In einem Dorf entdeckte man einen Götzentempel, dessen rundes Dach auf dreiunddreißig Elefantenzähnen ruhte. In der Mitte des Tempels thronte ein aus Holz geschnitzter rot angestrichener Götze mit schwarzen Augen, Haaren und Bart. Die Messer, Speere und Streitäxte dieser Wilden waren außerordentlich geschickt geschmiedet, und ihr Schmuck bestand aus kupfernen, eisernen und Elfenbeinringen. In den Kehrichthaufen gewahrte man die Reste ihrer scheußlichen Mahlzeiten, und rings um die Hütten steckten Menschenschädel auf hohen Pfählen.

Endlose Wälder bedeckten die Ufer und die Inseln. Hier gedieh der Mangrovebaum mit seinen vielen Wurzeln, der hohe, schlangenähnliche Rotang mit seinen hängenden gefiederten Blättern, der Drachenblutbaum, der Gummibaum und viele andere. Gefahren und Hinterhalte lauerten hinter jeder Landspitze. Auf Felsen und Strömungen im Wasser, auf Fälle, Stromschnellen und Strudel war zu achten, und Flußpferde und Krokodile gab es in Fülle. Die Eingeborenen selbst aber waren am gefährlichsten, und Stanley und seine Leute waren von der ewigen Hetzjagd und dem Spießrutenlaufen, dem sie so einen Monat nach dem andern ausgesetzt waren, oft völlig erschöpft.

In dem Dorfe Rubunga, wo die Eingeborenen wieder einmal freundlich gesinnt waren, erfuhr Stanley zum erstenmal, daß dieser Fluß wirklich Kongo hieß! Hier konnten die Reisenden ihre Lebensmittelvorräte ergänzen, und als die Trommeln Rubungas gerührt wurden, geschah es nicht zum Kampf, sondern um zum Handelsmarkt zu rufen, auf dem die Bewohner der umliegenden Dörfer Fische, Schnecken, eßbare Muscheltiere, gedörrtes Hundefleisch, Ziegen, Bananen, Mehl und Brot feilhielten.

Aber trauen konnte man diesen Wilden niemals. Mit ihren unheimlichen Tätowierungen, ihren Halsbändern aus Menschenzähnen, den eigenen Zähnen, die sie spitz wie Wolfsgebisse feilten, mit den leichten Grasgürteln um den Leib, Speer und Bogen in den Händen, machten sie durchaus keinen vertrauenerweckenden Eindruck, und oft war man kaum von einem anscheinend friedlichen Ufer abgestoßen, so sah man die Schwarzen schon wieder die Boote besteigen und sich zur Verfolgung anschicken. In dieser Gegend waren sie sogar schon mit Flinten bewaffnet, die sie von der Küste her erhalten hatten, und einmal kam es zwischen Stanleys kleiner Flotte und dreiundsechzig Booten der Eingeborenen zu einem heftigen Kampf mit Schußwaffen auf beiden Seiten! Im vordersten Boot stand ein junger Häuptling als Führer der Seinen, eine schöne und würdevolle Erscheinung. Er trug eine Kopfbedeckung und einen Mantel aus Ziegenfell und an Armen und Beinen und um den Hals plumpe Ringe aus Messingdraht. Eine Kugel traf ihn in den Schenkel; ruhig band er sich einen Zeugfetzen um die Wunde, dann gab er seinen Ruderern das Zeichen, nach dem Ufer zurückzusteuern. Nun verloren auch die andern den Mut und folgten dem Boot ihres Anführers.

So ging diese Fahrt Stanleys unter unaufhörlichen Kämpfen nach Süden weiter. Schon war der große Kongobogen zurückgelegt, der nicht weniger als zweiunddreißig Gefechte gekostet hatte! Nun kam aber noch eine schwierige Strecke, auf der der gewaltige Fluß wieder in schäumenden Wasserfällen und kochenden Stromschnellen das Hochland, das sich an Afrikas Westküste hinzieht, durchbricht. Diesen Fällen gab Stanley Livingstones Namen, denn er sah jetzt ein, daß der Fluß doch niemals anders heißen würde als Kongo; die Livingstone-Fälle sollten aber gleichwohl den Namen des großen Missionars der Nachwelt erhalten.

Neue und zahllose Schwierigkeiten waren hier zu überwinden. Einmal ertrank ein halbes Dutzend Männer, und mehrere Boote gingen verloren; man mußte die Fahrt unterbrechen, um sich im Walde neue auszuhöhlen. Der tückische Strom zog Pococks Boot eines Tages zu einem Wasserfall hin; der Ärmste merkte die Gefahr zu spät, sauste über die Wasserschwelle hinunter und ertrank! Der letzte Weiße, der Stanley so weit durch Afrika begleitet hatte, war nun auch dahin, und leer und verlassen stand sein Zelt am Abend, wenn der Mond klar und unheimlich auf die schäumenden Wassermassen herniederschien.

Bei einem andern Wasserfall gerieten der Quartiermeister und der Zimmermann mit einem eben ausgehöhlten Boot ins Treiben. Sie hatten keine Ruder bei sich. »Spring ins Wasser!« rief der Quartiermeister seinem Genossen zu, erhielt aber die Antwort: »Ich wage es nicht, ich kann nicht schwimmen!«

»Dann leb wohl, Bruder«, rief der erstere, sprang ins Wasser und schwamm ans Land. Der andere sauste den Fall hinunter, das Boot verschwand im schäumenden Strudel, tauchte wieder auf, und deutlich konnte man sehen, daß sich ein Mann noch an ihm festklammerte. Noch einmal sog der Strudel das Boot ein, und noch einmal zeigte es sich mit seiner Last über dem Wasser. Als aber ein dritter Wirbel es in die Tiefe zog und es nun wieder nach oben kam, war der Mann verschwunden!

Zuletzt wurde die Weiterfahrt unmöglich. Man mußte die Boote opfern und zu Land weiterziehen. Stanleys Schar war nun von allem entblößt, elend und ausgehungert, und sie hatte fast nichts mehr, womit sie den Zoll, den die schwarzen Häuptlinge für den Durchzug forderten, zahlen konnte. Einmal erklärte solch ein schwarzer König, er sei mit einer Flasche Kognak zufrieden. Kognak, wenn man drei Jahre in Afrika umhergewandert ist! Da trat der Quartiermeister heran und hörte, was die schwarze Majestät forderte. »Kognak?« rief er, »da hast du Kognak!« Und dabei gab er dem Schwarzen eine solche Maulschelle, daß dieser der Länge nach hinfiel und der ganze Hof die Flucht ergriff! –

Endlich aber war man nur noch zwei Tagereisen von Boma an der Kongomündung entfernt. Dort gab es Handelsfaktoreien und Europäer! An sie schrieb nun Stanley Briefe, und bald erhielt er alles, was er zum Leben brauchte. Als er dann glücklich in Boma anlangte, konnte er sich und seinen Getreuen endlich einige Zeit Ruhe gönnen! Dann ging die Reise zu Schiff um Afrika herum nach Zanzibar, wo Stanley seine Leute wieder ablieferte.

Überall in der Heimat wurde er mit Jubel empfangen! Seit einem Jahrtausend waren die Araber immer weiter in Innerafrika vorgedrungen, aber den Lauf des Kongos kannten sie noch nicht! Vergeblich hatten seit Jahrhunderten europäische Forscher Licht in dieses Dunkel zu bringen versucht; nicht einmal die Eingeborenen wußten, wo der Lualaba schließlich blieb. Stanley hatte mit einem Schlag den weißen Fleck auf der Karte Afrikas ausgefüllt. Er hatte den Europäern Innerafrika erschlossen und war ihnen als Pionier vorangeschritten. Selbst den Wilden imponierten sein unbeugsamer Mut und seine eiserne Ausdauer, und sie nannten ihn »Bula Matari«, den »Steinbrecher«.

Andere Forscher folgten und folgen noch heute Stanleys Fußstapfen. Jetzt geht eine Eisenbahn an den Kongofällen entlang, und auf dem Fluß fahren zahlreiche Dampfschiffe. Stanley selbst war zugegen, als die ersten Stationen angelegt wurden, und sein Name ist seit dieser seiner Kongofahrt mit der Geschichte Afrikas auf immer verknüpft!

Gordons letzter Gouverneur

Chartum war im Januar 1885 gefallen, Gordon tot, Slatin Pascha gefangen, und der Nachfolger des siegreichen Mahdi, der Kalifa Abdullahi, hatte den ganzen Sudan mit Feuer und Schwert seiner Schreckensherrschaft unterworfen. Nur der südlichste Teil des ehemaligen ägyptischen Reiches, der sich nilaufwärts bis in das Herz Afrikas erstreckte, die Äquatorialprovinz, hatte dem Ansturm der Derwische noch immer hartnäckigen Widerstand entgegengesetzt.

Der Gouverneur dieser Provinz, ein Deutscher namens Eduard Schnitzer, genannt Emin Pascha, war als fünfundzwanzigjähriger Arzt und Naturforscher in türkische Dienste getreten und hatte sich nach zehn bewegten Lebensjahren dem Generalgouverneur des ägyptischen Sudans, Gordon in Chartum, zur Verfügung gestellt. Gordon hatte schon nach kurzer Zeit die hervorragende Befähigung des deutschen Arztes für die schwierigen Verwaltungsaufgaben Afrikas erkannt und ihn im März 1878 zum Gouverneur der Äquatorialprovinz befördert. In seinem Äußeren mehr das Urbild eines nur seiner Wissenschaft lebenden Professors, wie ihn der Volkswitz zu zeichnen liebt, wußte sich Emin Pascha durch liebenswürdige Sorgfalt, diplomatische Gewandtheit und unerschütterliche Ruhe das volle Vertrauen seiner Untergebenen zu gewinnen. Den Sklavenhandel wußte er wirksam zu beschränken, die hin und her gehetzten Eingeborenen aufs neue seßhaft zu machen, durch Straßenanlagen sein Gebiet für den ruhigen Handel und Verkehr zu erschließen und die Kultur der Äquatorialprovinz so nachdrücklich zu heben, daß die ägyptische Regierung schon nach fünf Jahren seiner Verwaltung bedeutende Überschüsse aus diesem Landesteil einheimsen konnte. Neben diesen vielseitigen Verwaltungsgeschäften bereicherte Emin auf zahlreichen Reisen die wissenschaftliche Kenntnis Innerafrikas durch gründliche Forschungen und sandte die Ergebnisse seiner Lieblingsstudien, große botanische und zoologische Sammlungen, nach Europa.

Da brach der Aufstand des Sudans gegen die ägyptische Herrschaft los, und am 14. April 1883 ging der letzte Dampfer von Lado, der Residenz Emins, den Nil abwärts nach Chartum. Damit war der Gouverneur mit seinen Leuten von Ägypten und Europa völlig abgeschnitten. Trotz tapfrer Gegenwehr mußte er vor den von Norden her vordrängenden Mahdistenhorden immer weiter nilaufwärts zurückweichen; im Süden war er eingekeilt in die Reiche schwarzer kriegerischer Eingeborenenkönige, die nur darauf warteten, die Köpfe des weißen Paschas und seiner ägyptischen Soldaten als Siegestrophäen um ihre Hütten aufzustecken oder gar mit dem Fleisch der Erschlagenen ihre Kochtöpfe zu füllen. Zahlreiche benachbarte Negerstämme schlossen sich den Mahdisten an, und der religiöse Fanatismus weckte Aufruhr und Verrat selbst in Emins nächster Umgebung. Wie lange noch konnte sich der deutsche Gelehrte, von seiner ägyptischen Regierung im Stich gelassen, auf diesem vorgeschobenen Posten mit einer Handvoll Soldaten behaupten?

Diese Frage beschäftigte im Laufe der nächsten drei Jahre die ganze zivilisierte Welt! Schon hatte eine deutsche Rettungsexpedition, die unter Führung des Afrikareisenden Gustav Adolf Fischer von der Westküste her vorgerückt war, am Viktoria-Njansa umkehren müssen, ohne eine Kunde von Emin Pascha zu erlangen. Wer sollte es jetzt wagen, den letzten der Gouverneure Gordons vor dem sicheren Schicksal des Verteidigers von Chartum zu retten?

Da richteten einige unternehmende Engländer ihre Augen wieder auf Stanley. Hatte er einst Livingstone aufgefunden, so sollte er jetzt von der Ost- oder Westküste zu Emin Pascha vordringen und den Gouverneur nebst seinen Getreuen aus der von Ägypten aufgegebenen Provinz nach Zanzibar geleiten.

Stanley war gerade auf einer Vortragsreise in Amerika, als er die telegraphische Nachricht erhielt, das zum Entsatz Emins gebildete Komitee habe in Verbindung mit der ägyptischen Regierung die Mittel zu einer Hilfsexpedition zusammengeschossen. Zur Verzweiflung seines Agenten unterbrach er sofort seine Reise und traf am 24. Dezember 1886 in London ein. Sofort begann er seine Vorbereitungen, und mit solcher Energie, daß er schon vier Wochen später nach Ägypten reisen konnte. Am 22. Januar 1887 war er bereits in Zanzibar, um hier die geeigneten Expeditionstruppen anzuwerben und dann zu Schiff um Südafrika herum nach der Kongomündung zu fahren. Das Mißgeschick der deutschen Expedition hatte bewiesen, daß man nur mit einer kleinen europäischen Armee von der Ostküste her den Durchzug durch die wilden Eingeborenenstämme Innerafrikas hätte erzwingen können, und die gewohnheitsmäßige Neigung der zanzibaritischen Träger, nach erhaltenem Vorschuß in ihre nahe Heimat zu desertieren, würde eine Expedition von der Ostküste her vorschnell aufgelöst haben. Deshalb wollte Stanley mit Hilfe des Kongos Afrika zum zweitenmal durchqueren und auf diesem Wege bis zum Albert-See vordringen, wo sich der verschollene Gouverneur, wenn er noch lebte, aufhalten mußte.

Die Kongolinie führte aber durch ein Gebiet, das der mächtige Araberhäuptling Tipu Tip als sein Eigentum beanspruchte. Dieser verschlagene Sklaven- und Elfenbeinhändler war, seit er Stanley auf seiner ersten Afrikadurchquerung 1876 so treulos im Stich gelassen hatte, den Spuren des europäischen Entdeckers gefolgt, und die ersten Früchte jener Pionierarbeit waren ihm in den Schoß gefallen. Unermeßliche Gebiete voll von Menschen und Elefanten schienen eigens dafür entdeckt, um seinen Reichtum an Sklaven und Elfenbein millionenweise zu steigern! In wenigen Jahren hatte er sich zum Gewaltherrscher des Kongobeckens aufgeschwungen und an den Ufern des Flusses zahlreiche arabische Niederlassungen gegründet, von denen aus seine Tausende an das wilde Leben am Äquator gewöhnten Krieger beutegierig umherstreiften und durch Mord, Raub und Verwüstung der künftigen Kultivierung des dunklen Weltteils entsetzenverbreitende Herolde wurden. Wenn Tipu Tip der neuen Expedition Schwierigkeiten machte, war sie undurchführbar, und wenn gar der von Stanley für Emin Pascha mitgeführte große Vorrat an Munition in seine Hände fiel, war der junge aufblühende Kongostaat, an dessen Begründung Stanley mehrere Jahre seines eigenen Lebens gesetzt hatte, bedenklich gefährdet. Außerdem brauchte Stanley bei der geringen Widerstandsfähigkeit seiner zanzibarischen Begleitung Träger, um zu Emin zu gelangen.

Stanley traf den Araberhäuptling schon in Zanzibar, und dieser verpflichtete sich auch, gegen hohe Bezahlung sechshundert Träger für die Strecke von den Stanley-Fällen zum Albert-See zu beschaffen. Zum Lohn für seinen guten Willen veranlaßte Stanley, daß Tipu Tip zum Gouverneur der Stanley-Fälle mit einem Offiziersgehalt ernannt wurde; er sollte dafür die 1883 gegründete, dann seiner räuberischen Scharen wegen aufgegebene Station Stanley-Fälle gegen seine eigenen Leute und gegen die benachbarten Eingeborenen verteidigen und den Sklavenhandel dort unterdrücken. Außerdem erhielt Tipu Tip mit sechsundneunzig seiner Begleiter freie Fahrt um Afrika herum den Kongo aufwärts. Am 25. Februar 1887 dampfte die ganze Expedition auf dem Dampfer »Madura« von Zanzibar ab.

Im Angesicht von Kapstadt, dessen Wachstum und geschäftiges Leben dem Araber mächtig imponierte, erklärte dieser seinem englischen Bundesgenossen, er habe bisher alle Weißen für Narren gehalten.

»Und was denken Sie jetzt von ihnen?« fragte Stanley.

»Ich glaube, es steckt etwas in ihnen«, antwortete Tipu Tip, »und sie sind noch unternehmender als die Araber. Ich und meine Freunde haben uns diese Stadt, ihre großen Schiffe und Hafendämme angesehen und gefunden, um wieviel besser diese Dinge sind im Vergleich zu denen in Zanzibar, und ich habe mich gewundert, weshalb wir es nicht ebensogut hätten machen können wie die Weißen. Ich fange an zu glauben, daß sie sehr gescheit sein müssen.«

»Wenn Sie das erst entdeckt haben, Tipu Tip«, entgegnete Stanley, »dann sind Sie auf dem besten Wege, noch mehr zu entdecken. Schade, daß Sie niemals zu Besuch nach England gekommen sind. Seien Sie uns auf dieser langen Reise treu, dann werde ich Sie hinbringen, und Sie sollen mehr sehen, als Sie sich jetzt träumen lassen!«

»Inschallah! Wenn es Allahs Wille ist, werden wir zusammen hingehen.«

Hielt diese bewundernde Stimmung Tipu Tips an, so konnte er der Expedition von unschätzbarem Nutzen sein. Aber wer konnte ergründen, was für Pläne und Anschläge hinter der breiten Stirn dieses braunen Diplomaten lauerten!

Hundertundsechzig Tage im Urwald

Am 18. März lief der Dampfer »Madura« in die Kongomündung ein. Aber schon auf der ersten Marschstrecke von Matadi bis Stanley-Pool erlitt die Karawane durch Desertion und Krankheit große Verluste, und Gepäck, Proviant und Munition schmolzen fast bis auf die Hälfte zusammen. Dabei machte die Beschaffung frischer Nahrungsmittel ganz unerwartete Schwierigkeiten, und man mußte daher in Eilmärschen fruchtbarere Gegenden zu erreichen suchen. Von Stanley-Pool aus sollte es zu Schiff weitergehen; aber der Vorsteher der dortigen Missionsstation ließ sich nur nach hartnäckigen Verhandlungen bereitfinden, der Expedition seine Schiffe für die Fahrt den Kongo aufwärts bis nach Jambuja am Nebenfluß Aruwimi zur Verfügung zu stellen.

Am 1. Mai begann die einförmige Fahrt. Tag für Tag dieselbe Szenerie: Waldland, Myriaden bewaldeter Inseln und breite Kanäle mit totem, stillem Wasser, die im prallen Glanz der Sonne Flüssen von

Quecksilber glichen. Aber die Eingeborenen lieferten mit ziemlicher Bereitwilligkeit Lebensmittel, und die Gesundheit der Expedition blieb im Anfang ausgezeichnet.

In Leopoldville mußte aber schon ein Teil des Gepäcks zurückgelassen werden, und in Bolobo blieb gar ein Teil der Expedition liegen, hundertfünfundzwanzig Mann, die bereits zu erschöpft und krank waren. In Jambuja, wo die Missionsschiffe zurückkehrten und auch Tipu Tip seiner Wege ging, mußte Stanley abermals unter seinen Leuten eine Auswahl treffen. Und im Osten wartete Emin Pascha, aufs schärfste von den Mahdisten bedrängt, auf Hilfe! Vorwärts also, koste es, was es wolle! Eine Vorhut von Gesunden und Starken bahnt den Weg zum Albert-See; wer nicht mitkann, bleibt bei der Nachhut unter Major Barttelot in Jambuja. Ihre Aufgabe ist es, Gepäck und Mannschaft aus Leopoldville und Bolobo heranzuholen, dann, unterstützt von den versprochenen Trägern Tipu Tips oder schlimmstenfalls allein, Stanleys Spuren zu folgen und sich nach einigen Monaten wieder mit ihm zu vereinigen.

Die Nachhut bezog ein befestigtes Lager in Jambuja; denn der Verlust der zurückgebliebenen Mannschaft oder ihres zum größten Teil für Emin bestimmten Gepäcks wäre ein unersetzlicher, vernichtender Verlust für die Vorhut gewesen; es galt also Vorsicht gegenüber den Eingeborenen und ebenso gegenüber Tipu Tip, falls dieser es etwa vorziehen sollte, statt sich seinen Lohn zu verdienen, sich die Schätze der Expedition kurzerhand anzueignen.

Am 28. Juni begann nun der Marsch der Vorhut von dreihundertneunundachtzig Mann in der Richtung zum Albert-See durch völlig unbekanntes Gebiet und fremde Eingeborenenstämme. Wieder nahm ein ungeheurer Urwald die Karawane auf, und volle hundertundsechzig Tage mußte sie sich unter unsäglichen Mühen mit Messer und Beil einen Pfad durch Buschwerk und Dickicht schlagen, ohne in dieser ganzen Zeit auch nur ein einziges Stück Grasland von der Größe einer kleinen Zimmerdiele gesehen zu haben! Der Marsch führte am Ufer des Aruwimi entlang, und ab und zu kam man auf dem mitgebrachten Stahlboot oder geraubten Kanus der Eingeborenen kurze, von Wasserfällen freie Strecken schneller vorwärts. Aber gefährlicher fast als die Eingeborenen am Ufer waren die Massenangriffe der Wespen, deren Nester an den über das Wasser hängenden Zweigen klebten; besonders die nackten Träger wußten sich vor ihnen kaum zu retten. Häufiger Regen, verbunden mit stürmischen Gewittern, erschwerte den Marsch aufs äußerste, und meist war die Karawane auf die dürftigsten Lebensmittel angewiesen, die am Wege standen. Denn die Eingeborenen an den dichtbevölkerten Ufern verhielten sich mit wenigen Ausnahmen feindlich, oder sie verlangten ganz unerschwingliche Preise für ein paar Bananen und Maiskolben. Oft auch litten sie selbst Hungersnot und lebten von Schwämmen, Wurzeln, Fischen, Schnecken oder Raupen, ein Menü, das sie im glücklichen Fall durch einige Portionen Menschenfleisch von erschlagenen Feinden aufbesserten.

Dabei zeigten sich viele von Stanleys Leuten so widerspenstig und faul, daß sie lieber verhungert wären, als sich mit eigner Hand die über ihren Köpfen hängenden Bananen abzuschneiden. Auch die Zanzibariten bewiesen gegen den Verlust ihres Gepäcks eine Gleichgültigkeit, die dem Schicksal der ganzen, im Urwald wie begrabenen Karawane verhängnisvoll zu werden drohte. Auf dem Wasser waren sie völlig unbrauchbar und am Ufer gegen die sie umgebenden Gefahren von derselben stumpfsinnigen Gleichgültigkeit. Trotz täglicher und stündlicher Warnungen streiften sie sorglos im Walde umher und wurden dann oft von den vergifteten Pfeilen und den Speeren der Eingeborenen hinterrücks durchbohrt. Trat ihnen ein kühner Wilder dreist entgegen, so warfen sie am liebsten das Gewehr fort, um zu flüchten, oder sie verhandelten ihre Waffen gegen ein paar Maiskolben. Dadurch wurden die Eingeborenen nur immer kecker, und bald mußte jeder Schrittbreit Weges in hartnäckigem Gefecht gegen die Wilden erobert werden. Die Schnellkraft ihrer Bogen war so groß, daß die Pfeile aus kurzer Entfernung einen menschlichen Körper glatt durchbohrten, und das Gift, mit dem die Spitzen bestrichen waren, führte nach vorausgegangenen Krampfanfällen bei den meisten Verwundungen unter großen Schmerzen zum Tode.

Obendrein traf die Karawane jetzt mit räubernden Arabern zusammen, und diese Begegnung demoralisierte Stanleys Truppen noch mehr, als Krankheit und Hunger dies bisher vermocht hatten. Die Desertion nahm überhand, Proviant, Munition und Tauschwaren wurden massenweise gestohlen und an die Araber verkauft. Zahlreiche Kranke beschwerten den Marsch, besonders wenn die Boote aufs Land gezogen und an den Wasserfällen vorübergeschleppt werden mußten.

Das Desertionsfieber steckte sogar einen der letzten Esel an, auch er nahm eines Tages Reißaus.

Immerhin war es noch ein Glück für die völlig erschöpfte und zusammengeschmolzene Karawane, daß sie am 16. September in der Niederlassung des Araberhäuptlings Ugarrowa eintraf, einem Vorposten der Sklavenhändler, wo man Stanley mit Freundlichkeit aufnahm. Er gab daher seine Kranken den Arabern in Pflege; sie sollten gegen Bezahlung so lange in Ugarrowas Niederlassung bleiben, bis die Nachhut des Majors Barttelot sie erreichen würde. Durch Desertion und Tod hatte die Vorhut bis jetzt zweiundsechzig Mann verloren, und das Häuflein derer, die sich nun zum Weitermarsch anschickten, war sehr bedenklich zusammengeschmolzen.

Die Anwesenheit der Sklaven- und Elfenbeinjäger hatte außerdem die Eingeborenen ringsum vertrieben; sie hielten sich in unzugänglichen Walddickichten verborgen, und Lebensmittel waren nur selten aufzutreiben. Die wilde Strömung des Flusses machte die Benutzung der Fahrzeuge unmöglich, und bald waren die Träger so geschwächt, daß sie nur noch auf allen Vieren krochen. Abermals mußte ein Trupp Kranker und Erschöpfter zurückgelassen werden, und selbst die hartnäckige Ausdauer Stanleys begann jetzt an der Rettung der Expedition zu verzweifeln! Wie die Wilden lebte man von Waldbananen, Käfern, Raupen, Schnecken und weißen Ameisen, und ein Esel wurde von den Halbverhungerten so gründlich verzehrt, daß nichts als das vergossene Blut und die Haare übrigblieben. An den Rastorten brüteten die Leute dumpf vor sich hin oder unterhielten sich mit schlimmer Ahnung von ihrem bevorstehenden Schicksal. »Wißt ihr, daß der und der tot ist, daß jener verloren ist und ein dritter vielleicht heute nacht zugrunde geht? Die übrigen werden morgen umkommen.« Und nach dem Gespräch rief die Trompete wieder alle auf ihre Posten, um weiter zu marschieren und weiter zu kämpfen.

Da stieß man endlich am 18. Oktober wieder auf die Erkennungszeichen der Araber und fand in ihrer Niederlassung Ipoto Aufnahme und Rettung. Aber diese Freundlichkeit der Araber war gefährlicher, als wenn sie der Expedition mit den Waffen in der Hand entgegengetreten wären. Gegen Lebensmittel verkauften die Zanzibariten Waffen und Gepäck, und von Stanley bis zum letzten Träger waren alle drauf und dran, wehrlos in die Sklaverei der Araber zu fallen! Dennoch blieb nichts anderes übrig, als auch hier wieder die Kranken zurückzulassen, um überhaupt noch vorwärtszukommen.

Am 27. Oktober ging der Marsch nach Osten weiter. Der Urwald wurde immer unwegsamer. Am fürchterlichsten waren die Lichtungen, die teils der Sturm, teils die Eingeborenen zum Schutz ihrer Dörfer geschlagen hatten. In schrecklichem Wirrwarr lag ein Baum, ein Stamm auf und über dem andern, erhoben sich die Zweige zu einem Hügel über dem andern. In diesen wilden Waldruinen wuchsen in größter Üppigkeit Bananen, wilde Weinreben, Palmen, Rotang und zahlreiche Schmarotzerpflanzen, und durch alles dies mußte sich die Kolonne durchwühlen, über die umgebrochenen Stämme fortbalancieren, dann wieder auf den Erdboden durch ein Gewirr von Ästen hinunterkriechen und durch Moräste und Gräben vorwärtstaumeln. Und überall drohten, unter Blättern versteckt, vergiftete Holzsplitter, die die hinterlistigen Eingeborenen zur Wehr gegen die Fremden aufrecht in den Erdboden zu stecken pflegten! Jeden Tag türmten sich gegen Abend Wolken auf und hallte der Donner mit fürchterlichem Rollen in vielfachem Echo durch den Wald; die Blitze zuckten hierhin und dorthin, brachen täglich die Kronen der Bäume ab und spalteten einen Waldpatriarchen vom Wipfel bis zum Fuß, und der Regen fiel in überschwemmenden Mengen. Aber während des Marsches war dann die Vorsehung wieder gnädig, die Sonne schien und warf ihr sanftes Licht in Millionen Strahlen durch das Geäst, hellte die gedrückte Stimmung der Wanderer auf, verwandelte die Baumstämme in Marmorpfeiler und die Tau- und Regentropfen in funkelnde Brillanten, ermunterte die unsichtbaren Vögel, ihre Lieder erschallen zu lassen, reizte die Schwärme von Papageien zu fröhlichem Geschrei und Pfeifen und weckte die Scharen der Affen zu ausgelassenen Possen, während hin und wieder ein tiefes baßartiges Brüllen in der Ferne ankündigte, daß eine Soko- oder Schimpansenfamilie sich in ihrem Schlupfwinkel mit irgendeinem wilden Sport vergnügte.

Ein Trupp Araber diente auf diesem Marsch als Führer, und ihr frecher Übermut gegen die Fremden, die sie schon völlig in ihrer Gewalt sahen, wurde für Stanleys Leute zur unerträglichsten Qual. Kraftlos aber, wandelnden Gerippen gleich, mußten sie sich alle Mißhandlungen gefallen lassen, bis sie endlich nach Ibwiri gelangten, wo sie sich an einem Überfluß von Lebensmitteln wieder kräftigen konnten. Wie die Berührung mit einem Zauberstab wirkte hier auf die Karawane die Nachricht, daß die Gefangenschaft im Urwald zu Ende gehe und das Grasland im Osten nur noch wenige Tagereisen entfernt sei. In Ibwiri wartete Stanley, bis die in den letzten Lagern Zurückgebliebenen zu ihm gestoßen waren, und als die Vorhut wieder hundertfünfundsiebzig Mann zählte, setzte er am 24. November mit neuem Mut und frischer Kraft die Wanderung fort.

Auf der Suche nach Emin Pascha

Am 4. Dezember betrat Stanley mit seiner Karawane nach hundertundsechzig Tagen zum erstenmal wieder die freie Ebene, und die weiten Ländereien von Äquatoria lagen vor den Augen der jubelnden Leute, denen es jetzt eine Erholung war, endlich einmal wieder im Laufschritt vorrücken zu können. Hinter den blauen Bergen am Horizont mußte der Albert-See liegen, das heißersehnte Ziel der Expedition, wo Stanley den verschollenen Gouverneur aufzufinden hoffte!

Neue Schwierigkeiten! Ungeheure Felder und Pflanzungen lagen vor ihnen, und Dorf reihte sich an Dorf; aber die Eingeborenen umschwärmten die Karawane in erdrückenden Massen; von freundschaftlicher Verständigung wollten sie nichts wissen, und man durfte Tag und Nacht die Flinte nicht aus der Hand legen. Oft waren die Wilden von kampflustigen Hunden begleitet, und wer sich einzeln von der Karawane entfernte, war unrettbar dem Tode verfallen. Bei jedem Weghindernis, jedem Flußübergang lagen die Schwarzen im Hinterhalt, und wenn Stanley, ihr Eigentum schonend, vorüberzog, betrachteten sie das als Feigheit und wurden nur um so kecker. Das Kriegsgeheul ertönte unaufhörlich, jeder Bergvorsprung und Hügel war schwarz von Menschenmassen, und auf den Ebenen wimmelten sie wie die Ameisenzüge umher. Und alle diese Kämpfe und Opfer nur eines Mißverständnisses wegen! Die Eingeborenen hielten die Fremden für Verbündete des schwarzen Königs Kabba-Rega, der ihr Gebiet brandschatzte und auch Emin Pascha bedrohte.

Unter unaufhörlichen Kämpfen näherte man sich endlich dem Albert-See, und eines Tages ruhten aller Augen auf einer grauen Wolke unten im Tal. Was ist das? Der Nebel verzog sich nach und nach, und die schimmernde Fläche des Sees lag vor ihnen! Enthusiastisches Jauchzen feierte am 13. Dezember 1887 die Entdeckung.

Aber was nun? — Die Vorhut besaß kein Fahrzeug, denn das Stahlboot hatte in Ipoto zurückbleiben müssen. Auf den felsigen Abhängen der den See umgebenden Berge wuchsen weder Bananen noch überhaupt Bäume, die auch nur zum Bau von Kanus brauchbar gewesen wären. Nirgends zeigte sich eine Anpflanzung; die Uferbewohner lebten von Fischfang und von Salzbereitung. Kam jetzt nicht Emin Pascha selbst mit seinem Dampfer und reichen Lebensmitteln ihnen entgegen, so war die Karawane hier unmittelbar am Ziel dem Hungertode preisgegeben! Aber so eifrig auch Stanley durch seine Dolmetscher nachforschen ließ und so unermüdlich er jeden Punkt am Ufer mit dem Fernrohr absuchte – keine Spur von dem Gouverneur und seinen Leuten! Sollte nun die ganze Mission mit allen ihren Opfern an Blut und Leben dennoch vergeblich sein?

Was blieb da anderes übrig, als einstweilen nach Ibwiri zurückzukehren! Am 16. Dezember begann der Rückmarsch, und am 8. Januar 1888 langte man wieder in Ibwiri an. Hier baute Stanley zunächst das Fort Bodo, befestigte es stark und sandte eine Abteilung aus, um die verschiedenen Nachzügler aus den arabischen Niederlassungen heranzuholen. Um das Fort herum ließ er den Wald roden und Mais und Bohnen säen, damit die später hier zurückbleibende Besatzung mit einigen Lebensmitteln versorgt sei. Zwar vernichteten die Eingeborenen die neuen Pflanzungen oft, und das Fort glich mehr und mehr einer belagerten Festung. Dabei überfielen ganze Armeen von Ameisen und anderem Ungeziefer die Hütten und Zelte, und es wimmelte hier von Giftschlangen.

Am 8. Februar aber langten die Nachzügler aus Ipoto glücklich mit dem Stahlboot an. Sie hatten im Lager der Araber Furchtbares erduldet! Die Sklavenhändler hatten ihnen nur dann spärliche Nahrungsmittel verabreicht, wenn sie in den Pflanzungen arbeiteten, und die Schwachen und Kranken einfach verhungern lassen! Durch Diebstahl und Gewalt hatten die Räuber einen Teil der Waffen der Expedition in ihren Besitz gebracht. Was mochte unter diesen Umständen das Schicksal der Nachhut und des Majors Barttelot gewesen sein? Niemand hatte von ihr eine Spur gesehen! Aufs äußerste beunruhigt, sandte nun Stanley eine Freiwilligentruppe den Aruwimi wieder abwärts, um die

Verschollenen aufzusuchen. Aber während er auf deren Rückkehr wartete, erkrankte er selbst am Fieber und lag dreiundzwanzig Tage unter der Einwirkung von Morphium fast stets bewußtlos!

Unterdes schoß auf den bebauten Feldern der junge Mais empor und war bald so hoch wie das Unterholz des Waldes; Fort Bodo versprach eine reiche Kornkammer für die Besatzung und die ganze Karawane zu werden. Stanleys Zustand besserte sich wieder, aber nichts befreite ihn von der quälenden Sorge um seine Leute. Die Wochen vergingen – keine Spur von der Nachhut! Keine Meldung von den Kundschaftern! Sie alle schienen unter den immergrünen Wogen des Urwaldes unrettbar begraben zu sein! Und am Albert-See wartete Emin Pascha in verzweifelter Gegenwehr auf Hilfe und Rettung! –

Sobald sich Stanley wieder kräftig fühlte, begann am 2. April 1888 der zweite Marsch zum Albert-See. Noch einmal durch die Legionen schwarzer Krieger und Emin Pascha entgegen! Aber diesmal empfing sie kein Kriegsgeschrei der Eingeborenen, die mächtigsten Häuptlinge kamen der Karawane jetzt als Verbündete entgegen. Zwei Monate nach Stanleys Rückkehr vom Albert-See war ein ihnen befreundeter weißer Mann namens Malleju oder »der Bärtige« in einem großen Kanu aus Eisen auf dem See erschienen! »In der Mitte stand ein großer schwarzer Baum, aus welchem Rauch und Feuerfunken hervorkamen«, berichteten der Häuptling Masamboni und seine Krieger, »und es waren viele fremde Leute an Bord, und es liefen Ziegen wie auf dem Dorfmarkt einher und waren Hühner in mit Stangen verschlossenen Kisten, und wir hörten auch die Hähne ebenso fröhlich krähen wie zwischen unsern Hirsefeldern. Malleju fragte mit tiefer, tiefer Stimme nach dir, seinem Bruder. Dann fuhr er wieder fort mit seinem großen eisernen Kanu, das so viel Rauch in die Luft steigen ließ, als wenn es in Brand stände. Zweifelt nicht, Herr, ihr werdet ihn bald finden.«

Das waren die ersten Nachrichten, die Stanley von Emin Pascha erhielt. Von den vielen Mitteilungen, die Stanley schon von Zanzibar aus dem Gouverneur auf den verschiedensten Wegen hatte zugehen lassen, hatte ihn also nicht eine einzige erreicht. Aber die Häuptlinge der Eingeborenen sandten ihm jetzt ihre Läufer nach, und in wenigen Tagen mußte Emin Pascha von dem Eintreffen der Expedition unterrichtet sein. Unterdes marschierte Stanley nach Kavalli, überall begrüßt und angerufen von den freundlichen Eingeborenen, die noch vor wenigen Monaten die Fremden beschimpft und nicht wenige von ihnen getötet hatten. Jetzt zog eine Vorhut von anderthalbhundert Eingeborenen voraus, und freiwillige schwarze Träger übernahmen die Lasten der Karawane.

Allerdings war der feierlich geschlossene Friede für die Eingeborenen eine willkommene Gelegenheit, sich mit den Geschenken der Fremden zu bereichern, und selbst die Häuptlinge wurden oft zu unverschämten Bettlern. Aber man mußte sie bei guter Laune erhalten, und Stanley sparte daher nicht mit den Erzeugnissen europäischer Kultur, die man für die Neugier und Unterhaltung der Wilden mit sich geführt hatte. Ein Handspiegel verursachte unter den Schwarzen zunächst die größte Verwunderung und Furcht. Als sie ihre eigenen Gesichter sich widerspiegeln sahen, glaubten sie, daß ein feindlicher Stamm aus der Erde gegen sie vordringe, und liefen voll Schrecken davon. Dann kamen sie auf den Fußspitzen zurück und ließen noch einmal die wunderbare Vision über sich ergehen. „Ah, die Gesichter sehen wie unsere aus!« flüsterten sie einander zu, und nunmehr erklärte ihnen Stanley, daß das, was sie sähen, nichts weiter als das Spiegelbild ihrer eigenen außerordentlich einnehmenden Züge sei, bei welchem Kompliment der Häuptling Mpinga vor Stolz dunkel erglühte. Und nun überwand die persönliche Eitelkeit in wenigen Augenblicken die anfängliche Furcht. Seine Begleiter drängten sich um ihn, und alles beobachtete mit unerschöpflichem Vergnügen, wie wahr der Spiegel die Merkmale jedes einzelnen Gesichts wiedergab. »Sieh die Narbe, sie ist genau so; aber sieh doch deine breite Nase, Mpinga, o, das ist ja ganz richtig! Ja, und sieh die große Feder, sie schwankt wirklich! Es ist zu wundervoll! Woraus kann es gemacht sein? Es sieht aus wie Wasser, ist aber nicht weich; und auf dem Rücken sieht es schwarz aus. Ah, wir haben aber heute ein Ding gesehen, das unsere Väter nie sahen, ah!«

In Kavalli erhielt Stanley endlich einen Brief von Emin, der ihn aber überraschenderweise aufforderte, zu bleiben, wo er gerade sei, bis der Gouverneur mit seinen Leuten zu ihm stoße. Und am 29. April tauchte endlich Emins Dampfer auf dem Albert-See auf. Stanley schickte ihm Boten entgegen, und unter allgemeinem Jubel und zahlreichen Begrüßungssalven näherte sich der verschollene Gouverneur mit seiner Begleitung in dunkler Abendstunde dem Lager. Doch lassen wir jetzt Stanley selbst erzählen:

»Ich schüttelte allen Ankommenden die Hand und fragte, wer Emin Pascha sei. Dann erregte eine etwas kleine, zarte Gestalt meine Aufmerksamkeit durch die in vorzüglichem Englisch gesprochenen Worte:

›Ich bin Ihnen viel Dank schuldig, Herr Stanley, und weiß wirklich nicht, wie ich Ihnen denselben aussprechen soll.‹

›Ah, Sie sind Emin Pascha! Erwähnen Sie des Dankes nicht, sondern treten Sie ein und setzen Sie sich. Es ist hier draußen so dunkel, daß wir uns gegenseitig nicht sehen können.‹«

»Wir saßen am Eingang des Zeltes, ein Wachslicht erhellte das Zelt. Ich hatte nach den Schilderungen mehrerer Reisenden eine große, hagere Gestalt von militärischem Aussehen in abgetragener ägyptischer Uniform zu sehen erwartet, erblickte statt dessen aber eine kleine, schmächtige Figur mit einem guterhaltenen Fes und in einem sauberen, schön geplätteten und vorzüglich sitzenden schneeweißen Anzug aus Baumwolldrillich. Ein dunkler, graumelierter Bart umrahmte das Gesicht von ungarischem Typus, obwohl eine Brille demselben ein etwas italienisches oder spanisches Aussehen gab. Das Gesicht zeigte keine Spur von Krankheit oder Sorge, sondern deutete eher gute Körperbeschaffenheit und friedliches Gemüt an. Kurze Schilderungen der Ereignisse unserer Reise, die Ereignisse in Europa, die Vorfälle in den Äquatorialprovinzen sowie persönliche Angelegenheiten nahmen den größten Teil von zwei Stunden in Anspruch, worauf wir zum Abschluß der glücklichen Zusammenkunft fünf halbe Flaschen Champagner, ein Geschenk eines Freundes in Stanley-Pool, entkorkten und auf die dauernde Gesundheit Emin Paschas und seiner Begleiter leerten! Alsdann geleiteten wir die Gesellschaft zum Boote, das sie nach dem Dampfer zurückbrachte.«

Die Rollen der beiden Gruppen waren also geradezu vertauscht! Neben der wohlgepflegten militärischen Begleitung des Paschas erschien die Karawane Stanleys zu seinem Entsatz als eine erbärmliche, zerlumpte Truppe, die weit mehr der Hilfe bedurfte als der Gouverneur, für dessen Rettung sie das Leben so vieler Kameraden in die Schanze geschlagen hatte! Die Lage Emin Paschas hatte sich nämlich wieder zum Guten gewendet, und seine Provinz schien nicht mehr unmittelbar bedroht. Deshalb war er auch noch keineswegs entschlossen, ob er sich überhaupt von Stanley retten lassen wolle. Es fiel ihm schwer, sein Lebenswerk so plötzlich verlassen zu sollen, und seine eingeborenen Truppen dachten gar nicht daran, ihre Heimat aufzugeben; sie einfach im Stich zu lassen, konnte wieder sein gutes Herz nicht über sich gewinnen. Allerdings zeigte sich bald, daß er von seinen Soldaten und deren eingeborenen Offizieren viel abhängiger war, als sich für einen Gouverneur mit vizeköniglicher Gewalt geziemte, und er erklärte nun auch, daß er seinen eigenen Entschluß von dem seiner Leute abhängig machen würde. Zu dem Zwecke mußte er zunächst nach seiner Residenz Wadelai zurückkehren, und wenn sich im glücklichsten Fall die ägyptischen Truppen bereit erklärten, sich Stanley anzuschließen, mußten über deren Herbeiholung doch Wochen und Monate vergehen.

Auch Stanley selbst bedurfte eines längeren Aufenthaltes. Er konnte seine erschöpften Leute nicht sogleich dem ungewissen Schicksal, das ihrer auf dem unbekannten Wege zur Ostküste harrte, entgegenführen; vor allem aber mußte die Nachhut gerettet werden, von der noch nicht das geringste Lebenszeichen zu ihm gedrungen war!

Stanley bezog deshalb in Nsabe ein befestigtes Lager, ließ einen seiner Offiziere, Jephson, mit mehreren Begleitern bei Emin zurück und begann am 24. Mai den schrecklichen Marsch zum Entsatze der Nachhut!

Das Schicksal der Nachhut

Zum zweitenmal hinein in die Nacht des Urwaldes! Schon am 8. Juni war Stanley wieder in Fort Bodo, wo er alles in bestem Zustande antraf. Die Pflanzungen waren kräftig gediehen, die Ernte schon eingeheimst und neue Frucht gesät. Der Befehlshaber der Besatzung, Leutnant Stairs, hatte die Invaliden aus dem Lager Ugarrowas herangeholt, aber infolge der infamen Behandlung seitens der Araber waren von den sechsundfünfzig Mann nur noch vierzehn lebend in Fort Bodo angelangt!

Am 16. Juni begann nun der Marsch nach Jambuja, und wieder ertönten Tag für Tag die Warnrufe der Führer: »Rote Ameisen unterwegs! Gebt acht auf einen Sumpf, o! Holzsplitter! Eine Grube zur Rechten! Ein Loch zur Linken! Dornen, Dornen, hütet euch vor

Dornen! Diese Ameisen, o! Eine gefährliche Schlingpflanze, Nesseln, hütet euch vor Nesseln! Ein Loch! Unten glatt, unten! Hütet euch vor Schlamm! Eine Wurzel! Rote Ameisen, rote Ameisen im Anmarsch! Gebt gut acht auf die Ameisen! Ein Baumstamm! Holzsplitter darunter!«

So ging es weiter von einem Lager zum andern. Als Stanley am 21. Juni in Ipoto anlangte, waren die dortigen Araber über seine Rückkehr nicht wenig erschrocken, da sie Wiedervergeltung für die Behandlung seiner Invaliden befürchten mußten. Aber Stanley hielt an sich, denn es galt, erst die Nachhut zu retten, und er durfte Fort Bodo mit seinen sechzig Mann Besatzung nicht einem Überfall der arabischen Räuber aussetzen. Er begnügte sich deshalb damit, sich einen Teil der geraubten Waffen ausliefern zu lassen, und zog dann weiter den Aruwimi abwärts.

Die Träger, die ihm Emin zur Unterstützung seiner Leute mitgegeben hatte, waren den furchtbaren Anstrengungen des Marsches am wenigsten gewachsen; bei einem heftigen Regen stürzten drei mit einem Male so plötzlich tot zu Boden, als ob sie erschossen wären, und von Tag zu Tag blieben immer mehr am Wegrande liegen, dem Tode verfallen.

Am 13. Juli erreichte Stanley das Lager Ugarrowas. Aber der Platz lag völlig verlassen da, seine Bewohner waren flußabwärts gezogen. Mit Hilfe zahlreicher Kanus, die man den Eingeborenen wegnahm, holte man aber die Schar Ugarrowas bei den Wespenschnellen ein, und hier im Lager der Araber traf Stanley endlich die Freiwilligen, die er der Nachhut entgegengeschickt hatte. Von den zwanzig Mann waren vier gefallen, und von den übrigen sechzehn war nur einer ohne Pfeil- oder Speerwunde! Sie hatten vor den feindlichen Eingeborenen zurückweichen und sich in den Schutz der Araber begeben müssen. Auch die Abgesandten, die Ugarrowa in Stanleys Auftrag nach Jambuja geschickt, hatten sich nicht bis dorthin durchschlagen können. Noch immer also lagerte über dem Schicksal der Nachhut völliges Dunkel. Da mußte Furchtbares geschehen sein!

Am 12. August wurden der Marsch und die Fahrt fortgesetzt. Die Schwierigkeiten des Weges blieben die gleichen, nur von den Belästigungen seitens der Eingeborenen sah sich die Karawane zu ihrer Überraschung befreit. Die volkreichen Gegenden, durch die man sich auf dem Hinweg mühsam hatte durchschlagen müssen, standen jetzt verödet; die Eingeborenen waren verschwunden, ihre großen Dörfer zum Teil zerstört. Die Sklaven- und Elfenbeinjäger hatten hier wieder einmal gründliche Arbeit gemacht!

So kam der 17. August. Nach den immer gleichen Bildern der Zerstörung auf beiden Ufern zeigte sich im leichten Morgennebel bei Banalja ein noch erhaltenes Dorf, und beim Näherkommen wurde eine feste Umzäunung sichtbar. Weiße Gewänder waren zu erkennen, und im Morgenwind flatterte eine rote Flagge mit dem weißen Halbmond und Stern. Wieder ein Lager der Araber! Hier war vielleicht die Nachhut! »Der Major, Jungens! Rudert wacker!« rief Stanley seinen Leuten zu, und unter lautem Geschrei und Hurra flog das Kanu mit rasender Geschwindigkeit dahin.

Eine Strecke vor dem Dorfe hielt Stanley an, und da er am Lande eine große Zahl fremder Menschen sah, rief er hinüber:

»Wessen Leute seid Ihr?«

»Wir sind Stanleys Leute«, war die Antwort.

In wenigen Augenblicken war Stanley an Land, und vor ihm stand als einziger Europäer der Unterarzt Bonny.

»Nun, Bonny, wie geht's? Wo ist der Major? Wohl krank?«

»Der Major ist tot!«

»Tot? Guter Gott! Wie gestorben? Am Fieber?«

»Nein – er wurde erschossen!«

»Von wem?«

»Von den Manjema – Tipu Tips Leuten!«

»Gütiger Himmel! Und wo ist der stellvertretende Offizier?«

»An den Stanley-Fällen!«

»Um Gotteswillen! Was macht er dort?«

»Er hat sich hinbegeben, um mehr Träger zu erhalten.«

»Und wo sind die anderen Offiziere?«

»Der eine in Bangala und der andere schon vor mehreren Monaten krank nach Hause zurückgekehrt!«

Nach und nach erfuhr nun Stanley, welchem Unglück die Nachhut zum Opfer gefallen war. Major Barttelot hatte die Instruktion Stanleys nicht befolgt, die ihm ausdrücklich vorschrieb, nur eine gewisse Zeit auf das Eintreffen der von Tipu Tip versprochenen Träger zu warten; dann aber, wenn der Araber nicht Wort halte, mit dem ganzen Gepäck in kleinen Tagesmärschen vorzurücken, um auf alle Fälle Stanley näherzukommen. Tipu Tip hatte, wie Stanley befürchtet, nicht Wort gehalten und Major Barttelot sich durch immer neue Versprechungen des schlauen Arabers völlig nasführen lassen! Dieser hatte bald die ratlose Verlegenheit des Majors bemerkt, und sein Bestreben war es gewesen, sich seine Hilfe so teuer wie möglich bezahlen zu lassen, den Preis für die zu liefernden Träger immer höher zu schrauben. Die Raubzüge seiner Horden hatten die Ufer des Aruwimi verwüstet und entvölkert, und die Nachhut hatte sich bald zur Beschaffung von Lebensmitteln auf die Mildtätigkeit der Araber angewiesen gesehen. Das war es gerade, was Tipu Tip wollte; so fiel ihm von selbst mehr und mehr von dem kostbaren Gepäck Stanleys in die Hände. Obgleich keine Kämpfe stattgefunden hatten, war die Munition bereits auf die Hälfte zusammengeschrumpft; die Hälfte des Schießpulvers und mehr als zwei Drittel der Stoffballen waren verschwunden; die Zündhütchen hatte man an Tipu Tip verkaufen müssen!

Aber noch schlimmer! Infolge ungünstiger Gerüchte über Stanleys Schicksal hatte Barttelot einen großen Teil des Gepäcks nach Bangala zurückgeschickt, so daß sich Stanley jetzt am Ende des aufreibenden Rückmarschs von allen erhofften Hilfsmitteln entblößt sah und sich aus Zeltvorhängen ein Paar neue Beinkleider herstellen mußte! Damit nicht genug, hatte Barttelot ebenfalls einen Teil des europäischen Proviants und fast die gesamten Arzneien zurückgesandt, obgleich seine Leute vor Hunger umkamen und das Lager mehr Kranke als Gesunde beherbergte! Von den 271 Mann der Nachhut waren nur noch 101 am Leben und auch von diesen die Hälfte durch Hunger und Krankheit dem Tode verfallen. Kurz, der Befehlshaber hatte unter dem Druck der auf ihm lastenden Verantwortung alle Besinnung verloren. Und als nun Tipu Tip sich, zehn Monate später als verabredet, mit einem Teil der versprochenen Träger einfand, brachte die Unbotmäßigkeit dieser Gesellen den Major völlig aus der Fassung. Bei einem so entstandenen Wortwechsel hatte einer der Araber ihn einfach niedergeschossen.

Selbst eine so eiserne Energie wie die Stanleys mußte dieser Fülle von Schreckensnachrichten gegenüber zu brechen drohen. Die halbe Expedition vernichtet durch die Kopflosigkeit ihres Anführers! Nichts als Mord und Tod, Krankheit und Sorge, Kummer und Not. Welch ein

Willkommen für die kleine Heldenschar, die den wiedergefundenen Kameraden entgegengejubelt hatte! Wohin Stanley sah, begegneten seinen Blicken die hohlen Augen Sterbender mit solch vertrauendem, flehendem, sich in weite Fernen sehnendem Ausdruck, daß ihm das Herz zu brechen drohte und er in dem erstickenden Gefühl tiefster Niedergeschlagenheit tagelang wie erstarrt war.

Nachdem er sich dann aber wieder aufgerafft hatte, sorgte er zuerst dafür, daß die vielen von der Nachhut, die sich durch schlecht bereiteten Maniok vergiftet hatten und wandelnden Gerippen glichen, wieder zu Kräften kamen, und nachdem sich der Zustand der Mannschaft einigermaßen gebessert hatte, wurde am 1. September der Weitermarsch und Rückmarsch angetreten.

Zum drittenmal also jetzt durch die Schrecken des Urwalds! Und mit einer Karawane, in der auf jeden Gesunden drei Kranke kamen! Die furchtbarsten Erfahrungen hatten die Leute nicht klüger gemacht; die vergifteten Pfeile, die messerscharfen Speere und die drohenden Kochtöpfe der Eingeborenen schreckten die Unverständigen nicht ab, nach wie vor einzeln auf Beute auszugehen. Dabei Regen Tag für Tag, der die Schwere der Lasten und die Drangsale des Weges unerträglich steigerte! Lebensmittel wurden nur alle paar Tage gefunden, und mehr als einmal schien der Hungertod der ganzen Expedition ein Ende machen zu wollen.

Am 15. Dezember, im Hungerlager nahe beim Zusammenfluß des Ihuru und des Dui, verzweifelte selbst Stanley daran, den nächsten Tag noch zu erleben. Die ausgesandten Fouragierer waren seit Tagen verschollen oder pflegten sich vielleicht in irgendeiner üppigen Bananenpflanzung, ohne ihrer Kameraden zu gedenken. Von den im Lager Zurückgebliebenen waren nur noch wenige imstande, sich im Wald kümmerliche Beeren und Pilze zu sammeln. Wer noch gehen konnte, folgte dem Anführer, die vermißten Fouragierer aufzusuchen. Es wurde Nacht, die letzte vielleicht für alle! Die Sterne waren nicht zu sehen, kein Feuer brannte, denn zum Kochen war nichts mehr da. Lautlose Stille ringsum – nur hin und wieder das Stöhnen eines Verzweifelnden. »Aus der pechschwarzen Dunkelheit«, so lesen wir in Stanleys Tagebuch, »traten die ungewissen Formen hervor, die das Fieberland bevölkern, den Einsamen höhnen und äffen, im Mantel der Nacht flammende Figuren weben und traurige Gestalten zeichnen; es geht durch die Luft ein Geflüster von Gräbern und Würmern und ewigem Vergessen, ein Dämon flüstert dem erregten Hirn zu, daß es besser sei zu ruhen, als mit krankem Herzen zu denken, und der leise Windzug in den Kronen des tiefschwarzen Gebüschs scheint zu seufzen und zu ächzen: ›Verloren! Verloren! Verloren! Deine Arbeit und dein Kummer sind umsonst! Ein Schreckenstag nach dem andern; die tapferen Seelen stoßen ihren letzten Seufzer aus, ein Mann nach dem andern fällt dem Tode in die Arme, um zu vermodern und zu verwesen, und dann wirst du allein sein!‹«

»Allah ho Akbar« erscholl plötzlich der Ruf eines Mannes, der einem brechenden Herzen Luft machte, durch die Dunkelheit. »Gott ist groß« – ein Moslem erinnerte den Christen, an seinen Gott zu denken!

Gegen Morgen schlummerte Stanley ein, aber als kaum die Dunkelheit zu schwinden begann und das geisterhafte Licht die Gruppen seiner leichenstillen Gefährten erkennen ließ, sprang er wieder empor. »Auf, Jungens! Zu den Bananen! Will's Gott, werden wir heute Bananen haben!« Alles raffte sich von den Lagerstätten auf der nackten Erde empor, und im trostlosen Dämmerlicht ging es im Gänsemarsch einem neuen Tage entgegen. Die meisten taumelten vor Schwäche.

Horch! War das nicht ein Murmeln wie von Stimmen in der Ferne! Nein, schon nahe, ganz nahe! Und taucht da nicht wie von Geisterhand getragen ein Bündel grüner Bananen aus dem Gebüsche auf? Die Fouragierer sind da, mit Schätzen beladen! Und in derselben Sekunde vergaßen die Schwachen und Lahmen, die Krüppel, die Hinkenden und Ächzenden ihren Kummer und Jammer und schrien ihren Dankesruf zum Himmel auf: »Gott sei gelobt!« Schnell loderten Feuer empor, die Früchte wurden geröstet, und als man wieder Kraft zum Weitermarsch verspürte, ging es in das Hungerlager zurück, auch dort den Halbtoten neues Leben spendend.

Dieses furchtbarste Erlebnis der ganzen Expedition ereignete sich wenige Tagereisen von Fort Bodo, wo Stanley dann am 20. Dezember eintraf. Im ganzen hatte der Marsch von Banalja bis zum Fort hundertundsechs Menschenleben gekostet! –

»In Fort Bodo alles wohl!« Diese glückliche Meldung hatte zugleich etwas Niederschmetterndes für Stanley. Denn er hatte keineswegs darauf gerechnet, die Besatzung noch im Fort selbst zu finden. Emin Pascha und Jephson hatten sie entsetzen sollen, das war fest verabredet worden! Aber auch nicht die geringste Nachricht war von beiden dorthin gedrungen. Hatte sich denn auf dieser Unglücksfahrt alles geradezu verschworen, um die Aufgabe der Expedition unmöglich zu machen? In der Provinz des Gouverneurs mußte sich Ungewöhnliches zugetragen haben, wenn selbst Stanleys eigner Offizier die striktesten Befehle zum Entsatz des Forts nicht hatte ausführen können!

Rettung aus Rebellenhänden

In eben den Tagen, als Stanley die traurigen Reste seiner Nachhut in Banalja auffand, waren in der Provinz Äquatoria böse Dinge vorgefallen. Die Autorität des Gouverneurs über seine Truppen war schon längst nur noch eine scheinbare gewesen, und am 18. August kam es in Dufilé zur offenen Rebellion. Durch Stanleys Offizier Jephson war allenthalben die Aufforderung der ägyptischen Regierung an die Garnisonen in Äquatoria bekanntgemacht worden, das Land zu verlassen und sich der Entsatzexpedition anzuschließen; aber diese Verfügung entsprach den Wünschen der ägyptischen Offiziere ganz und gar nicht. Sie streuten daher unter den Soldaten aus, die von Stanley überbrachten offiziellen Briefe seien Fälschungen, es sei unwahr, daß Chartum gefallen, Stanley sei nur ein Abenteurer und gar nicht von Ägypten gekommen, er habe vielmehr mit dem Gouverneur ein Komplott gemacht, sie, ihre Frauen und Kinder aus dem Lande zu führen, um sie den Engländern als Sklaven zu verkaufen. Diese Lügen wirkten in dem unwissenden und fanatischen Lande wie Feuer unter der Bevölkerung, und als der Gouverneur am 18. August nach Dufilé kam, wurde er nebst Jephson gefangengenommen! Man erklärte ihn für abgesetzt, entfernte die ihm freundlich gesinnten Offiziere von ihren Posten, und einige verlangten sogar, man solle den Pascha in Eisen legen. Das aber duldeten die Soldaten nicht, denen sein Gerechtigkeitssinn und seine Sorge für ihr Wohl nur zu gut bekannt waren. Mit Stanley hofften die Rebellen nach seiner Rückkehr schnell fertig zu werden; sie beabsichtigten, ihn ins Land hereinzulocken, aller Gewehre, Munition und Vorräte zu berauben und dann einfach fortzujagen.

Da rückten im Oktober von Norden her plötzlich die Mahdisten heran, und bald erfolgte seitens des Befehlshabers der mahdistischen

Truppen die Aufforderung an den gefangenen Gouverneur, gegen freien Abzug sich und seine Leute zu ergeben. Redjaf fiel in die Hände der Derwische mit allen seinen großen Vorräten und seiner Munition, und die Bevölkerung der ganzen Umgegend begab sich Hals über Kopf auf die Flucht. Jetzt kamen die Lügen der rebellischen Offiziere ans Tageslicht, und die Soldaten verfluchten ihre Anführer: »Wenn wir unserem Gouverneur gehorcht und getan hätten, was er uns befahl, wären wir jetzt in Sicherheit; er ist während all dieser Jahre wie Vater und Mutter gegen uns gewesen; aber statt auf ihn haben wir auf euch gehört und sind nun verloren!«

Der Versuch, Redjaf zurückzuerobern, mißlang, die Mahdisten siegten, und der Soldaten bemächtigte sich jetzt eine solche Panik, daß sie sich weigerten, überhaupt noch weiter zu kämpfen, wenn ihnen ihr Pascha nicht wiedergegeben werde. Bei den Kämpfen um Redjaf waren die schlimmsten Feinde Emins gefallen, und so erlangte dann der Gouverneur nebst Jephson wieder die Freiheit. Er war drei Monate in strenger Gefangenschaft gehalten worden, aber als er jetzt nach Wadelai kam, wurde er von der dortigen treuen Bevölkerung mit Enthusiasmus empfangen.

Zwar wurden die Mahdisten am 25. November von Emins Soldaten geschlagen, aber da eine Station nach der andern in ihre Hände fiel und sie von Chartum Verstärkungen heranholten, mußte Wadelai doch aufgegeben werden, und Emin zog sich Anfang Januar nach Tunguru zurück.

In diesen Januartagen des Jahres 1889 hatte nun Stanley endlich wieder mit seiner Karawane das Grasland von Äquatoria betreten, und voller Unruhe über das Schweigen Emins zog er mit der kräftigsten Mannschaft in Eilmärschen voraus. Am 28. Januar war er wieder in Kavalli, am 6. Februar stieß Jephson mit einigen Leuten zu ihm, und am 17. Februar traf endlich Emin selbst im Lager ein. Zwar hatten die Rebellen ihn um Verzeihung gebeten, und einige begleiteten ihn nach Kavalli. Aber sie planten noch immer Verrat und beabsichtigten nach wie vor, sich der Waffen der Expedition zu bemächtigen und dann den Gouverneur und Stanley irgendwie beiseite zu schaffen.

Um dies durchzusetzen, brauchten sie aber Zeit, und da das Gerücht von der großen Macht, die Stanley mit sich führe, und von der furchtbaren Wirkung seines Maschinengewehrs eine heilsame Einschüchterung verursacht hatte, gingen die meuternden Offiziere zunächst darauf aus, den endgültigen Abmarsch Stanleys und des geretteten Emin hinauszuzögern, bis die Zahl ihrer Kameraden zu einer Übermacht angewachsen sei. Dabei schleppten diese Leute, die angeblich alle ihren Gouverneur zur Ostküste begleiten wollten, eine solche Unmenge wertlosen Gepäcks mit sich, daß Stanleys Träger nicht im entferntesten ausreichten und mit Recht widerspenstig wurden.

Stanley erklärte daher den ägyptischen Offizieren, daß sie für ihr Gepäck selbst zu sorgen hätten und daß er seine Leute, die zur Rettung der Ägypter so Heldenhaftes geleistet hatten, nicht dazu hergeben werde, ihre Mahlsteine zum Zermalmen von Mais, ihre großen Töpfe für Bierbrauerei usw. bis zur Küste zu schleppen. Da er ihre hinterhältigen Absichten durchschaute, stellte er allen, die ihm folgen wollten, eine bestimmte Frist, und durch vertraute Spione wußte er sich von allem, was seitens der Meuterer gegen ihn oder den Gouverneur geplant wurde, rechtzeitig zu unterrichten, so daß er allen Anschlägen zuvorkommen konnte. Emin Pascha, der nur noch Sinn für Naturwissenschaften zu haben schien und sich während dieser Wartezeit seiner auf Vögel und Insekten gerichteten Sammelpassion fast ausschließlich hingab, setzte noch immer in die Zuverlässigkeit seiner Offiziere Vertrauen, und Stanley fiel es nicht leicht, ihn über die wahre Gesinnung seiner eigenen Leute, von deren Schicksal er sein eigenes hatte abhängig machen wollen, gründlich aufzuklären. Mit den Eingeborenen ringsum stand der Befehlshaber der Entsatzexpedition jetzt auf dem freundschaftlichsten Fuße; dadurch, daß er ihnen Hilfe in ihren Kämpfen gegen den König Kabba-Rega leistete, war er gewissermaßen Regent des ganzen Landes geworden. Das Lager der Karawane war unterdes so groß wie eine Stadt geworden und wurde von den dankbaren Eingeborenen trefflich verproviantiert.

Am 10. April war Stanley bereit. Nun begann der eigentliche Entsatz Emins, der Marsch der vereinigten Truppen nach der Küste. Stanleys Leute zählten jetzt 460, die Emins 600; das war alles, was von den 10 000, auf deren Begleitung der nur zu vertrauensselige Gouverneur bestimmt rechnen zu können geglaubt hatte, übriggeblieben war! Und auch diese hielten keineswegs alle treu zu ihm, sondern desertierten noch massenhaft.

Noch einmal schien der Entsatz Emins gefährdet! Am 13. April erkrankte Stanley schwer, ebenso sein Arzt und Jephson, und der Marsch erfuhr eine lange Unterbrechung. Am 8. Mai erst konnte die Reise weitergehen.

Die große Karawane zog nun am Fuß eines der mächtigsten schneebedeckten Berge Afrikas, des Ruwenzori, entlang, dessen Gipfel Stanley schon im Mai 1888 als erster Europäer erblickt hatte und der dann später, im Jahre 1906, von dem Herzog der Abruzzen zum erstenmal erstiegen wurde. Hinter Bukolo traf man wieder auf arabische Räuberbanden, mit denen sich infolge eines Mißverständnisses ein regelrechtes Gefecht entwickelte. Auch mit den Leuten Kabba-Regas hatte Stanley vielfache Kämpfe zu bestehen, und durch schlechtes Wasser erkrankte fast die ganze Karawane am Fieber!

Am 4. Juli hatte man endlich die weite Ebene vor sich, die sich vom Eduard-Njansa bis an die Meeresküste erstreckt. Nach einem fünf Monate langen Marsch traf die Expedition am 4. Dezember glücklich in Bagamoyo gegenüber Zanzibar ein! Schon in Mpuapua war sie von dem Kaiserlichen Kommissar von Deutsch-Ostafrika, Major Wissmann, in Empfang genommen worden. Bei einem Festbankett, das man zu Ehren des Retters und des Geretteten in Bagamoyo veranstaltete, verunglückte aber Emin Pascha infolge seiner Kurzsichtigkeit durch einen Sturz aus dem Fenster!

Nach seiner Genesung trat er am 7. April 1890 in die Dienste des Deutschen Reiches. Aber nur zweieinhalb Jahre war es ihm vergönnt, seine Kenntnisse und Erfahrungen den deutschen Kolonialaufgaben in Afrika zu widmen. Aus den Händen der Mahdisten hatten ihn Stanleys Mut und Ausdauer glücklich befreit; dreihundert Menschenleben hatte diese Entsatzexpedition gekostet! Jetzt fiel der ehemalige Gouverneur von Äquatoria auf einer Reise in das Innere in die Gewalt feindlicher Araber und wurde von diesen am 23. Oktober 1892 ermordet, eine grausame Ironie der Weltgeschichte. Nur seine kleine Tochter Ferida, deren Mutter eine Abessinierin war, kehrte nach Europa zurück und lebt noch heute unter uns. –

Damit beschließen wir unsre zweite Reise »Von Pol zu Pol«. Aber wir treffen uns noch einmal im »schwarzen Weltteil«, um uns von dort aus über Spanien mit Kolumbus nach der neuen Welt einzuschiffen und zuletzt auch den »sechsten Erdteil« zu besuchen, den Südpol. Bis dahin also: Auf Wiedersehen!

Im Reich der Zwerge

Die »alte Welt« umfaßt die drei Erdteile, durch die, von einem flüchtigen Ausblick auf Australien abgesehen, unsre bisherigen gemeinsamen Reisen »Von Pol zu Pol« geführt haben. Soweit der Scharfsinn unsrer Forscher die Nacht der Jahrtausende zu durchdringen vermag, gehörten Europa, Asien und Afrika, wenn auch in sehr unvollständigen und verschwommenen Umrissen, zum Bilde der östlichen Halbkugel, die bis vor vier Jahrhunderten der ausschließliche Schauplatz alles dessen war, was Geschichte hieß. Erst die Entdeckung Amerikas verdoppelte mit einem Schlage das Reich der Erdbewohner, zauberte die westliche Hälfte des Erdballs aus dem Nichts, aus einem wolkenbedeckten Chaos hervor und eröffnete der Wirksamkeit des Kulturmenschen der alten Welt unermeßliche Weiten.

Ehe wir aber mit Kolumbus der »neuen Welt« zusteuern, folgt mir noch einmal in den schwarzen Weltteil, dessen nordwestliche Ausbuchtung gleichsam ein Sprungbrett über das große Wasser hinüber darstellt! Durch die Nähe Europas ist die Entdeckungsgeschichte Afrikas zu reich, sein Kulturzustand zu vielseitig und eigenartig, um nicht wenigstens mit einigen charakteristischen Bildern, derengleichen auch das »Land der unbegrenzten Möglichkeiten« nicht aufzuweisen hat, von ihm Abschied zu nehmen. –

Von guten und bösen Zwergen erzählen die Märchen aller Völker und Zeiten, und die Kunde von dem Vorhandensein eines Menschenschlags von unnatürlich kleinem Wuchs hat ihre Wurzeln in vorhistorischen Jahrhunderten. Schon der Dichter der Ilias fabelt von den Kranichen, die »fliehend der Winterkälte und Regen unter Krächzen und Schreien den ozeanischen Strömen zueilen, um den Faustmännchen (Pygmäen) Tod und Verderben zu bringen«. Fünf kecke Jünglinge der Nasamoner, weiß der alte Herodot zu berichten, hätten sich eines Tages aufgemacht, von ihrer Heimat Libyen aus immer nach Sonnenaufgang zu wandern, »weiter, als man je zuvor gekommen«. Zuerst zogen sie durch bewohnte Gegenden, dann durch das Land der wilden Tiere, und darauf kamen sie an eine große Sandwüste, zu deren Durchwanderung sie viele Tage brauchten. Endlich sahen sie wieder einmal Bäume, die wuchsen auf dem Felde. »Und sie gingen hin und pflückten von den Früchten, die auf den Bäumen waren, und wie sie pflückten, kamen herbei kleine Männer, noch unter Mittelgröße, und griffen sie und führten sie von dannen; aber sie verstanden einander kein Wort, weder die Nasamoner von ihnen, noch sie von den Nasamonern. Und sie führten sie durch große Sümpfe, und wie sie durch dieselben hindurch waren, kamen sie in eine Stadt, da waren alle Leute ebenso klein wie die Führer und schwarz von Farbe. Und bei der Stadt floß ein großer Strom, und floß vom Abend nach Sonnenaufgang, und waren Krokodile in demselben zu sehen.«

Unter diesem Strom vermutete Herodot nichts anderes als den Nil, den auch Homer unter den »Ozeanischen Strömen« versteht; denn damals glaubte man noch, der Nil entströme dem Ozean, der Afrika umfließe. Und daß die Kraniche im Winter nach Afrika hinüberflogen, wußte man damals so gut wie heute.

Herodot berichtet durchaus vom Hörensagen. Hundert Jahre später aber scheint die Afrikaforschung der Alten schon einige Fortschritte gemacht zu haben. Der Weise von Stagyra, Aristoteles, verzeichnet es als eine feststehende Tatsache, daß an den Quellen des Nils, dem Winteraufenthalt der Kraniche, die Pygmäen wohnen, und zwar sei das »keine Fabel, sondern die reine Wahrheit«.

Wie recht hat die primitive Kenntnis der Vorzeit behalten! Die weite Quellengegend des Nils ist in der Tat die Heimat von Volksstämmen, die den Namen Pygmäen oder Zwergvölker durchaus verdienen. Aber erst der modernen Afrikaforschung war es vorbehalten, die Zeugnisse der griechischen Historiker auf ihren richtigen Kern hin zu prüfen.

Ein wenig anders zwar sehen die afrikanischen Kobolde aus als das Zwergvölkchen der Sagen und Märchen Europas. Und doch wieder welch nahe Verwandtschaft mit der dichtenden Phantasie weit entlegener Zonen! Der deutsche Reisende Georg Schweinfurth, der sich um die Erforschung der oberen Nilländer und der nach dem Kongo sich senkenden Wasserscheide grundlegende Verdienste erworben und auch als erster eines der afrikanischen Zwergvölker, das der Akka, wissenschaftlich beobachtet und geschildert hat, berichtet von seinen nubischen Begleitern, daß ihre Phantasie die Zwerge genau so sah wie nur irgendeine Großmutter an einem deutschen Kamin. In einem südlich vom Gebiet der Niam-Niam gelegenen Lande hätten sie Männchen angetroffen, die nie über drei Fuß Höhe erreichten und bis an die Knie mit einem langen weißen Barte versehen seien, weshalb sie auch nicht anders als »Leute mit spannenlangem Bart« geheißen hätten. Natürlich aber bewachten diese afrikanischen Heinzelmännchen nicht Gold und Edelsteine im Schoß der Berge, sondern sie verkauften das nicht minder kostbare Elfenbein an die Händler und waren große Jäger vor dem Herrn. Mit guten Lanzen bewaffnet schlüpften sie gewandt den Elefanten unter den Leib, wo sie sie mit Leichtigkeit töteten, während die kurzsichtigen Tiere trotz des langen Rüssels ihrer nicht habhaft werden konnten. –

Es war im September 1887 in der Araberstation Ugarrowwa am Ituri, als Stanley zum erstenmal einen Vertreter des Zwergstammes erblickte, der nördlich von jenem Flusse stark verbreitet war, und zwar eine kleine Dame von etwa siebzehn Jahren, die nur 87 Zentimeter groß war, sich aber körperlich wohl ausgebildet zeigte und ganz ansprechende Züge und prächtige Augen gleich einer jungen Gazelle besaß. Ihre glatte, glänzende Haut glich an Farbe gelb gewordenem Elfenbein, war also viel heller als die der andern hochgewachsenen Eingeborenen. Die Miniaturdame bewegte sich mit Anmut, und die Bewunderung, die sie erregte, schmeichelte sichtlich ihrer Eitelkeit. Im Februar 1888 fingen Stanleys Leute sogar die Frau eines Häuptlings, eine Zwergenkönigin, die etwa neunzehn bis zwanzig Jahre zählte und 32 Zentimeter groß war. Wenn sie die Arme gegen das Licht hielt, bemerkte man einen weißlich-braunen Flaum auf ihnen. Die Haut des ersten ausgewachsenen Zwerges, den man im Oktober 1888 nebst seiner Ehegesponsin vor Stanley brachte, fühlte sich beinahe pelzartig an mit Haaren von fast 1,3 Zentimeter Länge. Sein Kopfschmuck bestand aus einer Art Kappe, ähnlich wie sie Priester tragen, und war mit einem Büschel Papageienfedern geschmückt. Im übrigen war er nur mit einem Streifen Baumwollenrinde bekleidet. Seine Hände waren überaus zart und erregten durch ihre monströse Ungewaschenheit Aufsehen. Das Paar war gerade mit Schälen von Bananen beschäftigt gewesen, als man es im Dickicht überraschte.

Als nun die breitschulterigen Sudanesen und die großen Zanzibariten sich um den kleinen Mann scharten, war es ergötzlich zu beobachten, wie die Gedanken sich mit Blitzesschnelle in seinen Zügen malten: die Bewunderung, die ihn erfüllte, die rasch wechselnde Furcht wegen seines Schicksals, die ängstlichen Zweifel und die entstehende Hoffnung, als er in den Zügen der Fremden gute Laune entdeckte, dann die

Neugier, zu erfahren, woher diese menschlichen Ungetüme gekommen seien und was sie etwa mit ihm machen, ob und wie sie ihn töten würden, ob sie ihn lebendig braten oder ihn trotz seines Schreiens in fässergroße Kochtöpfe werfen würden. Ach Gott! hoffentlich nicht. Dann zeigten ein leichtes Kopfschütteln, eine noch bleichere Färbung der Lippen und ein nervöses Zwinkern mit den Augen, in welcher Not er sich befand.

Stanley forderte ihn auf, sich zu ihm zu setzen, die Sudanesen strichen ihm über den Rücken und gaben ihm einige geröstete Bananen, um seinen aufgeblasenen Bürgermeisterbauch zu füllen, worauf der Zwerg dankbar lächelte. Was für ein verschlagener Spitzbube er war! Und wie rasch er begriff! Er sprach mit seinen Gesten so beredt, daß jeder ihn verstand.

»Wie weit ist es bis zum nächsten Dorf, wo wir Lebensmittel erhalten können?«

Er legte seine rechte Hand mit der Fläche über das linke Handgelenk (mehr als zwei Tagemärsche).

»In welcher Richtung?«

Er wies nach Osten.

»Wie weit ist es bis zum Ihuru?«

»Oh!« Er hob seine rechte Hand bis zum Ellenbogen. Das sollte die doppelte Entfernung bedeuten, vier Tage.

»Sind nach Norden hin Lebensmittel?«

Er schüttelte den Kopf.

»Nach Westen oder Nordwesten?«

Er schüttelte wieder den Kopf und machte eine Bewegung mit der Hand, als wollte er einen Haufen Sand fortwischen.

»Weshalb?«

Er streckte seine beiden Hände aus, als ob er ein Gewehr anlegte, und sagte: »Duuu!«

Sicherlich hatten die Manjema Tipu Tips alles vernichtet.

»Sind jetzt ›Duuus‹ in der Nachbarschaft?«

Er blickte auf und lächelte so arglos, wie eine Kokette, als ob er sagen wollte: »Das wißt ihr selbst am besten; unartiger Mann, wie kannst du mich so zum besten haben?«

»Willst du uns den Weg nach dem Dorfe zeigen, wo wir Lebensmittel erhalten können?«

Er nickte rasch mit dem Kopfe und strich seinen Vollmondsbauch, was bedeutete: »Ja, denn dort werde ich eine volle Mahlzeit erhalten, hier« – nun lächelte er verächtlich und drückte den Daumennagel auf das erste Glied des linken Zeigefingers – »sind die Bananen nur so groß, während sie dort« – seine Wade mit beiden Händen erfassend – »so groß sind«.

»Oh, das Paradies!« schrien die Leute, »Bananen so dick wie ein Menschenbein!« Dem Zwerg war es gelungen, die Zuneigung aller zu erringen, und er fühlte das sehr wohl, wenn auch seine Züge arglose Unschuld ausdrückten und er sich ebensogut bewußt war, daß die Geschichte von den riesigen Bananen nichts weiter als Schwindel war.

Während dieser Unterhaltung spiegelte das kupferfarbene Gesicht der nußbraunen kleinen Dame in beredter Weise die Gefühlsregungen des männlichen Zwerges wider. Ihre Augen strahlten vor Freude, und mit blitzartiger Geschwindigkeit glitt ein listiger Zug über ihr Gesicht. Ihr Mienenspiel zeigte dieselben Zweifel und Hoffnungen, dieselbe erstarrende Furcht und dieselbe Neugier, als sie erriet, welche Stimmung ihr Gefährte erregte. Sie war so rundlich wie eine Gans am Weihnachtstage und glänzte in der Farbe alten Elfenbeins. In dem Männchen steckte, sagt Stanley, die nachgeahmte Würde eines Adam, in der Frau die ganze Weiblichkeit einer Miniatureva. –

Im übrigen waren diese Zwergstämme keineswegs so harmlos wie die Pygmäen, die vor Tausenden von Jahren die fünf Jünglinge der Nasamoner durch die Sümpfe in ihre Stadt geleiteten; denn diese Nasamoner kamen ungefährdet wieder nach Hause zurück, wie Herodot ausdrücklich versichert, sonst hätten sie ja ihre Erlebnisse niemandem erzählen können. Die Zwergenstämme an den Ufern des Aruwimi umschwärmten aber Stanleys Karawane allenthalben wie giftige Insekten, sie lauerten auf jeden günstigen Moment, mit ihren kindlichen, aber durch die vergifteten Spitzen dennoch lebensgefährlichen Pfeilen Schaden anzurichten und durch Diebstahl und Verwüstung allerhand Teufeleien auszuhecken. Dem von Stanley angelegten Fort Bodo wurden sie so lästig, daß sie verschiedene Male energisch gezüchtigt werden mußten. Nomadenartig streiften die einzelnen Zwergenfamilien durch die Wälder und lebten von ihrer Jagd- oder Kriegsbeute. Den übrigen Eingeborenen, denen sie gerade befreundet waren, um von ihnen Bananen und sonstige Früchte gegen Elfenbein einzutauschen, dienten sie als überaus gewandte Kundschafter, die allenthalben rechtzeitig Stanleys Ankunft in den Dörfern meldeten, so daß die Hütten der Eingeborenen verödet standen und alle Lebensmittelvorräte fortgeschafft waren.

Abgesehen von den einzelnen Gefangenen, die sich gelegentlich erwischen ließen, gelang es den Leuten Stanleys nur selten, solch ein Zwergvölkchen unter sich zu beobachten. Eines Tages hatte einer der Träger, wie so oft, seine Last, eine Kiste Patronen, nicht ins Lager gebracht, sondern einfach am Wege unter einen großen Baum niedergelegt. Am Abend wurde er unter Bedeckung zurückgeschickt, um sie zu holen. Als die ausgesandte Schar in der Nähe der Stelle ankam, sah sie einen ganzen Stamm von Zwergen, Männer, Frauen und Kinder, versammelt, und zwei Männlein machten gerade den Versuch, das Gewicht der Kiste zu probieren. Da die kleinen Leute außerordentlich scharfe Augen hatten, hielten sich Stanleys Leute versteckt, um zu sehen, was die Zwerge mit der Kiste machen würden. Jedes Mitglied des Stammes schien einen Vorschlag zu machen, während die kleinen Kinder auf einem Bein umherhüpften und vor unwiderstehlichem Vergnügen über den Fund sich auf die Schenkel klappten und die zierlichen Frauen mit ihren noch zierlicheren Babies auf dem Rücken in der Weise kluger Weiber ihren Rat dazwischenschrien. Da nahm ein beherzter Mann eine leichte Stange und schob sie durch die Handgriffe an den Enden der Kiste, worauf die sämtlichen kleinen Leute vor Freude darüber, daß sie eine so geistreiche Erfindung gemacht hatten, laut schrien und kreischten. Einige Herkulesse des Stammes drängten sich nun heran, wandten ihre äußerste Kraft auf, um die Kiste bis zur Schulterhöhe zu heben, und schwankten dann damit fort ins Dickicht. Da fiel plötzlich seitens der Leute Stanleys ein harmloser Schuß, und im Augenblick war das ganze hübsche Märchenbild zerstoben. Ihrer wieselartigen Geschwindigkeit verdanken die Zwerge auch den Ruf, sich unsichtbar machen zu können. –

Diese Zwergvölker, von denen alle Afrikaforscher der letzten Jahrzehnte zu berichten wissen, sind unter verschiedenen Namen quer durch den ganzen schwarzen Weltteil verbreitet, sie ziehen sich wie eine Kette in der ganzen Breite des Äquatorialgürtels von Küste zu Küste; am dichtesten sind sie im Nordosten des großen zentralafrikanischen Urwalds westlich vom Albert- und Albert-Eduard-See. Um

Stanleys Fort Bodo herum hießen sie Wambutti; am Hofe des Monbuttukönigs Munsa, wo Schweinfurth längere Zeit reiche Gastfreundschaft genoß, nannte man sie Akka. Nach der Ansicht der meisten Anthropologen gelten die Zwerge und die mit ihnen verwandten etwas größeren Buschmänner in Südafrika als die ursprüngliche Eingeborenenbevölkerung, die durch die Wanderungen und Vorstöße umwohnender Völker und Stämme versprengt wurden. Denn von Entartung ist an ihren wohl ausgebildeten Körpern nichts zu verspüren. Emin Pascha hat viele Zwerge gemessen, die alle nicht größer als 124 Zentimeter waren. Die Größe der Wambutti ist nach Stanleys Angaben nur 90–140 Zentimeter. Nach Schweinfurths Schilderung hatten die Akka einen großen runden Kopf, große Ohren, einen flachen Brustkasten und lange dürre Arme mit außerordentlich zierlichen Händen. Schön von Angesicht sind sie keineswegs, die schnauzenartig vorspringenden Kiefer und die tiefeingesenkte Nasenbasis geben ihnen eine bedenkliche Ähnlichkeit mit dem Affenmenschen Darwins, nur ihre Augen sind, in auffallendem Gegensatz zu den zusammengekniffenen Augen der Buschmänner, groß und offen. Schweinfurth nennt ihren Haarwuchs spärlich entwickelt, von Bart zeigten die Akka keine Spur; die Farbe ihrer Haare glich dem Werg. Unter den Zwergen, die Jephson während seines Aufenthaltes bei Emin Pascha sah, waren aber viele Männchen mit langen Bärten, ein überaus abschreckender Anblick.

Oft beobachtete Schweinfurth, wie auch Stanley, an ihnen einen grotesken Hängebauch, der aber mehr die Folge ihrer unmäßigen Gefräßigkeit war. Der deutsche Forscher führte anderthalb Jahre einen 134 Zentimeter großen Akka als Begleiter mit sich, doch starb der Zwerg infolge seiner Unmäßigkeit trotz sorgfältigster Pflege. Ein anderer Reisender brachte in den siebziger Jahren zwei Akka nach Europa, die unter der Wirkung europäischer Kultur trefflich gediehen und ganz manierlich aussahen. In dem altertümlichen Palast eines Patriziers in Verona hatten sie ein sorgloses Asyl gefunden und fühlten sich dort überaus wohl.

Im allgemeinen ertragen aber die Zwerge den Aufenthalt im offenen Lande nur schlecht, denn sie sind durchaus Waldmenschen, wodurch vielleicht auch die hellere Hautfarbe verursacht ist. Ihre Sinne sind überaus scharf entwickelt, und sie sind für die Jagd mit den vorzüglichsten Fähigkeiten ausgerüstet. Mit ihren Waffen, kleinen Bogen und

Pfeilen, deren Spitzen dick mit Gift bestrichen sind, und Speeren, töten sie Elefanten, Büffel und Antilopen; außerdem graben sie Gruben und bedecken sie in geschickter Weise mit leichten Stöcken und Blättern und streuen Erde darauf, um das Wild zu überlisten. Sie stellen schuppenartige Bauwerke her, deren Dach an einer Ranke hängt, und breiten Nüsse oder reife Bananen darunter aus, um Schimpansen, Paviane und andere Affen hineinzulocken; bei der geringsten Bewegung fällt die Falle zu. Auf den Fährten der Zibetkatzen, Iltisse, Ichneumons und kleiner Nagetiere stellen sie Bogenfallen auf, die die Tiere beim eiligen Durchschlüpfen festhalten und erdrosseln. Aus der Haut des geschlachteten Wildes verfertigen sie Schilde und verkaufen diese nebst Pelz und Elfenbein an die größeren Eingeborenen für Bananen, süße Kartoffeln, Tabak, Speere, Messer und Pfeile.

Sobald eine Abteilung Zwerge in der Nähe eines Dorfes erscheint, beeilt sich der Häuptling, sie durch Geschenke von Getreide und Gemüse zu Freunden zu machen. Solange dieser Tauschhandel ehrlich betrieben wird, herrscht zwischen beiden Parteien das beste Einvernehmen; sobald sich aber die überaus empfindlichen Zwerge im geringsten beleidigt fühlen, üben sie rachsüchtige Vergeltung, töten ihre Feinde aus dem Hinterhalt und zerstören die Bananenpflanzungen. Ihre eigenen zeitweiligen Niederlassungen sind meist in größerer Entfernung von den Eingeborenendörfern unter Bäumen und Büschen mitten im Walde, möglichst in der Nähe eines Baches. Die bienenkorbartigen Hütten haben oft nur einen Durchmesser von einem Meter, und die Bewohner schlafen daher nur mit dem Oberkörper innerhalb derselben, während die Beine aus der Tür hervorragen; Knaben und Mädchen begnügen sich damit, sich Schutzdächer aus niedergebogenen Zweigen junger Bäume herzustellen. Als geborene Kundschafter bevorzugen sie für ihre Lager die Kreuzungspunkte der Eingeborenenwege und sind damit freiwillige Posten, die Lichtungen und Ansiedlungen bewachen. Dadurch aber sind sie gleichzeitig auch Belagerer, die die Eingeborenenstämme selbst in Schach halten und ihnen jede Bewegung über ihr Gebiet hinaus so gut wie unmöglich machen! Die Einrichtung ihrer mit breiten Blättern gedeckten Hütten ist denkbar roh und einfach. Hausgerät kennen sie nicht; sie kochen ihre Nahrung, indem sie sie in Blätter einwickeln und auf glühende Kohlen legen; gelegentlich erhalten sie Kochtöpfe aus den Dörfern, in deren Nähe sie als lästige

Schmarotzer ihr Lager aufgeschlagen haben. Ihr einziges Haustier ist das Huhn. Erstaunlicherweise wußte man auch das schon vor mehreren tausend Jahren. Eine Mosaik aus Pompeji, die man heute im Nationalmuseum zu Neapel bewundern kann, stellt die Pygmäen dar, umgeben von ihren Häuschen und Hüttchen, alle voll von Hühnern!

Gleich den umwohnenden Eingeborenen huldigen auch die Zwerge bei günstiger Gelegenheit dem Kannibalismus. Hauptsächlich aber leben sie von Wild und den Feldfrüchten ihrer jeweiligen Freunde. Sie selbst pflegen nur ausnahmsweise Pflanzungen anzulegen. –

Hinterlist und Bosheit sind die vorstechenden Charaktereigenschaften aller dieser afrikanischen Zwergvölker, und auch da, wo man ihnen mit Freundschaft entgegentritt, ist man vor ihren Unarten und Teufeleien niemals sicher. Diese Erfahrung machte auch Georg Schweinfurth oft genug mit seinem Akka-Zögling. Emin Pascha hatte eine Zwergenfrau als Dienerin; sie war sehr fleißig, schien nie müßig zu gehen und zeigte sich dabei stets fröhlich und gutmütig. Die Männer dagegen sind keine Freunde der Arbeit im Dienste anderer, und auch da, wo sie als Sklaven gut gehalten wurden, waren ihr Unabhängigkeitssinn und ihre Widerspenstigkeit niemals auszurotten. –

Eine Sage der alten Griechen erzählt, daß die Pygmäen einstmals den schlafenden Herakles überfielen, um den Tod ihres Riesenbruders Antäus, des mythischen Beherrschers von Libyen, an ihm zu rächen. Sie krabbelten auf seinen Gliedern herum und versetzten sein Haupt in Belagerungszustand, ohne ihm aber Böses antun zu können. Der Halbgott wachte auf, lachte, sammelte die kleinen Helden in sein Löwenfell und brachte sie seinem Arbeitgeber Eurystheus. Gleicht nicht der ungeheure Erdteil Afrika dem erwachenden Riesen, auf dessen Leibe die schwarzen Zwerge noch immer umherkrabbeln?

Am Hofe eines Kannibalenfürsten

Wißt ihr euch noch des Schauders zu erinnern, der euch den Rücken hinunterrieselte, als ihr zum erstenmal vom kleinen Däumling hörtet, wie er mit seinen Geschwistern wegmüde sich in die Hütte des Menschenfressers verirrte, dem ob dieser ihm unversehens bescherten Mahlzeit das Wasser im Munde zusammenlief? In Zentralafrika ist das

Märchen noch heute nur allzu schreckliche Wirklichkeit. Was würdet ihr nun sagen, wenn ihr euch plötzlich von einer Horde solcher Unmenschen umgeben sähet, die euch nachdrücklich einladen, es euch in ihren Kochtöpfen bequem zu machen, oder wenn ihr vor den Obersten solch einer Teufelsbande geführt würdet, dem die Reste seiner Kannibalenmahlzeit noch an den schwarzen Fingern kleben und dessen Haarbusch unter einer dicken Schicht von – Menschenfett erglänzt?

Doch keine Angst! Natürlich seid ihr vortrefflich bewaffnet und nicht allein. Ihr gehört vielmehr einer mächtigen Karawane Chartumer Kaufleute an, die an den Quellflüssen des Nils allenthalben ihre befestigten Niederlassungen, Seriben, besitzen, über ausreichende militärische Bedeckung verfügen und sich im Lauf der Jahre zu Gewaltherrschern dieser weiten Distrikte aufgeworfen haben. Für sie sammeln die Eingeborenen das Elfenbein, um es gegen Kupfer oder mancherlei Erzeugnisse europäischer Kultur, deren Bedürfnis schon bei ihnen unausrottbar geworden ist, auszutauschen, und mit den zahlreichen Potentaten dieser eingeborenen Stämme stehen die Kaufleute aus dem Sudan in den engsten Handelsbeziehungen. In stetem Kampf untereinander, sind die schwarzen Völker vereinzelt wehrlos gegen die Waffen der Handelseroberer, und ihre Häuptlinge benutzen nur zu gern die Gelegenheit, auf Kosten ihrer Untertanen ihren Reichtum an Kupfer und andern Schätzen durch Lieferung von Elfenbein, weißem und schwarzem, zu mehren und dadurch innerhalb ihres Stammes ihre Macht und ihr Ansehen zu steigern.

Immerhin mag keine allzu behagliche Empfindung euch beseelen, wenn ihr euch, dem Beispiel eures Landsmannes Georg Schweinfurth folgend, an dem Hofe solch eines schwarzen Kannibalenfürsten häuslich niederlassen sollt. Ihr wißt ganz genau, was der hohe Herr soeben zum Frühstück verspeist hat, wenn er euch die Gnade gewährt, euch in Audienz zu empfangen! Und wenn man auch aus Höflichkeit dem Europäer gegenüber nicht gerade zugestehen mag, daß hier am Hofe Menschenfleisch ein begehrter Leckerbissen ist, so habt ihr doch helle Augen genug, um allenthalben aus den Abfällen der Mittagstafel dieses scheußliche Gericht herauszuerkennen. Und wenn ihr noch obendrein wie Schweinfurth Naturforscher seid und als Anthropologen eine sehr dankenswerte Vorliebe für Menschenschädel besitzt, so seht ihr bald mit Entsetzen, daß Menschenköpfe, in rohem oder gekochtem Zustand, hierzulande so billig wie Brombeeren sind und man deren mehr vor euch aufhäuft, als ihr präparieren und für euer Museum mitnehmen könnt!

Wenn ihr dann nachts in eurer Hütte liegt, mitten in der großen Residenz seiner königlichen Hoheit des Kannibalenfürsten, wenn unter eurem Lager die Termiten an der Arbeit sind und über euch im Dachstroh zierliche Schlangen Haschen spielen, so verdenke ich euch nicht, wenn ihr euch allerhand krause Gedanken macht und hin und wieder der böse Traum euch aus dem Schlafe emporrüttelt: Es ist aus mit der Blutsfreundschaft, die der König des Ortes mit den Herren der Karawane geschlossen hatte! Saht ihr nicht heute auf eurem Wege an einem Baumast drei merkwürdige Gegenstände auffallend hingehängt? Einen Maiskolben, eine Hühnerfeder und einen Pfeil! Jetzt besinnt ihr euch: das ist hier die übliche Kriegserklärung! »Nieder mit den Fremden« schallt es als Losung durch die dunklen Dorfstraßen – »Nieder mit den Elfenbein- und Sklavenräubern, die alljährlich unser Land aussaugen und unsre Weiber fortschleppen! Nieder auch mit dem weißen ›Laubfresser‹!« So wurde der botanisierende Schweinfurth von den Eingeborenen wegen seiner ihnen völlig unverständlichen Beschäftigung genannt.

Doch nun soll euer noch jetzt in Berlin lebender berühmter Landsmann erzählen, wie er im Jahre 1870 auf einer seiner vielen Afrikareisen, auf der er den Uelle-Fluß, einen der nördlichen Zuflüsse des gewaltigen Kongos, entdeckte, das Land der Monbuttu besuchte, bei dem Könige dieses Stammes, dem mächtigen Munsa, einem echten Kannibalenfürsten, gastfreundschaftlichste Aufnahme fand und als erster Europäer das keineswegs primitive Zeremoniell solch eines schwarzen Fürstenhofes mit Muße studieren konnte!

Schweinfurth war es gelungen, von einem der mächtigsten Chartumer Kaufleute die Erlaubnis zur Teilnahme an mehreren seiner Geschäftsreisen, auch Beutezügen, zu erhalten. Die Fahrt ging zunächst den Weißen Nil aufwärts, bog dann in den Gazellenfluß (Bahr el-Ghasal) ein, in dessen Quellgebiet die Chartumer Seriben lagen, und führte durch das Land der Schilluk-, Nuer- und Dinka-Neger, dieser sonderbaren Sumpfbewohner, die ein Beweis dafür sind, daß das Naturgesetz, das unter gleichen Existenzbedingungen gleiche Formen unter den verschiedensten Klassen der Tierwelt schafft, sich auch an den Menschen bestätigt. Ihr langer Hals, auf dem ein kleiner, schmaler Kopf ruht, und ihre hohen, dürren Beine, auf denen sie gemessenen Schrittes das Schilf durchschreiten, geben ihnen eine unverkennbare Ähnlichkeit mit Reihern oder Störchen, und ihre sonderbare Gewohnheit, nach Art der Sumpfvögel stundenlang auf einem Beine zu stehen, das andere aber mit dem Knie zu stützen, vervollständigt dieses Naturspiel in ganz überraschender Weise. Die Dinka sind ein leidenschaftliches Hirtenvolk, das alle Stämme, die kein Vieh halten, als »Wilde« bezeichnet; seine Kühe und Rinder sind ihm teurer als Weib und Kind. Obgleich die Dinka große Feinschmecker sind, bringen sie es doch nur ausnahmsweise über sich, eines ihrer Tiere zu schlachten. Für die Beutezüge der Elfenbeinhändler ist aber der Viehreichtum der Dinka eine Lebensfrage.

Den Gazellenfluß weiter aufwärts wohnen die ackerbautreibenden Djur; sie haben die komische Gewohnheit, sich gegenseitig anzuspukken, wenn sie sich mit besonderer Herzlichkeit – begrüßen wollen. An ihr Gebiet schließt sich das der Bongo, wo zur Zeit des Besuches Schweinfurths die nubischen Sklavenhändler, wie eine Horde übermütiger Paviane in den Durrafeldern, hausten und ganze Landstrecken entvölkerten. Gleich den Djur sind auch die Bongo überaus geschickte Schmiede; ihr Land ist sehr eisenhaltig; sie wissen kunstgerechte Eisenschmelzen zu bauen, und selbstverfertigte Lanzen und Spaten sind daher im ganzen oberen Nilgebiet gangbare Münze für den Tauschhandel. Die Bongo und ebenso die ihnen benachbarten Mittu zeigten sich als sehr musikalisch, und ihre orchestralen Versuche, die entfesselten Elemente mit Hilfe lärmender Instrumente musikalisch darzustellen, erinnern heute nicht wenig an die Experimente moderner europäischer Komponisten. Auffallend war bei den Bongo, denen im übrigen alles, was da kreucht und fleucht, gleichviel in welchem Zustande, mundgerecht erschien, ihre ausgesprochene Abneigung gegen Hunde- und Menschenfleisch, und es bewährte sich weiterhin das Wort des französischen Schriftstellers Bernardin de Saint-Pierre, des bekannten Verfassers der Idylle »Paul und Virginie«, daß der Genuß von Hundefleisch der erste Schritt zum Kannibalismus sei.

Das weiter südlich wohnende Jäger- und Kriegervolk der Niam-Niam huldigt dagegen schon ganz dieser gräßlichen Sitte; sie verspeisen nicht nur die im Kriege gefallenen Feinde, sondern schrecken selbst vor den Toten ihres eigenen Stammes nicht zurück, wenn diese innerhalb des Dorfes keine Familie haben. Dem Menschenfett schreibt man eine berauschende Wirkung zu. Die Zähne der Verspeisten werden auf Schnüre aufgereiht und wie Glasperlen getragen und die Hütten mit Schädeln wie mit Jagdtrophäen geschmückt. Überraschend bei diesem Tiefstand der Kultur ist die Stellung der Frauen; die Niam-Niam hängen an ihnen mit grenzenloser Liebe, und die arabischen Händler pflegen sich daher zunächst immer einiger Weiber zu versichern; durch deren Gefangenschaft können sie dann von den Männern ohne Mühe alles erpressen, was ihnen zum Unterhalt der Karawanen oder zur Vergrößerung ihrer Beute nur immer erwünscht ist. Von diesen wilden Völkern läßt sich also nicht behaupten, daß die Lage der Frauen für den Stand der Kultur eines Landes beweisend ist.

In allen diesen Gebieten der Eingeborenen hatten Schweinfurths Begleiter ihre Niederlassungen, und in allen ihren Seriben wurde er mit echt orientalischer Gastfreundschaft aufgenommen und monatelang verpflegt, um sich ganz seinen wissenschaftlichen Studien hingeben zu können. Die Achtung, mit der die Besitzer der Karawanen den deutschen Forscher behandelten, imponierte den Eingeborenen selbst gewaltig, und wenn er dann vor ihren Augen seine europäischen Künste spielen ließ, waren sie gerne geneigt, ihn für ein höheres Wesen zu halten. Das größte Erstaunen riefen seine Zündhölzer hervor, und immer wieder mußte er das Wunder des Feuermachens vor ihnen ausführen. Wenn ihnen dann selbst mit einem dargereichten Streichholz das Experiment gelang, war die Freude aller Umstehenden eine ausgelassene. »So«, hieß es im Kreise der Männer, »kann der weiße Mann auch Regen und Blitz machen, etwas Ähnliches ist nicht gesehen worden seit Erschaffung der Welt!« Die Eingeborenen selbst bedienten sich zum Feueranzünden zweier bleistiftdicker Hölzer; durch quirlartiges Reiben des einen senkrecht auf dem andern wird der Funke erzeugt und dieser in zerriebenem dürren Grase aufgefangen, ein zwar etwas umständliches, aber ganz sicheres Verfahren, das, wie Schweinfurth erzählt, bei starkem Winde oft den Zauber seiner Streichhölzer zuschanden werden ließ.

Dieser Bewunderung der Eingeborenen hatte der Forscher es zu verdanken, daß er allein und unbewaffnet oder nur mit geringer

Begleitung in der Nähe der Seriben nach Herzenslust und ungefährdet umherstreifen und bei dem unerschöpflichen Reichtum der Vegetation von jedem Tagesausflug Schätze für seine Herbarien oder seine Zeichenmappe mit heimbringen konnte. Er besuchte ebenso unbehindert die Hütten der Eingeborenen, hielt förmliche Haussuchungen bei ihnen ab, untersuchte ihr Hausgerät und durchstöberte jeden Winkel, zeichnete und maß ihre Bewohner und brachte so eine Fülle wissenschaftlicher Resultate zusammen, die leider zum Teil bei einem späteren Seribenbrande zugrunde gingen, zum anderen Teil aber die Berliner Museen bereichert haben.

Das südlichste Gebiet, auf das sich seine Forschung erstreckte, war das der Monbuttu, eines Kannibalenstammes, der von zwei mächtigen Häuptlingen beherrscht wurde, und die Residenz des einen von ihnen, des Königs Munsa, bildete wochenlang Schweinfurths Standquartier. Durch einen der Karawanenbesitzer waren die Monbuttu erst 1867 entdeckt worden, und der schlaue Händler hatte es verstanden, sich die enge Freundschaft dieses Kannibalenfürsten zu erwerben. So wurde Schweinfurth Zeuge eines Schauspiels, das bis dahin noch keinem europäischen Reisenden zuteil geworden war.

Munsa hatte die Ankunft seines Chartumer Blutsfreundes, dem die Monbuttu den gemütlichen Namen Mbali, »der Kleine«, beigelegt hatten, mit Ungeduld erwartet; in seinen Speichern lagerte hochaufgestapelt das Elfenbein, die Jagdausbeute eines ganzen Jahres; jetzt sollten ihm dafür aufs neue die Reichtümer des Nordens zufließen und sich in der königlichen Schatzkammer neue Massen roten Kupfers zu den alten häufen. »Wo ist Mbali, wann wird Mbali kommen?« war Munsas tägliche Frage an die bei ihm stationierten Soldaten seines Freundes gewesen, und es war zugleich die Botschaft, mit der Munsa schon aus weiter Ferne dem Fremden, dessen Nahen ihm gemeldet worden, seinen königlichen Gruß entbieten ließ. Mbali hatte denn auch gleich beim Eintreffen in der Residenz des Königs nichts Eiligeres zu tun, als die mitgebrachten Geschenke zusammenzuraffen und sich schleunigst zu Munsa zu begeben. Erst spät am Abend kehrte er in das große Lagerdorf zurück, das mittlerweile aus dem Urwald emporgezaubert worden war; Hörner- und Paukenschall begleiteten seine Schritte, und große Proviantvorräte sammelten sich, auf Befehl des Königs von Tausenden herbeigetragen, mit staunenswerter Schnelligkeit. Dem weißen Gast der Karawane aber war für den folgenden Morgen ein feierlicher Empfang in der Prunkhalle des Königs in Aussicht gestellt.

Am andern Morgen sah man dichte Massen schwarzen Volkes sich zwischen den Hallen des Königs und den Behausungen seines Hofgesindes hin- und herbewegen, und der dumpfe Schall wilder Paukenschläge übertönte alles. Munsa versammelte seine Trabanten und hielt Heerschau über seine Elefantenjäger; von nah und fern strömten die Familienältesten herbei, um den Elfenbeinmarkt zu beschicken und mit Mbali Lieferungsverträge über Lebensmittel abzuschließen.

Schweinfurth hatte sich in feierliches Schwarz geworfen und schwerbeschlagene Touristenstiefel angelegt, um seiner leichten Figur durch die vermehrte Wucht der Tritte einen imponierenden Charakter zu verleihen. Diese Stiefel brachten ihn übrigens später in den Verdacht, Bocksfüße zu besitzen, eine Vermutung, die durch sein langes Gelehrtenhaar unwillkürlich bestätigt wurde! Nach langem Warten wurde er gegen Mittag von Mbalis schwarzer Leibgarde und seinen Musikanten abgeholt und unter festlichem Geleit zur zweitgrößten der königlichen Palasthallen geführt, die, einem Schuppen gleich, an beiden Giebeln offenstand. Hier harrte der Zeremonienmeister, ergriff schweigend die rechte Hand des Fremden und führte ihn in das Innere, durch die Reihen Hunderter von Trabanten und Vornehmen des Volkes hindurch, die in vollem Waffenschmuck, nach Rang und Würden geordnet, auf zierlichen Bänken saßen. An dem einen Ende der Halle stand die Thronbank des Königs, die vor den übrigen Sitzen nur durch eine Fußmatte ausgezeichnet war. Neben die Thronbank ließ Schweinfurth seinen Rohrstuhl stellen, den man ihm, der Sitte des Landes gemäß, nachgetragen hatte; seine Leute hockten und stellten sich hinter ihn, und nun galt es, auf das Erscheinen des Königs zu warten.

Denn Seine Majestät wurde noch erst in den inneren Wohnhütten der Hofburg von seinen Frauen frisch gesalbt, frisiert und geputzt, um sich in vollem Staat zu präsentieren, und ohne die gelassene Geduld des Audienzsuchenden ging es auch an diesem Königshofe nicht ab! Unterdes erschütterte das Toben der Kesselpauken und das Gebrüll der Hörner den luftigen Holzbau, der in seiner Art ein Wunder leichter und doch widerstandsfähiger Konstruktion war, und für die königlichen Trabanten war der weiße Gast eine unerschöpfliche Quelle ausgelassener Belustigung. Durch die offenen Giebel drängte sich das schaulustige Volk, das durch Aufseher mit langen Stöcken in Ordnung gehalten wurde.

Schon eine Stunde hatte der Fremde gewartet, als endlich lauter Hörnerklang, Volksgeschrei und verdoppelter Paukendonner das Herannahen des Herrschers zu verkünden schienen. Das war aber erst das Vorspiel, währenddessen am Eingang der Halle eine großartige Ausstellung von Prunkwaffen, kupfergeschmiedeten Lanzen und Spießen in allen Formen und Größen, errichtet wurde. Die Strahlen der äquatorialen Mittagssonne verbreiteten über diese Anhäufung von rotglänzendem Metall einen blendenden Schein, und ein Glühen wie von flammenden Fackeln ging von den Lanzenspitzen aus, deren symmetrische Reihen einen prächtigen Hintergrund für den Thronsitz eines Herrschers abgaben. Eine wahrhaft königliche Pracht wurde da entfaltet, für zentralafrikanische Begriffe Schätze von unberechenbarem Werte und alles bisher Gesehene weit in den Schatten stellend.

Jetzt aber drängte der Volkshaufe dem Eingange zu, Ausrufer und Festordner rannten hin und her – Ruhe! der König kommt! Voran schreiten Musikanten, die auf kolossalen, aus ganzen Elefantenzähnen geschnitzten Hörnern blasen oder Eisenglocken schwingen. Den Blick gleichgültig vor sich hin gerichtet, naht derben Schrittes der rotbraun gesalbte Cäsar, gefolgt von seinen Lieblingsfrauen; ohne den Fremden eines Blickes zu würdigen, wirft er sich auf die niedrige Thronbank und – betrachtet seine Füße.

Gleich der Waffensammlung erstrahlte der Herrscher in schwerer Kupferpracht, Arme und Beine, Hals und Brust waren mit Ringen, Spiralen und Ketten geschmückt, auf dem Scheitel erglänzte eine Art Halbmond, alles Erzeugnisse der einheimischen Kunstindustrie. Ein imposanter, anderthalb Fuß hoher, zylinderförmiger Federhut aus Rohrgeflecht beschattete das Haupt, fingerdicke Kupferstäbe staken in den durchbohrten Ohrmuscheln, und der ganze Leib war mit der landesüblichen Schminke von Farbholz eingerieben, die seinem ursprünglich hellbraunen Körper die antike Färbung pompejanischer Helden gab. Seine Kleidung bestand aus einem großen Stück sorgfältig verarbeiteter Feigenrinde, gleichzeitig Kniehosen und Leibrock darstellend, und derbe Riemen aus Büffelhaut mit Kupferkugeln hielten das

Gewand an den Hüften zusammen. In der Rechten schwang Munsa als Zepter einen sichelförmigen Säbel aus lauterem Kupfer.

Der Selbstherrscher der Monbuttu war gegen vierzig Jahre alt, hoch von Gestalt und stramm von Wuchs. Kinn und Backen waren von einem Bart umrahmt. Aber seine Gesichtszüge waren keineswegs einnehmend. In seinen Augen brannte ein wildes Feuer, und um die aufgeworfenen wulstigen Negerlippen lagerten die Grausamkeit und Habsucht eines Nero. Er lächelte nie.

Eine geraume Zeit verstrich, ehe die Blicke des Königs scheinbar gleichgültig zu dem nie gesehenen Blaßgesicht mit dem schulterlangen Haar hinüberstrichen, und nach und nach ließ er durch den Dolmetscher etliche sehr gleichgültige Fragen an den Fremden richten. Sich durch nichts aus seiner königlichen Selbstbeherrschung bringen zu lassen, schien dieses Königs wohlüberlegte Absicht.

Nun ließ Schweinfurth seine Geschenke zu den Füßen des Herrschers ausbreiten: schwarzes Tuch, ein Fernrohr, Porzellangeschirr, Elfenbeinschnitzereien, ein Doppelspiegel usw., und was die Hauptsache war, eine Sammlung von tausend verschiedenen venezianischen Glasperlen. Die Umgebung konnte sich der verschiedensten Laute des Staunens nicht enthalten – der König selbst aber betrachtete alles mit unerschütterlicher Ruhe.

Nach einiger Zeit wandte sich Munsa den bereitliegenden Erfrischungen, gerösteten Bananen usw., zu und rauchte in den Eßpausen aus einer Pfeife, einem sechs Fuß langen Eisenrohr, das der Pfeifenträger ihm hinreichte. Jedesmal warf sich der König dazu in seinen Thronsessel zurück, stützte den rechten Ellenbogen in die Armlehne, schlug ein Knie über das andere und ergriff dann mit der Linken das Rohr. In dieser imposanten Haltung tat er, ganz wie ein vornehmer Türke, einen einzigen langen Zug aus der Pfeife, gab sie dann stolz und gelassen dem Diener zurück und ließ den Rauch langsam aus dem Munde gleiten. Trotz aller Bemühungen war es nicht möglich, ihn, dem schlechterdings nichts imponierte, in eine regelrechte Unterhaltung zu verwickeln, und auch bei späterer Gelegenheit ließ er sich, besonders über geographische Dinge, in keiner Weise ausfragen; das verboten ihm die Bedenken hoher afrikanischer Politik!

Zur Unterhaltung der Gäste traten nun Hornbläser auf, dann Spaßmacher und Sänger, und auch ein Hofnarr fehlte nicht, der über und über mit buschigen Quasten behangen und unermüdlich in Späßen und Albernheiten war. Und zuletzt, als Höhepunkt der Zeremonie, hielt Munsa unter dem Jubel des Volkes und mit sichtlicher Berechnung in der Wahl der Worte und Kunstpausen eine feierliche Rede, mindestens eine halbe Stunde lang, und zum Schluß dirigierte er noch höchsteigenhändig ein Paukenkonzert mit solchem Erfolg, daß sein deutscher Besucher von allem Gesehenen und besonders Gehörten mehr tot als lebendig zurück in seine Hütte kam.

Als Gastgeschenk ließ Munsa ihm am andern Morgen ein zwanzig Fuß langes transportables Haus aus korbartigem Geflecht überbringen, das dem Naturforscher zum Schutz seines Gepäcks und besonders seiner Sammlungen überaus willkommen war. So konnte er nun in seinen eigenen vier Wänden als Hausbesitzer im Monbuttu-Land seinen Untersuchungen obliegen, während rings um sein Zelt sich die Schar der Neugierigen, besonders der Frauen, drängte, die sich sogar ihre Sitzgelegenheit mitzubringen pflegten, um das fremde Wundertier bei seinem unverständlichen Hantieren in aller Muße anstaunen zu können.

Zwanzig Tage blieb Schweinfurth in der Residenz Munsas, und an Abwechslungen und Überraschungen war dieses Hoflager so reich wie nur irgendein europäisches. Wenn sich Büffel oder Elefanten in der Nachbarschaft blicken ließen, wurden große Treibjagden veranstaltet; Feste auf Feste durchrauschten die königlichen Hallen. Eines Tages tanzte der König sogar, gleich David, in höchsteigener Person vor seinen Frauen und Trabanten so lange, bis er mit der Wut eines heulenden Derwisches durch die Halle raste, während die Zuschauer in tobende Ekstase gerieten. Dann wieder trafen tributbringende Vasallen beim Könige ein, oder es wurde ein Siegesfest gefeiert. Im Lager bei Munsa sah Schweinfurth auch zum erstenmal einen der südlich von den Monbuttu wohnenden Zwerge und erhielt sogar vom König einen dieser Akka als Eigentum überwiesen, nachdem er ihm – ein echt afrikanischer Handel – einen seiner Hunde dafür überlassen hatte!

Timbuktu

Im Nordwesten Afrikas auf der Riesenzunge, die der Kontinent in den Atlantischen Ozean hinausstreckt, liegt Timbuktu, eine der berühmtesten Städte der Erde.

Im Vergleich zu Kairo oder Algier ist Timbuktu eine kleine Stadt, deren drei armselige Moscheen sich nicht mit den prächtigen Gotteshäusern messen können, die unter der französischen, türkischen oder englischen Herrschaft an der afrikanischen Küste des Mittelländischen Meeres ihre schlanken Minarette zum Himmel erheben. Kein einziges Gebäude fesselt die Blicke des Fremden; ein Gewirr von Ruinen graugelber Lehmhäuser mit platten Dächern und ohne Fenster zeigt überall Verfall und Mißwirtschaft. Kaum eine Karawanserei ladet baufällig, wie sie alle sind, den Wüstenwanderer zum Verweilen ein. Manche Straßen sind ganz verlassen und andere fußtief mit Flugsand bedeckt, den die Sahara herübersendet.

Timbuktu ist nicht so berühmt wie die funkelnden Juwelen in Asiens Krone: Jerusalem, Mekka, Benares und Lhasa, deren jede durch ihren Namen schon eine ganze Religion zusammenhält. Und doch hat die Stadt Timbuktu während ihres achthundertjährigen Bestehens stolze Namen getragen: die Große, die Gelehrte und die Geheimnisvolle! Zwar wallfahrten keine Pilger dorthin, um am Grabe eines Erlösers zu beten oder sich von einem Hohenpriester segnen zu lassen; keine Pyramiden und keine Marmortempel sind hier zu finden; kein Reichtum, keine üppige Vegetation macht die Stadt zu einem Vorhof des Paradieses. Und doch ist auch Timbuktu eine Stadt der Sehnsucht. Millionen Wanderer sehnen sich dorthin, und wer von ihr kommt, sehnt sich gar oft nach ihr zurück. Unzählige Karawanentreiber, die monatelang die endlose Sahara durchwandern, sehnen sich nach den Klängen der Zither, den harmonischen Flötenkonzerten und dem leichten Hinschweben der Tänzerinnen Timbuktus. Palmen und Mimosenbäume wachsen hier nur spärlich. Aber nach den Schrecken der Wüste erscheint diese verfallene Stadt mit ihren öden Gassen dennoch als ein paradiesischer Aufenthalt. Die Kaufleute, die so lange den Überfällen der Räuberhorden ausgesetzt waren, begrüßen Timbuktu als eine Erlösung und finden seine grauen Mauern begehrenswerter als die prächtigste aller Städte!

Der Vorzug Timbuktus ist also seine Lage und der dadurch bedingte Handel. Ein Blick auf die Karte zeigt, daß diese Stadt gleich einer Spinne in einem Netz von Handelsstraßen sitzt, die von den Küsten ausgehen und in Timbuktu zusammenlaufen. Sie kommen von Tripolis und Tunis, aus Algerien und Marokko, vom Senegal und von der Sierra Leone, von der Pfefferküste, der Elfenbeinküste, der Goldküste und der Sklavenküste und aus den Ländern am Meerbusen von Guinea, die Frankreich, England und Deutschland erobert haben. Sie kommen gleichfalls aus dem Innern der Sahara, wo wilde, kriegerische Nomadenstämme noch heute ihre Freiheit gegen fremde Eindringlinge zu verteidigen wissen.

In Timbuktu treffen Araber, Neger, Mohammedaner und Heiden, Sahara und Sudan, Wüste und fruchtbares Land zusammen. Es liegt auf der Schwelle der großen Wüste und an dem drittgrößten der Flüsse Afrikas. Der Niger ist hier vier Kilometer breit und an seiner Mündung wasserreicher als der Nil, doch nicht so mächtig wie der Kongo. Gleich dem Kongo macht der Niger einen Bogen nach Norden, als wolle er der Sahara Trotz bieten, aber die Wüste bleibt Siegerin, und der Fluß muß sich wieder nach Süden wenden. Und gerade da, wo der Kampf zwischen dem lebenspendenden Wasser und dem alles erstickenden Sand den Höhepunkt erreicht hat, liegt Timbuktu.

Von Norden her kommen die Waren auf Dromedaren, um in langen schmalen Booten mit Mattendächern oder da, wo der Fluß nicht befahrbar ist, durch Ochsen, Maulesel oder Träger weiterbefördert zu werden. Die Dromedare können das feuchte Klima am Niger, der besonders im Winter weit über seine Ufer tritt, nicht vertragen; sie werden daher durch die Sahara zurückgeführt. Sie fühlen sich nirgends wohler als in der Wüste, die der beständig wehende Nordostpassat ausdörrt; in manchen Gegenden der Sahara können Jahre vergehen, ohne daß ein Tropfen Regen fällt.

Und welch eigenartigen Klang hat der Name Timbuktu! Aus ihm klingt das Geheimnis und der Zauber der Sahara. Er erinnert an die größten Wüstengegenden der Erde, an die Einsamkeit langer Wege, an blutige Fehden und verräterische Hinterhalte, an das Läuten der Karawanenglocken und das Klirren der Steigbügel an den Pferden der prächtigen Beduinen. Zwischen den klingenden Vokalen dieses Namens glaubt man die trüben Wellen des Nigers rauschen zu hören. Er klingt wie ein Akkord auf den Saiten der Zither oder wie die Töne der Flöte zu den leichten Schritten der Tänzerinnen. Das weinerliche Bellen der Schakale und das Sausen des Wüstenwindes, das Brüllen der Dromedare vor den nördlichen Stadttoren und das Gepolter der Bootsleute mit Rudern und Stangen im Hafen drunten am Fluß glaubt man darin zu vernehmen.

Wer längere Zeit in Timbuktus Mauern rastet, erhält Kunde von allen Ländern, die rings um die Stadt herum liegen, und trifft mit Menschen aus allen diesen Ländern zusammen, mit Arabern, Sudanesen, Ägyptern und den zahlreichen Mischvölkern dieser Rassen. Sonderbare Gestalten sind darunter! Wie Bündel leichter Mäntel wandeln sie einher, mit Tüchern auf dem Kopf, die bis auf die Schultern herabhängen, Schleier vor dem unteren Teil des Gesichts, um Hals und Schulter ein Gehänge goldener oder roter Talismane aus Leder, Lanzen in den Händen. Das sind Tuaregs, auf die Timbuktus Einwohner sehr schlecht zu sprechen sind. »Hütet euch vor ihnen!« lautet ihre Warnung. »Sie wohnen im Nordosten der Sahara. Sie versprechen euch Gastfreundschaft in ihrem Lande und schneiden euch den Hals ab, wenn ihr hinkommt. Das Wort eines Tuareg gleicht dem Wasser, das man in den Sand gießt. Ja, sie haben Timbuktu gegründet, aber sie sind dennoch Diebe, Hyänen, von Gott verlassene Menschen.« –

Der Handel des jetzt französischen Timbuktu ist überaus bedeutend. Die Karawanen von der nördlichen Küste bringen Zeugstoffe, Waffen, Pulver, Papier, Werkzeuge, Kurzwaren, Zucker, Tee, Kaffee, Tabak und unzähliges andere. Wenn sie ihre Wanderung durch die Sahara antreten, gehen viele ihrer Kamele leer. Sie werden unterwegs mit Salzblöcken beladen, denn nach Salz ist in Timbuktu große Nachfrage. Auf der Rückreise nach Norden tragen die Dromedare Waren aus dem Sudan: Reis, Maniok, Honig, Nüsse, die Früchte des Affenbrotbaums, gedörrte Fische, Gold, Elfenbein, Straußenfedern, Gummi und Leder. Auch eine kleine Anzahl schwarzer Sklaven wird mitgeführt. Der Wert solch einer der jährlichen vierhundert Karawanenladungen beträgt oft eine halbe Million Mark und noch mehr, und fünf große Karawanenstraßen durchschneiden die Sahara in nordsüdlicher Richtung. Die größten Karawanen bestehen aus fünfhundert bis tausend Dromedaren und höchstens fünfhundert Mann. Aber auch die größte Karawane kann froh sein, wenn sie mit heiler Haut durch das Land der Tuareg kommt; im besten Fall erhält sie freien Durchzug nur gegen sehr hohen Zoll.

Die Sahara

Wenn es uns in Timbuktu nicht mehr gefällt – falls man einer Stadt, in der das Leben beständig wechselt, überdrüssig werden kann – machen wir uns selbst auf die Reise durch die Wüste. Zuerst wandern wir ostwärts nach dem Tsad-See, der zur Hälfte mit Inseln bedeckt, seicht und sumpfig und vom Schilf fast zugewachsen ist und dessen Spiegel je nach der Wasserzufuhr durch die großen, in ihn einmündenden Flüsse sich abwechselnd hebt und senkt, ähnlich dem Lop-nor in Zentralasien. Siebzig Kubikkilometer Wasser sollen sich jährlich in den Tsad-See ergießen, und da der abflußlose See immer den gleichen Umfang behält, läßt sich denken, wie stark die Verdunstung sein muß. Er gehört den Franzosen, Engländern und Deutschen.

Auf unseren Dromedaren und mit arabischen Führern versehen, auf die wir uns verlassen können, ziehen wir dann vom Tsad-See nach dem östlichen Sudan, wo wir schon früher mit Gordon weilten. Doch ehe wir den Nil erreichen, schwenken wir nach Norden ab, um die Libysche Wüste, den unzugänglichsten, ödesten und daher am wenigsten bekannten Teil der Sahara, der größten Wüste der Erde, zu durchqueren. Vegetation und Tierleben werden immer spärlicher, schon im Sudan sind die Savannen, je weiter wir vordringen, immer magerer und die Steppen immer wüstenartiger. Schließlich herrscht der Flugsand überall vor, und nun gilt es, sich auf solchen Wegen zu halten, die Araber und Ägypter seit Jahrtausenden benutzt haben.

Wir sind bald mitten im Sandmeer. Der rote Flugsand hat sich stellenweise zu Dünen von Kirchturmhöhe aufgehäuft! Kein Pfad ist mehr zu sehen, der letzte Sturm hat ihn verweht. Aber die Führer haben ihre Merkzeichen und verlieren die Spur nicht. Der Sand wird niedriger und das Land offener. Da ragt ein kahler, wüster Landrücken aus dem Sand auf wie eine Klippe über den Meereswellen. Nach diesem Merkzeichen, das mehrere Tagereisen weit sichtbar ist und später von einem andern Gipfel abgelöst wird, kann sich der Führer zurechtfinden.

An einem tiefen Brunnen lagern wir in der Nacht, trinken selbst und tränken unsere Kamele und sind am nächsten Tage wieder draußen im Sandmeer. Die Farbe des Himmels hat sich ungewöhnlich verändert; er wird gelb und schillert dann bleigrau, und die Sonne erscheint nur noch als eine rote Scheibe. Kein Lüftchen regt sich. Der Führer ist ernst und sagt mit gedämpfter Stimme: »Samum!« Der heiße, alles vernichtende Wüstensturm, die Geißel Arabiens und Ägyptens, zieht heran.

Da wir nicht mehr zurückkehren können zum letzten Brunnen, ehe der Sturm da ist, müssen wir vorwärts. Schutz gibt es nicht; die Dünen sind zu flach, um den Wind abzuhalten, der nun heransaust. Die Dromedare bleiben angstvoll stehen und wenden die Köpfe nach der dem Sturm abgekehrten Seite. Wir steigen ab, die Tiere legen sich nieder und bohren die Nase in den Sand. Wir selbst winden uns Tücher ums Gesicht und werfen uns der Länge nach neben unsern Tieren in den Sand, um durch sie ein wenig Schutz vor dem Sturm zu erhalten. So kann man stundenlang nach Atem ringend daliegen und froh sein, wenn man einem Samum lebendig entrinnt. Auch in einer Oase verursacht er Angst, und seine heiße Luft ist Palmen und Äckern gefährlich. Die Temperatur während solch heißen Wüstensturms, der seinen Namen »Giftwind« mit Recht trägt, kann auf fünfzig Grad steigen.

Endlich hat der Samum aufgehört. Die Luft klärt sich, es ist wieder still, und die Sonne leuchtet wieder in goldigem Glanz. Die erhitzte Luft zittert noch über dem Sand, aber es ist nicht mehr so erstickend wie zuvor. Da zeigt sich neben unserm Weg eine Reihe Palmen, und vor ihnen glänzt ein silberner Wasserstreifen! Warum der Führer nur in anderer Richtung weiterzieht? Das Bild, das da vor uns auftaucht, ist nichts weiter als eine Luftspiegelung, und da, wo wir Palmen erblicken, ist auf viele Tagereisen weit keine Oase zu finden!

Gegen Abend aber erreichen wir eine wirkliche Oase und ruhen nun ein paar Tage aus. Hier sickert Wasser in Hunderten von Brunnen aus dem Sand, hier kann der Boden im Schatten der Palmen bestellt werden, und auf saftigem Rasen genießt man in vollen Zügen die feuchte frische Luft. Die Oase ist eine Insel im Wüstenmeer, und zwischen den Stämmen der Palmen hindurch schimmert nach allen Seiten hin derselbe gleichmäßige Horizont, die ausgedörrte gelbe Wüste und die grenzenlose, von der Sonne grell bestrahlte Fläche.

Wenn wir jetzt nach Nordwesten abbiegen, berührt unser Weg zunächst das gelobte Land der Dattelpalme, Fessan, die südlichste Provinz von Tripolitanien. Die Dattelpalme wächst hier in solch überreichen Mengen, daß selbst Dromedare, Pferde und Hunde mit Datteln gefüttert werden. Das Erdreich ist nicht mehr so karg und mit Flugsand verschüttet wie in der Libyschen Wüste. Hier schon und weiter nach Westen hin wird das Land gebirgig. Bergrücken und einzelne Hügel aus Granit und Sandstein, verwittert und von der Sonne versengt, erheben sich hier und dort. Die weiten mit Geröll bedeckten Hochebenen nennt man Hammada; sie sind Ruinen ehemaliger abgebröckelter Gebirge. In der Sahara ist der Unterschied zwischen der nächtlichen Temperatur und der des Tages überaus groß. Die dunklen, nackten Gesteinplatten erhitzen sich daher, wenn die Sonne auf sie herabglüht, bis zu sechzig Grad, und in der Nacht findet eine so lebhafte Ausstrahlung nach dem klaren Himmel hinauf statt, daß die Temperatur auf den Gefrierpunkt sinkt. Durch diesen beständigen schnellen Wechsel wird das Gestein unaufhörlich ausgedehnt und wieder zusammengezogen, Risse entstehen, Stücke lösen sich ab und fallen herunter. Die härtesten Gesteinarten leisten am längsten Widerstand und ragen daher wie seltsame Mauern und Türme mitten in der großen Verwüstung empor.

Noch weiter nach Westen ist das Land der Tuareg. Auch hier erheben sich Gebirge, und Hammadas, Sandwüsten wechseln mit Oasen und trefflichen Weideplätzen. Schon in Timbuktu begegneten wir diesem kleinen kräftigen Wüstenvolk, das man an dem Gesichtsschleier erkennt. Alle Tuareg tragen solch einen Schleier und nennen jeden Unverschleierten »Fliegenmaul«. Die Tuareg sind kräftig gebaute, dunkelhäutige Menschen, die durch Vermischung mit den vielen aus dem Sudan geraubten Sklaven Negerblut in den Adern haben. Sie sind ebenso dürr und mager wie der Boden, auf dem sie leben, und die Natur ihres Landes zwingt sie Nomaden zu sein. Groß, einfach und öde ist die Wüste, groß und einfach ist auch das Leben der Nomaden. Aber der schwere Kampf ums Dasein hat ihre Sinne geschärft. Sie sind scharfe Beobachter, klug und listig. Sie kennen keine Entfernungen und keine Müdigkeit. Auf ihren Renndromedaren durchfliegen sie die halbe Sahara und sind eine Geißel ihrer festangesiedelten Nachbarn und der Karawanen. Aus dem Herzen ihres Landes nach dem weitentfernten Sudan zu reiten, um dort zu plündern, ist für sie eine Kleinigkeit. Den Bewohnern vieler Oasen haben sie das Leben unerträglich gemacht. Was hilft es, die Felder zu bestellen und die Palmen sorgsam zu pflegen, wenn die Tuareg in jedem Fall die Ernte einheimsen? Die Franzosen haben viele heiße Kämpfe mit den Tuareg zu bestehen gehabt, und noch heute ist die Eisenbahn, die durch ihr Land gehen und Algier mit Timbuktu verbinden sollte, nur ein frommer Wunsch. Und dieser Stamm, der seine Freiheit so tapfer gegen Fremde verteidigt, zählt kaum dreihunderttausend Köpfe! Sie sind nicht zu Sklaven geboren, und man muß ihren Freiheitsdurst, ihren Stolz und ihren Mut immerhin bewundern.

Die Wüste selbst hat sie die schwere Kunst des Lebens gelehrt. Auch die Tiere und Pflanzen, die in der Wüste leben, sind auf besondere Weise ausgerüstet. Einige der Tiere, z. B. Schlangen und Eidechsen, können ohne Wasser bestehen. Das Dromedar kann sich viele Tage hintereinander ohne Trinken behelfen, der Strauß legt ungeheure Entfernungen zurück, um Wasser zu finden. Die Kräuter haben gewaltig ausgebildete Wurzeln, um so viel Feuchtigkeit wie nur möglich aufzusaugen, und viele Pflanzen tragen Dornen und Stacheln statt der Blätter, damit die Verdunstung unbedeutend werde. Viele von ihnen werden durch einen einzigen Regen ins Leben gerufen, entwickeln sich in wenigen Wochen und sterben, sobald die lange Zeit der Trockenheit beginnt. Dann bleiben aber die Keime liegen und warten geduldig auf den nächsten Regen. Oft sehen diese Wüstenpflanzen völlig vertrocknet und wie vom Staub erstickt aus; aber wenn der Regen kommt, treiben sie dennoch grüne Schößlinge.

Wadi heißt jedes Flußbett in der Sahara. Überaus selten fließt aber ein Rinnsal darin. Doch ist in diesen Flußbetten die Vegetation reicher als anderswo, denn hier hält sich die Feuchtigkeit länger. Daher ziehen auch viele Karawanen neben ihnen hin, und Gazellen und Antilopen finden dort ihre Weide.

Trotz aller Schrecken der Wüste zieht der Europäer in die Sahara hinein. In den französischen Städten an der Mittelmeerküste Algiers kann er leben wie in seiner Heimat. Die Eisenbahn führt ihn durch die bewaldeten Berge des Atlas, wo klare Bäche zwischen den Bäumen rieseln. Aber er läßt Eisenbahn und Wälder hinter sich zurück und sieht die Berge immer kahler werden, je weiter er nach Süden vordringt. Schließlich dehnt sich vor ihm die ebene, öde, nur schwachgewölbte Wüste, und wie mit Zaubermacht zieht ihn die Sahara immer tiefer in ihr großes Schweigen und ihre Einsamkeit hinein. Alle Farben werden gedämpft und graugelb wie das Fell des Löwen. Der Europäer weiß nicht, warum ihm dies schöner erscheint als die Wälder und Bäche des Atlas. Ihn lockt der geheimnisvolle Horizont in der Ferne, der blutrote Sonnenuntergang und die mächtige, tonlose Stimmung, die über der Wüste liegt und in der man kaum laut zu sprechen wagt! –

Auf diesem Wege von Algier nach Süden durch die Sahara zog vor dreißig Jahren eine große französische Expedition, deren Führer Oberst Flatters war. Sie bestand aus ungefähr hundert Mann, darunter sieben französische Offiziere und einige Unteroffiziere; Gepäck und Proviant trugen dreihundert Dromedare. Die Expedition sollte im Auftrag der französischen Regierung das Land der Tuareg erforschen und für eine Eisenbahn eine passende Route abstecken, die quer durch die Sahara hindurch die französischen Besitzungen im Norden und im Süden miteinander verbinden könne. Es war nicht das erstemal, daß Oberst Flatters die Sahara durchreiste, und er kannte die Tuareg ganz genau. Daher war er scharf auf seiner Hut, und es schien, als ob alles aufs beste gelänge. Die Franzosen machten Kartenaufnahmen von Strecken der Sahara, die noch nie ein Europäer durchzogen hatte; selbst die großen deutschen Reisenden wie Barth, Rohlfs, Lenz und Nachtigal, die die Sahara in allen Richtungen durchquert hatten, waren hier noch nicht gewesen. Schon lagen die gefährlichsten Stellen hinter der Karawane. Die Tuareg hatten keinen Widerstand geleistet, einige Häuptlinge waren den Fremden sogar freundschaftlich entgegengekommen. In den letzten Briefen, die nach Frankreich gelangten, sprach Flatters die Hoffnung aus, seinen Auftrag ohne Schwierigkeit ausführen und bis in den Sudan vordringen zu können.

Aber es kam anders. Während der Rast an einem Brunnen wurde die Expedition plötzlich von den hinterlistigen Tuareg überfallen und erlag nach heldenmütiger Verteidigung der Übermacht. Die meisten Franzosen wurden erschlagen. Ein Teil der Karawane versuchte in Eilmärschen nordwärts zu flüchten, wurde aber eingeholt und niedergemacht.

Der Kampf um die Herrschaft über die Sahara hat Frankreich viele tapfere Soldaten gekostet, denen das gleiche Schicksal beschieden war wie dem Oberst Flatters.

Im Banne des Atlas

Kehren wir nun aus der Wüste nach Norden zurück. Wellige Dünen von der Farbe der Orange überfliegen wir, schimmernde Salzlachen riesigen Umfanges liegen hinter uns, und vor uns steigen die schroffen Abhänge eines mächtigen gelbroten Gebirgsstockes auf, in dessen Talfalten graugrüne Büsche und Felder schlummern. Es ist der Mons Aurasius der Alten, der heutige Dschebel Aurès, dessen windzerfetzte und regenzernagte Zinnen von allen Bergen des östlichen Atlas der Himmelswölbung am nächsten kommen und daher für uns den besten Sitz bieten, um dem Kommen und Gehen der Zeiten am Nordrand des immer noch dunklen afrikanischen Erdteils zu lauschen.

Von unserm Platz aus streckt sich wie eine braune Riesenschlange der Atlas am Rand der hier tischflachen Wüste in marokkanische Fernen, während gen Osten vielstufige Terrassen zu einem blauflutenden Meer abdachen, den stürmischen Golfen der Syrten. So sitzen wir gerade im Angelpunkt einer Titanenschere, deren eine Klinge hochgebirgig ist und den Franzosen gehört; die andere entbehrt bedeutender Höhen und geht allmählich in den Besitz der Italiener über. Wenn beide Schneiden zusammenklappen, treffen sie sich im Gebiet der uns schon bekannten Tuareg und scheren sie vom Boden weg.

Aber nicht von dem untergehenden Völkchen der Wüste wollen wir sprechen, sondern von den Geschicken und Eigenarten des afrikanischen Mittelmeersaums. Der verschlungene Gebirgsknoten unseres Aurasius war zu allen Zeiten ein Hort der berberischen Eingeborenen, und von ihm ging fast immer der hartnäckigste und letzte Widerstand gegen Eroberungsgelüste der Völker Europas aus. Hier flatterte ehemals auf vorspringender Felsenkanzel das schneeweiße Gewand einer Priesterin, die die kämpfenden Scharen zum letzten Widerstand gegen die eisernen Helme und Lanzen der römischen Legionen entflammte.

Wenige Jahrhunderte später sehen wir die Römer weichen, und nunmehr schaltet ein ganz anderer Menschenschlag über den afrikanischen Nordrand. Inmitten brauner Gefolgsmannen jagt der vandalische Feudalherr im Schmuck seines blonden deutschen Haares auf sehnigem Berbergaul die Gazelle.

Wieder einige Jahrhunderte später. Es ist ziemlich ruhig geworden ringsum. Das ganze Berbertum betet zum Kreuz, und die Glocken gellen geschäftig durch die eifrig bestellten Bergtäler, die den Byzantinern zinsen. Eines Tages aber wälzt sich ein klirrender Reiterzug heran, gelbe Halbmonde schwanken unter grünen Bannern, geschweifte Säbel blitzen im frühen Morgenlicht – der Vortrupp des ersten arabischen Glaubensheeres fällt über die verschlafenen Berberdörfer her.

Zwar gelang es der neuen Lehre schnell, die Bewohner der ebeneren Teile des Landes zum Islam zu bekehren. Aber die schwere Zugänglichkeit der bergigen Distrikte, besonders des Aurasius, bewahrte diese noch lange vor dem völligen Eindringen Allahs. Noch heute finden sich im Berbertum entlegener Teile des Atlasgebirges Spuren uralten Heiden- und auch Christentums.

Was seit der Eroberung durch die Araber im afrikanischen Orient geschah, ging nicht über den Charakter innerer Umwandlungen hinaus. Erst viele Jahre später gewannen diese Länder allgemeines Interesse, und wieder ging, wie zur Römerzeit, ein Vorstoß von Europa aus.

Die ersten Versuche blieben allerdings ohne dauernden Erfolg. Die Kreuzritter von Malta, Karl V. und die Spanier besetzten einzelne Küstenstädte wie Tripolis, Tunis und Algier, aber die Herrlichkeit des Kreuzes war stets nur von kurzer Dauer. Der Haß der Mohammedaner gegen die Christen wurde durch diese Eroberungen nur geschürt und zum unerbittlichen Angriff gereizt Doch reichte die Herrschgewalt der orientalischen Machthaber niemals weit ins Binnenland hinein, und so zersplitterte sich ihre Kampfeslust in kleine, wenn auch empfindliche Nadelstiche. In jener Zeit erwarben sich die Reiche Nordafrikas, die zur Türkei nur in einem lockeren Abhängigkeitsverhältnis standen, die noch heute bekannte Bezeichnung »Barbareskenstaaten«. Fast jedes europäische Schiff auf dem Mittelmeer ward von diesen Seeräubern geplündert und seine weißhäutige christliche Besatzung in die Sklaverei verkauft.

In den nordafrikanischen Städten konnten dann die Gefangenen Europas Kiesel und Muscheln am Strande suchen oder die nackten Beine vom Kai herunterbaumeln lassen, denn allzu schwere Arbeit mutet der Orientale auch seinem Sklaven nicht zu. Da gab es denn oft viel Zeit zum Nachdenken, und einem dieser Sklaven gelang es einst, unter der sengenden Sonne Nordafrikas Unsterbliches zu ersinnen. Es war Don Miguel de Cervantes Saavedra, dessen Don Quijote in der Sklaverei des Deï von Algier geschaffen wurde.

Am Anfang des 19. Jahrhunderts häuften sich die Raubzüge der Barbaresken mehr und mehr. Die christlichen Seefahrer mußten ihnen große Summen zahlen, nur um ihre Handels- und Kriegsschiffe auf dem Mittelmeer ungeplündert zu wissen. Diese Tyrannei wurde unerträglich. Da wagte Frankreich, das für die Versorgung seiner südlichen Provinzen mit Getreide auf die afrikanische Kornkammer angewiesen war, den ersten Vorstoß großen Stils. Zwischen der Regierung Karls X. und dem Deï von Algier schwebten Meinungsverschiedenheiten, und bei der offiziellen Staatsvisite zu Beginn des großen Beiramfestes erkundigte sich der Deï beim französischen Konsul, weshalb ihm vom König noch keine Antwort auf seine letzte Nachricht zugegangen sei. Der Konsul erwiderte, Se. Majestät erachte es unter Ihrer Würde, solch einem Kerl wie dem Deï überhaupt eine Antwort zu geben! Der orientalische Despot war darüber natürlich aufs höchste entrüstet und schlug den Konsul mit dem türkisenbesetzten Fliegenwedel ins Gesicht. Zur Sühne dieser Beleidigung landete am 14. Juni 1830 ein 33 000 Mann starkes französisches Expeditionsheer, und drei Wochen später war Algier in den Händen der Franzosen. Mit dem Deï fiel ihnen auch dessen Barvermögen in die Hände, ein Schatz von fast vierzig Millionen Mark, der die Kosten der Unternehmung vollauf deckte!

Die Eroberung von Algerien, die sich bis 1857 hinzog, zeitigte zwei Erscheinungen von eigenartigem Gegensatz, die Persönlichkeit Abd el-Kaders und die Errichtung der Fremdenlegion! Bei dem einen heldenhafte Hingabe mit Gut und Blut an das Heimatland, bei den Soldaten der andern Aufopferung für eine gleichgültige fremde Fahne. Abd el-Kader, der Emir von Maskara, scharte die fanatischsten Stämme West-Algeriens um das grüne Halbmondbanner und führte aus den Schluchten des Atlas jahrelang einen heldenmütigen Kampf gegen die französischen Eroberer, er überfiel die jungen Anpflanzungen der Fremden, schlachtete die Männer ab und raubte Weiber und Kinder. Erst nach fünfzehn Jahren (1847) ergab sich der Emir und wurde nach Frankreich in die Gefangenschaft gebracht. Napoleon III. schenkte ihm aber die Freiheit wieder, verlieh ihm eine Pension, und Abd el-Kader lebte dann weiterhin ruhig in Damaskus. Nur noch einmal trat er hervor, indem er 1860 bei der Niedermetzelung der dortigen christlichen Einwohner durch die Drusen mit Hilfe seiner Berber sechstausend Christen das Leben rettete!

Wie gänzlich verschieden von diesem Bilde erscheint das des Fremdenlegionärs! Ein paar Ulanen sind bei den Metzer Herbstmanövern des Dienstes überdrüssig geworden und reiten schlankweg über die französische Grenze. Der nächste Maire hält sie an und führt sie hocherfreut, denn klingender Lohn steht ihm bevor, zum nächsten Büro der Fremdenlegion. Die Kerls nehmen Handgeld, das sie natürlich gleich vertrinken, und werden schleunigst über Marseille nach Oran transportiert. Oder ein Handwerksbursche »auf der Walze« will sich die Belle France ansehen, findet aber als Deutscher nirgends Arbeit, hungert und friert: er fällt Agenten in die Hände, läßt sich von ihnen beschwatzen und zieht den schmucklosen Rock des Fremdenlegionärs an. Aus solchen gescheiterten Existenzen, Deserteuren, Verbrechern, Verzweifelnden, setzt sich diese Legion moderner Landsknechte zusammen; da keucht neben dem ruinierten Spieler ein hochgeborener Herr unterm Lebelgewehr, da marschiert ein ehemals eleganter Leutnant nach dem Takt der Marseiller Hymne. Name und Stand sind gleichgültig, jeder Name ist recht, jedes Alter und jede Figur wird unter das verachtete Kanonenfutter eingestellt, dem man nur aus Lumpen zusammengeflickte Fahnen hat verleihen mögen.

Tief im Süden ist ein Araberstamm unruhig geworden. Wer muß heran? Die Légion étrangère en avant! Über Dünen und Steinfelder geht der Marsch, Tag für Tag viele Stunden lang. Die Verpflegung ist elend, Hunger, Durst und Typhus verfolgen wie Geier die wandernde Soldateska. Wer am Wege niederfällt, wird mit Prügeln auf- und vorwärtsgetrieben. Von Zeit zu Zeit knallt es hinter den Dünen, ein Dutzend Söldner beißt in den Sand, und hohnlachend huschen in der Ferne weiße Reiter davon. In der Nacht aber finden Schakale an den Toten reiche Mahlzeit.

Das ist nur zu oft das Ende des Legionärs! Oder aber er schleppt sich durch die fünfjährige Dienstzeit hindurch, die ihm eine Tagelöhnung von – vier Pfennigen einträgt, und wird schließlich mit einem Sechs-Mark-Anzug entlassen! Kein Ansiedler oder Kaufmann in Algerien will mit dem Sohn des Elends zu tun haben; helfen ihm nicht Freunde in die Heimat zurück, so fängt der Hunger wieder an, und was macht dann der Legionär? Er nimmt zum zweitenmal Handgeld und ist zum zweitenmal an die Galeere geschmiedet!

Ein Barbareskenstaat wie Algerien war auch Tripolis. Hier hauste die

Dynastie der Karamanli, kümmerte sich keinen Pfifferling um die Oberhoheit der Pforte und trieb Seeraub in großem Stil. Den Türken war aber der unerwartete Verlust Algeriens nahegegangen, und 1835 brachten sie daher Tripolis durch List und Verrat wieder fest in ihre Hand. Die Karamanli wurden ausgerottet bis auf zwei, von denen der eine zuckerkrank war. Die übrigen wurden nachts im Meer ertränkt oder mit duftendem Kaffee vergiftet. Der Letzte seines Stammes aber trieb sich bettelnd in den engen bogenüberwölbten Gassen von Tripolis umher! Wenn man vor einigen Jahren durch den schmalen Suk el Harra ging, wo jüdische Händler in engen Läden verhüllten Frauen Stoffe und Seide aufschwatzen, so konnte man auf einer ungestrichenen Holzbank stets zwei bejahrte Männer sitzen sehen. Der eine war Ali Bedaui, europäisch gekleidet, die dunkle Jacke auch im Hochsommer mit wolligem Krimmer besetzt, auf dem Kopf den türkischen Fes. Die braunen Knochenhände spielten mit zwei vom nackten Hals herabhängenden goldenen Uhrketten, und die stechendschwarzen Augen sprachen eifrig zu denen seines Nachbars. Dieser war feister, in den Seidenholi des reichen Berbers gekleidet und sah zufriedener aus als der Intrigant neben ihm. Beide sind gegenwärtig die Häupter der schnell wieder vermehrten Familie der Karamanli. Der Dicke ist Hassuna Pascha, der zwar bei den Türken gut angeschrieben war, sich aber dadurch nicht abhalten ließ, Italienisch zu lernen und den Italienern im Herbst 1911 eine wichtige Stütze zu werden. –

Während die Türken Tripolitanien an sich brachten, trauten sie sich an Tunesien nicht heran, obgleich dieses aus eigener Kraft dem Sultan nicht hätte widerstehen können. Die dortigen Verhältnisse waren um die Mitte des vorigen Jahrhunderts die schlimmsten am Nordrand Afrikas. Der Bei von Tunis praßte in seinem Bardo, taumelte von einem Fest zum andern und umgab sich mit einem Gefolge französischer Ratgeber und Geldnehmer. Das Land wurde bis auf den letzten Piaster ausgesogen, ständig strich Militär durch die Dörfer, um den Bauern Gut und Blut abzuzapfen, und die Bevölkerung wurde durch diese jahrelange Vergewaltigung so sklavisch duldsam, daß die Besetzung Tunesiens durch Frankreichs Legion 1881 einem friedlichen Spaziergang gleichkam. Nur einer aus der Umgebung des Bei hat es zu Weltruhm gebracht, ein stiller, bescheidener deutscher Mann, der 1863–1868 als Arzt in Tunis wirkte, der Altmärker Gustav Nachtigal, der als erster die Schleier von Tibesti und Wadai heben konnte. Er war einer der erfolgreichsten Afrikareisenden, und wenn es sich um die Bewältigung denkbar schwierigster Hindernisse durch Zähigkeit und Selbstüberwindung handelte, so kann höchstens Livingstone mit ihm verglichen werden.

Auch in Marokko ist schon die Axt an die Wurzel noch nicht der mohammedanischen Religion, aber doch an die Wurzel der mohammedanischen Staatsherrlichkeit gelegt. Das gebirgige und das ebene Marokko sind streng voneinander geschieden. Das ebene und daher leicht zugängliche Marokko allein bildet den politischen Begriff des Sultanats, weshalb es auch Blad el marsen oder Kanzleiland heißt. Das Rifgebirge an der Nordküste aber und besonders der Hohe Atlas waren der Gewalt des Sultans niemals unterworfen. Hier lebt jeder Berberstamm, jedes Berberdorf, ja häufig jede Berberfamilie in völlig unabhängiger Einsamkeit für sich. Der Vater häuft mit seinen Söhnen Steinreihen über Steinreihen, um auf den abschüssigen Bergeshängen Terrassen für ein paar Felderstreifen zu gewinnen; Frauen und Töchter weben Stoffe aus den Haaren der Ziegen und dem Wollkleid der Schafe, schütteln die stinkende Schafbutter zurecht und stampfen roten Pfeffer. Alle Vierteljahr lädt die Familie den dürftigen Hausrat auf einen Esel, läßt Haus oder Hütte im Stich und wandert singend und schwatzend über steinige Halden und durch stille Dörfer zur nächsten Marktstelle, oft viele Wochen weit. Nach einem Aufenthalt von einem oder mehreren Tagen zieht die ganze Karawane wieder in die Berge zurück, die Männer beritten und in neuen bunten Lederschuhen oder mit neuen Flintenriemen, einer ausgebesserten Pistole usw. bereichert; zu Fuß hinterher die Weiber, auf deren starken Hüften sich die Kinder schaukeln und unablässig nach dem neuen bunten Kopftuch der Mutter schielen. Die Männer summen eintönige uralte Schlachtgesänge oder moderne Gassenhauer, und die Frauen jauchzen dazu in schrillen Tönen, die aus den felsigen Klüften des Gebirges widerhallen.

Doch wir verlassen jetzt die baumlosen Felder und Steppenfluren des Atlasvorlandes und reiten auf blauen Maultieren von Fes nach Tanger. Von einer grüngepolsterten, mit dem Unkraut der fächrigen Zwergpalmen überwucherten Kuppe der westlichsten Rifzüge aus blicken wir auf eine der erhabensten Landschaften. Wie ein weißer Zelter ruht die flache Stadt Tanger zwischen uns und dem Westtor des Mittelmeers, durch das die Salzflut des Atlantischen Ozeans weißschäumend hereinwogt. Ein großer deutscher Dampfer steht eben im Begriff, in die Meerenge hineinzusteuern; da lösen sich von Tangers neuer Hafenmole ein französischer Kreuzer und von dem englischen Felsen Gibraltar ein eisengraues britisches Schlachtschiff und dampfen dem Fremden entgegen, als wollten sie ihm die Einfahrt in das Mittelmeer verwehren! Die rote Bergburg von Gibraltar glüht im Schein der Abendsonne zu uns herüber. Die Küste dort drüben ist Spanien, das Land der Orangen und der Schokolade, der Stierkämpfe und des Kolumbus.

Christoph Kolumbus

Die Sage erzählt, daß im Jahre 1000 Leif Eiriksson auf einer Fahrt von Norwegen nach seiner Heimat Grönland vom Sturm an das Festland von Nordamerika verschlagen worden sei. Da, wo er landete, wuchsen Weintrauben und Korn wild, und er soll deshalb die neue Küste Vinland genannt haben, eine Bezeichnung, die allerdings von neueren Forschern wie Fridtjof Nansen als Frauenland gedeutet wird. Drei Jahre später legte Thorfinn Karlsevne eine Ansiedlung an dieser Küste Vinland an, wurde aber von den Eingeborenen vertrieben und segelte nach Grönland zurück.

Die Erinnerung an die kühne Fahrt der Nordmänner und an jene Sage verblaßte in der Nacht der Jahrhunderte. Um die Zeit, als die Hauptstadt des maurischen Königreichs in Südspanien, Granada, fiel (1492) und damit die Maurenherrschaft auf der Iberischen Halbinsel ihr Ende erreichte, ahnte auf dem europäischen Festland keiner etwas von einem Kontinent im Westmeer. Das Streben der Portugiesen ging nur auf den Seeweg nach Indien, dem reichen Lande der Gewürze und des Goldes, der Perlen und der Korallen. Um dahin zu gelangen, gab es noch keinen andern Weg als den an der Küste Afrikas entlang.

Im fünfzehnten Jahrhundert lebte aber ein gelehrter Mathematiker namens Paolo Toscanelli in Florenz. Dieser zog aus der Kugelgestalt der Erde den Schluß, daß man Japan, China und Indien unbedingt auch dann erreichen müsse, wenn man von Europa aus immer gerade nach Westen segele. Schon im Jahre 1474 legte Toscanelli Karten und Beweise für die Richtigkeit seiner Behauptung vor. Er war es also, dessen Genie den Plan zur Entdeckung Amerikas entwarf. Aber derjenige, dessen Kühnheit es vorbehalten war, diesen Plan ins Werk zu setzen, war Christoph Kolumbus.

Kolumbus entstammte einer Weberfamilie in Genua und war der Älteste unter fünf Geschwistern. Auch er widmete sich, wie seine Brüder, dem Weberhandwerk. Da aber die Geschäfte des Vaters nicht recht gehen wollten, beschlossen die Söhne, sich irgendwie anders in der Welt ein besseres Fortkommen zu suchen. Christoph wurde Seemann und erwarb sich alle die Kenntnisse und Geschicklichkeiten, die zur Führung eines Schiffes erforderlich sind. Einmal fuhr er mit einem englischen Segelschiff nach Thule oder Island, die weiteste Ozeanreise, die die Seeleute jener Zeit zu unternehmen wagten. Dann suchte er sein Glück in Portugal und verdiente sich sein Brot mit Zeichnen von Seekarten und als Schiffer auf portugiesischen Fahrzeugen, die die Ostküsten des Mittelmeers besuchten oder nach Guinea gingen. In der Schule der seetüchtigen Portugiesen legte er den eigentlichen Grund zu seinem umfassenden Wissen, das für seine Zukunft so große Bedeutung haben sollte. In Lissabon hatte er sein Heim, und hier verheiratete er sich mit einer vornehmen Dame.

Mit dem Mathematiker Toscanelli war er in Briefwechsel getreten und erhielt von diesem eine Karte des Weges über den Atlantischen Ozean nach Japan und China und mancherlei Aufklärungen, die der Florentiner den Schilderungen Marco Polos entlehnt hatte. Diese Mitteilungen machten auf Kolumbus den tiefsten Eindruck. Er antwortete also Toscanelli, daß er die feste Absicht habe, seinen Angaben entsprechend westwärts nach den Ländern Marco Polos zu segeln, und Toscanelli freute sich nicht wenig darüber, von einem Zeitgenossen so gut verstanden worden zu sein. Eine solche Seereise, versicherte er dem kühnen Landsmann, werde ihm großen Gewinn und unsterblichen Ruhm bei allen christlichen Völkern bringen.

Wo aber die Unterstützung finden, die zur Ausführung eines für die damalige Zeit so märchenhaften Planes notwendig war? Der König von Portugal und die Gelehrten des Landes hörten Kolumbus zwar aufmerksam an, behandelten ihn aber nur wie einen vermessenen Träumer. Dennoch dachten einige von ihnen im stillen, er könne am Ende wirklich recht haben, und ohne sein Wissen ließ der König auf ihr Anraten Schiffe nach Westen ins Meer hinauslaufen. Aber bald waren sie wieder da, und von Land hatten sie nichts gesehen. Natürlich erfuhr Kolumbus von dieser hinterlistigen Handlungsweise, zornig verließ er Lissabon und begab sich nach Spanien. Frau und Kinder ließ er zurück und sah er nie wieder; nur sein Sohn Diego folgte später dem Vater.

Zwei Jahre lang reiste nun Kolumbus in Andalusien, einem Teile Südspaniens, von einer Stadt zur andern und lebte vom Verkauf von Seekarten, die er selbst gezeichnet hatte. Da gelang es ihm endlich, an den Hof des spanischen Königs zu kommen, und er durfte einer Versammlung spanischer Großen und Geistlichen seinen Plan vortragen. Aber die Spanier waren viel zu sehr mit dem Krieg gegen die Mauren in Granada und Malaga beschäftigt, um sich auf solche Unternehmungen, wie die des Kolumbus, einlassen zu können. Wieder gingen zwei Jahre tatenlos dahin. Noch einmal verschwendete Kolumbus am spanischen Hofe, der damals in Cordova am Ufer des Guadalquivir weilte, erfolglos seine Beredsamkeit und seine Begeisterung. Vergeblich wartete er abermals zwei Jahre. Da beschloß er, Spanien den Rücken zu kehren und sein Glück in Frankreich zu versuchen.

Aufs tiefste niedergeschlagen zog er von Cordova aus auf der Landstraße dahin. Arm wie er war, klopfte er eines Tages an das Tor eines Klosters am Wege und bat um ein Stück Brot für seinen kleinen Sohn Diego, den er an der Hand führte. Während er noch mit dem Pförtner sprach, ging der Prior des Klosters vorüber, merkte an der Sprache des Fremden, daß er Italiener war, und erkundigte sich nach seinen Schicksalen und Wünschen. Der Prior war ein kluger und wohlwollender Mann, und als er von den Plänen des italienischen Seefahrers vernahm, sah er sofort ein, daß sich Spanien solch eine Gelegenheit zum Erwerb neuer Länder in Ostasien keinesfalls entgehen lasse dürfe. Er schrieb also selbst an die Königin Isabella, und Ende des Jahres 1491 stand Kolumbus abermals vor den Gelehrten des spanischen Hofes. Einige behandelten ihn geradezu wie einen Ketzer, aber andere glaubten seinen Worten, und als die spanische Regierung nach dem Fall Granadas freie Hand bekam, wurde der Beschluß gefaßt, Kolumbus zu seiner ersten Reise über den Atlantischen Ozean auszurüsten.

Aber noch im letzten Augenblick schien die ganze Unternehmung an den Forderungen des Seefahrers zu scheitern. Kolumbus verlangte, zum Großadmiral über den Ozean und zum Vizekönig aller Länder, die er entdecken würde, ernannt zu werden, und außerdem beanspruchte er ein Achtel aller Einnahmen aus diesen neuen Ländern für sich und seine Nachkommen. Da er aber erklärte, er wolle diese Gelder dazu verwenden, um den Türken Jerusalem zu entreißen, gab man seinem Willen nach, und nun wurden die zur Ausrüstung dreier Schiffe im Hafen Palos erforderlichen Mittel angewiesen.

Die Entdeckung Amerikas

Die drei für Kolumbus bestimmten Schiffe waren Dreimaster, aber für ein so gewagtes Unternehmen viel zu klein. Nur das Admiralschiff »Santa Maria« besaß ein vollständiges Deck; die beiden andern, »Pinta« und »Niña«, waren nur vorn und im Achter gedeckt. Zwei Brüder Pinzon, die aus einer vornehmen Familie stammten, meldeten sich sofort als Teilnehmer, aber die Anwerbung der Mannschaft erwies sich als überaus schwer. Ja, wenn es sich, wie bisher, um eine Reise an den Küsten Europas oder Asiens entlang gehandelt hätte, dafür waren reichlich Leute zur Stelle; aber eine Fahrt geradeaus in den unbekannten Ozean hinein, dafür bedankten sich selbst die ausgepichtesten Teerjacken! Mehr als neunzig Mann brauchte man für die drei Schiffe nicht, aber um die zu beschaffen, mußte man schließlich die Gefängnisse öffnen und eine Reihe von Sträflingen für die Fahrt anwerben. Das Verzeichnis der Mannschaft, die an der Entdeckung Amerikas teilnahm, ist noch vorhanden, und wir wissen, daß die meisten Matrosen der drei Entdeckungsschiffe Kastilier waren.

Außer zwei Ärzten wurde auch ein getaufter Jude mitgenommen, der Hebräisch und Arabisch sprach und sich als Dolmetscher betätigen sollte, wenn man glücklich – in Indien angelangt sein würde. Merkwürdigerweise begleitete kein Schiffspriester die Expedition, aber in der Stunde der Abreise gab der Prior jenes Klosters, der Freund des Kolumbus, allen diesen Männern, die der allgemeinen Ansicht nach einem sicheren Tod in den Wellen entgegengingen, noch das Abendmahl.

Mit einem königlichen Handschreiben an den mongolischen Großkhan versehen, begab sich Kolumbus an Bord der »Santa Maria«, die

Taue wurden gelöst, und am 3. August des Jahres 1492 fuhren die drei Schiffe unter vollen Segeln in den Ozean hinaus.

Kolumbus schlug zunächst einen südwestlichen Kurs ein und erreichte in sechs Tagen eine der Kanarischen Inseln; hier blieb er mit seiner kleinen Flotte vier Wochen, um einige Schäden auszubessern und das zerbrochene Steuer der »Pinta« durch ein besseres zu ersetzen.

Am 8. September ging es aber im Ernste weiter, und als die herrlichen Kanarischen Inseln und der hohe Gipfel des Piks von Teneriffa unter dem Horizont des Meeres versanken, weinten selbst die wetterfesten Seeleute helle Tränen, denn auch sie glaubten nicht anders, als daß sie nun auf immer von der bewohnten Erde Abschied nähmen und ihrer im Westen nichts anderes warte als Wasser, Wind und Wellen.

Vom ersten Reisetag ab führte Kolumbus ein gewissenhaftes Tagebuch; aus diesem geht hervor, daß er von dem Glauben Toscanellis, auf diesem westlichen Wasserwege geradeaus nach Indien zu kommen, völlig durchdrungen war und dessen Berechnungen unbedingt vertraute. Der Mannschaft gab er jedoch die zurückzulegende Strecke als viel kürzer an, damit nicht ihre Furcht vor dem Ungewissen, das ihrer wartete, noch durch die Vorstellung der immer größer werdenden Entfernung zwischen ihren Schiffen und der alten Welt vergrößert werde. Nur zu bald begannen die Leute kleinmütig zu verzweifeln, als die Tage kamen und gingen und jeder Sonnenaufgang auf allen Seiten bis zum Horizont nichts als eine grenzenlose Wasserwüste beschien. Als nach achttägiger Fahrt die Schiffe in große Felder schwimmender Algen gerieten, war dies für Kolumbus eine gute Gelegenheit, die Mannschaft mit der Versicherung zu beruhigen, daß dies das erste Zeichen des nahen Landes sei.

Die »Santa Maria« war ein breites, plumpes Schiff, das eigentlich als Lastfahrzeug gebaut war. Sie kam daher nur langsam vorwärts, und die beiden Begleitschiffe segelten meist voran. Diese beiden Schiffe hatten hübschere Formen und große viereckige Segel, faßten aber kaum die Hälfte der Tonnenzahl des Admiralschiffes. Gleichwohl blieben die drei stets beisammen und waren einander oft so nahe, daß man sich durch Zuruf von Schiff zu Schiff verständigen konnte. Eines Tages rief Pinzon, der Kapitän der »Pinta«, dem Admiralschiff zu, er habe Vögel nach Westen fliegen sehen und erwarte daher, in der Nacht Land zu erreichen. Man segelte deshalb vorsichtig, um nicht auf Grund zu geraten. Als man dann aber eine zweihundert Faden lange Lotleine durch das schwimmende Seegras hinunter ablaufen ließ, erreichte das Senkblei nicht den Meeresgrund! Die Befürchtung oder wohl mehr noch die Hoffnung, unversehens auf Land zu stoßen, versank damit gleichfalls ins Bodenlose.

Einige Tage wurde die Fahrt durch Windstille aufgehalten, und am 22. September nahm auch das Seegras ein Ende. Die Schiffe schaukelten nun wieder auf freiem, blaugrünem, unermeßlichem Wasser, und durch den aufspritzenden Salzschaum hindurch verfolgten die »Santa Maria« und ihre beiden Schwestern weiter ihren Weg nach Westen. Ein günstigerer Wind hätte ihnen gar nicht wehen können, denn der Passatwind trieb die Segel in der gewünschten Richtung. Aber dieser beständige Ostwind ängstigte die Matrosen nur noch mehr. Als er sich endlich einmal drehte, schrieb Kolumbus in sein Tagebuch: »Dieser Gegenwind war mir sehr willkommen, denn meine Mannschaft fürchtete schon, daß auf diesem Meere niemals Winde wehten, die uns nach Spanien zurückführen könnten.«

Toscanellis Karten wanderten zwischen dem Admiral und Pinzon hin und her, und die Befehlshaber zerbrachen sich den Kopf darüber, in welcher Weltgegend sie sich wohl befinden und wie weit sie noch von den Inseln Ostasiens entfernt sein könnten. Am 25. September rief Pinzon von dem Hinterdeck der »Pinta« aus dem Kolumbus zu: »Ich sehe Land!« Dann kniete er mit der ganzen Besatzung nieder, und die kastilischen Seebären sangen mit einer vor Entzücken und Dankbarkeit zitternden Stimme: »Ehre sei Gott in der Höhe!« Es war das erstemal, daß eine christliche Hymne auf den Wellen des Atlantischen Ozeans erklang. Die Matrosen der »Santa Maria« und der »Niña« kletterten ins Takelwerk hinauf, erblickten ebenfalls Land und stimmten den gleichen Lobgesang an wie ihre Kameraden.

Am nächsten Morgen aber war das heißersehnte Land wieder verschwunden! Es war nichts weiter gewesen, als ein über dem Meere liegender Nebelstreifen, eine Luftspiegelung auf der endlosen Wasserwüste.

Anfang Oktober glaubte Kolumbus, schon über die auf Toscanellis Karten verzeichneten Inseln hinaus zu sein, und er war sehr zufrieden, daß er sich nicht durch sie aufhalten zu lassen brauchte, sondern geradewegs nach dem Festland Indiens fahren könne. Unter Indien verstand man dazumal ganz Ostasien.

Am 7. Oktober war wiederum alles auf den drei Schiffen fest überzeugt, Land zu sehen. Alle Segel waren ausgespannt, denn jedes Schiff wollte zuerst ankommen. Die »Niña« hatte die Führung. Als die Sonne aufging, wurde die kastilische Flagge an ihrem Hauptmast gehißt, und vom Achterdeck dröhnte ein Kanonenschuß. Aber im Lauf des Tages versank das Land wiederum in der endlosen Flut. Jedoch zeigten sich viele Vögel, die südwärts flogen, und Kolumbus erteilte deshalb Befehl, nach derselben Richtung hin abzufallen. »Das Meer lag, Gott sei Dank, so still da wie der Fluß bei Sevilla«, schrieb er in sein Tagebuch, »die Temperatur war so mild wie die Sevillas im April, und die Luft duftete, daß es ein Genuß war, sie einzuatmen.«

Wieder kamen und gingen die Tage und Nächte, und nichts anderes zeigte sich als Wasser und Wellen. Mehrfach machte die Mannschaft ihrer Unzufriedenheit Luft und begann zu murren. Aber Kolumbus wußte sie zu beruhigen, indem er sie an den Lohn erinnerte, der ihrer nach Erreichung des Zieles warte. »Übrigens halfen ihnen ihre Klagen nichts«, heißt es in seinem Tagebuch; »denn ich bin ausgefahren, um Indien zu erreichen, und werde so lange weitersegeln, bis ich es mit Gottes Hilfe gefunden habe.«

Da zeigte sich am 11. Oktober in den Wellen ein Baumstamm, dem anzusehen war, daß er von Menschen gefällt worden, und bald darauf ein mit Beeren besetzter Zweig. Welche Beruhigung und Freude für die Matrosen! Wie schärften sie ihre Blicke und hielten sie Ausguck nach vorn, denn der Admiral hatte demjenigen, der zuerst Land erblicke, eine Belohnung versprochen.

Gegen Abend glaubte Kolumbus einen Feuerschein zu sehen, wie wenn jemand an einer flachen Küste mit einer Fackel entlangginge. Und als es Nacht geworden war, wollte einer der Matrosen der »Pinta« schwören, daß sich nach vorn hin Land gezeigt habe. Man zog deshalb alle Segel ein und wartete auf den anbrechenden Tag.

Gewöhnlich heißt es in den Schilderungen dieser einzigartigen Ozeanreise, die Matrosen seien über die ungeheure Entfernung von ihrer Heimat ganz in Verzweiflung geraten, hätten gemeutert und schließlich dem Admiral das Versprechen abgezwungen, umzukehren, wenn sich nicht innerhalb dreier Tage Land zeige. Doch das sind nichts

159

anderes als Schiffergeschichten. Unzufrieden und furchtsam waren sie wohl, aber sie leisteten ihrem Führer Gehorsam und vertrauten auf ihn. Und Kolumbus wieder verstand es, mit ihnen umzugehen und ihr Vertrauen und ihre Hoffnung lebendig zu erhalten.

Endlich graute der große Tag, dessen Ruhm alle Zeiten durchstrahlt und den wir nach vierhundert Jahren festlich begangen haben. Als die Sonne am 12. Oktober 1492 aus dem Meere aufstieg, verklärten ihre Strahlen vor den Augen der Spanier eine flache, grasbewachsene Insel! Kolumbus gab ihr den Namen »San Salvador«, dem Heiland zu Ehren, der sie aus der Gefangenschaft des Meeres errettet hatte.

Wo lag nun diese Insel? – Im Norden Japans, sagte Toscanellis Karte, und Kolumbus und seine Begleiter ahnten nicht im geringsten, daß ein ganz unbekannter, ungeheurer Kontinent und das größte Meer der Erde, der Stille Ozean, sie noch von Japan trennten! Die kleine Insel gehörte zur Bahamagruppe und heißt jetzt Watlingsinsel. Neben der sagenhaften Küste, die vor fünfhundert Jahren die Norweger erreicht haben sollen, war also die Insel der erste Punkt der neuen Welt, den Europäer erreichten.

Man feierte den Anbruch des großen Tages mit einem festlichen Tedeum. Die Offiziere beglückwünschten den Admiral, die Matrosen warfen sich ihm zu Füßen und baten ihn wegen ihres häufigen Murrens um Verzeihung. Dann ließ man das große Boot in die See hinab, Kolumbus stieg, mit der kastilischen Fahne in der Hand, hinein, die Brüder Pinzon folgten mit der Kreuzesfahne, und noch einige andere von der Mannschaft begleiteten ihn. Ohne es zu wissen, betrat nun Kolumbus den Boden Amerikas, das er für Indien hielt, und nahm San Salvador feierlich im Namen der kastilischen Krone in Besitz. Zum Zeichen, daß die Insel jetzt unter christlicher Herrschaft stehe, wurde auf einem Hügel an der Küste ein Kreuz errichtet.

Was mögen sich wohl die Eingeborenen gedacht haben, als sie die drei seltsamen Schiffe vor ihrer Küste liegen und weiße Männer ans Land kommen sahen! Zuerst hielten sie sich in gemessener Entfernung, aber durch Perlen und Geschenke gewannen die Spanier bald ihr Vertrauen; Kolumbus wußte ja aus Erfahrung, wie die Portugiesen mit den Negern der Guineaküste umgingen. Bald brachten auch die Wilden Gegengeschenke. Sie hatten keine andern Waffen als hölzerne Speere; ihr Haar war lang und strähnig, »nicht kraus wie das der Neger«; sie gingen nackt, und ihre Körper waren weiß und rot bemalt. Eisen kannten sie nicht, wohl aber Gold, und des Goldes bedurfte ja Kolumbus vor allem, um den Türken das Heilige Grab entreißen zu können. Diese unbekleideten Wilden trugen goldene Nasenringe, und als die Spanier sie durch die Zeichensprache auszufragen versuchten, woher das kostbare Metall komme, zeigten die Eingeborenen nach Südwesten. Kolumbus nannte sie natürlich nicht anders als Indier und nahm sieben von ihnen an Bord, um sie mit nach Spanien zu nehmen, damit sie »sprechen lernten« und auf neuen Reisen als Dolmetscher dienen könnten.

Nun steuerten die Entdecker andern Inseln zu, aber mit größter Vorsicht, denn allenthalben rollten die Wogen über gefährliche Riffe. Nach den Andeutungen der Wilden mußten im Süden zwei große Inseln liegen; die eine konnte wohl nichts anderes als Japan sein! Als dann Kolumbus an der Küste der Insel Kuba landete und dort von einem großen Fürsten namens Kami hörte, war er überzeugt, dies sei der mongolische Großkhan, und nun zweifelte er nicht im geringsten mehr, daß er bereits das Festland Ostasiens erreicht habe. Er schickte also den jüdischen Dolmetscher und zwei der Wilden ans Land, um den Großkhan aufzusuchen. Vier Tage blieben sie fort und durchsuchten unermüdlich die zeltähnlichen Hütten der Eingeborenen in der ganzen Gegend. Aber natürlich zeigte sich nirgendwo auf Kuba eine Spur von dem gesuchten Mongolenfürsten.

Die fremde Küste glich der von Sizilien und schien ein Paradies zu umgeben. Ein betäubender Duft entströmte Blüten und Früchten, und aus den Palmen, die wie Straußenfedern im leichten Seewind schwankten, ertönte herrlicher Vogelgesang. Sehr erstaunt waren die Spanier, als sie die Eingeborenen zusammengerollte Blätter rauchen sahen, die sie tabacos nannten. Wie konnten sie auch ahnen, welche Quelle des Reichtums diese Blätter in Zigarrenform später einmal werden würden.

Dem Befehlshaber der »Pinta«, Pinzon, schien die Entdeckung der Wunderküste völlig den Kopf verdreht zu haben; er brannte mit seinem Schiffe durch, um auf eigene Hand das Goldland zu suchen! Kolumbus segelte nun nach der großen Insel Haïti hinüber und nahm auch von ihr in der üblichen Weise im Namen Kastiliens Besitz. Überall kamen ihm die Eingeborenen mit Staunen und Unterwürfigkeit entgegen; man glaubte nicht anders, als daß die Fremden Gesandte aus dem Reiche der Götter seien.

An der Nordküste Haïtis erlebte aber Kolumbus gerade am Heiligen Abend ein schweres Mißgeschick. Ein unerfahrener Steuermann ließ die »Santa Maria« auf eine Sandbank aufrennen, so daß sie wrack wurde und die Besatzung sich auf die »Niña« retten mußte. Beim Bergen des an Bord befindlichen Gepäcks halfen die gutmütigen Eingeborenen bereitwillig, und nicht eine Stecknadel wurde dabei gestohlen.

Aber die »Niña« war viel zu klein, um die ganze Mannschaft aufzunehmen. Wie sollte man jetzt wieder nach Spanien zurückkehren? Auch dafür wußte Kolumbus Rat. Er beschloß, eine Ansiedelung an der Küste zu gründen und vierzig Mann hier zurückzulassen, um nach Gold zu suchen. Wenn er wieder aus Spanien zurückkehrte, hatten sie sicherlich schon eine Tonne voll dieses Metalls gesammelt, und damit ließ sich dann Jerusalem leicht erobern! Die Matrosen waren auch ganz bereit zu bleiben, da sie die Eingeborenen zutraulich und das Klima gut fanden. Was wartete ihrer sonst anderes als ein Hundeleben auf der »Niña« und die Aussicht, vielleicht noch mit dem jämmerlichen kleinen Schiffe unterzugehen!

Gesagt, getan! Aus den Trümmern der »Santa Maria« baute man ein Blockhaus, versah es mit Lebensmitteln, umgab es mit Mauern und Gräben, und nachdem der Häuptling des Ortes ein Hemd und ein Paar Handschuhe als Ehrengeschenk erhalten hatte, lichtete Kolumbus auf der »Niña« die Anker und steuerte heimwärts.

Er war noch nicht weit gekommen, als er auf die »Pinta« stieß, die sich der »Niña« anschloß, nachdem Kolumbus den eigenwilligen Pinzon wieder zu Gnaden angenommen hatte. Dann ging es gemeinsam wieder über den Atlantischen Ozean, aber diesmal nach Osten.

Der Dank der Heimat

Die Rückreise gestaltete sich gefährlicher als die Ausfahrt. Am 12. März 1493 erhob sich ein gewaltiger Sturm. Alle Segel mußten eingezogen werden, und die beiden von den Wellen wild hin und her geworfenen Schiffe verloren einander aus dem Gesicht. Die »Niña«

stampfte so entsetzlich, daß die ganze Bemannung den Untergang vor Augen sah und sich auf den Tod vorbereitete. Auch Kolumbus hoffte nicht mehr, die Kunde von seiner Entdeckung nach Europa bringen zu können. Damit sie aber nicht mit ihm in den Wellen begraben werde, schrieb er seinen Bericht auf Pergament, das, mit einem Wachsüberzug versehen, in einer Tonne geborgen wurde; die Tonne vertraute er dem empörten Meere an. Die abergläubischen Matrosen hielten das für eine Opfergabe zur Besänftigung des Sturmes, und der Ausgang schien ihnen recht zu geben: Wind und Meer beruhigten sich wieder, und einige Tage später erreichte die »Niña« glücklich die südlichste der Azoren. Von hier setzte sie dann die Fahrt nach der Tajomündung und nach Lissabon ungefährdet fort.

Am 15. März erschallte in der Hafenstadt Palos grenzenloser Jubel, die Bewohner strömten in dichten Scharen zum Kai hinunter, und alle Kirchenglocken läuteten: das berühmteste aller Schiffe der Erde, die »Niña« mit Kolumbus, war soeben im Hafen eingelaufen. Am Abend dieses Tages kam auch die »Pinta« mit vollen Segeln angefahren, aber der Empfang, der ihr wurde, war ein wesentlich anderer. Man wußte bereits, daß Pinzon, der fest darauf rechnete, Kolumbus sei bei jenem Sturm in den Wellen untergegangen, den ganzen Ruhm der Entdeckung Amerikas für sich in Anspruch zu nehmen beabsichtige; aber kein Mensch kümmerte sich um ihn, und wenige Tage darauf starb er, wahrscheinlich aus Wut und Erbitterung.

In Sevilla empfing den Entdecker eine Einladung des spanischen Königs Ferdinand und der Königin Isabella, die damals in Barcelona weilten. Seine Reise durch Spanien war ein einziger Triumphzug, und jede Stadt brachte ihm begeisterte Huldigung. In glänzendem Zuge führte man ihn durch die Straßen, und vor ihm her schritten sechs kupferbraune »Indier« mit bunten Federn im Stirnband. Auf den Wogen der Begeisterung ging der Name Christoph Kolumbus von Land zu Land, hatte er doch Spanien neue Länder geschenkt und einen bequemen Seeweg nach dem fernen Indien entdeckt, und zwar gerade zu einer Zeit, als die Portugiesen nach einem solchen Weg um Afrikas Küste herum eifrigst suchten. In Barcelona wurden ihm alle seine Titel und Vorrechte feierlich bestätigt. Jetzt war er wirklich Großadmiral über den Ozean und Vizekönig von Indien – jetzt stand er auf dem Gipfel menschlichen Ruhmes.

Nur zu bald aber begann die Zeit der Widerwärtigkeiten.

Auf seiner zweiten Reise, die Kolumbus mit siebzehn Schiffen unternahm, entdeckte er die nördlichen Antillen bis Portoriko und kam jetzt auch mit Menschenfressern in Berührung. In Kuba vermutete Kolumbus nunmehr wirklich, das Festland Asiens betreten zu haben, und er war überzeugt, daß man von hier aus trocknen Fußes nach Spanien wandern könne, wenn man Marco Polos Spuren folge. Seine Niederlassung auf Haïti fand er zerstört, die zurückgelassenen vierzig Matrosen waren von den Eingeborenen getötet worden. Auch unter seiner eigenen Mannschaft herrschte Unzufriedenheit, und die Eingeborenen begannen jetzt, sich heftig der Eindringlinge zu erwehren. Obendrein schossen Rivalen seines Ruhmes wie Pilze aus der Erde, und in der Heimat zogen die Verleumdungen wie finstere Wetterwolken gegen ihn herauf.

Als er von dieser seiner zweiten Reise wieder in Spanien landete, begrüßte ihn kein Jubel mehr. In Portugal war ihm mittlerweile ein gefährlicher Nebenbuhler erwachsen; Vasco da Gama hatte 1497 den richtigen Seeweg nach dem wirklichen Indien entdeckt, indem er Südafrika umsegelte, und dieser Erfolg reichte hin, um in jener Zeit die Heldentaten des Kolumbus völlig zu verdunkeln. In Indien fand man unermeßliche Reichtümer – die armseligen Inseln des Kolumbus hatten dagegen nur Geld, Schiffe und Menschenleben gekostet!

Mit eiserner Willenskraft überwand Kolumbus aber noch alle die sich ihm entgegenstemmenden Hindernisse und segelte zum dritten Male nach seinem falschen Indien. Diesmal hielt er südlicheren Kurs und entdeckte die Insel Trinidad. Hier stellte er fest, daß das Wasser zwischen der Insel und der Küste Venezuelas süß war, und schloß daraus richtig, daß sich dort ein großer Fluß ins Meer ergießen müsse. Dieser Fluß war der Orinoco im Norden von Südamerika.

Auf Haïti brach wiederum Aufruhr aus, und die Feinde des Kolumbus sandten ihre Klagen gegen ihn nach der Heimat. Spanien schickte einen königlichen Bevollmächtigten ab, um eine Untersuchung einzuleiten, und dieser hatte nichts Eiligeres zu tun, als den Admiral fesseln zu lassen und ihn in Ketten nach Hause zu schicken! Dem Kapitän des Schiffes, das ihn zurückbrachte, schien diese Behandlung denn doch zu grausam, und er wollte den berühmten Entdecker, solange er an Bord sei, von seinen Fesseln befreien. Aber Kolumbus duldete das nicht; er wollte gefesselt bleiben, und seine Ketten wollte er sein Leben lang aufbewahren »als Erinnerung an den Lohn, den er für seine Dienste erhalten«.

So schritt der ehemalige Triumphator jetzt mit eisernen Ketten durch die Straßen der Stadt Cadiz. Aber dieses Schauspiel weckte den Unwillen der Bevölkerung, und bei Hofe empfing man ihn wieder einigermaßen freundlich. Es gelang ihm sogar, die Ausrüstung zu einer vierten Reise zu erhalten, auf der er den Ozean in neunzehn Tagen durchquerte. Der neue Gouverneur der von Kolumbus entdeckten Inseln verbot ihm aber die Landung, und Kolumbus steuerte nunmehr westwärts, erreichte die Küste der jetzigen Provinz Honduras und fuhr südwärts längs der Küste von Nicaragua hin, in dem festen Glauben, dies sei Malaka und er müsse weiter südlich eine Durchfahrt nach dem eigentlichen Indien finden. Statt aber weiterzufahren, segelte er nach Kuba zurück. Ein Sturm verschlug ihn nach Jamaika, und hier mußte er in der äußersten Not seine Schiffe auf den Strand laufen lassen. Einer seiner Getreuen ruderte nun in einem Kahn vier Tage und Nächte über das offene Meer nach Haïti, um von dort Hilfe zu holen.

Inzwischen waren die Schiffbrüchigen übel daran. Die Eingeborenen verweigerten ihnen nicht nur jeglichen Beistand, sondern bedrohten sie noch obendrein, und Kolumbus mußte zu einer List seine Zuflucht nehmen. Es stand gerade eine Mondfinsternis bevor. Er erklärte also den Eingeborenen, der Gott der Spanier werde ihnen auf immer das Mondlicht rauben, wenn sie ihm und seinen Leuten keine Unterstützung gewährten. Zum Entsetzen der Wilden folgte seinen Worten alsobald die Tat: der Schatten der Erde legte sich immer weiter über die Scheibe des Mondes! Da fielen die Eingeborenen dem mächtigen Zauberer zu Füßen und versprachen ihm alles, was er nur haben wolle. Erst tat Kolumbus so, als wenn er sich die Sache noch überlegen müsse; dann aber ließ er sich durch ihr Flehen rühren und versprach ihnen, daß sie ihren Mond behalten sollten. Und richtig: der Erdschatten schob sich nun langsam wieder von der Mondscheibe herunter und ließ das Gestirn so blank wie einen silbernen Schild hinter sich zurück.

Aus Jamaika schrieb Kolumbus einen seltsamen Brief an den spanischen Hof. Er berichtete darin, eines Nachts habe ihm eine geheimnisvolle Stimme ins Ohr gerufen: »Oh, du Tor, der du so säumig bist, zu glauben und deinem Gott zu dienen! Was hat er mehr für Moses oder für David getan?... Dir hat er Indien geschenkt! Du hast die Schlüssel zu den Toren des Ozeans erhalten, die mit gewaltigen Riegeln versperrt waren! In vielen Ländern gehorchte man dir, und du erwarbst dir einen ruhmvollen Namen in der ganzen Christenheit.« Voller Bitterkeit bricht dann Kolumbus in die Worte aus: »Laßt diejenigen, die nur immer alles bemäkeln und tadeln müssen und dabei hübsch warm zu Hause sitzen, immerhin fragen: Warum hast du dies und das bei dieser oder jener Gelegenheit nicht getan? Ich kann ihnen nur wünschen, sie hätten meine Reise selbst mitgemacht!«

Endlich erhielt er von Spanien Hilfe, und im Jahre 1504 kehrte er wieder heim. Aber niemand kümmerte sich mehr um ihn! Seine Güter wurden eingezogen, und seine Titel erhielt er nicht wieder. Man weigerte sich sogar, seinen Begleitern den rückständigen Sold auszuzahlen! Frühere Freunde kannten ihn nicht mehr.

Gicht und Gram warfen ihn in Sevilla aufs Krankenlager, und einsam und durch Enttäuschung und Kummer gebrochen starb er im Jahre 1506 in Valladolid. Niemand beachtete sein Hinscheiden. Keine einzige Chronik aus jener Zeit hat ein Wort über den Tod des großen Entdeckers verzeichnet! In aller Stille begrub man ihn in Valladolid; nachher überführte man seine Leiche in eine Klosterkirche zu Sevilla. – Ein halbes Menschenalter später brachte man sie zu Schiff nach Santo Domingo auf Haïti, und·dort durfte nun Kolumbus 250 Jahre in Frieden schlummern, bis man ihn in der Kathedrale zu Havanna auf Kuba beisetzte. Beim Verluste Kubas an die Vereinigten Staaten nahmen die Spanier 1899 die Gebeine ihres großen Entdeckers mit in die Heimat. In der Kathedrale von Sevilla ist über Kolumbus' letzter Ruhestätte ein prächtiges Grabmal errichtet. –

Kolumbus war ein hochgewachsener, kräftig gebauter Mann mit einer Adlernase, sommersprossiger Haut, hellblauen Augen und rotem Haar, das früh durch vieles Denken und große Sorgen weiß wurde. Die Bewunderung und – die Kleinlichkeit vier langer Jahrhunderte haben sein ganzes Leben und seinen Charakter in allen Einzelheiten zergliedert. Einige sahen in ihm einen Propheten, einen Heiligen, andere nannten ihn einen schlauen Abenteurer, der Toscanellis Plan gestohlen habe, um sich selber Macht, Ruhm und Reichtümer zu verschaffen. Als aber vor nunmehr zwanzig Jahren die vier Jahrhunderte seit der Entdeckung Amerikas vollendet waren, erhielt Kolumbus überreiche

Genugtuung; die ganze Welt feierte sein Andenken. Und mit Recht! Denn er hat wie kein zweiter Entdecker vergangener Zeiten noch ungeborenen Generationen neue Lebensgebiete erschlossen, er hat den Kreis der Erde um ungeheure Räume erweitert und die Weltgeschichte in neue Bahnen gelenkt.

Wie aber kam Amerika zu seinem Namen, der uns heute nichts mehr von dem Entdecker dieses Erdteils verrät? Schon zwei Jahre vor dem Tode des Kolumbus hatte Amerigo Vespucci aus Florenz, der viermal den Ozean überquert hatte, die Vermutung ausgesprochen, daß hier gar nicht von Asien, sondern von einer neuen Welt, im Gegensatz zur alten, die Rede sein könne. Daraufhin machte ein deutscher Schullehrer, der ein geographisches Lehrbuch schrieb, in der Einleitung dazu den Vorschlag: »Da der vierte Weltteil von Amerigo Vespucci (Americus Vesputius) gefunden worden ist, sehe ich nicht ein, was uns hindern sollte, ihn nach dem Entdecker Amerigo oder Amerika zu nennen.« Dieser Vorschlag fand allgemein Anklang. Zu spät sah man ein, daß Kolumbia der richtige Name gewesen wäre.

Schlag auf Schlag folgte nun eine Entdeckung der anderen, und Amerikas Küsten nahmen auf See- und Landkarten nach und nach die uns so wohlbekannte Gestalt an. Nur bei einer der großartigsten Reisen, die die Weltgeschichte kennt, wollen wir einen Augenblick verweilen. Im Jahre 1519 segelte der Portugiese Magalhães mit fünf Schiffen längs der Ostküste Südamerikas südwärts und entdeckte dabei die Meeresstraße, die noch seinen Namen trägt. Aber was noch viel wichtiger war: er fand in dieser Meerenge endlich die westliche Durchfahrt nach dem ersehnten Indien. Ein schier endloses Meer überquerte er, aber das Wetter begünstigte ihn, und keine Stürme bedrohten seine Schiffe. Daher nannte er dieses Meer den »Stillen Ozean«. Nach vier Monate langer Fahrt auf offenem Meer, und nachdem die Besatzung unter Hunger und Krankheit viel zu leiden gehabt hatte, erreichten schließlich drei der Schiffe die Philippinen. Hier landete Magalhães mit einer kleinen Schar, wurde aber von den Eingeborenen am 27. April 1521 überfallen und getötet. Nur eines der Schiffe, die »Victoria«, kehrte in ihre Heimat zurück; dieses Schiff war demnach das erste, das die Erde umsegelt hat.

Im Laufe der nächsten Jahrhunderte faßten nun die Weißen immer festeren Fuß in dem neuen Erdteil. Die Indianer wurden in die Wildnis zurückgedrängt, und in Nordamerika sind sie jetzt nahe daran, ganz vom Erdboden zu verschwinden. Unter französischer und später unter englischer Herrschaft entwickelten sich gerade die Teile Nordamerikas zu ungeahnter Macht und ungeheurem Reichtum, die von den Spaniern verschmäht worden waren, als sie in unersättlicher Gewinnsucht an nichts anderes dachten als an das Gold und die Schätze der Inseln und Küsten, die noch heute Westindien heißen.

Auswanderer

In der halbdunklen Stube eines Gutshofes in einem deutschen Dorf sitzt ein alter Mann mit seiner Frau in ernstem Gespräch.

»Es ist zu traurig«, sagt die Frau, »daß unser Fritz nun wieder anfängt, an Amerika zu denken.«

»Ja, er gibt nicht eher Ruhe«, antwortete der Mann, »bis wir ihm erlauben, zu reisen. Noch gestern erzählte er von einem Emigrantenfänger, der ihm goldene Berge versprochen hat, wenn er sich ein Billett für einen Dampfer der Bremer Linie nehme. Und dabei ist unser Hof schuldenfrei; aber Fritz meint, der könne ihn und seine Brüder doch nicht ernähren. Mit dir Vater, sagte er, war es etwas ganz anderes, aber wir sind unserer drei, die sich in den Ertrag teilen sollen. Er meint, es sei eine aussichtslose Mühe, unsern magern Boden zu bebauen, während in Nordamerika grenzenlose Räume noch des ersten Pfluges warten und während man dort in jeder Fabrik so hohen Tagelohn erhalte, daß man sich in einigen Jahren ein kleines Vermögen erspart habe.«

»Ja, ja, ich weiß, die Vettern haben ihm mit ihren verlockenden Briefen diese Grillen in den Kopf gesetzt.«

»Und wer war es, der sie am meisten tadelte und sie an ihre Pflicht gegen das Vaterland erinnerte, als sie vor Jahr und Tag hinüberreisten? Kein anderer als Fritz. Und nun ist er genau wie sie und denkt nur noch an Amerika! Es schnitt mir ins Herz, als ich neulich wieder in der Zeitung las, daß noch immer Jahr für Jahr so und so viele tausend Männer, Frauen und Kinder die Heimat verlassen und nach Amerika auswandern. Was soll daraus werden? Wenn ich nur begreifen könnte, woher ihnen diese seltsame Sehnsucht nach einem so ungewissen Ziele kommt! Ich traure über jedes Auswandererschiff, das mit seiner kostbaren Last abgeht; es erinnert mich an einen Leichenzug. Eine Schar Pflüger und Erntearbeiter nach der andern verläßt damit unsere Felder, ein Trupp tüchtiger Arbeiter nach dem andern wird damit unsern Fabriken geraubt, und eine Kompanie Soldaten nach der andern entzieht sich der Verteidigung unseres Vaterlandes. Jeder einzelne dieser Dampfer bedeutet einen Kräfteverlust, eine Verringerung unseres Wohlstandes, ein Hemmnis unseres Fortschrittes und ist wie eine verlorene Schlacht.«

»Gibt es denn gar kein Mittel, sie hier festzuhalten?«

»Nein, unter den jetzigen Verhältnissen nicht. Viele Europäer haben nicht mehr Ausdauer genug bei ihrer Arbeit, und die Söhne finden es ganz einfach zu langweilig, in denselben Furchen weiterzupflügen, die ihre Väter schon gezogen haben. Wenn Fritz behauptet, auf unserm Hofe sei kein Platz für ihn, so sollte er daran denken, daß es auch in Europa gewaltige Räume gibt, die noch nicht urbar gemacht worden sind. All das Gerede von Raummangel und Überbevölkerung des Reiches ist bloßes Geschwätz. Gewiß, manche wirkliche oder auch eingebildete Übelstände begünstigen die Auswanderung. Dem einen wird es schwer, sich dauernde Arbeit zu verschaffen, die ihm nicht jeden Augenblick gekündigt wird. Ein anderer leidet wirklich Not, seitdem die Fabrik, in der er arbeitete, den Betrieb eingestellt hat. Einem dritten scheinen die Steuern zu hoch, während viele andere wieder sich durch die Reise über das Meer ihrer Militärpflicht entziehen wollen. Am schlimmsten aber wirken die Locktöne von Freunden und Bekannten, die sich schon seit Jahren drüben im Westen aufhalten. Es mag ihnen dort hundeschlecht ergangen sein, sie mögen wie Sklaven haben arbeiten müssen, um nicht im Kampf ums Dasein unterzugehen, sie mögen noch immer Not leiden und allmählich zur Einsicht gekommen sein, in welche traurige Wirklichkeit sich ihre ehemaligen Träume von Glück und Reichtum gewandelt haben – und doch loben und preisen sie Amerika und die dortige Freiheit und machen gute Miene zum bösen Spiel! Daheim mäkelten sie an allem, schalten auf alles, verhöhnten die vaterländischen Farben und setzten ihre Heimat herab. Jetzt aber sind sie gehorsame Bürger der Vereinigten Staaten von Nordamerika und ziehen den Hut vor einer Flagge, die nicht die ihrige ist.«

»Nun wirst du aber ungerecht! Es hängen doch noch immer viele Auswanderer mit ihrer Heimat zusammen. Denke nur an die Millionen, die sie jährlich ihren Angehörigen nach Hause schicken.«

»Mag sein! Aber geschenktes Geld fördert nur den Leichtsinn. Gewiß, aus einigen Staaten Europas treiben auch religiöse und politische Gründe die Leute nach Amerika, und man kann es verstehen, wenn ihnen das Leben in der Heimat unerträglich wurde. Aber wenige bewahren ihren heimischen Volkscharakter, die meisten verschlingt jenes Menschenmeer jenseits des Ozeans vollständig. Aus dem bescheidenen Arbeiter Schmidt wird ein schäbig-eleganter Mr. Smith, der lieber englisch als deutsch spricht und das Sternenbanner auf dem Dach seines Hauses flattern läßt. Eine Schiffsladung solcher Abtrünniger nach der andern geht hinüber. Deutschland, England, Österreich, Italien und Rußland fühlen den Aderlaß nicht so sehr, aber die kleineren Staaten, wie z. B. Schweden, leiden dadurch empfindliche Verluste. Kannst du dir denken, daß in 90 Jahren 30 Millionen Menschen aus Europa nach den Vereinigten Staaten ausgewandert sind? Von Europa nach Amerika fließt ein ununterbrochener Menschenstrom Jahr für Jahr und Tag für Tag; täglich landen gegen 3000 Europäer in einem der amerikanischen Häfen, um sich in die neunundvierzig Staaten zu zerstreuen und Bestandteile jenes gewaltigen Staatskörpers zu werden. Eine größere Völkerwanderung kennt die Geschichte nicht! Als ob es daheim nicht Gelegenheit gäbe, seine Tüchtigkeit zu bewähren! Aber davon wollen die Jungen nichts wissen, sie denken nur an den einen Kampf um das Gold Amerikas.«

»Und in diesen Kampf soll auch unser Fritz ziehen? Willst du ihn wirklich reisen lassen?«

»Was soll ich tun? Er hat seinen freien Willen. Mag er mit dem großen Strome schwimmen.« –

»Ja, vielleicht ist es so am besten. Wenn das Heimweh ihn packt, wird er schon wiederkommen.«

»Unsinn, das tut er ganz gewiß nicht! Bei der Abreise heißt es immer so schön: Bald bin ich ein gemachter Mann und komme dann wieder nach Hause. Aber kaum ist ein Jahr vergangen, so sind alle Erinnerungen verblaßt, und die Entfernung von dem bescheidenen Elternhause vergrößert sich mit der Zeit immer mehr. Ich betraure ihn schon als einen Toten; zurückkommen wird er nie.«

Im Zwischendeck

Wenige Tage nach dieser Unterredung hat unser Auswanderer Fritz alle Bande zerschnitten, die ihn seit dem Tage seiner Geburt an den Heimatboden fesselten. Auf dem kürzesten Wege begibt er sich nach Bremen, meldet sich an Bord eines Auswandererschiffes und findet zunächst, daß die Versprechungen des Agenten, der ihm die Überfahrt als bequem und wohlfeil geschildert hat, unwahr gewesen sind! Aber die Reise übers Meer dauert ja nur eine Woche, und so findet er sich in sein Schicksal. Schließlich braucht man ja nicht wie ein Hering in der Tonne unter Deck zu liegen; man kann frei umhergehen und oben das prächtige Wetter genießen, das während der Fahrt des Schiffes durch den Kanal zwischen England und Frankreich den Auswanderern den Abschied erleichtert.

Und langweilig ist es auf Deck durchaus nicht. Gelegenheit zu neuen Bekanntschaften findet sich allenthalben. Eine sehr gemischte Gesellschaft, die diesmal den Staub der Heimat von den Füßen geschüttelt und sich an Bord des Bremer Dampfers nach Amerika eingeschifft hat! Da sind zwei Brüder aus Ostpreußen. Der ältere hat schon zehn Jahre in Pennsylvanien gelebt und täglich seine vierzehn Mark verdient. Dann ist er nach Hause gefahren, um den elterlichen Bauernhof zu übernehmen. Aber der war ihm zu klein geworden, er brauchte größeren Spielraum für seinen Unternehmungssinn. Er verkaufte deshalb den Hof um einen Spottpreis und nimmt jetzt seinen Bruder mit ins gelobte Land. Hier ist ein Steinhauer aus Westfalen, der nach Chicago reist, wo er einen Jugendfreund hat, der ihn überredete, hinüberzukommen, weil er da ohne Mühe viel Geld verdienen könne. Dort auf der Bank sitzt ein alter Bayer, der mit Frau und Tochter zu seinem Sohn reist. Der Sohn ist seit mehreren Jahren Baumeister in Philadelphia und hat es jetzt endlich so weit gebracht, daß er Eltern und Schwester nachkommen lassen kann.

Alle diese Passagiere sitzen während der langen Stunden der Überfahrt auf Deck zusammen, und es schwirrt von lebhafter Unterhaltung, von Fragen und Antworten, von Scherzreden und Lachen. Ehe noch der letzte Leuchtturm an der Küste Europas hinter dem Horizont verschwunden ist, glaubt Fritz schon in ganz Amerika gründlich Bescheid zu wissen. Unaufhörlich summen ihm dieselben Namen in den Ohren:

Neuyork, Philadelphia, Chicago und San Francisco, und wieder San Francisco, Chicago, Philadelphia und Neuyork! Einfacher kann ja nichts sein! Zwischen diese vier Punkte braucht man nur noch einige andere kleine Städte und etliche Flüsse, Gebirge und Seen einzufügen, jene vier Städte durch Eisenbahnlinien zu verbinden, sich im Norden das unermeßliche Kanada und im Süden das gebirgige Mexiko zu denken, den Ecken dieses ganzen Vierecks die Halbinseln Alaska, Kalifornien und Florida anzuhängen und die vierte Ecke mit der großen Insel Neufundland zu bedenken, längs der Westküste einige mächtige Bergketten zu ziehen und in die östliche Hälfte des Weltteils die großen Seen und die Hudsonbai hineinzumalen – dann ist, wie Fritz meint, die Karte Nordamerikas fertig. Ein Kind kann sie an einem Tag auswendig lernen!

Während Fritz so seine Illusionen auf Deck spazieren führt, hört er eine Frau sagen:

»Ich versichere Ihnen, mein Sohn verdient täglich seine 6 Dollar und wohnt wie ein feiner Herr!«

»6 Dollar sind 24 Mark!« denkt Fritz und möchte gern mehr von diesem tüchtigen Sohn hören. Da tritt plötzlich der ältere Ostpreuße, der schon in Pennsylvanien war, an ihn heran und fragt ihn, was er denn drüben anfangen wolle. Er solle nur ja nicht denken, daß ihm die gebratenen Tauben ins Maul fliegen würden, auch wenn er es noch so weit aufreiße.

Fritz antwortet etwas gekränkt: »Ich habe meinem Vater bei der Bewirtschaftung seines Hofes geholfen, ich kann pflügen, säen und Erntearbeiten verrichten, ich kann Weizen und Roggen ausdreschen, habe auch schon in einer Schmiede gearbeitet und bin Kutscher auf einem herrschaftlichen Gute gewesen.«

»Und damit willst du dich drüben durchschlagen?« fragt der andere und bricht in ein höhnisches Lachen aus.

Fritzens Stimmung ist verdorben, er dreht sich um und geht langsam beiseite. Er sieht sich die übrigen Reisegenossen an. Sie sitzen in behaglichen Gruppen, haben abgenutzte Decken über die Beine gelegt und reden von ihren Freunden, die sie daheim zurückgelassen haben und die sie drüben anzutreffen gedenken. Sie tauschen ihre Hoffnungen und Pläne miteinander aus und sind guten Muts, als ob es sich nur um eine Erholungsreise oder um ein Erntefest handelte, das sie in

Amerika feiern wollen, und als ob sie ein Billett zur Rückfahrt schon in der Tasche hätten. Daheim im Hause der Eltern und Geschwister mag es jetzt leer und einsam aussehen und im Nachbargehöft manche Braut um ihren Liebsten weinen. Das wird vorübergehen! Jetzt heißt es arbeiten und Geld verdienen, und dann feiern wir bald ein freudiges Wiedersehen! So scheinen die meisten zu denken und keiner zu glauben, daß er bis an sein Lebensende drüben bleiben wird. Nein, im Schutz des alten efeubewachsenen Turmes seiner Dorfkirche will er dereinst in der Erde seiner Väter begraben sein. Ein Glück für die Armen, daß sie die Wahrheit nicht ahnen, die Wahrheit nämlich, daß sie ihre Heimat nie wiedersehen werden!

Im Westen versinkt die Sonne und streut ihr Gold über das Land der Träume, in das die Auswanderer vorwärts schauen, die Nacht breitet ihren dunklen Schleier über Europa; der Schein des letzten Leuchtturms am Gestade der alten Welt erreicht das Auswandererschiff nicht mehr. Vielleicht ahnen nur wenige von diesen Reisenden, daß sie einen Scheideweg in ihrem Leben beschritten haben, auf dem es kein Zurück mehr gibt. Die alte Welt, die ihnen keine Befriedigung zu bieten vermochte, versinkt unter dem dunklen Horizont; die neue, die das Sonnenlicht noch überflutet, soll ihnen alle Wünsche gewähren. –

Die meisten unserer Auswanderer und unter ihnen auch Fritz haben das große Meer noch nie gesehen, und sein Anblick erfüllt sie mit beklommener Angst. Ringsum Wasser und dazu noch die unheimliche Dunkelheit, die sich auf die Wellen herabsenkt! Das war daheim, auf den Seen und Flüssen im Binnenlande, wo doch wenigstens immer ein Uferrand am Horizont sichtbar ist, weitaus behaglicher.

Zahlreiche elektrische Lampen werfen ihr Licht auf die Scharen, die ein noch nicht erschütterter Glaube an die Zukunft über die Tiefen des Atlantischen Ozeans hinwegführt. In einer Ecke nahe dem Maschinenraum sitzt eine Schar polnischer Juden, alte und junge, Männer und Frauen; die ersteren mit ihren krummen Nasen und den im Winde wehenden Korkzieherlocken unter tausenden leicht erkennbar. Sie streiten eifrig hin und her, mit lebhaften Handbewegungen, und man sieht ihnen an, daß sie von nichts anderem als Geschäften und Gewinn reden; das Wort »Dollar« ist unaufhörlich auf ihren Lippen. Nicht weit von ihnen sitzen auf einer Bank einige ihrer Glaubensbrüder aus Rußland, die die Verfolgung der Kinder Israels aus der Heimat vertrieben hat. –

In den Gängen des Zwischendecks herrscht fast Gedränge. Nach der Aufregung der ersten Tage lagert sich Müdigkeit über die Reisegesellschaft, und allenthalben sitzen Frauen und Männer schlafend auf den Bänken, andere öffnen ihre Bündel und essen Brot oder Süßigkeiten, während ihre Nachbarn Zeitungen und Briefe lesen. Der erste Reiz des Neuen ist bereits erschöpft, und die quälende Langeweile der Erwartung macht sich vielfach bemerkbar. Manche warten schon sehnsüchtig auf den Mann mit der Klingel, der am Abend auf Deck die Runde macht, um die Auswanderer zum Essen zu rufen. Dann sucht alles die Kojen auf, und jeder macht sich seinen einfachen Schlafplatz auf den Bänken zurecht. –

So vergehen die Tage an Bord, der nächste immer langsamer als der vorhergehende. Man beobachtet das wechselnde Aussehen des Meeres und die beständige Bewegung der Wellen, und ein vorüberfahrendes Schiff ist eine willkommene Abwechslung. Segelschiffe und Dampfer zeigen sich am Horizont, und jetzt kommt sogar ein dampfender Koloß immer näher, wird langsam größer und gleitet in einiger Entfernung an dem Schiff der Auswanderer vorbei, die sich in langer Reihe auf Deck versammelt haben. Dicker Rauch steigt aus den vier gewaltigen Schornsteinen empor, und auf beiden Seiten hängen auf dem obersten Deck zehn große Rettungsboote.

»Wie heißt das Schiff?« fragt Fritz einen Landsmann, der in Bremen auf einer Werft gearbeitet hat.

»Das ist einer der Schnelldampfer des Bremer Lloyd, er heißt ›Kaiser Wilhelm II.‹ Er ist 215 Meter lang, hat 9 Meter Tiefgang und macht 23½ Knoten in der Stunde. Er ist in Längen- und Querschotten abgeteilt und besteht daher aus 17 wasserdichten Räumen. Seine beiden Bronzeschrauben haben 7 Meter Durchmesser, und unter dem Dampfkessel brennen 112 Feuer. Du siehst doch die vier Schornsteine? Jeder hat vier Meter im Durchmesser.«

»Solch ein Schiff zu bauen, muß eine Unmasse Geld kosten«, meint Fritz zaghaft.

»So ziemlich! 17½ Millionen Mark. Aber dafür faßt der Dampfer auch beinahe 2500 Menschen; 600 davon bilden seine Besatzung. Er enthält vollständig eingerichtete Prachtwohnungen, in denen die amerikanischen Millionäre nach Europa herüberschwimmen, ganz so wie die ›Titanic‹, mit der kürzlich so viele reiche Amerikaner zugrunde gingen! In solch einem Schiff ist ein Leben wie in einem schwimmenden Hotel; Musik spielt zur Tafel mittags und abends, und an Bord erscheint sogar eine Zeitung, die ihre Nachrichten durch drahtlose Telegraphie erhält. Und die Schnelligkeit dieses Schiffes ist so groß, daß es die Reise nach Amerika in fünf Tagen und einigen Stunden ausführt.«

»Das ist dann wohl die schnellste Verbindung, die man zwischen Deutschland und Amerika haben kann?«

»Das war es wenigstens bisher. Natürlich wetteifern die Aktiengesellschaften der verschiedenen Staaten darin, einander an Schnelligkeit den Rang abzulaufen, und ein so furchtbares Unglück wie das der ›Titanic‹ ist ja auch diesem Ehrgeiz zuzuschreiben. Deutschland, – das bisher die erste Stelle in dieser Beziehung einnahm, ist einstweilen durch die englischen Turbinendampfer ›Lusitania‹ und ›Mauretania‹ besiegt worden. Aber wie lange wird dieser Vorrang sich behaupten! Man baut jetzt wieder einen neuen Dampfer, der ›Olympia‹ heißen und 260 Meter lang werden soll. Denke dir nur: wenn man ihn in Paris aufrecht auf seinen Vordersteven stellte, würde sein Steuer fast die Spitze des Eiffelturmes erreichen. Der alte Kolumbus hätte sich wohl nicht träumen lassen, daß man einmal mit solchen Ungetümen im Kielwasser seiner ›Santa Maria‹ fahren würde!«

Neuyork

Die Reise über den Atlantischen Ozean nähert sich ihrem Ende. Eines Morgens macht sich eine steigende Unruhe und Spannung an Bord bemerkbar, und die Reisenden werfen fragende Blicke gen Westen. In einer Stunde soll die amerikanische Küste sichtbar werden! Und richtig: dort an der Steuerbordseite zeigt sich eine ungleichmäßige Linie am Horizont, es ist Long Island, die »lange Insel«. Noch zwei Stunden, und das Schiff fährt in die Mündung des Hudsonflusses ein und landet an der Ellisinsel im Hafen von Neuyork. Unabsehbare Reihen anderer großer Dampfer liegen vor den Kais; auch sie haben Auswanderer aus Europa nach Amerika gebracht und werden bald wieder umkehren, um neue Scharen zu holen. Sie haben keine Zeit zu verlieren und müssen jahraus und jahrein hin und her fahren, um den Vereinigten Staaten täglich 3000 Menschen zuführen zu können.

Unser Auswanderer hat seine Sachen rechtzeitig zusammengepackt und sich vorn einen guten Platz gesichert, von dem aus er nun seine Reisegefährten beobachten kann. Solch ein Menschengewühl ist ihm noch nie vorgekommen, und solch eine Eilfertigkeit hat er noch nie gesehen. In den Gängen drängen die Reisenden hin und her, rufen einander in allen möglichen Sprachen, schleppen ihre verblichenen bunten Reisetaschen heran und keuchen unter ihren mit festen Strikken umschnürten Bündeln. Deutsche und Schweden, Kroaten und Galizier, polnische und russische Juden, alles in buntem Durcheinander, einige gut gekleidet und mit Überziehern versehen, andere in zerrissenen Kleidern und mit groben Halstüchern statt eines Kragens.

Über dem Neuyorker Hafen erhebt sich die riesenhafte Statue der Freiheit, eine Frauengestalt, die in ihrer Rechten eine Fackel hält. Wenn auf der Erde Dunkelheit herrscht, wirft sie ein blendendes Strahlenbündel elektrischen Lichtes auf die Wasserflächen, die Hafenkais, die Häuser und die Schiffe.

Sobald aber Fritz zum erstenmal seinen Fuß auf amerikanischen Boden setzt, sieht er gleich, daß es mit der vielgepriesenen Freiheit auch nicht allzuweit her ist. Er und alle seine Reisegefährten werden, genau so wie daheim die Militärpferde, mit Nummern versehen und in großen Scharen in einen gewaltigen Saal hineingetrieben. Dann wird einer nach dem andern, wie bei der Musterung, aufgerufen, nach der Art seiner Beschäftigung und dem Ziel seiner Reise gefragt und schließlich von einem Arzt untersucht. Wer an Schwindsucht oder andern Krankheiten leidet oder infolge zu hohen Alters und großer Gebrechlichkeit voraussichtlich nicht mehr lange arbeitsfähig sein wird, erhält ohne Gnade den Befehl, sich mit dem nächsten Dampfer wieder in seine Heimat zurückzuverfügen!

Die übrigen, die die Prüfung glücklich bestehen, fahren in kleinen Dampfern vom Hafen nach Neuyork hinein, wo sie unter den fast fünf Millionen Einwohnern wie Spreu im Winde verschwinden. Aber aus welchem Lande sie auch stammen mögen, immer finden sie in Neuyork reichlich Landsleute, denn diese Stadt ist ein Musterbuch aller Nationen der Welt. Man spricht hier nicht weniger als siebzig verschiedene Sprachen, und ein Drittel der ganzen Einwohnerschaft ist im Ausland geboren. Es gibt ganze Straßen, die fast nur von Deutschen bewohnt sind, wie z. B. die Avenue A; in Brooklyn, dem Stadtteil, der auf Long Island liegt, haben sich die Schweden angesiedelt, das Stadtviertel »Klein-Italien« zählt fast mehr Italiener als Neapel, in der Chinesenstadt leben 5000 Chinesen, und ebenso haben die Juden aus Polen und Rußland ihre besonderen Quartiere. Und alles ist von so ungeheurer Ausdehnung, daß man sich, wie Fritz bald merkt, trotz der einförmigen und einfachen Anlage des ganzen Straßengewirrs in Neuyork doch keineswegs so leicht zurechtfindet, als er glaubte, während er noch draußen auf den Wellen des Atlantischen Ozeans schaukelte.

Vorerst beschließt er, sich die Sache ruhig mit anzusehen, denn er ist zum Glück nicht mittellos nach Amerika gekommen. Erst will er sich eingewöhnen, vor allen Dingen die Sprache so weit lernen, um sich verständlich machen zu können, und dann erst sich in den Kampf ums Dasein stürzen. In seiner Herberge hat er zahlreiche Landsleute gefunden, und ein Bahnarbeiter aus Breslau, der gerade stellenlos ist und einige Tage feiern möchte, macht sich ein Vergnügen daraus, ihn herumzuführen und das neu angekommene »Grünhorn« mit seiner amerikanischen Weisheit zu »knicken«.

»Neuyork ist wohl sehr alt«, meint Fritz, »sonst hätte es nicht so groß werden können.«

»Keineswegs! Mit europäischen Städten verglichen, ist es das reine Kind. Vor 300 Jahren zählte es noch nicht 1000 Einwohner. Aber jetzt wird es an Größe nur von London übertroffen.«

»Das ist doch sonderbar. Wie kommt es nur, daß diese Stadt so groß geworden ist? Bremen ist ja dagegen das reine Spielzeug. Solch ein Leben und Treiben habe ich noch nie gesehen. Überall sieht man ja ganze Wälder von Schiffsmasten und Dampferschornsteinen, und auf allen Kais wird mit entsetzlicher Eile Fracht eingenommen und gelöscht.«

»Ja, das kommt daher, daß die ganze Bevölkerung der Vereinigten Staaten mit ungeheurer Schnelligkeit zugenommen hat. Während des vorigen Jahrhunderts hat sie sich alle zwanzig Jahre verdoppelt. Und nun geht fast die Hälfte des ganzen Auslandshandels der Union über Neuyork. Von hier verschifft man Getreide und Fleisch, Tabak und Baumwolle, Petroleum und Manufakturwaren, und noch unzähliges andere. Da ist es wohl kein Wunder, daß hier 60 Kilometer Kais mit Hallen und Lagerschuppen, Aufzügen und Hebekranen nötig sind und daß mehr als siebzig Dampferlinien in Neuyork zusammenlaufen. Dabei ist Neuyork auch selbst eine großartige Industriestadt. Was hier für ein Reichtum aufgehäuft ist, läßt sich gar nicht ausdenken. Die Stadt hat allein zweihundert Banken. Und dabei die Lage und dieser Hafen! Im Osten der Atlantische Ozean mit den Wegen nach Europa, nach Westen hin unzählige Eisenbahnlinien, von denen fünf durch ganz Nordamerika hindurch bis an die Küste des Stillen Ozeans gehen.«

»Sage mir doch etwas von den Eisenbahnen«, bittet Fritz, der die Absicht hat, sich bei der ersten passenden Gelegenheit nach dem Westen durchzuschlagen.

»Gern, darüber weiß ich Bescheid, denn ich habe an mehreren Linien gearbeitet. Schon im Jahre 1840 hatten die Vereinigten Staaten 4500 Kilometer Eisenbahnen, aber zwanzig Jahre später waren es bereits 50 000 Kilometer geworden. Jetzt ziehen sich die Bahngleise 400 000 Kilometer weit hin; in einer Linie hintereinander aufgerollt, würde dieses Eisenband bis an den Mond reichen oder zehnmal den Äquator umspannen. Ganz Europa hat nicht so viele Eisenbahnen wie die Vereinigten Staaten, obgleich der Flächeninhalt ungefähr derselbe ist und obgleich die Bevölkerung Europas fünfmal so groß ist.«

»Wie erklärt sich dieser Aufschwung des Eisenbahnbetriebs?«

»Das kam so: Ursprünglich hatte man es bloß darauf abgesehen, die Lücken zwischen den Wasserwegen durch Schienenwege auszufüllen. Man benutzte die Flüsse so weit wie es möglich war, und da, wo es keine Wasserstraßen gab, baute man die ersten Bahnen. Dann wurden im Lauf der Jahre die verschiedenen Linien miteinander verbunden, und man legte nach allen Richtungen hin neue Bahnen an, so daß jetzt ein ungeheures Schienennetz die neunundvierzig Staaten bedeckt. Übrigens sind die Landstraßen hier auch so erbärmlich, daß die Eisenbahnen sie ersetzen müssen.«

»Zur Überschreitung all der großen Flüsse Nordamerikas müssen wohl eine Menge Brücken nötig sein?«

»Jawohl, und die Amerikaner sind Meister im Brückenbau! Die Eisenbahnbrücken über den Mississippi, den Missouri und andere gewaltige Ströme sind Kunstwerke von unerhörter Kühnheit. Da, wo die Bahnen tief eingeschnittene Schluchten überschreiten, baute man früher hölzerne Brücken gleich himmelhohen Maurergerüsten, auf deren oberster Stufe die Schienen lagen. Aber solche Brücken verschwinden jetzt mehr und mehr und werden durch eiserne ersetzt, die aus der Ferne wie Fäden oder Spinngewebe aussehen und über die die Züge doch mit voller Fahrt hinwegsausen. Sieh einmal dort drüben nach links! Da hast du eine der großartigsten Brücken der Welt, die Hängebrücke zwischen Neuyork und Brooklyn. Sie ist ungeheuer groß und sieht doch so fein und zierlich aus, als ob sie zwischen ihren beiden Pfeilern in der Luft schwebte. Schiffe mit den höchsten Masten segeln ungehindert unter ihr durch; sie liegt 41 Meter über der Flutmarke. Dabei ist sie zwei Kilometer lang, und es ist geradezu fabelhaft, daß Menschen solch einen eisernen Balken haben über das Wasser legen können. Nun aber werde ich dir einmal die merkwürdigste von allen Eisenbahnen zeigen.«

Mit diesen Worten führt der neue Freund unsern Fritz zu einem Bahnhof und steigt mit ihm in einen Wagen der Hochbahn, die Neuyork durchquert. Das Erstaunen des Fremden kennt keine Grenzen, als er nun auf einem aus zahllosen eisernen Säulen bestehenden Gestell über Straßen und freie Plätze hinsaust und das summende Straßenleben tief unter sich erblickt.

»Diese Eisenbahn wird elektrisch betrieben«, erklärt ihm der Landsmann. »Wir haben hierzulande eine ganze Menge solcher Bahnen.« Er sagt »wir«, denn er setzt seinen Stolz darein, als waschechter Amerikaner angesehen zu werden.

»Das ist das merkwürdigste, was mir je vorgekommen ist«, ruft Fritz aus, der Berlin mit seiner Hochbahn noch nicht gesehen hat. Bei der schnellen Fahrt und dem Gewimmel da unten ist ihm ganz schwindlig im Kopf geworden.

»Auf den Bahnen nach dem Westen hin fährt man wohl noch viel schneller?« fragt er etwas beklommen, mit Rücksicht auf seine weiteren Reisepläne.

»Nein, das ist nicht so arg«, beruhigt ihn der Eisenbahner. »Man fährt gewöhnlich mit mäßiger Geschwindigkeit; nur selten bringt man es auf 85 Kilometer in der Stunde; allerdings gibt es eine kurze Strecke, auf der man in dreiviertel Stunde gegen 90 Kilometer zurücklegt. Sonst aber fährt man ziemlich vorsichtig, und die Reise nach den großen Städten im Westen ist sehr bequem. Einige Züge nach San Francisco gleichen rollenden Hotels, und man fährt darin wirklich großartig, wenn – man das nötige Kleingeld dazu hat. Man sitzt nicht wie bei euch daheim in Deutschland in enge Abteilungen eingepfercht, sondern kann sich frei bewegen und umhergehen und sich an breiten Fenstern in bequemen Lehnstühlen niedersetzen, um den Blick über die endlosen Prärien rechts und links hinschweifen zu lassen. Ist man des Sehens überdrüssig, dann setzt man sich an einen Mahagonitisch, um Briefe und Karten an Freunde zu schreiben. So ist die Reise nach San Francisco zwar lang, aber gar nicht angreifend. Man hat im Zug alles, was man sich nur wünschen kann. Man liest, schläft, ißt, badet, macht Bekanntschaften und lebt in jeder Beziehung gut. Und kommt man erst an die Felsengebirge im Westen, dann gibt es der Abwechslung mehr als genug. Da klettert der Zug die Täler hinauf, in Schluchten hinein und wieder hinaus, folgt über halsbrechende Galerien schroffen Bergwänden, rollt über windige Pässe mit herrlicher Aussicht und saust über hellerklingende Eisenbrücken. Auf der Westseite der Felsengebirge geht es dann in wilden Kurven nach der Küste hinunter. Manchmal wird dabei dem Reisenden recht schwindlig zumute, und er glaubt, sein letztes Stündlein sei gekommen. Aber der Zugführer hat die Gewalt über seine Lokomotive noch keineswegs verloren, so sehr auch die Wagen nach rechts und links schwanken mögen, je nach Lage der Kurve. Dann ist natürlich das Spazierengehen im Wagen mit einigen Schwierigkeiten verknüpft. Ehe man sich dessen versieht, fliegt man gegen eine Wand. Wenn dann gerade die Reisenden im Speisewagen versammelt sind, müßtest du die Negerkellner sehen, wie sie mit den Suppentellern anbalanciert kommen. Sie wissen ihre Bewegungen denen des Zuges so geschickt anzupassen, daß sie kaum einen Tropfen verschütten, obgleich man jeden Augenblick meint, sie müßten hinpurzeln und in Suppe schwimmen.«

»Das hört sich ja sehr erbaulich an und macht mir Mut zu meiner Reise nach dem Westen. Aber jetzt müssen wir wohl aussteigen?«

»Jawohl, und nun will ich dir den Zentralpark zeigen. Ist es nicht prächtig hier, diese schattigen Bäume und kühlen Teiche? Im Sommer herrscht in der Stadt eine Glühhitze zum Umfallen; das ist dann ein Genuß, eine Stunde im Schatten dieser Bäume zu verweilen! Im Winter ist es dafür in Neuyork um so kälter. Rauhe, eisige Winde streichen dann über die Ostküste hin. – Aber hier bleib einmal stehen! Da siehst du die v. (Fifth) Avenue, die feinste Straße von Neuyork. In diesen Palästen wohnen die Millionäre und Milliardäre, die Eisenbahnkönige, Stahlkönige, Petroleumkönige und wie sie alle heißen. Sie wälzen sich buchstäblich in dem Golde, das sie der großen Masse für Eisenbahnfahrkarten, Petroleum, Zucker usw. abpressen. Dort in dem Schloß mit dem großen Portal, den hohen Türmen und den eigentümlich verzierten Dachfenstern wohnt einer, der tausend Millionen besitzt. Er kauft Bilder, Gobelins und Statuen von unschätzbarem Wert aus Europa und gibt Mittagessen, bei denen ihn jedes Gedeck einige tausend Mark kostet. Die Scharen der Notleidenden vor seinem Palast liefern dazu die Tafelmusik.«

»Aber etwas Gutes wird er doch wohl mit seinem Gelde auch tun? Er kann doch nicht 50 Millionen Zinsen alljährlich allein verzehren?«

»Nun ja, er gründet gelegentlich eine Universität. Deren gibt es in den Vereinigten Staaten sehr viele, und für Aufklärung und Wissenschaft wird hier überhaupt außerordentlich viel getan. Aber wenn wir erst einmal damit anfangen, können wir in all der Bildung ertrinken. Darum laß uns lieber den Stadtteil betrachten, der am Hudson liegt.«

»Neuyork liegt also am Hudson?«

»Ja, oder richtiger in der Mündung des Flusses auf der Insel Manhattan. Wir stehen jetzt auf Manhattan. Ist es nicht ein Witz der Weltgeschichte, daß die Indianer vor dreihundert Jahren diese ganze Insel den Holländern für bare 90 Mark verkauft haben? Jetzt würde sie nicht mehr so wohlfeil zu haben sein. Sieh nur diese fürchterlichen Wolkenkratzer mit ihren dreiundzwanzig Stockwerken!«

»Warum nur baut man hier die Häuser so entsetzlich hoch?«

»Weil hier die Baustellen so ungeheuer teuer sind. Nach den Seiten hin kann man sich nicht ausdehnen, deshalb streckt man sich in den Himmel hinauf, wo ja Platz genug ist. Sieh nur diese Reihe von Häusern; einige sind noch erträglich, aber andere schießen wie die Schornsteine in die Höhe. Gleicht solch eine Häuserfront nicht einer Tastenreihe, auf der unsichtbare Finger spielen?«

»In solch einem Haus möchte ich nicht wohnen, soviel ist gewiß. Im zwanzigsten Stockwerk würde mir schwindlig werden, und im ersten würde ich immer befürchten, daß die ganze Last über mir zusammenkracht. Bei solchen Häusern kann ich nur an Mausefallen und Taubenschläge denken.«

»Wir in Brooklyn haben es weit besser, dort sind die Häuser lange nicht so hoch. Aber was soll ich dir jetzt noch zeigen?«

»Für heute ist es genug, ich bin nicht mehr imstande, noch weiter umherzuwandern. Wir haben beide ein Beefsteak und ein Glas Bier wohl verdient und wollen deshalb ein Restaurant aufsuchen.«

»Gut, dann benutzen wir die Fähre, die dort liegt, und setzen nach Brooklyn über. Aber morgen werde ich dir etwas zeigen, was nicht weniger merkwürdig ist als diese Stadt der Reichen. Wir wollen die ›Chinesenstadt‹ aufsuchen. Da wimmelt es in schmutzigen Gassen von dem bezopften Volk, da riecht es nach Zwiebel, Tabak und Branntwein aus verwahrlosten Schenken, da gibt es die unheimlichsten Spielhöllen und Opiumhöhlen, und vor den Teehäusern schaukeln an Angelruten die Papierlaternen, ganz wie in China. Und dann wollen wir auch ›Klein-Italien‹ besuchen, eine rein italienische Stadt im Neuyork der Amerikaner. Da siehst du in den Buchhandlungen lauter italienische Bücher, da brennen Wachslichter vor den Madonnenbildern in den Kirchen, und auf den staubigen Straßen spielen schwarzhaarige, braunäugige Kinder des Südens. Und schließlich wollen wir auch ›Klein-Rußland‹ nicht vergessen, das Judenviertel. Dessen Bewohner sind wirklich ganz merkwürdige Leute. Fast nie sieht man sie betrunken, und ebenso selten hört man, daß von ihnen ein Verbrechen begangen wird. Sie leben ärmlich, wohlfeil und sparsam, und es ist überaus amüsant, sie in ihren Verkaufsbuden auf den Straßen handeln zu sehen.«

»Aber nun sage mir, wo schließlich alle die Auswanderer nur bleiben, die täglich nach Amerika herüberkommen. Wenn auf der Ellisinsel tagtäglich etwa 3000 Menschen landen, dann erhielte ja Neuyork alljährlich einen Zuwachs von einer Million!«

»Ja, aber wie viele bleiben davon in Neuyork? Die meisten begeben sich in das Innere des Landes oder nach dem Westen. Manche arbeiten sich empor und suchen dann andere Arbeitsfelder auf. Aber viel mehr noch bleiben hier, gehen unter oder vergrößern hier die Anzahl der Slumbevölkerung, wie die Allerärmsten genannt werden. Wer bei der Ankunft in Amerika gänzlich mittellos ist, arbeitet um jeden beliebigen Lohn in den Fabriken. Gewiß, dieser Arbeitslohn ist immer noch größer als der in der europäischen Heimat, aber davon leben kann man in Amerika nicht. Diese einwandernden Europäer verdrängen die amerikanischen Arbeiter, und daher gibt es in den Vereinigten Staaten zwei Millionen Arbeitslose. Wenn du Lust hast, können wir heute abend versuchen, in das Haus der Mitternachtsmission hineinzukommen. Dort warten die Armen in dichten Scharen auf das Öffnen der Tür. Das Elend sieht ihnen aus dem Gesicht, aber in stumpfer Gleichgültigkeit stehen sie da, bis sich die Tore öffnen. Dann stürzen sie in das Innere, füllen im Augenblick die zahlreichen Bänke in dem großen Saal und schlafen in allen möglichen Stellungen ein.«

»Und bekommen sie dort nichts?«

»Ja, ein Missionar hält diesen Landstreichern und Arbeitsscheuen, gewerbsmäßigen Bettlern und Dieben, Faulpelzen und Arbeitslosen – eine Predigt. Bei Tage haben sie gebettelt oder auch gestohlen, nun sind sie müde und hungrig und schlafen sich im Saal der Mitternachtsmission aus. Sobald das ›Amen‹ des Predigers erklingt, werden sie wieder in die Nacht hinausgejagt und eilen nach den ›Brotlinien‹ hin, um etwas Eßbares zu erhalten. So leben diese Unglücklichen tagaus, tagein und sinken immer tiefer.«

»Das sind also gewissermaßen die Schlacken, die zurückbleiben, wenn das Edelmetall abgeflossen ist. Merkwürdig, daß ein Volk durch einen nie versiegenden Einwandererstrom so stark an Zahl wächst. Was soll schließlich daraus werden?«

»Die Frage kann niemand beantworten. Ein Deutscher ist eben ein Deutscher und ein Schwede ein Schwede, aber die Amerikaner sind alles mögliche. Sie sind ein Gemisch aus englischem, deutschem, skandinavischem, holländischem, italienischem und russischem Blut, um nur die Hauptbestandteile zu nennen. Und aus diesem Gemisch wird dereinst, wenn die Ellisinsel den Auswanderern aus Europa endgültig die Landung untersagt hat, die amerikanische Rasse hervorgehen. Übrigens gibt es noch andere Mischungen in diesem seltsamen Lande: die Mulatten, die Nachkommen von Negern und Weißen, und die Mestizen, die von Indianern und Weißen abstammen. Durch neue Ehen mit Weißen verdünnt sich das schwarze und das kupferrote Blut immer mehr.«

»Nun sage mir noch eins: Weshalb ist nicht Neuyork die Reichshauptstadt?«

»Deshalb, weil die Stadt, die den Namen des großen Washington trägt, eine passendere und bequemere Lage zu den verschiedenen Staaten des ursprünglichen Staatenbundes hatte. Der Einwohnerzahl nach ist Washington nicht halb so groß wie Hamburg, und die Vereinigten Staaten von Nordamerika zählen fünfzehn Städte, die größer sind als Washington. Trotzdem wird von hier aus das Land regiert. Dort wohnt im Weißen Haus der Präsident, auf dem dortigen Kapitol tritt der Kongreß der neunundvierzig Staaten zusammen, und dort erhebt sich über einem Stadtteil gewaltiger Regierungsgebäude der Obelisk Washingtons. Aber ich sehe, du fängst bedenklich an zu gähnen! Du bist müde, mein Junge. Laß uns zu Bett gehen, schlaf gut diese erste Nacht auf dem Boden Amerikas!«

Ein nordamerikanisches Märchen

Unser Auswanderer Fritz wird, aufgeregt von all den neuen Eindrükken, in dieser ersten Nacht so bald keinen Schlaf gefunden haben, und die Namen Hudson, Washington usw. werden ihm nicht schlecht im Kopf herumrumort haben. Vielleicht geht es meinen Lesern ebenso, und es wird ihnen daher willkommen sein, einiges über die wichtigsten Ereignisse in der Geschichte Nordamerikas zu hören. Aber statt trockne Geschichtsdaten aufzureihen, sei hier ein Märchen wiedererzählt, das der nordamerikanische Schriftsteller Washington Irving, der von 1783 bis 1859 lebte, in einem seiner vielverbreiteten Bücher aufgezeichnet hat. Es ist die Geschichte von dem guten Rip van Winkle, dessen Häuschen in seinem Wohnort noch heute gezeigt wird.

Da, wo die Catskillberge sich in dem schönen breiten »Rheinstrom Amerikas«, dem Hudson, spiegeln, liegt im grünen hügeligen Vorlande ein Dörfchen, das vor dreihundert Jahren noch von den ersten holländischen Ansiedlern gegründet wurde, die ebenso tapfer wie fleißig waren. Im Jahre 1602 hatte man die Holländisch-Ostindische Kompanie gegründet, eine Handelsgesellschaft, die, durch weitgehende Privilegien begünstigt, den Handel mit den schon gewonnenen oder neu zu erobernden Kolonien betreiben sollte. Im Dienste dieser Kompanie hatte der englische Seefahrer Henry Hudson im Jahre 1610 den nach ihm benannten Strom entdeckt, und wenige Jahre später waren die holländischen Kaufleute von Süden her in diese neuen Gebiete vorgedrungen. Sie kauften den Indianern große Landstrecken zu Spottpreisen ab und bauten sich an den Ufern des Hudson ihre Niederlassungen.

Von jener Zeit standen noch im neunzehnten Jahrhundert etliche alte Häuschen mit spitzen Giebeln und schmalen Gitterfenstern, vom Winde arg zerzaust, deren gelbe Ziegel man ehemals von Holland mit herübergebracht hatte, als eine liebe Erinnerung an die ferne Heimat. Seit 1664 war dann das Land weit und breit eine englische Provinz geworden, und die Nachkommen der wackeren Holländer waren wohl oder übel englische Untertanen. Die englische Luft war aber den biederen Ziegelhäuschen entschieden ungünstig; sie ließen die Köpfe hängen, die spitzen Giebel sanken allmählich ein, und die schönen gelben Ziegel waren von der Witterung zerborsten und schwarz geworden.

In solch einem holländischen Häuschen, das allerdings noch zerfallener war als seine Nachbarn, wohnte etwa um 1770 eine gutmütige Haut, Rip van Winkle, ein Nachkomme der unerschrockenen Van Winkles, die einst unter Peter Stuyvesant das Land ringsum kolonisierten. Der gute Rip aber hatte mit dem Häuschen weder den Mut noch den Fleiß seiner Vorfahren geerbt; im Gegenteil, er war von Haus aus ein Erzfaulenzer, im übrigen aber ein gutmütiger Schelm und ein arger Pantoffelheld. Seine Frau führte ein sehr strenges Regiment; aber selbst sie setzte es nicht durch, daß ihr Mann auch nur die nötigste Arbeit auf seiner Farm verrichtete. Er hatte auch entschieden Pech, der arme Rip: gewiß wuchs nirgends in der Welt so viel Unkraut als auf seinen Feldern; immer war es sein Vieh, das sich in den Hügeln und Schluchten verlief, und seine Ställe und Schuppen, die Rip mühsam errichtete, zeigten stets die entschiedenste Neigung, wieder einzustürzen. Hatte er wirklich einmal Lust zur Arbeit, so regnete es todsicher oder es kam irgend etwas anderes dazwischen. Wer konnte es ihm da verdenken, daß er schließlich alles gehen und stehen ließ, wie es eben wollte!

Dafür aber war er in seiner Gutmütigkeit gern jedermann behilflich, der ihn um einen Dienst ansprach. Den Kindern verfertigte er mit Vorliebe Spielzeug oder erzählte er Geschichten; alle Dorfhunde waren seine Freunde und wedelten mit den Schwänzen, wenn sie ihn erblickten. Nur in zwei Liebhabereien zeigte Rip eine lobenswerte Ausdauer: er konnte stundenlang unermüdlich mit der Angelrute am Bache sitzen oder mit der Flinte wilde Tauben jagen, ganz unbekümmert, ob seine Kugel traf oder nicht.

Seine Kinder waren ebenso verwahrlost wie er selbst. Sein Sohn und genaues Ebenbild trottete in einer abgelegten Hose des Vaters stets hinter der scheltenden Mutter her, just so gutmütig, dickfellig und faul wie sein würdiger Vater. Und auch der vierbeinige Hausgenosse, der Hund Wolf, paßte vollkommen zu seinem Herrn. Das war Rips bester Kamerad; auch der Hund konnte stundenlang in der Sonne liegen, der Angelrute zuschauen und den dahinfliegenden Tauben nachkläffen. Vor dem gewaltigen Strom überzeugender Beredsamkeit aber, den die Hausfrau auch über sein gesenktes Haupt niederprasseln ließ, klemmte er den stolzen Schwanz zwischen die Hinterbeine, und bei der geringsten Bewegung der Gebieterin nach einem Besenstiel oder Kochlöffel pflegte er in stürmischer Hast durch Tür oder Fenster das Weite zu suchen.

Das waren nun schlimme Zeiten für den armen Rip und seinen Hund, und mit der steigenden Virtuosität der holden Gattin in Gardinenpredigten wurde dieser Zustand immer unbehaglicher. Umsonst flüchtete Rip van Winkle zu seinen Zechkumpanen, die sich alle Nachmittage in dem einzigen kleinen Wirtshaus des Dorfes zu versammeln pflegten. Auch diese Kneipe war ein altes holländisches, niedriges Häuschen; es führte im Schilde ein mit prächtigem Rot gemaltes Porträt des Königs Georg III., der seit 1760 über England und also auch über die englische Kolonie Nordamerika herrschte. Im Schatten einer breitästigen Linde saßen hier die Weisen des Dorfes um den Wirt und Senior, den dicken Nicholas Vedder, geschart und politisierten eifrig über Staatsereignisse, die schon vor mehreren Monaten stattgefunden hatten und ihnen aus einer längst veralteten Zeitung von dem würdigen Lehrer Derrick van Bummel vorgelesen wurden. Das war eine behagliche, friedliche und kluge Versammlung ehrbarer Bürger, die sich bei den Tabakswolken aus Nicholas Vedders großer Pfeife ihrer Bedeutung und Wichtigkeit wohl bewußt war! Und Rip van Winkle paßte so gut wie nur einer in diesen illustren Kreis! Aber Frauen verstehen davon eben nichts, und so wurde der arme Rip durch die Überfälle und die heftigen Schmähreden seines zänkischen Weibes schließlich auch aus diesem Asyl vertrieben.

»Wir führen ein Hundeleben!« klagte Rip wehmütig seinem Freunde Wolf. Der blickte seinen Herrn mitleidig an und wedelte verständnisvoll mit dem Schwanze.

In solch melancholischer Stimmung trotteten die beiden einst an einem schönen Herbsttage den Catskillbergen zu, um dem wenn auch nicht gerade einträglichen Geschäft der Eichhörnchenjagd obzuliegen. So war man doch für einen ganzen Tag vor der Zungenfertigkeit und Handgreiflichkeit der temperamentvollen Hausfrau sicher.

Als es Abend wurde, warf sich Rip van Winkle an der Kante eines hohen Berges müde ins Gras und blickte schläfrig in eine tiefe Schlucht hinab, die mit wildem Steingeröll angefüllt war. Nach der anderen Seite zu übersah man das weite Waldland bis zum silberglänzenden, breiten Hudson.

Mit manchem tiefem Seufzer gedachte nun Rip der notwendigen Heimkehr zu seiner Frau und ihres durch seine lange Abwesenheit stark aufgestauten Redestroms. Da hörte er plötzlich seinen Namen rufen, ohne daß er einen Menschen in der Nähe entdeckte. Er lauschte erstaunt, und wieder schallte es:

»Rip van Winkle! Rip van Winkle!«

Auch der Hund hatte den Ruf gehört; er drängte sich mit gesträubtem Haar dicht an seinen Herrn heran und blickte verstört in die Schlucht hinunter.

Da kam eine merkwürdige Gestalt, unter einer schweren Bürde keuchend, die Felsen heraufgeklettert. Hilfsbereit, wie Rip nun einmal war, eilte er dem Fremden entgegen, dessen Äußeres ihn bei näherem Anschauen nicht wenig verblüffte; denn der Herankommende sah aus, als sei er aus dem Rahmen eines holländischen Bildes herausgeschnitten, das drunten bei dem Dorfpatriarchen und Wirt in der Zechstube hing: ein kurzer, breit gebauter Bursche mit großem Knebelbart, in ein altertümliches Tuchwams und weite Hosen gekleidet, die um die Knie mit Bändern zusammengehalten wurden. Auf der Schulter aber schleppte er ein stattliches Fäßchen Branntwein, zu dessen Heraufschaffung er nun Rips Hilfe durch Zeichen begehrte.

Rip ließ sich nicht lange bitten. Erst ging es den Berg hinauf und dann in eine andere Schlucht hinab, die Rip nie zuvor gesehen hatte, obgleich er sich in dieser Gegend vortrefflich auskannte. Wie ferner Donner scholl es von da unten herauf!

Schweigend und keuchend erreichten die beiden die Sohle der Schlucht, und Rip sah sich hier auf einmal einer ganzen Gesellschaft von alten Herren mit seltsam starren Gesichtern gegenüber, die sich, ohne ein Wort zu sprechen, mit Kegelspiel beschäftigten und den Ankömmling mit so unheimlich ernsten Augen anblickten, daß unserm Rip jedes Wort im Munde gefror. Sie alle trugen die alte holländische Tracht, genau so wie Rips Begleiter, und schoben, ohne eine Miene zu verziehen, Kegel, daß das Poltern der schweren Steinkugeln wie dumpfer Donner an den Felswänden entlangrollte. Rip wurde durch Zeichen bedeutet, den mitgebrachten Branntwein in bereitstehende Krüge zu füllen und herumzureichen. Jeder der alten Herren nahm einen tiefen Zug und kehrte dann wieder schweigend wie zuvor zum Kegelspiel zurück.

Rip bediente die stumme Gesellschaft und schaute dem Spiel zu, konnte sich aber natürlich zwischendurch nicht enthalten, dann und wann heimlich an dem Schenkkrug zu nippen, denn dieser enthielt den trefflichsten Wacholderschnaps, den er je getrunken hatte. Nach und nach wurde ihm von dem Wein etwas wirbelig im Kopfe, und schließlich mußte er sich mit dem geleerten Krug ins Gras niederlassen, wo er bald in einen tiefen Schlaf versank. – –

Die Sonne stand schon längst hoch am Himmel, als Rip erwachte und sich auf die sonderbare Kegelgesellschaft und den famosen Wacholderschnaps von gestern abend besann. Nun war es aber die höchste Zeit, nach Hause aufzubrechen! Brr! Wie seine Frau schelten würde! Rip duckte schon jetzt schuldbewußt die breiten Schultern und pfiff resigniert seinem Hunde, während er die lahmen Glieder reckte. Aber von Wolf war nichts zu sehen, und statt des blanken Gewehrs, mit dem Rip gestern auf die Eichhörnchenjagd gezogen war, lag eine alte, verrostete Vogelflinte neben ihm! »Sollten es die Alten auf deine Flinte und deinen Hund abgesehen haben?« dachte er kopfschüttelnd und suchte ringsum vergebens nach der schweigsamen Gesellschaft, von der nicht die geringste Spur zu entdecken war.

Auch die Gegend schien ihm heute merkwürdig anders: da, wo gestern abend die Kugeln entlangrollten, stürzte jetzt ein wildes Bergwasser zu Tal! Rip zerbrach sich lange den Kopf über diese merkwürdige Veränderung! Solch eine Wirkung des Branntweins war ihm noch nie vorgekommen!

Von Hunger getrieben trollte er schließlich seinem Dorfe zu. Hier wartete seiner eine neue Überraschung: Er, der doch sonst die Nachbarn auf Meilen im Umkreis kannte, begegnete heute lauter fremden

Gesichtern! Unbekannte Hunde bellten ihn an, und die Kinder liefen hinter ihm drein, lauter fremde Kinder, die lachend und johlend mit den Fingern auf sein Gesicht wiesen. Da griff Rip an sein Kinn und bemerkte erst jetzt, daß ihm in dieser merkwürdigen Nacht ein langer grauer Bart gewachsen war, der ihm bis auf die Brust reichte.

Sein Staunen aber ging in Schrecken über, als er auch sein Heimatdorf völlig verändert fand; weder Straßen noch Häuser erkannte er wieder! Wo waren die alten, zusammengesunkenen Hütten geblieben, in denen Freunde und Nachbarn wohnten? Das waren ja lauter fremde, neue Gebäude! Nur sein eigenes Häuschen stand noch auf der alten Stelle, aber öder und verwahrloster als je, und er hatte es doch gestern erst wohnlich und traulich verlassen! Und leer war es auch, ganz leer! So zaghaft er auch nach seiner Frau rief, so entsetzt er die Namen der Kinder nannte – es kam keine Antwort. So verlassen und zerfallen war sein Heim, als wäre es lange unbewohnt gewesen.

Ein Grauen schüttelte ihn und trieb ihn nach dem Dorfwirtshaus; seine treuen Kumpane dort im Schatten der Linde würden ihm gewiß über die plötzliche Veränderung in einer Nacht Auskunft geben können. Aber o weh! Statt der alten gemütlichen Dorfschenke erhob sich am selben Platze ein merkwürdiges hölzernes Gebäude mit großen Fenstern und einem mächtigen Schild über der Haustür: »Unionshotel von Jonathan Thuwenig.« Die schöne alte Linde, die ehemals hier gestanden hatte, war umgehauen, und ein dürrer Pfahl trug an seiner Spitze eine Fahne mit den wunderlichsten Sternen und Streifen. Und was war aus dem guten König Georg von England auf dem alten Porträt am Giebel geworden! Er trug einen dreieckigen Hut, sein roter Rock war blau übermalt und darunter stand mit großen Buchstaben: »General Washington.« Was das nur zu bedeuten hatte!

Unter der Menge müßiger Leute, die sich vor dem Wirtshaus herumtrieben, sah Rip wiederum kein einziges bekanntes Gesicht. Und auch die wohlbekannte gemächliche Art der Dorfbewohner schien ihm verändert: sie redeten laut und ungestüm und stritten wild miteinander. Ein junger grober Kerl hielt sogar eine heftige Rede und sprach von Bürgerrechten und Freiheit, von Kongreßmitgliedern und den Helden von 76 und von allerlei solchem Unsinn, wovon Rip keine Silbe verstand!

Dem armen Rip wurde himmelangst, als ihn alle diese fremden

Leute neugierig und höhnisch anstarrten. Furchtsam wich er zurück, als jetzt drei dieser Männer mit schnurrigen dreieckigen Hüten auf ihn zukamen und ihn anschrien, ob er Demokrat oder Föderalist sei, und daß er sich sofort zu entscheiden habe, in welcher Partei er wählen wolle.

»Ach, meine Herren«, sagte Rip kläglich, »ich bin ein armer, ruhiger Mann, aus dem Orte hier gebürtig und ein treuer Untertan des Königs! Gott segne ihn!«

Ein allgemeines Geschrei erhob sich, alle drängten jetzt auf ihn ein. »Ein Tory!« hieß es, »ein Spion! Nieder mit ihm!«

Einer der Männer nahm ihn streng vor und fragte, was er hier wolle.

Er wolle seine Freunde aufsuchen, erwiderte Rip, und mit klopfendem Herzen fragte er nach dem alten Nicholas Vedder.

»Der ist seit achtzehn Jahren tot!« lautete die Antwort.

Rips Haare sträubten sich vor Entsetzen empor. »Und Brom Dutcher?« fragte er.

»Der zog in den Krieg und kam bei einem Sturm um.«

»O Gott! Aber van Bummel, der Schulmeister?«

»War auch mit im Krieg und sitzt jetzt im Kongreß der Vereinigten Staaten von Nordamerika.«

Diese Antwort verwirrte den armen Rip nur noch mehr, und voller Verzweiflung rief er: »Ja, kennt denn niemand den armen Rip van Winkle mehr?«

»O ja«, schallte es lachend von allen Seiten, »da steht er ja am Baum!«

Rip drehte sich um und glaubte vor Schreck in den Boden zu versinken: da stand, behaglich an den Baum gelehnt, sein getreues Ebenbild, so wie er gestern auf den Berg gegangen war, ebenso träge, ebenso zerlumpt und ebenso gutmütig dreinschauend, sein eigener hoffnungsvoller Sprößling!

Wer er denn selber wäre, fragte ihn der barsche Mann und rüttelte ihn aus seiner starren Verwunderung.

»Gott weiß es!« erwiderte Rip zitternd, »der dort bin ich – nein bin ich gewesen, als ich gestern abend auf dem Berge einschlief! Aber heute? Wie soll ich das wissen?«

Die Umstehenden sahen sich bedeutungsvoll an und tippten mit den

Fingern gegen ihre Stirnen; dann bildeten sie einen festen Kreis um ihn und beobachteten mit Neugier jede seiner Bewegungen.

Da drängte sich ein hübsches junges Weib durch die Menge, das Rip bekannt vorkam. Scheu fragte er sie nach dem Namen ihres Vaters.

»Das war Rip van Winkle! Der arme Mann ist seit zwanzig Jahren verschwunden, sein Hund kam ohne ihn heim, und wir wissen nicht, ob er sich erschossen hat oder von den Indianern fortgeführt worden ist.«

»Hm!« erwiderte Rip gedankenvoll. »Und wo ist Eure Mutter, liebe Frau?«

»Die ist auch gestorben, es ist noch nicht lange her!«

Da tat Rip van Winkle einen tiefen Atemzug, richtete sich stolz auf und sagte: »Ich bin dein Vater! Es wird mich doch noch irgend jemand hier wiedererkennen!«

Und richtig, da kam ein altes Mütterchen angehumpelt, das ihn wiedererkannte und nach zwanzig Jahren willkommen hieß. Wo er denn nur so lange gesteckt habe?

Nun erzählte der arme Schelm seine kurze Geschichte. Alle hörten ihm kopfschüttelnd zu und wußten nicht recht, was sie davon zu halten hatten. Bis dann schließlich Peter Vanderdonk herbeigeholt wurde, der in Rip einen alten Kameraden wiedererkannte und seine wunderliche Erzählung bestätigte; denn sein Großvater habe oft versichert, daß es in den Catskillbergen nicht geheuer sei und daß der große Hendrik Hudson, der Entdecker des Flusses und Landes, von Zeit zu Zeit mit seiner holländischen Schiffsmannschaft in einer der Schluchten Kegel schöbe. Auch sein Vater habe ihn gesehen, und man könne an schönen Sommertagen das Rollen der schweren Kugeln bis hierhin hören.

Das mußte denn wohl so wahr sein und der Wacholderschnaps, den Rip so unvorsichtig gekostet hatte, die furchtbare Wirkung gehabt haben, daß er zwanzig Jahre lang geschlafen! Nun gut! Des strengen Hausregiments war Rip dadurch wenigstens enthoben, und er gab sich bald damit zufrieden, als er nun im geordneten Hauswesen seiner Tochter und seines Schwiegersohnes der wohlverdienten Ruhe pflegen durfte, ohne vor den Strafreden seiner Frau zittern zu müssen.

Sein liebster Aufenthalt blieb aber auch jetzt die Stätte des alten Dorfwirtshauses, das »Unionshotel« des Herrn Thuwenig. War auch die alte Linde gefällt und waren die treuen Genossen von ehedem tot oder weit entfernt, so hatte Rip als alter erfahrener Politiker doch das Recht, ein Wort mitzureden und sich dabei in die Neugestaltung der vaterländischen Dinge einweihen zu lassen.

Da war denn endlos viel zu erzählen und zu besprechen: wie England nicht zufrieden damit gewesen sei, von seinen Kolonien hohe Steuern zu verlangen, sondern schließlich auf alle Gebrauchsartikel, besonders auf den Tee, einen hohen Einfuhrzoll gelegt habe. Da sei es denn 1773 zum Aufstand gegen das habgierige Mutterland gekommen, und die dreizehn Kolonien Englands in Nordamerika hätten sich 1774 zum Kontinentalkongreß zusammengeschlossen. Die wackeren Kolonisten bildeten Landmilizen und fochten tapfer für ihre Selbständigkeit gegen die Söldnertruppen, die England aus aller Herren Länder für bares Geld zusammengekauft hatte. Der Kongreß ernannte General Washington zum Oberfeldherrn und unterzeichnete am 4. Juli 1776 nach vielen siegreichen Gefechten die Unabhängigkeitserklärung.

England rüstete nun eine große Flotte unter dem Befehl des Admirals Howe und ein Landheer von 55 000 Mann unter dessen Bruder. Anfangs unterlagen die Milizen den geschulten Truppen; aber der deutsche General von Steuben, den Washington zum Generalinspektor der Armee ernannte, organisierte die amerikanischen Truppen so vortrefflich, daß in der Schlacht bei Saratoga am 17. Oktober 1777 das englische Heer geschlagen und zur Kapitulation gezwungen wurde. 6000 Briten wurden zu Gefangenen gemacht. Frankreich und Spanien stellten sich nun auf die Seite der Vereinigten Staaten und erklärten England den Krieg, während Holland mit Schweden, Dänemark und Rußland ein Neutralitätsbündnis abschloß.

Nach zahlreichen blutigen Gefechten des jungen Freistaates mit dem mächtigen Mutterlande wurde endlich am 3. September 1783 zu Versailles der Friede geschlossen und die Unabhängigkeit der Vereinigten Staaten von Nordamerika anerkannt. Vier Jahre später erhielten diese Staaten eine gemeinsame Verfassung, und George Washington wurde einstimmig zum ersten Präsidenten der jungen Republik gewählt.

Das alles hatte sich in den zwanzig Jahren begeben, die Rip van Winkle verschlafen hatte, und ihr braucht euch nur dieses Märchens zu erinnern, dann fallen euch ganz von selbst die wichtigsten Begebenheiten der Geschichte Nordamerikas ein, so daß ihr sie nie wieder vergessen könnt.

Pittsburg

Unser Auswanderer Fritz hat sich mittlerweile in dem Wirrwarr der Millionenstadt einigermaßen zurechtgefunden, sich an ihren Wundern satt gesehen, ein wenig englisch radebrechen gelernt und schließlich nach ziemlich langem Bemühen eine annehmbare Stellung in einer großen Fabrik gefunden, wo er seine primitiven Kenntnisse des Schmiedehandwerks verwerten lernt. Dort bleibt er aber nur zwei Monate, denn er erhält nebst einem befreundeten Landsmann ein Anerbieten aus Philadelphia, das er ohne Zögern annimmt. Seine Absicht ist, sich so von Arbeitsstelle zu Arbeitsstelle durch ganz Nordamerika westwärts hindurchzufinden. Bin ich erst in Chicago, denkt er, so wird es mir nicht schwer werden, bis nach San Francisco zu kommen, wo, wie er gehört hat, die höchsten Löhne gezahlt werden.

Nun arbeitet er einige Zeit in einer Werkstatt zu Philadelphia, wo alljährlich mehr als tausend Lokomotiven hergestellt werden. Diese Werkstatt ist wie eine Stadt für sich. In riesigen Öfen wird das Eisen weißglühend gemacht, dann gehämmert und gewalzt, und mit überlegener Kraft verwandeln Menschenhände den harten Stahl in Dampfkessel, Räder, Achsen und Maschinenteile, aus denen dann die Lokomotive zusammengesetzt wird. Die ganze Fabrik wird nach allen Richtungen hin von Schienen durchkreuzt, und die fertigen Dampfrosse laufen nach allen Seiten hin über das Eisenbahnnetz der Vereinigten Staaten. Sonderlich interessant ist die Arbeit, die Fritz gefunden hat, nicht; sie beschränkt sich auf gewisse mechanische Handgriffe und stellt an seine Intelligenz weiter keine Anforderungen. Aber gerade diese unaufhörliche Eintönigkeit macht sie bei der durch Überstunden fast immer ausgedehnten Arbeitszeit anstrengender als die heißesten Arbeitstage ehemals in der Heimat.

Zum Studium der Stadt bleibt da wenig Zeit und Lust übrig. Durch seine Kameraden erfährt Fritz, daß Philadelphia eine der bedeutendsten Städte der Erde ist, anderthalb Millionen Einwohner zählt und daß in Amerika nur Neuyork und Chicago größer sind. Mehr als ein Fünftel der Einwohnerschaft sind Arbeiter. –

Nach einigen Monaten gefällt es unserm Freund in Philadelphia nicht mehr, und er löst eine Fahrkarte nach Pittsburg, der Hauptstadt des Stahls und des Eisens, wo, wie ihm versichert wurde, ein kräftiger Arbeiter nie auf Anstellung zu warten braucht.

Der Zug von Philadelphia nach Pittsburg führt ihn ohne Umsteigen durch den ganzen Staat Pennsylvanien. Unzählige Seitenbahnen zweigen sich allenthalben von der Hauptstrecke ab, und nach allen Richtungen hin liegen Städte und Gemeinwesen. Hier geht eine Bahn zu einem Bergwerk hin, dort eine andere in eine Gegend, wo auf unabsehbaren Feldern Mais und Tabak gebaut wird, und hier eine dritte zu einem großen Sägewerk. Auf den Bahnhöfen stehen lange Züge, mit Getreide, Holz, Petroleum, Baumwolle, Maschinen, Steinkohlen befrachtet, kurz, mit allen Gütern, die die Kraft der Erde hervorzaubert und die Menschen durch ihrer Hände Arbeit hervorbringen.

Welch ein Eifer, welche Eilfertigkeit! denkt Fritz bei sich. Was für ein fleißiges, unternehmendes Volk! Aber man merkt bald, daß hier nur an drei Dinge gedacht wird: Dollar, Dollar und zum dritten Male Dollar! Wer noch kein Vermögen hat, arbeitet sich die Schwindsucht an den Hals, um reich zu werden, und wer schon hunderttausend Dollar besitzt, arbeitet sich den Frieden aus der Seele, um noch mehr zu erwerben. Und doch kann keiner seine Schätze mit sich ins Grab nehmen! Es klingt ganz hübsch, daß das Land eine Bundesrepublik sein soll; und doch hat es einen König, den schlimmsten aller Despoten, und seine alles beherrschende Majestät heißt Dollar.

Das Land zu beiden Seiten der Eisenbahn wird hügelig, und in gewundenen Kurven eilt der Zug durch den nördlichsten Teil des Alleghanygebirges. Während Fritz mit gespannter Aufmerksamkeit den Blick über die dunklen Wälder, die wogenden Felder und über den aus Gehöften und Dörfern aufsteigenden Rauch hinschweifen läßt, setzt sich ein Yankee ihm gegenüber auf die Bank. Fritz rückt vom Fenster ab, denn sein Gegenüber spuckt in großen Bogen vor sich hin, wie das die Art ungebildeter und oft auch gebildeter Amerikaner zu sein pflegt.

Der andere merkt die Bewegung. »Goddam«, ruft er lachend, »ich merke, daß Sie in Amerika noch ein Neuling sind!« Und als Fritz zustimmend nickt, meint er: »Da werden Sie sich noch an mancherlei gewöhnen müssen! Übrigens nichts für ungut.«

Fritz, der schon in den Werkstätten, in denen er bisher gearbeitet hat, mit Staunen und Ekel die sorgloseste Unsauberkeit hatte beobachten können, macht gute Miene zum bösen Spiel, um so mehr als sich sein Begleiter im übrigen als ein freundlicher und gut unterrichteter Mann beweist, wie Fritz überhaupt die Erfahrung gemacht hat, daß der amerikanische Arbeiter, hierhin und dorthin verschlagen und sich in allen möglichen Lebenslagen notgedrungen zurechtfindend, über Land und Leute, staatliche und soziale Einrichtungen weit besser Bescheid weiß, als dies gewöhnlich in Europa der Fall zu sein pflegt.

»Was Sie dort sehen«, erklärt ihm der Begleiter, als Fritz mit gespanntem Interesse in die Landschaft hinaussieht,»sind die Kämme des Alleghanygebirges, die aus Granit, Gneis und Schiefer bestehen und die die Wasserscheide zwischen dem Atlantischen Ozean und dem Mississippi bilden. Übrigens glauben Sie ja nicht, daß die Berge überall so freundlich aussehen wie hier! Drunten im Südwesten, in Nordcarolina z. B., finden Sie Gipfel, die mehr als 2000 Meter hoch sind. In den Tälern wird Mais gebaut und Obst gezogen, und die Felder wechseln mit herrlichen Nadel- und Laubwäldern. Zwischendurch aber gibt es auch weite Strecken, wo Sie sich rettungslos in Dickichten von Rhododendron und Schlingpflanzen verirren. Das sind Schlupfwinkel, die noch nie von einem Menschen betreten wurden, wo aber Bären und Wölfe zwischen Gestrüpp und Windbruch, umgestürzten Baumstämmen und bemoosten Granitblöcken hausen. Seit der Zeit, da die Indianerstämme noch miteinander im Kriege lagen, hat sich hier noch gar nichts verändert. Zwar brauchen Sie die Indianer jetzt nicht mehr zu fürchten. Aber vor den braunen Klapperschlangen mit den dunklen Flecken auf dem Rücken nehmen Sie sich ja in acht! Die sind weit gefährlicher. Zum Glück haben sie eine Hornklapper am Schwanz, und wenn sie sich über den Boden hinschlängeln, klingt es, wie wenn trockne Erbsen in einem Sieb geschüttelt würden. – Wohin reisen Sie denn eigentlich, Kamerad?«

»Ich will nach Pittsburg und dort Arbeit suchen; ich bin daheim Schmied gewesen und habe schon gemerkt, daß man hier mit solch einem Handwerk leichter zuwege kommt denn als Landarbeiter auf einer Farm.«

»Das mag schon sein. Aber nach Pittsburg! Na, ich danke! Wissen Sie, wie man Pittsburg während des Winters nennt? ›Die Hölle!‹ Im Sommer hat es keinen Namen, wahrscheinlich, weil es weder über noch unter der Erde ein fürchterlicheres Nest gibt als diese schauderhafte

Stadt des Eisens und des Rauches, der weißglühenden Bessemer-Öfen und der unermeßlich reichen Stahlkönige.«
»Sie scheinen ja Pittsburg gut zu kennen?«
»Und ob! Ich bin dort zwei Jahre lang Vorarbeiter in einem Stahlwerk gewesen. Pittsburg ist wie mit einem Zauberschlag aus der Erde emporgewachsen, seit die Petroleumquellen entdeckt wurden, und ist jetzt eine der größten Industriestädte der Welt und in allem, was Eisen und Stahl betrifft, Nummer Eins in Amerika. Was hier an solchem Material hergestellt wird, hat jährlich etwa den Wert einer halben Milliarde. In der Nachbarschaft finden sich fast unerschöpfliche Steinkohlenlager, und über zwanzig Eisenbahnlinien laufen in Pittsburg zusammen. Außerdem hat es noch drei große, schiffbare Flüsse zur Verfügung, von denen sich zwei zum dritten, dem Ohio, vereinigen, der in den Mississippi geht. Und obendrein verbindet diese Flüsse ein großes Netz von Kanälen. Die Vorstädte von Pittsburg sind voller Maschinenfabriken, Eisengießereien und Glashütten. Pittsburg zählt über eine halbe Million Einwohner; ein Drittel davon sind Ausländer, meist Slawen, aber auch Italiener und Ungarn. Ich sage Ihnen, Sie haben ein für allemal von Pittsburg genug, wenn Sie nur erst einmal von einer Anhöhe herab diesen Wald qualmender Fabrikessen vor sich sehen und an die Unglücklichen denken, die sich unter diesen schwarzen Wolken von Steinkohlenrauch abschinden müssen. Hier hört man nichts als Hämmern und Klopfen, ein ewiges Summen und Klingen von Stahl und Eisen, und schwer beladene Züge rollen über die Schienen. Es zischt und siedet in überheizten Öfen, und unter den Eisenhämmern sprühen die Funken. Bei Nacht könnte man glauben, in den tiefsten Abgrund eines Vulkans versetzt zu sein, wo die Lava unter der Asche brodelt und jeden Augenblick droht, sich herauszuwälzen und alles zu vernichten. Aus vielen tausend Schloten flammt ein unheimlich rotgelbes Licht und erhellt die unteren Ränder der dichten Rauchwolken, die wie eine Riesenkappe Pittsburg bedecken. Glauben Sie mir, ich würde lieber in den Wäldern des Alleghanygebirges verwildern, als zwischen den Hochöfen Pittsburgs verkommen.«
»Sie haben ja keine besonders gute Meinung von der Stadt, und doch loben Sie ihren Gewerbfleiß und ihren Reichtum.«
»Ja – Reichtum, der in einigen wenigen Händen bleibt, während die vielen tausend arbeitenden Menschen wie in einer unermüdlich mah-

lenden Felsenmühle zerrieben werden! In dieser Mühle gehen jährlich fünfzehntausend Arbeiter zugrunde! Ich weiß, wie es dabei zugeht; ich selbst habe dafür, daß ich als Vorarbeiter einer Schar solcher Menschen die Kraft aus dem Leibe herauspressen mußte, Extralohn erhalten. Die Arbeitgeber drücken die Preise ohne jede Rücksicht, und die unwissenden Auswanderer, die sich dort zusammenfinden, haben es noch nicht gelernt, sich zur Verteidigung ihrer gemeinsamen Interessen zu vereinigen. Ihre Vorgesetzten werden dafür bezahlt, daß sie die Ärmsten hetzen und antreiben, um das Menschenmögliche zu leisten. Gott verzeih' mir, daß ich auch einmal einer jener Sklavenaufseher gewesen bin!«

»Das ist mir gänzlich neu, was Sie sagen! Ich hatte geglaubt, daß Pittsburg auch für den Arbeiter ein rechtes Goldland sei.«

»Ja, prosit! Denken Sie sich eine Fabrik mit zehntausend Arbeitern. Damit diese Zahl immer voll bleibt, muß der Arbeitgeber alljährlich mehr als zwanzigtausend Arbeiter anstellen, und in solch einer Fabrik herrscht ein unaufhörliches Kommen und Gehen, so daß man sich kaum unter seinen nächsten Kollegen zurechtfindet. Nur eine gutbezahlte Stammtruppe besitzt die erforderliche Berufstüchtigkeit. Die große Masse arbeitet maschinenmäßig und braucht nicht zu denken. Und glauben Sie, daß für ihre Gesundheit und Sicherheit auch nur irgendwie gesorgt sei? Mehr als fünfhundert Arbeiter sterben alljährlich eines gewaltsamen Todes unter den Maschinen, und eine noch viel größere Zahl wird fürs ganze Leben zum Krüppel. Dann ist die Familie brotlos, und nur in ganz vereinzelten bestimmten Fällen erbarmt sich der Arbeitgeber ihrer. Die Wohnungen sollten Sie sehen, in denen die Arbeiter hausen müssen! Schändliche Löcher sind es, ein Hohn auf alle Reinlichkeit und Hygiene! Da sind Sie in Europa doch besser daran! In den Arbeiterkasernen wohnen nicht selten zehn bis zwölf Mann in ein und derselben Stube. Schmutz, Ungeziefer, verpestete Luft, schlechtes Wasser, ungenügende Ruhe, kärgliche Nahrung und übermäßige Arbeit, alles das ruiniert den stärksten Menschen in kurzer Zeit. Und dazu noch das häufige Sitzen in den Schenken, um doch wenigstens etwas vom Leben zu haben. Daher richtet das Nervenfieber unheimliche Verheerungen unter den Leuten an.«

»Und das ist in Amerika, dem Lande der Freiheit und der Zukunft, möglich?«

»Gewiß, vor wenigen Jahren wenigstens war es noch so. Jetzt sollen sich aber einige Leute der Sache angenommen haben, und es mag sein, daß auch für die Arbeiterscharen eine bessere Zeit kommt. So schnell wird das zwar nicht gehen. Einmal aber wird doch all die Schändlichkeit, die so lange im Finstern Gold zusammengescharrt hat, ans Licht kommen! Wenn ich in Ihrer Haut steckte, brächten mich keine zehn Pferde nach Pittsburg, sondern ich würde nach Chicago weiterfahren. Nicht weil Chicago etwa ein Paradies ist, aber dort haben Sie als Deutscher bessere Aussichten und kommen dem Westen und seinen unerschöpflichen Hilfsquellen näher.«

»Vielen Dank für den guten Rat! Ich hatte sowieso die Absicht, später nach Chicago zu gehen, und fahre deshalb gleich mit Ihnen weiter.«

»Gut, da ist der Bahnhof von Pittsburg! Sie brauchen sich bloß eine Fahrkarte zu kaufen; aber passen Sie auf, daß Sie nicht aus Versehen eine nach Saint Louis erwischen.«

Der Mississippi

»Saint Louis, wo liegt denn das?« fragt Fritz, nachdem er sich wieder zu seinem Reisebegleiter gefunden hat.

»Am Mississippi«, antwortet der Yankee, »von Pittsburg aus geht eine direkte Bahn dorthin. Das ist ein Knotenpunkt, wie es nicht viele gibt. Zahlreiche Hauptlinien der Eisenbahn treffen dort zusammen, und unzählige Dampferrouten gehen von dort aus den Mississippi und den Missouri hinauf und nach all den großen Städten an ihren Nebenflüssen hin. Denn der Missouri fließt bei Saint Louis in den Mississippi, und dieser ist mit ersterem der längste Fluß der Erde, von seiner Quelle im Felsengebirge an gerechnet; nur an Wassermasse wird er vom Amazonenstrom in Südamerika übertroffen. Sein flaches Tal ist außerordentlich fruchtbar; an den Ufern wächst genügend Korn, um viele Millionen Menschen zu ernähren, eine unerschöpfliche Quelle des Reichtums für unser Land. Aber wenn dieser Riesenfluß im Frühling anschwillt, dann setzt er ein Gebiet unter Wasser, das so groß ist wie der Obere See, der nödlichste der fünf kanadischen Binnenseen. So unermeßlichen Segen der Mississippi den Menschen bringt, so drükkende Abgaben verlangt er aber auch von ihnen im Frühling. Die gewaltige, braunschmutzige Wassermasse schneidet dann oft scharfe Biegungen des Flußbettes ab und bahnt sich neue Richtwege. Oft verkürzen solche Durchbrüche die Flußlänge um 20 Kilometer hier und 20 Kilometer da. Was das für Umwälzungen hervorruft, können Sie sich kaum denken! Eine Stadt, die an solch einer Krümmung des Mississippi liegt, sieht sich eines schönen Tages 10 Kilometer vom Ufer entfernt, und in einer anderen Stadt, die bisher weitab vom Strome lag, müssen die Einwohner jeden Augenblick darauf gefaßt sein, wie junge Katzen ersäuft zu werden. Eine Eisenbahnbrücke wölbt sich plötzlich über trocknen Boden, während der Fluß in ihrer Nähe den Bahndamm und die Gleise fortgeschwemmt hat. Ein Heer von Ingenieuren beschäftigt sich mit dem Problem, die launenhafte Frühlingsflut des Mississippi zu bewältigen und die Bauten der Menschen gegen sie zu schützen. Und trotzdem vergeht kein Jahr, wo nicht der Mississippi entsetzliche Verwüstungen anrichtet und den Besitzern des Uferlandes bedeutende Verluste, besonders an ertrunkenem Vieh, bereitet.«

»Sehen Sie nur dieses Wasser an, und Sie können sich vorstellen, welch gewaltige Massen an Erde, Sand und Schlamm es alljährlich mitschwemmt. Und all diesen Schlamm setzt der Fluß in seinem flachen Delta unterhalb der Stadt Neuorleans ab. Daher wandert dieses Delta auch alljährlich immer weiter in den Mexikanischen Meerbusen hinein.«

»Das ist ja eine bequeme Art und Weise, sein Landgebiet zu vergrößern!«

»Ja, aber wir würden gern auf die paar Quadratmeilen verzichten, wenn uns die furchtbaren Überschwemmungen im Frühling erspart blieben.«

Chicago

Der Zug, in dem unsere beiden Reisenden sitzen, hat die Grenze Pennsylvaniens überschritten und fährt nun westwärts durch die Staaten Ohio und Indiana. Nach Norden und nach Süden hin strecken sich endlose Ebenen zum Horizont, die mit Mais und Weizen, Hafer und Tabak bebaut sind. Am häufigsten sind jedoch die Maisfelder, ein unübersehbares Meer reifen Getreides. Man hat gerade mit der Ernte begonnen; riesige Maschinen, zu deren Bewegung ganze Pferdeherden nötig sind, mähen die Stauden und häufen sie in Diemen auf, während andere Maschinen die Diemen auf die Erntewagen werfen. Die Arbeiter haben eigentlich nichts weiter zu tun, als die Pferde richtig zu lenken; alles andere besorgen die Maschinen. Bei solchen Unmassen von Getreide, denkt Fritz ganz richtig, würden ja auch Menschenhände nie fertig werden; Armeen von Arbeitern würden wie Wühlmäuse unter den Maiskolben verschwinden.

Jetzt eilt der Zug am Ufer des Michigansees entlang, dessen blaue Fläche sich nach Norden erstreckt, und bald darauf hält er in Chicago, der Königin der kanadischen Seen. Hier trennt sich Fritz mit einem kräftigen Händedruck von seinem Begleiter, um nun auf eigene Faust sein Glück zu versuchen.

Er begibt sich zunächst zu einem Büro der Deutschen Gesellschaft, die die Aufgabe hat, sich der einwandernden Landsleute anzunehmen und ihnen Arbeit nachzuweisen.

Von allen Städten Nordamerikas zählt Chicago die meisten Deutschen unter seinen mehr als zwei Millionen Einwohnern; jeder vierte Mensch ist hier ein Deutscher, und in zweihundertundfünfzig Schulen der Stadt wird Deutsch gelehrt. Schiller, Alexander von Humboldt und Fritz Reuter haben hier ihre Denkmäler, und der ganze Charakter der Stadt mit ihren prächtigen öffentlichen Gebäuden und ihren großen Parks ist zum nicht geringen Teil durch den Fleiß und Kunstsinn ihrer deutschen Bewohner im glücklichsten Sinne beeinflußt.

Aber die Nachfrage nach Arbeit ist auch auf dem Stellenbüro der Deutschen Gesellschaft weit größer als das Angebot, und für unsern Fritz beginnt nun ein endloses Hin- und Herlaufen und -fahren, ein Anmelden und Nachfragen, ein Kampf mit den Entfernungen und Fahrverbindungen, die er erst kennenlernen muß und die ihn in der ersten Zeit überall zu spät kommen lassen. Denn Chicago, die jüngste Weltstadt, ist der Bodenfläche nach achtmal so groß wie Berlin! Die Fabriken sind nicht in bestimmten Stadtteilen konzentriert, sondern allenthalben verstreut, und weite, unbebaute Strecken zerteilen das Weichbild der Stadt. Noch vor hundert Jahren war diese Gegend Wald- und Sumpfland; im Jahre 1818 wohnten hier vier weiße Ansiedler, und erst 1829 kam es zur Anlage eines Dorfes. Seitdem aber durch den Bau von Kanälen die Verbindung zum Chicagofluß erleichtert wurde, nahm der Ort einen ungeheuer schnellen Aufschwung; im Jahre 1848 hatte er 20 000, 1870 aber schon 300 000 Einwohner. Da zerstörte im Jahre 1871 eine ungeheure Feuersbrunst fast die ganze Stadt. Aber als wenn dieses Unglück die Arbeitskraft und Unternehmungslust der Einwohner verzehnfacht hätte, wuchs innerhalb Jahresfrist Chicago aufs neue empor, und an Stelle der Holzgebäude erstanden nun steinerne Paläste. Und als im Jahre 1893 eine Weltausstellung in Chicago eröffnet wurde, wußten die Millionen Besucher aus aller Herren Länder nicht genug von den Wundern Chicagos zu erzählen.

Heute ist Chicago die fünftgrößte Stadt der Welt, und sein Warenumsatz pro Jahr wird auf 11 Milliarden Mark geschätzt. Aber auch diese Medaille hat ihre Kehrseite. Chicago hat mehr als siebentausend Schenken und gibt jährlich 500 Millionen Mark für Bier und Branntwein aus! Infolgedessen herrscht in manchen Stadtteilen ein Leben wie in einer Räuberhöhle. Die Polizei ist machtlos, und man ist auf den Straßen seines Lebens keineswegs immer sicher. Dabei wird hier für Volksbildung eifrigst gesorgt, und neben den Volksparks und Spielplätzen gibt es eine Menge Bibliotheken, ja sogar Kinderbibliotheken, in deren Räumen es stets von studierenden Knirpsen wimmelt.

Bei seiner Suche nach Arbeit sieht aber Fritz bald ein, daß die glänzenden Aussichten, die zur Zeit jener Weltausstellung so viele Deutsche nach Chicago gelockt haben, längst nicht mehr bestehen und daß das stolze Wort eines Präsidenten der Vereinigten Staaten: in Amerika suche die Arbeit den Mann, nicht der Mann die Arbeit, längst keine Gültigkeit mehr hat. Nach wochenlangem Warten ist ihm aber doch das Glück hold. Zu einer Beschäftigung in einem der großen Schlachthöfe Chicagos, in denen täglich bis zu 60 000 Stück Vieh geschlachtet und für den Verkauf und Versand zurechtgemacht werden, hatte Fritz sich nicht entschließen können, obgleich er mit seinen Ersparnissen schon bald zu Ende war; denn er hatte schon in Deutschland zu viel Abschreckendes und Widerwärtiges über den Betrieb der amerikanischen Schlachthäuser gehört. In zahlreichen Fabriken, die Waggons und Mäh- und Dreschmaschinen zu Tausenden alljährlich liefern, hatte er vergebens angefragt. Da gelingt es ihm schließlich, bei einer der großen Flößereien anzukommen, die aus den unerschöpflichen Wäldern am Rande der großen kanadischen Seen unermeßliche

Lasten von Bauholz herbeischaffen. Denn auch im Holzhandel ist Chicago die bedeutendste Stadt der Erde. Diese Beschäftigung gefällt unserm Fritz um so besser, als sie doch wenigstens den Vorteil bietet, den ganzen Tag in frischer Luft zu arbeiten und Land und Leute kennenzulernen.

Kanada und die Großen Seen

Wenige Tage später ist Fritz auf einem großen Frachtdampfer angestellt, der von den Wäldern Kanadas Holz nach Chicago befördert und jetzt durch den Michigansee nordwärts steuert. Sein nächster Mitarbeiter ist ein Engländer, der ihm ein langes und breites von dem ungeheuren Gebiete vorprahlt, das fast die ganze Nordhälfte Nordamerikas umfaßt.

»Kanada, müssen Sie wissen, ist eine britische Kolonie, und nach Indien und dem Mutterland ist es der kostbarste Edelstein in der Krone Großbritanniens.«

»Warum ist denn Kanada so wertvoll? Soviel ich bis jetzt gehört habe, soll es ziemlich dünn bevölkert sein.«

»Da haben Sie recht, an Menschen ist es nicht reich. Es hat bloß sieben Millionen zweihunderttausend Einwohner.«

»Fast soviel hat ja Groß-London allein!«

»Ja, und doch ist Kanada beinahe so groß wie ganz Europa und größer als die Vereinigten Staaten von Nordamerika. Das Land erstreckt sich so weit nach Osten und Westen hin, daß es den vierten Teil des Umkreises der Erde einnimmt. Wenn Sie auf der kanadischen Pazifikbahn von Montreal nach Vancouver fahren, so haben Sie einen Weg von 4700 Kilometern zurückzulegen! Sie können sich wohl denken, welch ein ungeheurer Schatz solch ein großes Land für seinen Besitzer ist.«

»Allerdings, das ist in Sibirien ja auch so; da ist die Bevölkerung ebenso spärlich.«

»Genau so. Aber in Kanada geben Äcker und Berge, Wälder und Gewässer einen märchenhaften Ertrag. Was an Korn von Kanada alljährlich versandt wird, hat über eine halbe Milliarde Wert. Und dann die Ausbeute an Gold! Von Fischen und Pelzwerk gar nicht zu reden.

Die englische Herrschaft in Nordamerika dehnt sich, sozusagen, zwischen zwei Goldgruben aus. Im äußersten Osten haben wir Neufundland und im äußersten Westen Klondike. Nie werde ich das Goldfieber vergessen, das Abenteurer in fast allen Ländern ergriff, als bekannt wurde, daß in den Kies- und Sandbetten an den Ufern des Jukonflusses Gold in Menge vorkomme. Ich selbst war einer von ihnen. Man stürmte ohne Besinnung dorthin, um noch rechtzeitig anzukommen und kleine Flecken des goldhaltigen Bodens sich zu sichern. Es war das richtige Räuberleben! Und wie schlecht es uns dort ging! Für einen Zwieback mußte man eine Mark bezahlen, und eine Büchse Sardinen kostete zehn Mark. Wie glücklich waren wir, wenn ein Jäger ein Elen oder ein Rentier schoß und uns das Fleisch um leidlichen Preis – in Goldkörnern – verkaufte. Man wohnte dicht zusammengedrängt in erbärmlichen Zelten und litt entsetzlich unter der Kälte. Wütende Schneestürme fegten im Winter über das Land hin, und manchmal sank das Thermometer auf fünfundzwanzig Grad unter Null. Und dann erst die Arbeit, um das elende Gold zu gewinnen! Da droben ist der Erdboden beständig gefroren, und man muß ihn erst mit Feuer auftauen, um nur arbeiten zu können. Nach und nach wurden zwar die Verhältnisse besser; auf dem Goldfelde entstand eine kleine Stadt, und manches Jahr betrug der Gewinn an reinem Golde über hundert Millionen Mark.«

»Und die andere Goldgrube?«

»Ist Neufundland! Ein sicheres, anständiges Unternehmen, aber es kann nicht weniger gefährlich werden als Klondike. Ein kalter Polarstrom bringt jedes Jahr Seehunde, Dorsche, Lachse, Heringe und Hummer in großen Massen nach der Neufundlandsbank, wo mehr als fünfzigtausend Fischer dem Fang obliegen. Da dieser Fischfang jährlich zwanzig bis fünfzig Millionen einbringt, ist auch diese östlichste Insel Nordamerikas so gut wie eine Goldgrube. – Daneben umfaßt Kanada zwar auch gewaltige Landstrecken, die ziemlich wertlos sind. Von der Küste des Nördlichen Eismeers, wo die Eskimos wohnen, haben wir nicht viel Freude.«

»Merkwürdig, daß gerade England diese Hälfte von Nordamerika besitzt!«

»Ja, es gibt in den Vereinigten Staaten noch mehr Leute, die geradeso wie Sie denken und begehrlich nach Kanada hinschielen. Am liebsten nähmen sie uns das ganze Gebiet fort, wie wir es einst den Franzosen genommen haben. Aber einstweilen wollen wir die wertvolle Besitzung noch selbst behalten.« —

»Sie wissen auf den Seen hier wohl gut Bescheid?«

»Nun ja, wenn man zehn Jahre lang auf ihnen herumgefahren ist, kennt man die Landspitzen und Buchten allmählich und weiß ungefähr, wann das Wasser gefriert, wann das Eis aufbricht und wann ein Sturm droht.«

»So gefährlich können doch hier die Stürme wohl nicht werden?«

»Na, ich sage Ihnen: Sie können hier wenigstens ebenso gefährlich sein wie auf dem Atlantischen Ozean, und wenn ein ordentliches Lüftchen heraufzieht, so tut jeder Schiffer gut, sich schnell nach einem geschützten Winkel umzusehen, sonst ist es im besten Fall um seine Last geschehen. Sie werden bald genug Gelegenheit haben, am eigenen Leibe zu spüren, zu sehen und zu hören, wie die Uferbrandungen toben, geradeso wie an der Meeresküste. Aber diese Seen sind ja auch ihrem Flächeninhalt nach mehr als halb so groß wie die Ostsee. Der nördlichste von ihnen, der Obere See, ist der größte Landsee der Erde. Da vorn, hinter jener Landspitze, liegt der Huronsee. Ist das nicht ein prächtiges Bild? Haben Sie schon jemals einen solch dunkelblauen Wasserspiegel, so dunkelgrüne Wälder und so friedliche, feierlich stille Ufer gesehen? So etwas haben Sie in Ihrem kleinen Deutschland nicht, das lassen Sie sich nur gesagt sein! Guten Morgen!«

Der Niagara

»Schade, daß wir nicht auf dem Eriesee herumschwimmen«, meint eines Tages der Engländer zu Fritz, als sie gemeinsam beim Frühstück sitzen, »denn an seiner Ostspitze liegt eines der Wunder der Welt und Nordamerikas berühmteste Sehenswürdigkeit.«

»Sie meinen wohl den Niagarafall? Von dem habe ich schon viel gehört.«

»Jawohl. Denken Sie sich, Sie säßen auf einem Dampfer, der aus dem Eriesee in den Fluß hineintreibt, der in den Ontariosee geht. Der Ontariosee liegt hundert Meter niedriger als der Eriesee, und ungefähr auf der Hälfte des Weges zwischen beiden Seen stürzt sich die Wassermasse über eine scharfe Schwelle in die Tiefe hinab. Die Schwelle selbst ist 900 Meter breit und wird durch eine mächtige Kalksteinschicht gebildet. Das Gestein darunter besteht aus loserem Schiefer. Die Zerstörung des Schiefers geht schneller vor sich als die des harten Kalksteins, der infolgedessen wie eine vorspringende Tischplatte überhängt, von deren Rand sich die gesammelte Wassermasse hinunterstürzt. Ist die Schiefermasse bis zu einem gewissen Grad verwittert und abgebröckelt, so kann der Kalksteinrand das Gewicht der Wassermasse nicht mehr tragen; dann brechen hin und wieder Stücke davon ab und stürzen mit betäubendem Gepolter in den Abgrund. So nagt der Fall im Laufe der Zeit an seiner Schwelle, und der Niagara wandert daher aufwärts in der Richtung nach dem Eriesee.«

»So schnell geht das doch wohl nicht?«

»Natürlich nicht, zu jedem Kilometer nach dem Eriesee hin braucht er etwa zwanzigtausend Jahre.«

»Nun, da wird er wohl noch an seiner alten Stelle sein, wenn ich später einmal hinkomme!«

»Ich denke, ja, und Sie finden sich leicht dorthin. Schon auf sechzig Kilometer Entfernung hören Sie das Tosen des ›Donnerwassers‹, und wenn Sie näher kommen, sehen Sie ungeheure Schaum- und Spritzwasserwolken fünfzig Meter unter der Schwelle des Falls aus dem Abgrund emporsteigen. Ja, der Niagara ist das Großartigste, was ich je gesehen habe. Auf der ganzen Erde sollen ihn nur die Viktoriafälle des Sambesi übertreffen, die Livingstone entdeckt hat. Sie glauben nicht, wie winzig man sich vorkommt, wenn man sich auf eine der Brücken über oder unter dem Fall hinauswagt und die 8000 Kubikmeter Wasser in der Sekunde lautlos wie Öl über die Schwelle gleiten und im nächsten Augenblick mit Donnergetöse tief unten in Spritzwasser und Schaum zerstäuben sieht.«

»Es wäre wohl kein Vergnügen, von der saugenden Strömung über den Rand hinabgerissen zu werden!«

»Und doch hat ein Wagehals die Fahrt gemacht. Aber der Sicherheit halber kroch er in eine große feste Tonne, deren Innenwände mit Kissen ausgepolstert waren. So verstaut, ließ er die Tonne mit der Strömung schwimmen; sie glitt über die Schwelle hinüber und sauste dann senkrecht in das Wassergrab hinab. So lange er in der ruhigen Strömung plätscherte, ja auch noch dann, als er mit der Wassersäule abwärts fiel, war die Sache ganz harmlos. Aber dann, als er unten auf die Wasserfläche aufschlug, in den Wirbeln herumschnurrte, wie ein Ball gegen die Felsvorsprünge im Grunde geworfen wurde und mit rasender Geschwindigkeit in die mit Wasser gefüllten Höhlen und Tunnel hineingerissen wurde! Doch die Reise ging wenigstens schnell, und als die Tonne wieder in ruhiges Wasser gelangt war, wurde sie wieder herausgefischt.«

»Und wie war dem Wagehals zumute, als seine Freunde den Boden der Tonne einschlugen? Er hatte sich wohl mittlerweile in ein weich geklopftes Beefsteak verwandelt?«

»Nein, er war nur betäubt und hatte, wie es hieß, das Gedächtnis verloren. Jedenfalls versicherte er, als er herauskroch, daß er diese Fahrt nicht zum zweitenmal machen werde.«

»Führen denn über den Niagarafluß auch Brücken, wie über alle anderen Flüsse hierzulande?«

»Ei freilich! Unterhalb des Falles ist eine Bogenbrücke aus Stahl, die mit einer einzigen Wölbung einen Viertelkilometer überspannt. Eine großartigere Brücke gibt es auf der ganzen Erde nicht. Einmal machte sich jemand dadurch berühmt, daß er auf einem Seil über den Niagara tanzte. Er spannte ein Drahtseil von einem Ufer zum andern und ging mit einer Balancierstange in den Händen hinüber.«

»Ich möchte wohl wissen, wie ihm zumute war, als die letzten schwarzen Felsvorsprünge hinter ihm zurückblieben und er die ersten Schritte über die weißen, kochenden Wassermassen zurücklegte! Ruhig Blut und sicheres Auge, sonst bist du verloren! Und wenn nun das Seil riß und der Tollkühne in dem starken Gefälle mitgerissen wurde? Kam er denn glücklich hinüber?«

»Ja, und er war in dem Augenblick ein berühmter Mann. Die Tausende von Zuschauern hatten sich eine Weile trefflich amüsiert, und man redete einen Tag lang von nichts anderem.«

»Nun sagen Sie mir bitte noch, wo bleibt all dies Wasser unterhalb des Niagarafalls?«

»Es strömt in den Ontariosee hinein, gerade gegenüber Toronto, der zweitgrößten Stadt Kanadas. Dann läuft es aus der Nordwestecke dieses Sees wieder hinaus und bildet schlängelnde Wasserwege um eine Menge Inseln, die die ›Tausend Inseln‹ heißen. Nachher ist der Fluß bald schmal mit zahlreichen Stromschnellen, bald seenartig erweitert.

Er heißt dann Sankt Lorenzstrom und beginnt bei der großen Stadt Montreal ruhig einherzufließen. Unterhalb der Stadt Quebec erweitert er sich dann gleich einem Jägerhorn. Sein Strom ist so wenig stark, daß er im Winter alljährlich zufriert; das Eis wird stellenweise so dick, daß man es mit Schienen belegt und schwere Güterzüge hinüberfahren läßt. Wenn aber im Vorfrühling der Eisgang beginnt, ist seine Nähe gefährlich, und manchmal heben die Fluten ganze Eisberge in die unteren Stadtteile Montreals hinauf.«

»Ist es denn in Montreal so kalt?«

»Ja, bis zu 35 Grad, und in Nordkanada wird die Kälte noch ärger. Die Sommer sind überhaupt im ganzen Lande recht kurz. Im Sommer ist die Arbeit hier auf den Seen nicht übel, aber wenn der Winter herankommt, tun Sie gut, anderswo warm unterzukriechen!«

Indianer

Nach mehreren einträglichen Reisen auf dem Michigan- und dem Huronsee hat Fritz so viel erworben, daß er seinen Plan, nach dem äußersten Westen zu reisen, verwirklichen kann. Er beabsichtigt, seine Dollars längs der Eisenbahn hinrollen zu lassen, und erst nachdem er sich an amerikanischen Großstädten satt gesehen hat, will er sich in der Gegend ansiedeln, die ihm am meisten zu versprechen scheint. Dort will er dann so lange bleiben, bis er sich die Summe erarbeitet hat, die er braucht, um sich in seiner alten deutschen Heimat ein eigenes Gut zu kaufen.

Er ist nun von Chicago abgereist, hat Saint Louis hinter sich zurückgelassen und fährt auf der Pazifikbahn nach Westen durch Missouri und Kansas, wo die endlose Prärie den Zug aufnimmt.

Da steigt ein Dakotaindianer ein und setzt sich gerade Fritz gegenüber auf die Bank. Fritz betrachtet ihn aufmerksam, als wolle er sich darüber klar werden, was seltsamer sei, die grenzenlose Prärie ringsum oder der kupferfarbene Indianer. Dieser sitzt lange ernst und schweigend da. Schließlich sagt er:

»Du starrst mich so an, Bleichgesicht, hast du noch nie einen Indianer gesehen?«

»Doch, ich habe schon viele Rothäute gesehen und mich immer zu ihnen hingezogen gefühlt. Warum siehst du so finster und ernst aus?«

»Der Ernst gehört zu den Eigenschaften unseres Volkes. Wir lachen nicht und lärmen nicht wie die Bleichgesichter. Auch wenn es in uns gärt, bleiben wir äußerlich ruhig und würdevoll. Und haben wir etwa Anlaß, fröhlich zu sein? Von deinesgleichen haben wir das Christentum, den Pflug und die Schule erhalten, aber auch die Pocken und viele andere Krankheiten, den Branntwein und die Feuerwaffen. Seitdem ist es aus mit uns. Ich heiße bei meinem Stamme ›der Bisonochse‹. In früherer Zeit war dies ein ehrenvoller Name. Jetzt bedeutet er Unglück. Mein weißer Bruder hat wohl gehört, daß der Bisonochse oder Büffel ehemals zu Millionen zwischen dem Felsengebirge und dem Mississippi, zwischen Kanada und dem Mexikanischen Meerbusen lebte. Heute ist er bis auf einige kleine geschützte Herden im Yellowstone-Nationalpark und in Texas vollständig ausgerottet. So wird es auch den Stämmen der Indianer ergehen.«

»Ich teile deinen Kummer, Rothaut. Du hast Grund, dich zu grämen. Trauern alle Indianer wie du?«

»Würde mein weißer Bruder nicht trauern, wenn er die letzten Reste seines Volkes aussterben sähe? Wenn es Rothäute gibt, die ihr Schicksal nicht beklagen, so müssen sie schon völlig vertiert sein. Sie haben ihren Glauben an den Großen Geist fahren lassen und ihre Hoffnung, dereinst das Wild in den glücklichen Jagdgründen zu jagen, aufgegeben. Ehemals wimmelte es auf der Prärie von Bisonochsen. Sie wanderten gleich den Indianern in unzähligen Herden von einem Weideplatz zum andern. Zu Tausenden kamen sie um; die Kälte besiegte sie; der Schnee verbarg das Gras. Sie wanderten also weiter, um bessere Weidegründe zu suchen. Sie mußten über breite Flüsse auf unsicherem Eise; der Reihe nach gingen sie hinüber, einer hinter dem andern; das Eis brach, die hinteren Scharen drängten nach, und die Tiere ertranken massenweise. – Auch meine Väter haben ihnen hart zugesetzt. Auf halbwilden Pferden reitend, verfolgten sie die jungen Stiere und die fetten Kühe. Das Pferd wußte ganz genau, welches Opfer sein Reiter sich in der Herde aussersehen hatte. Der Indianer hielt in der Rechten eine Reitpeitsche, mit der er sein Roß bis aufs äußerste antrieb, und in der Linken den Bogen und ein Bündel messerscharfer Pfeile. War er nahe genug herangekommen, dann schoß er den Pfeil ab, der sich bis an die Federn des Schaftendes in das Fleisch des Tieres einbohrte. Dann wurde ein neues Opfer ausgewählt, und der Indianer hörte erst auf, die Herde ihrer besten Tiere zu berauben, wenn sein Pferd vor Ermattung zusammenzubrechen drohte. Dann kehrte er zu den erlegten Tieren zurück, welche die Weiber schon mit gezogenen Messern umstanden. Die Felle wurden zu Kleidungsstücken verarbeitet, auch machte man Betten, Sättel, Zelte und Kanus daraus, die Sehnen wurden zu Bogensaiten und Nähgarn benutzt, aus den Hufen kochte man Leim, die Knochen gaben Gerbermesser, aus dem langen Halsbehang drehte man Stricke, und das Fleisch galt als Leckerbissen. – Doch was waren unsere Jagden gegen die der Bleichgesichter! Erst als diese mit ihrer Mordlust und ihrer Gewinnsucht kamen, wurden die Herden der Bisonochsen von Jahr zu Jahr kleiner und seltener. Lange ist das noch nicht her! Das Schlimmste waren die Pazifikbahnen. Da konnten die weißen Jäger schnell die Prärie durchfliegen, die besten Herden auswählen, sich zweihundert Meter entfernt an einer Stelle niederlegen, wo die Tiere sie nicht witterten, und ihnen von dort aus den Garaus machen. Es gab Jäger, die in einer Stunde hundert Bisonochsen niederschossen! Ich erinnere mich sehr wohl der Zeit, da man noch dann und wann eine kleine Herde Bisonochsen über die Schienen laufen sah, wenn der Zug durch die Prärie sauste.«

Aufmerksam betrachtet Fritz den hochgewachsenen, kräftig gebauten »Bisonochsen«, der, einen schlechten gelbgrauen Mantel um die Schultern, mit königlicher Haltung vor ihm sitzt. In der Stirnbinde, die das lange, strähnige Haar umschließt, stecken einige bunte Federn, seine braune Hautfarbe schillert rötlich, seine Backenknochen treten hervor, die Stirn schrägt sich nach rückwärts ab, der Blick seiner Augen ist treuherzig, träumerisch und wehmütig. Kein Bartwuchs beschattet seine Lippen unter der kühnen Adlernase. Der Bau seines Gesichtes erinnert an die mongolische Rasse. Hat sein Stamm dereinst im grauen Altertum denselben Ursprung gehabt wie die Mongolen? An der Beringstraße reichen ja Asien und Amerika einander die Hand. –

»Es ist schade, daß ein Volk wie das eure so verdrängt werden soll. Gibt es denn kein Mittel, seine Überbleibsel zu retten?«

»Diese Frage habe ich jahrelang erwogen. Aber die Indianer sind im Kampf gegen die Weißen nicht so zäh wie die Neger. Vor vierhundert Jahren gab es in Nordamerika wenigstens fünf Millionen Indianer. Da kam das erste Bleichgesicht, jener Kolumbus, dessen Namen die Geister meiner Väter unter ihren luftigen Zelten in einer andern Welt noch heute verfluchen. Schon er und seine nächsten Nachfolger aus den Ländern jenseits des Meeres behandelten die Rothäute wie Vieh, schleppten Männer, Weiber und Kinder in die Gefangenschaft, um sie zu Sklaven zu machen, und besudelten ihre Schwertklingen mit unserm Blut. Könnte das Land meiner Väter reden – sein Rachegeschrei würde das Tosen des Niagarafalls übertönen!«

»Willst du damit sagen, daß hier Friede und Ruhe herrschten, ehe die Europäer übers Meer kamen?«

»Nein, das nicht. Unsere Stämme gingen schon lange, bevor sie etwas von den Weißen wußten, gegeneinander auf dem Kriegspfad. Es gab hier Blockhäuser und Pfahlwerkverschanzungen, die der eine Stamm als Schutzwehr gegen den andern errichtet hatte. Ja, ganze Indianervölker waren schon damals durch ihre Nachbarn im Kriege ausgerottet worden.«

»Jawohl, jetzt erinnere ich mich, daß seinerzeit viel von Altertumsfunden in Arizona und Neumexiko die Rede war, aus denen hervorging, daß ein ausgestorbenes Volk Städte und Befestigungen auf dem felsigen Hochplateau Mesa Verde besessen hat. Hätten die Indianer zusammengehalten, so wäre den Europäern die Eroberung Amerikas wohl nicht so leicht gefallen.«

»Das ist ja unser schlimmstes Unglück! Wir hatten keine geordneten Staaten wie ihr. Die einzige Stämmeverbindung, die einem Staate ähnelte, war das Reich des Montezuma in Mexiko. Aber was half das, da der Eroberer Cortez von den Feinden, die Montezuma in seinem eigenen Lande besaß, unterstützt wurde. Und wie war es erst an der Ostküste! Durch List, Wortbruch und Gewalt brachten die Bleichgesichter unsern Grund und Boden in ihren Besitz. Um Gold und Branntwein tauschten sie unsere Jagdgründe ein, ließen sich dort häuslich nieder und verdrängten uns Schritt für Schritt. Die tapferen, kriegerischen Irokesen am oberen Hudson und am Ontario waren die mächtigsten aller Indianer, aber trotzdem wurden sie weggefegt. Was von ihrem Stamme noch lebt, das hat sich in Ackerbauer verwandelt. Sie haben ihr abgeschlossenes Gebiet und reden ihre alte Sprache. Die Delawaren am unteren Hudson waren fünfzigtausend Mann stark, als die Weißen ins Land kamen. Sie zogen sich westwärts nach den großen Flüssen hin, und jetzt gibt es ihrer nur noch achthundert! Die Mohikaner in Neuengland wurden vollständig ausgerottet. Und mein eigener Stamm, die Dakota- oder Siouxindianer, ist derartig zusammengeschrumpft, daß er kaum noch aus fünfundzwanzigtausend Mann besteht. Aber viele von uns und viele Stämme in den Felsengebirgen, in Arizona und Colorado führen noch das ehemalige freie, große und wilde Leben. Einige wohnen in kegelförmigen Fellzelten und treiben wie in alter Zeit auf der Prärie oder in den Bergen Jagd. Die Ausrottung ist indessen so weit fortgeschritten, daß es jetzt nur noch zweihundertsiebzigtausend Indianer gibt, und von diesen wohnt mehr als ein Drittel in Kanada. Auch in Mexiko leben noch viele Indianer, aber dort vermischen sie sich immer mehr mit den Nachkommen der Spanier, und bald wird ganz Mexiko ein Mestizenstaat sein. In Texas werden die Indianer von den Cowboys verdrängt, jenen halbwilden Hirten, die mit unübersehbaren Rinder-, Schaf- und Roßherden auf den Prärien umherziehen. Im Westen des Mississippi dringt der Ackerbau immer weiter vor, und die Prärien werden aufgepflügt. Die Weißen kommen wie Heuschreckenschwärme, und die Indianer weichen Schritt für Schritt vor ihnen zurück, gleich den Präriehunden, den Wühlmäusen und den Antilopen, wenn der Präriebrand durch das Gras heranrollt.«

»Und doch haben die Indianer unter den Weißen viele Freunde. Ich erinnere mich aus meinen Knabenjahren, daß wir draußen in Wald und Feld gar zu gern Indianer spielten.«

»Das weiß ich. Und ich weiß auch, daß die Weißen gern Indianerbücher schreiben und lesen. Es ist ja vielleicht ein Trost für uns, zu wissen, daß es auch dann, wenn die letzte Rothaut dem Rufe des Großen Geistes Manito gefolgt ist und sich zu ihren Vätern versammelt hat, immer noch Bücher geben wird, die die Bleichgesichter daran erinnern, daß sie unser Volk ausgerottet haben. Hat mein weißer Bruder Coopers ›Hirschtöter‹ gelesen? So, nicht! Daraus ersieht man, wie die ersten Ansiedler hier hausten und in das Land der Indianer eindrangen. Die Indianer waren jederzeit treu und zuverlässig im Frieden, aber grausam und listig im Krieg – ganz wie die Weißen. Und es gab Weiße, die von uns das Skalpieren der Feinde lernten! Ihre Regierung bezahlte ihnen die abgelieferten Skalpe.«

»Gehörte der ›Hirschtöter‹ zu diesen Männern?«

»Nein, er war ein redlicher Ansiedler, der unter den Irokesen wegen seiner Tapferkeit und Ehrlichkeit weit und breit berühmt war. Er war der vorzüglichste Schütze im ganzen Lande und hieß daher auch ›Falkenauge‹. Er hatte sich einer Ansiedlerfamilie angeschlossen, die sich in der Mitte eines kleinen Sees auf Pfählen ein Haus gebaut hatte, das die Burg genannt wurde. Durch mehrere Kanus und eine Segelfähre standen die Bewohner der Burg mit den Ufern in Verbindung, wo die Irokesen ihnen auflauerten. Das ganze Buch handelt von ihren Abenteuern und Kämpfen mit den Indianern. Die ›große Schlange‹ und seine Verlobte Wah-ta-Wah oder ›Still-oh-Still‹ gehörten einem fremden Stamme an und hielten zu den Ansiedlern.

»Einmal war ›Hirschtöter‹ von den Indianern gefangen worden, und er wußte, welches Schicksal seiner wartete: er sollte erst seinen Skalp einbüßen und dann auf langsamem Feuer geröstet werden. Dennoch erlaubte man ihm, die Burg zu besuchen, wenn er sein Ehrenwort gäbe, am nächsten Tage zurückzukehren. In der Burg bestürmten ihn seine Freunde, bei ihnen zu bleiben und sich nicht wieder dem blutdürstigen Feinde auszuliefern; aber er hielt sein einmal gegebenes Wort und fand sich pünktlich wieder bei den Indianern ein. Die ›gespaltene Eiche‹, der Häuptling des Indianerlagers, sagte nun zu dem Gefangenen: ›Wenn du diese Indianerin, deren Mann du selbst im Kampfe getötet hast, heiratest, sollst du am Leben bleiben und einer von uns werden. Weigerst du dich aber, Hirschtöter, so wird dein Skalp noch heute abend an einem der Pfähle vor meinem Wigwam hängen!‹ Aber ›Hirschtöter‹ blieb unerschütterlich bei seiner Weigerung. Da sprang der ›Panther‹, der Bruder der Witwe, rasend vor beleidigtem Stolz, heran und schleuderte seinen Tomahawk nach dem Haupte Hirschtöters. Blitzschnell fing der Gefangene die Waffe in der Luft auf und warf sie nach dem Angreifer. Mit gespaltenem Schädel stürzte der Panther tot zu Boden.

»Während nun die Indianer sich um den Toten drängten, benutzte Hirschtöter den unbewachten Augenblick und wandte sich zur Flucht. Aber die Indianer setzten ihm nach und verfolgten ihn über Berg und Tal, ohne ihn jedoch einholen zu können. Endlich erreichte er das Ufer, wo sein Kanu noch lag. Atemlos und erschöpft kam er am Ziele an – die Indianer wie Bluthunde ihm auf den Fersen; da, o Schrecken, sah er, daß sie in klugem Vorbedacht die Ruder fortgenommen hatten! Ein Zurück gab es nicht! Ohne sich einen Moment zu besinnen, sprang er in das Kanu – stieß es in den See hinaus und legte sich der Länge nach auf den Boden des Fahrzeugs. Bald langten die Indianer am Ufer an, und eine Kugel nach der andern fuhr in die Seitenwand, aber Hirschtöter blieb unverletzt, und als eine schwache Brise das Kanu immer mehr der Mitte des Sees zuführte, kamen die Schüsse wirkungslos und unsicher aus immer weiterer Entfernung. Nach einer Weile wurde alles still, und Hirschtöter glaubte sich gerettet.

»Aber der Wind sprang um, und plötzlich erblickte der zum Tode Verurteilte eine Eichenlaubwölbung über seinem Haupte und fühlte sein Kanu gegen den Uferkies schrammen, und ehe er noch zur Besinnung kam, war er wieder in den Händen der Feinde.

»Nun war seine Stunde gekommen, und die Indianer führten ihn frohlockend nach ihrem Lager, wo er mit starkem Bast an dem Stamme eines Baumes festgebunden wurde. Ehe man ihn tötete, wollte man noch im Wettspiel seine Standhaftigkeit erproben. Die Tomahawks in den kupferbraunen Händen, traten die jungen Indianer vor; ihr Spiel bestand darin, die tödliche Waffe so geschickt zu schleudern, daß sie unmittelbar neben dem Kopf des Verurteilten in den Stamm des Baumes fuhr, ohne ihn zu verwunden.

»Eine Streitaxt nach der andern flog nun dem Gefesselten um die Ohren, und mehr als eine nagelte seine Locken an die Rinde des Baumes fest. Aber er zuckte nicht mit der Wimper, und seine Kaltblütigkeit flößte selbst den Indianern, die an solche Marter gewöhnt waren, Bewunderung ein. Darauf wurde die gleiche Probe mit Flintenschüssen gemacht. Auch jetzt blieb seine Standhaftigkeit unerschüttert.

»Als schließlich die Peiniger müde des Wettkampfs waren, schichteten sie den Scheiterhaufen um ihn auf. Schon schärften sie die Späne, die ihm ins Fleisch gebohrt werden sollten, und waren eben im Begriff, den Holzstoß anzuzünden – da blitzte es zwischen den Bäumen auf: eine Schar englischer Soldaten hatte das Lager umzingelt. Noch vor Sonnenuntergang lagen die Indianer wie gemähtes Korn tot im Walde.

»So ging es damals, und so ist es stets gegangen. Was vermochten unsere Väter gegen die Weißen, die in immer dichter werdenden Scharen unser Land überschwemmten! Grausam konnten die Indianer freilich sein, wenn es galt, gefangene Opfer zu peinigen und Skalpe zu nehmen. Aber an den Weißen hatten sie auch darin ihre Meister gefunden. Ja, ich sage dir, weißer Mann, es geht uns wie den Bisonochsen, nur daß die uns zugemessene Frist länger ist als die ihre. Bald wird die letzte Rothaut ihr Leben beendet haben. Dann stirbt eine ganze Menschenrasse aus, und ihre Spur verschwindet von der Erde. Wird dann ein weißer Missionar an dem Lager des roten Mannes sitzen, um dem Großen Manito den Abschiedsgruß aus dem Tal der Toten zu rauben? Oder wird der letzte Indianer, wenn er das Nahen des Todes fühlt, in den tiefen Wald eilen und mit sicherer Hand die klingende Streitaxt in den Stamm der Eiche bohren, um dann, trostlos einsam, den Spuren seiner Väter auf dem dunklen Pfad ins Reich der Geister zu folgen?«

Das Felsengebirge

Kaum hat der ritterliche »Bisonochse« seine Rede beendet, so hält der Zug an einer großen Station. Der Indianer erhebt sich, nimmt mit einer leichten, würdevollen Verbeugung Abschied und ist im nächsten Augenblick in dem bunten Gedränge auf dem Bahnsteig verschwunden. Statt seiner steigt nun ein deutscher Naturforscher ein und setzt sich auf den Platz des Indianers. Er ist bestaubt und atemlos und freut sich, nachdem er seine Kisten und Koffer gut im Gepäckwagen untergebracht gesehen hat, eine Weile behaglich ausruhen zu können.

Als Naturforscher gewohnt, scharf zu beobachten, hat er in seinem Gegenüber Fritz bald den Landsmann erkannt, und noch hat der Zug die Grenze zwischen Kansas und Colorado nicht überschritten, als er sich auch schon ausführlich Fritzens Schicksale und Pläne hat berichten lassen.

Da erhebt sich im Westen der Landschaft eine hellblaue Wand, deren Zinnen wolkenumhüllte Berggipfel bilden. Beim Anblick der frischen, kühlen Höhen des Felsengebirges wird Fritz, den die melancholische Erzählung des Indianers und die heiße dumpfe Einförmigkeit der endlosen Prärie bedrückt haben, wieder lebendig, und er beginnt nun seinerseits, den Reisegefährten auszufragen, was ihn denn nach dem fernen Westen führe.

»Ich habe ein Stipendium von der Universität Heidelberg«, erklärt ihm der Gelehrte, »um in den Staaten des Westens Pflanzen und Tiere zu sammeln, und damit die Moneten soweit wie möglich reichen, reise ich so billig, wie es nur geht. Ich liebe dieses große herrliche Amerika. Ist Ihnen nicht aufgefallen, wie kolossal hierzulande alles angelegt ist, einerlei, ob der gute Gott oder die schlimmen Menschen die Bauherren gewesen sind? Stößt man auf eine Bergkette wie das Felsengebirge und seine südamerikanische Fortsetzung, die Anden, so ist sie gleich die längste auf der ganzen Erde. Fährt man über einen Fluß wie den Mississippi-Missouri, so hört man, daß es der längste Fluß sei, den es überhaupt gibt. Reist man mit einem Dampfer über die kanadischen Seen, so erfährt man, daß kein Süßwassersee auf der Welt sie übertrifft. Und nun die unzähligen Großstädte, die in hundert oder höchstens zweihundert Jahren aus dem Nichts entstanden sind! Diese Eisenbahnen, diese staunenerregenden Brückenbauten, diese unerschöpflichen Naturschätze und dieser weltumspannende Handel! Wie aufgeweckt und arbeitsam ist dieses Volk, wie schnell geht hier die Entwicklung, wieviel schneller und fieberhafter pulsiert hier das Leben als in der alten Welt, dem müden, abgelebten Europa, dessen Menschen sich zu Millionen hierher begeben, um ihr Los zu verbessern.«

Fritz denkt bei sich, daß sein gelehrter Landsmann doch ein wenig vorschnell sei; denn nach seinen bisherigen Erfahrungen ist sein unreifer Enthusiasmus für die neue Welt schon beträchtlich gesunken. Aber er schämt sich noch, das eingestehen zu müssen, und antwortet ausweichend: »Es sieht zu hübsch aus, wie das Felsengebirge immer deutlicher erkennbar wird und die verschiedenen Grate und Landrücken immer schärfer hervortreten, je näher wir kommen.«

»Ja freilich! Sie können es schon an dem Fahren des Zuges merken, daß es aufwärts geht. Sehen Sie, wie die Prärie allmählich in den Fuß des Gebirges übergeht? Bald werden wir in die Regionen der Zwergeichen und der Bergmahagonibäume hineinkommen. Erst höher oben sind die Abhänge mit prachtvollen Nadelholzwäldern bedeckt, und an den Bächen und Flüssen wachsen Weiden und Erlen, ganz wie bei uns zu Hause.«

»Da Sie Naturforscher sind, können Sie mir wohl sagen: Ist es wahr, daß es hier draußen im Westen, wie mir ein Schiffer auf dem Michigansee erzählt hat, Bäume gibt, die über hundert Meter hoch werden?«

»Vollkommen wahr! Ihr Bekannter meinte wahrscheinlich die beiden Arten aus der Familie der Nadelhölzer, die man Mammutbäume nennt, weil sie zu den Riesen der Pflanzenwelt gehören, wie einst das Mammut zu denen der Tierwelt. Sie wachsen in Kalifornien auf den Westabhängen der Sierra Nevada. Wenn man diese himmelanstrebenden Bäume sieht, möchte man glauben, ihr einziger Lebenszweck sei, sich so hoch emporzurecken, daß ihre Kronen über die Kämme der Küstenkette hinweg frei den Stillen Ozean beherrschen. Einer dieser Riesen, der schon lange entwurzelt ist, war sogar 144 Meter hoch und hatte an der Basis 35 Meter Umfang! Man nannte ihn den ›Vater des Waldes‹. Sein Stamm war hohl. Dies ist auch bei einem andern umgestürzten Mammutbaume der Fall, der den Namen ›die Reitschule‹ erhalten hat, weil man eine ganze Strecke weit in sein Inneres hineinreiten kann. Diese Bäume sollen mehrere tausend Jahre alt werden. Wenn sie reden könnten! Oder wenn die Jahresringe ihrer Stämme gleich alten Chroniken all die Begebenheiten aufgezeichnet enthielten, deren Augenzeugen diese Waldriesen unter dem Schutz ihrer Zweige gewesen sind! Sie haben die Rothäute, eine Generation nach der andern, einen Stamm nach dem andern, kommen und gehen sehen. Schließlich kamen die Weißen. Vor kurzem, würden die Mammutbäume sagen – denn was sind in ihrem Alter ein paar Jahrhunderte! Die Stelle in der Sierra Nevada, wo die letzten dieser Baumriesen auf ihren uralten Wurzeln stehen, ist sogenannter Bannwald und Eigentum des ganzen Volkes. Niemand darf Hand an sie legen. Wenn das Gesetz sie nicht schützte, würden auch sie das Schicksal der Bisonochsen und der Indianer teilen.«

»Gibt es nicht auch hier im Felsengebirge solch eine Freistätte?«

»Ja, den Nationalpark am Yellowstone im Staate Wyoming. Das ist ein Wunderwerk! Ganze Bücher sind über ihn geschrieben worden. In seinen Tälern sprudeln etwa viertausend heiße Quellen und an die hundert Geiser. Der Geiser ›Riesin‹ sprudelt beinahe hundert Meter hoch, und ›der alte, treue Geiser‹ springt einmal in der Stunde. Außerdem enthält der Park noch viele andere Naturwunder, und eine Bisonherde, Elche, Antilopen und Hirsche sind dort vor jeder Nachstellung geschützt. Auch der Biber hat in den Flüssen dieses Parkes eine Freistatt gefunden.« –

Der Grislibär

»Gibt es im Felsengebirge noch gefährliche Raubtiere?« fragt Fritz den Naturforscher, während der Zug schnaubend und keuchend ein dunkles Tal hinaufrollt.

»Aber gewiß! Das größte unter ihnen ist der Grislibär. So ausnehmend gefährlich ist er wohl gar nicht einmal, und jedenfalls ist er besser als sein Ruf. Läßt man ihn in Frieden, so tut er keinem Menschen etwas zuleide, und selbst wenn er angegriffen wird, ergreift er fast immer das Hasenpanier. Ist er aber verwundet und seine Angreifer sind in der Nähe, so kann er fürchterliche Rache nehmen. Er ist das stärkste aller Tiere dieser Gegend, und in früheren Zeiten galt es als höchster Ruhm der Tapferkeit, sich mit einem Halsband von Zähnen und Krallen des Grislibären schmücken zu können.

»Hübsch anzusehen ist das Tier, wenn es Wald und Dickicht durchwandert, wo es sich als unbeschränkten Herrscher über alle Tiere des Erdbodens betrachtet. Der Grislibär ist bald bräunlich, bald grau, und die grauen Kameraden sollen gefährlicher sein als die braunen. Er ist größer als der schwedische Landbär und wird manchmal zweieinhalb Meter lang. Übrigens lebt er meist wie ein gewöhnlicher Bär, kriecht wie dieser in seine Höhle, frißt Beeren, wildes Obst, Nüsse und Wurzeln, tötet aber auch Tiere und soll ganz geschickt im Fischfang sein. Da fällt mir eine kleine Jagdgeschichte ein.

»Ein weißer Jäger wünschte einen Grislibären zu erlegen, und ein junger Indianer führte ihn zu einer Stelle hin, wo sich eines dieser Tiere zu zeigen pflegte. Hinter einem kleinen Felsblock versteckten sich die beiden Schützen, nachdem sie einen eben erbeuteten Hirsch als Lockspeise ausgelegt hatten. Der Indianer, der die Gewohnheiten des Bären kannte, hatte sich nicht getäuscht. Bald kam ein gewaltiger Bär aus dem Walde herangetrottet; das Tier sah im Gehen so komisch aus, daß der weiße Jäger sich des Lachens nicht erwehren konnte. Der Indianer blieb still und ernst. Der Bär blieb oft stehen, schnupperte wiederholt in der Luft umher und schaute sich nach allen Seiten um, ob keine Gefahr drohe. An einer Stelle kratzte er den Boden auf, beschnüffelte dann seine Vordertatzen, legte sich auf den Rücken und wälzte sich eine Weile auf der Erde; er wollte sich wohl mit irgendeiner scharf duftenden Pflanze, die da wuchs, den Pelz einreiben.

»Dann ging er langsam weiter. Nach einer Weile setzte er sich nieder, kraute sich das Fell, besah sich seine Tatzen und beleckte seine Sohlen. Dann kratzte er sich mit den Hintertatzen hinter den Ohren. Und als er nun genug Toilette gemacht hatte, lief er im Trab auf den Platz zu, wo der Hirsch lag. Als er das Tier vor sich sah, schien er ganz verblüfft, erhob sich in seiner ganzen Länge auf den Hinterbeinen, spitzte die Ohren, zog die Stirn kraus und nahm eine unentschlossene Miene an. Als ihm dann klargeworden war, daß der Hirsch tot sei, ging er vorsichtig näher und beschnüffelte ihn. Darauf drehte er den Braten um und beschnüffelte ihn von der andern Seite, um sich zu überzeugen, ob der Hirsch dort auch tot sei.

»Weiter kam er mit seinen Betrachtungen nicht. Der Jäger drückte ab, der Bär zuckte zusammen, erhob sich aber sogleich wieder auf den Hinterbeinen. Der Jäger folgte seinem Beispiel und erhob sich leichtsinnigerweise aus seinem Versteck, ohne auf den Rat des Indianers zu hören, sich schnell wieder zu verbergen, da der wütende Bär zum Angriff übergehen werde. Und schon war es zu spät! Das verwundete Tier hatte seinen Feind kaum erblickt, so stürmte es auch schon im Galopp auf ihn zu. Jetzt erschien dem Jäger die Flucht als die einzige Rettung, und in einer Minute saß er samt dem Indianer auf dem dicken Ast einer Eiche. Hier luden sie ihre Flinten wieder, während der auf drei Beinen humpelnde Bär sich anschickte, den Baum zu erklettern. Von zwei Kugeln durchbohrt, fiel er nieder, riß mit seinen Krallen Erde und Gras aus dem Boden und lag schließlich tot da.«

»Es ist aber doch unrecht, nur aus Jagdpassion diese Könige des Felsengebirges zu erlegen. Vermutlich sind auch sie dazu verurteilt, denselben Weg zu gehen wie die Indianer und die Bisonochsen.«

»Nun, das hat noch Zeit! Sie werden sich noch lange in unzugänglichen Berggegenden und in den unbewohnten Teilen Kanadas halten. Aber unrecht ist es auf alle Fälle, sie unnötigerweise zu vernichten. Der Grislibär ist noch dazu ein ritterlicher Herr. Ein Reisender, so hörte ich erzählen, nahm einen jungen Grislibären mit nach Europa, und der Bär wurde an Bord der Liebling aller. Er aß und trank, was man ihm reichte, und spielte mit den Matrosen. Eine kleine Antilope, die seine Reisegefährtin war, erfreute sich seiner besonderen Zärtlichkeit. Als das Schiff den Hafen erreicht hatte und die Antilope durch eine Straße geführt wurde, fiel eine große Bulldogge das wehrlose Tier an. Der Bär, der an der Kette hinter der Antilope herzog, sah die Gefahr, in der seine Freundin schwebte, riß sich mit einem Ruck von seinem Führer los, stürzte sich auf die Bulldogge und richtete sie so übel zu, daß sie mit blutigem Fell vor Schmerz heulend davonlief. – Ist das nicht ein prächtiger Zug von einem unvernünftigen Tier? Die Jäger sollten sich daran ein Beispiel nehmen!«

Jaguar und Puma

»Sie mögen damit recht haben«, meinte Fritz nach einiger Zeit, »daß in Amerika alles großartig sei. Aber auf die Tierwelt trifft das doch nicht zu; Löwen und Tiger gibt es hier nicht!«

»Nein, aber statt ihrer haben wir den Jaguar und den Puma. Beide sind zwar in Südamerika häufiger als in Nordamerika. Hier ist der Jaguar nach den Südweststaaten und Mexiko zurückgedrängt worden. Beide leben am Waldrand und im hohen Grase der Pampas, wo die halbwilden Reiter wie zum Turnier hinter ihnen herjagen, sie mit dem Lasso fangen und sie dann so lange neben dem Pferde herschleppen, bis sie erdrosselt sind. Der Jaguar hält sich auch gern im Dickicht der Flußufer und Moräste auf. Er bleibt hübsch auf der Erde, während der geschmeidige, kühne Puma sogar die Affen auf den Bäumen verfolgt. Unter gellendem Geschrei und durchdringenden Warnrufen fliehen die Affen von einem Baum zum andern, aber der Puma folgt ihnen, rutscht bis an die äußerste Spitze eines schwankenden Astes und springt von dort auf den nächsten Ast des Nachbarbaumes hinüber. Beides sind blutdürstige Räuber, aber der Jaguar ist größer, stärker und wilder. Er wird niemals wirklich zahm und legt seine angeborene Tücke nie ab. Der Puma aber wird so zahm wie ein Hund, obgleich sein Besitzer nicht allzu besorgt um seine Haut sein darf, wenn er mit dem Tiere spielt. Der Puma pflegt sich, nur zum Spaß, vor seinem Herrn zu verstecken und dann auf ihn loszuspringen, wenn er sich dessen am wenigsten versieht; ein Zärtlichkeitsbeweis, für den ich mich bald herzlichst bedanken würde.

»Der Puma greift den Menschen niemals an; aber vor dem Jaguar muß man auf der Hut sein. Beide sind die Feinde der Viehherden; der Puma zwar zerreißt keine größeren zahmen Tiere als das Schaf, der

Jaguar aber raubt auch Pferde, Maulesel und junges Rindvieh. Er geht nur bei Tagesanbruch, in der Dämmerung oder bei hellem Mondschein auf Beute aus; der Puma jagt nur abends und nachts. Der Puma ist dunkelrotgelb, der Jaguar brandgelb mit schwarzen Flecken und Ringen im Fell, eine Zeichnung, die an die Farbe gewisser Giftschlangen erinnert. Die Jungen des Pumas sind entzückende kleine Geschöpfe, jungen Katzen ähnlich, aber größer. Sie öffnen ihre Augen erst nach zehn Tagen. Dann beginnen sie, noch ganz schwerfällig, umherzukrabbeln, purzeln bei jedem zweiten Schritt und klettern der Mutter auf den Rücken. Aber bald sind sie sicher auf den Füßen und spielen wie Kätzchen mit dem Schweif der Mutter.

»Der Jaguar ist ein schlauer Jäger von größter Geduld und Ausdauer. Er kauert sich wie die Katze nieder und beobachtet aus einem Versteck im Dickicht sein auserkorenes Opfer unverwandten Blickes. Mit bewundernswerter Gewandtheit schleicht er sich lautlos immer näher heran, und sowie er seines Erfolges sicher ist, macht er den Sprung, reißt der Antilope, dem Schaf oder dem Wasserschwein die Halsadern auf und schleppt seine Beute in das Dickicht hinein. Kleine Tiere verschlingt er mit Haut und Haar. Von einem Pferde frißt er so viel, wie er nur irgend bewältigen kann, und zieht sich dann wieder ins Dickicht zurück, um an einer versteckten Stelle zu schlafen. Wenn er erwacht, kehrt er zu dem Kadaver zurück, genau so wie der Tiger in Indien.

»Auf einer Landstraße in Südamerika sind während eines Menschenalters zwanzig Indianer von Jaguaren zerrissen worden. Wenn man Geistesgegenwart genug hat, um mit Schreien und Lärmen dem Tier entgegenzugehen, zieht es sich zurück. Sonst ist man verloren, denn auch dann, wenn man mit dem Leben davonkommt, sind die Wunden von den stumpfen Krallen und Zähnen der Bestie furchtbar und gefährlich. In Südamerika soll es Indianer geben, die den Jaguar auf folgende Weise jagen: sie umwickeln ihren linken Arm mit dem Fell eines Schafes. In der rechten Hand halten sie ein langes scharfes, zweischneidiges Messer. So suchen sie den Jaguar auf und hetzen ihn mit Hunden. Erhebt er sich wie der Bär auf den Hintertatzen und geht er auf den Indianer los, so streckt ihm dieser seinen linken Arm zum Hineinbeißen hin, stößt ihm aber zu gleicher Zeit das scharfe Messer ins Herz.

»Ein Reisender erzählte mir eine hübsche Geschichte von einem Jaguar. Am Ufer eines Flusses in Südamerika hatten einige Seeleute aus Europa Rast gemacht. Plötzlich sahen sie, daß vom gegenüberliegenden Ufer ein Jaguar zu ihnen herüberschwamm. Schnell griffen sie zu ihren Flinten, stiegen in ihr Boot und ruderten dem Untier entgegen. Ein Schuß wurde abgefeuert, der Jaguar wurde auch verwundet, machte aber deshalb nicht etwa kehrt. Er kletterte vielmehr ganz einfach in das Boot hinein, ohne sich durch die Matrosen abschrecken zu lassen, die ihn mit den Rudern bearbeiteten. Als der Jaguar über die Reling ins Boot sprang, erschien es der Besatzung das Klügste, ihrerseits das Weite zu suchen und sich schwimmend ans Ufer zu retten. Der Jaguar blieb im Boote sitzen und ließ sich gemütlich stromabwärts treiben. Weiter unten enterten einige andere Seeleute das Boot, und nun war es der Jaguar, der ins Wasser sprang und im Uferdickicht verschwand. Jedenfalls eine tüchtige Leistung von ihm, sich noch ungefährdet in Sicherheit zu bringen, nachdem er zwei Bootsbesatzungen Trotz geboten hatte!«

Die Cañons des Coloradoflusses

Der Zug setzt seine geräuschvolle Fahrt durch das Gebirge fort. Dunkle, wilde Täler öffnen sich auf beiden Seiten seines Weges. Das eintönige Rasseln der Räder auf den Schienen wirkt einschläfernd, und die beiden Deutschen sind dem Beispiel der anderen Reisenden gefolgt und in ihren Ecken eingeschlummert.

Doch als die unermüdliche Lokomotive ihre schwere Wagenreihe über eine schwindelerregende Brücke zieht und die Schallwellen in andern, freieren Tonarten singen als eben noch in dem engen Tal, wird es im Abteil wieder lebendig. Man guckt aus den Fenstern und sieht den gähnenden Abgrund tief unter sich, als ob der Zug in die Luft hinausrolle und auf dem Wege zum Himmel sei.

Der Naturforscher zündet sich eine Zigarre an und beginnt seinem dankbaren Reisegefährten eine neue Vorlesung zu halten.

»Hier fahren wir über einen der Quellbäche des Coloradoflusses. Die scheinen allerdings zu meiner Behauptung, daß alles in Amerika so großartig sei, nicht recht zu passen. Trotzdem können Sie überzeugt sein, daß sich auf der ganzen Erde nichts mit dem großen Cañon des Coloradoflusses vergleichen läßt. Sie mögen von feuerspeienden Bergen und Korallenriffen, vom Gipfel des Mount Everest und von großen Meerestiefen, von unsern hellblauen Alpen in Europa und den dunklen Urwäldern Afrikas reden, ja, Sie mögen mich auf Erden hinführen, wohin Sie wollen, so werde ich doch immer behaupten, daß die Welt nichts aufzuweisen hat, was dem Cañon des Coloradoflusses an großartiger, überwältigender Schönheit auch nur ähnlich ist.

»Hören Sie zu! Dieser Fluß, dessen Wasser sich in den Kalifornischen Meerbusen ergießt, wird durch zahlreiche Bäche gespeist, die aus den regnerischen, hochgelegenen Gegenden des Felsengebirges kommen. Wenn nun der vereinigte Fluß Utah verläßt und in Arizona eintritt, durchquert er ein dürres, regenarmes Plateauland, und hier haben sich seine Wassermassen fast zwei Kilometer tief in das Kalkgestein eingeschnitten. Die Gesteinlager sind waagerecht geschichtet, und die ewig nagende, durch Schutt und rollende Blöcke unterstützte Kraft des Wassers hat mit der Zeit die ganze Schichtreihe bloßgelegt. Seit Beginn der Periode der Erdgeschichte – man nennt diese früheste Stufe wissenschaftlich Pliozän – ist diese Arbeit unaufhaltsam vor sich gegangen; man schätzt die seitdem verflossene Zeit auf Millionen Jahre. Und dennoch ist die seit dem Pliozän bis auf unsere Tage verflossene Zeit geologisch betrachtet das reine Nichts, wenn man sie mit der Länge der vorhergegangenen größeren geologischen Perioden vergleicht. Dann müssen wir zugeben, daß die sechstausend Jahre, die wir als geschichtliche Zeit betrachten, nicht mehr sind als das letzte Sekundenticken der Uhr der Ewigkeit.«

»Entschuldigen Sie, aber ich kann Ihrem Gedankengange nicht so leicht folgen.«

»Also passen Sie auf: Da, wo der Geschichtsforscher aus Mangel an Urkunden alle Haltpunkte in der grauesten Vorzeit verliert, beginnt der Geologe. Was aber der Geschichtsforscher schon Urzeit nennt, ist das Neueste und Jüngste der letzten aller Perioden der Geologie. Denn wenn der Geschichtsforscher sich in armseligen Sonnenrunden zu 365 Tagen bewegt, gibt sich der Geologe nur mit Jahrtausenden und Millionen Jahren zufrieden. Sie müssen doch zugeben, daß es für fließende Wasser keine Kleinigkeit ist, sich bis zu zweitausend Meter Tiefe durch festes Gestein hindurchzuarbeiten. Und dieser Cañon ist über dreihundert Kilometer lang und sieben bis achtzehn Kilometer breit! –

»Durch seine Arbeit hat der Fluß in dem Antlitz der Erde Landschaften ausgeschnitten, die den Beschauer geradezu kleinmütig machen und zu tiefstem Nachdenken herausfordern. Was sind dagegen die Bilder, die er bisher erblickt hat! Als er am Fuß der Alpen stand, sah er zu schneebedeckten Höhen und mächtigen Gesteinmassen empor. Wenn er am Rand des Coloradocañons steht, blickt er abwärts und sieht gähnende Leere unter sich. Aber an der entgegengesetzten Seite dieses schwindelerregenden Tales steigen die Felswände bald lotrecht, bald in sanften Abhängen wieder empor. Man glaubt vor den künstlerisch verzierten Fassaden ungeheurer Häuser und Schlösser in einer Riesenstadt zu stehen. Die Talwand zeigt Nischen und Höhlen, die an ein Zirkushalbrund mit aufsteigenden Bankreihen erinnern. An den Seiten dieser Höhlen treten Felsengiebel und Vorsprünge gleich Turmgebäuden und Altanen hervor. Unter mächtigen Friesen erheben sich in die Wand eingelassene oder freistehende Säulen, alles in dem gleichen ungeheuern Maßstab. Die senkrechten Felswände sind am dunkelsten gefärbt, im übrigen schillert das ganze Land in rosa, gelben, hellroten und warmen braunen Farbtönen, und die Sonne überflutet mit ihrem Golde die majestätische Öde. Kein Rasen, keine Vegetation verleiht den waage- und senkrechten Flächen einen grünen Schimmer. Nur hier und dort reckt eine Tanne ihre Krone über den Rand des Abgrundes hinaus, und wenn ihre Zapfen fallen, stranden sie drunten in der Tiefe des Tales.

»Am frühen Morgen, wenn die Luft nach der nächtlichen Abkühlung klar und rein und die Sonne erst aufgegangen ist, liegt der Cañon in tiefster Finsternis da, und hinter den grell beleuchteten Säulenkapitellen liegen die Schatten schwarz wie Kohlenruß. Dann tritt langsam die kühne Skulptur in ihrem ganzen Glanze hervor. In stiller Nacht, wenn der Vollmond seine Lichtbrücke über die Erde spannt, herrscht über dem Cañon vernichtendes Schweigen; man hört nicht einmal den Fluß rauschen, die Entfernung ist zu groß. Märchenstimmung ergreift den Besucher. Er glaubt sich in eine verzauberte Welt hineinversetzt, und ihm ist, als müßte er, einen Schritt über den Rand des Abgrundes hinaus, auf unsichtbaren Flügeln nach hellen, strahlenden Märchenschlössern hinschweben.«

»Das muß ja herrlich sein! Aber in einer Viertelstunde sind wir in der Salzseestadt, und dort wollten Sie ja aussteigen. Nach dem Coloradocañon komme ich doch nie. Aber jedenfalls danke ich Ihnen, und nun adieu!«

Der in die Schönheit seiner Phantasiebilder ganz versenkte Gelehrte rafft seine Siebensachen zusammen und steigt aus; der große Salzsee und die Hauptstadt der Mormonen sollen die ersten Stationen seiner Forschungsreise sein. Fritz fährt weiter, durch die Gebirgsgegenden Nevadas und Kaliforniens, und als der Zug endlich in San Francisco hält, hat er das Ziel seiner Wünsche erreicht. Hier sieht er eine der schönsten Städte der Welt auf einer Halbinsel an einem tiefen, weichen, von Bergen umrahmten Meerbusen. Die Spuren des furchtbaren Erdbebens, das vor wenigen Jahren die Stadt bis in den Grund zerstört hat, sind fast ganz verwischt, und neue Prachtgebäude aus Eisen und Stein haben sich aus den Trümmerhaufen erhoben. Er begreift bald, daß San Francisco als Welthandelsstadt für die endlosen Wasserstraßen des Stillen Ozeans ebenso wichtig ist wie Neuyork für die des Atlantischen Meeres. –

Gegenwärtig ist unser Auswanderer noch immer in der Hauptstadt des äußersten Westens. Wir aber überlassen ihn jetzt seinem selbstgewollten Schicksal, wünschen ihm all den Erfolg, den er erstrebt hat, und hoffen, daß er einer der wenigen ist, die dereinst das Land ihrer Väter wiedersehen.

Abraham Lincoln

Neben George Washington, dem Begründer der Unabhängigkeit der Vereinigten Staaten und ihrem ersten Präsidenten, besitzt Nordamerika keinen Volkshelden, der die ihm dargebrachte Liebe und Verehrung redlicher verdient hätte als Abraham Lincoln.

Wo habt ihr doch den Namen schon gesehen? Nun, ihr vielen tausend Briefmarkensammler unter meinen Lesern, erinnert euch der amerikanischen blauen Fünf-Cents-Marke, die euch so oft zu Händen kommt! Ist euch darauf nie der charakteristische Kopf mit den ehrwürdig gefurchten Zügen, den breiten, vorstehenden Lippen, dem schmalen Schifferbart um das Kinn, den starken Ohren und dem grundgütigen Blick der Augen aufgefallen? Denkt euch darunter einen ebenso ungeschlachten riesenhaften Körper mit langen Armen, erstaunlich großen Füßen und ungelenken Bewegungen, eingehüllt in einen altväterischen Rock, den passend anzumessen keines Schneiders Kunst vermocht hat – und ihr habt den »Vater Abraham« oder »Abe Lincoln«, wie ihn seine Jugendfreunde und Bekannten aus seiner näheren Heimat und die kleinen Leute aus ganz Amerika vertraulich riefen, wenn sie bei vorkommender Gelegenheit durch Washington kamen und beim sechzehnten Präsidenten der Vereinigten Staaten im Weißen Hause vorsprachen, um ihm die Hand zu drücken oder ihm auch über dies und jenes, was sie an seiner Führung der Regierung auszusetzen hatten, ihre unverblümte Meinung zu sagen. Und »Abe Lincoln« wurde niemals müde, all die Hände zu schütteln, die sich ihm entgegenreckten, und all die krausen Ansichten und gutgemeinten Ratschläge zu hören, aus deren wirrem Durcheinander ihm des Volkes Stimme – Gottes Stimme entgegentönte.

Aber Lincoln ist nicht nur ein trefflicher Vater seines Volkes gewesen, der mit seiner naiv überlegenen Klugheit während der vier Jahre seiner Präsidentschaft das Schiff der Union durch die stürmische Brandung eines mörderischen Bruderkrieges glücklich hindurchsteuerte. Er hat nicht nur seinem Vaterlande, sondern der ganzen Menschheit unschätzbare Dienste erwiesen, indem er die Sklaverei in Amerika beseitigte und das gleiche Menschenrecht für die schwarze und weiße Rasse siegreich verkündigte. Ungeheure Opfer an Blut und Gut hat dieser Kampf zwischen der Barbarei und der Zivilisation gekostet, aber er war ein notwendiger, gewaltiger Schritt auf dem Wege der Kultur, und der, der ihn tat, ist ein Held nicht nur der neuen Welt, sondern ebensogut auch der alten.

England gebührt der traurige Ruhm, die Sklaverei in Amerika eingeführt zu haben. Im Jahre 1620 landete das erste mit Sklaven befrachtete Schiff aus Afrika am Gestade Amerikas, und der Sklaventransport war seitdem der einträglichste Handel, auf den sich die englischen Kaufleute werfen konnten. Die ganze Bewirtschaftung besonders der südlichen Teile von Nordamerika wurde durch die Sklaverei bestimmt. Ein Jahr nach der Einführung des »schwarzen Elfenbeins« wurde die erste Baumwolle in Amerika gebaut, und die Zucker- und Reisplantagen brachten erst durch die billige Arbeit der Sklaven den von ihren Besitzern gewünschten reichlichen Ertrag. Die Neger wurden wie Vieh behandelt und auf den Sklavenmärkten an den Meistbietenden verkauft. Wer kennt nicht die Schicksale Onkel Toms, des guten alten Negers, der von einem Herrn zum andern kommt, wie ein Leibeigener arbeiten muß, ohne Mitleid von den Seinen getrennt und schließlich von dem grausamsten aller schlechten Menschen zu Tode geprügelt wird! Wenige Bücher haben ein solches Aufsehen in der ganzen Welt gemacht wie diese schlichte, der entsetzlichen Wirklichkeit entnommene Erzählung einer tapferen amerikanischen Frau namens Harriet Elizabeth Beecher-Stowe, und zwölf Jahre nach dem Erscheinen von »Onkel Toms Hütte« war die Sklavenfrage für Nordamerika entschieden! Heute existiert die Sklaverei nur noch in Afrika und in Westasien.

Schon seit der Unabhängigkeit Nordamerikas von England war die Beibehaltung oder Abschaffung der Sklaverei ein steter Streitpunkt zwischen den Nord- und Südstaaten der Union gewesen. Der ganze Wohlstand der Südstaaten beruhte auf der Sklavenwirtschaft, während die Verhältnisse der Nordstaaten mit ihrer starken Industrie die freie Arbeit verlangten. Von Jahr zu Jahr verschärfte sich dieser Gegensatz, und jedesmal, wenn ein neuer Staat in die Union aufgenommen werden sollte, kam es über der Behandlung der Schwarzen zu immer heftiger werdenden Auseinandersetzungen. Solange der Präsident der Union, der bekanntlich alle vier Jahre neu gewählt wird, kein erklärter Gegner der Sklaverei war, neue Gesetze gegen sie also nicht zu befürchten waren, ließen sich die Südstaaten beschwichtigen. Als aber im Jahre 1860 Abraham Lincoln, der als ein leidenschaftlicher Gegner des Sklaventums bekannt war, durch allgemeine Wahl an die Spitze der Vereinigten Staaten von Nordamerika gestellt wurde, sahen die Südstaaten den Augenblick gekommen, den sie im stillen schon lange ersehnt hatten: sie traten aus der Union aus, gaben sich eine neue Verfassung und ernannten einen eigenen Präsidenten! Diesen Abfall durften die Nordstaaten natürlich nicht dulden, und die Antrittsrede des neuerwählten Präsidenten Lincoln am 4. März 1861 war zugleich der Beginn eines Bürgerkrieges zwischen dem Süden und dem Norden.

Amerika hat Staatsmänner und Feldherren genug, die in einer Blockhütte geboren wurden; aber eine so elende Jugend wie Lincoln hat keiner von ihnen aufzuweisen. In einer trostlosen Gegend des Staates Kentucky besaß sein Vater eine armselige Farm, und hier kam Lincoln am 12. Februar 1809 zur Welt. Ungefähr so wie in der Hütte Rip van Winkles ging es auch in Lincolns Vaterhaus zu, und die Kinder wären vielleicht im Elend völlig verkommen, wenn nicht nach dem Tode der verbitterten Mutter eine energische praktische Stiefmutter sich ihrer angenommen und den Vater zur Arbeit angehalten hätte. Die Familie war zu dieser Zeit in die fieberverseuchten Urwälder von Indiana übergesiedelt, und schon der achtjährige Knabe mußte nun auf dem Felde des Vaters oder auf den Farmen der Nachbarn wie ein Tagelöhner arbeiten, um zum allgemeinen Unterhalt beizutragen. Zwischendurch war er als Ladendiener tätig, und mit neunzehn Jahren machte er seinen ersten Ausflug in die Welt, indem er als Schifferknecht auf einem Schleppkahn den Mississippi hinunter nach Neuorleans fuhr. Nachdem dann im Jahre 1830 sein Vater abermals ausgewandert war, diesmal nach Illinois, half ihm sein baumstarker Sohn noch bei der Errichtung eines neuen Blockhauses, trennte sich aber dann von den Eltern, um sich irgendwo und irgendwie durch seiner Hände Arbeit sein Brot zu verdienen.

Von Schulbildung war natürlich bei diesen Hinterwäldlern nicht groß die Rede gewesen, und Lincoln würde kaum viel Lesen, Schreiben und Rechnen gelernt haben, wenn nicht ein angeborener Wissensdurst die mangelnden Unterrichtsmittel ersetzt hätte. Wie ein Spürhund war er hinter jedem Buche her, das sich zu einem Ansiedler oder Händler verirrt hatte, und er verschlang jedes gedruckte Blatt, das ihm in die Hände fiel. Aus den Fabeln des Äsop lernte er frühzeitig kurz und klar erzählen, worin er später als Redner ein Meister wurde, und eine Geschichte der Vereinigten Staaten und eine Lebensbeschreibung Washingtons weckten schon in der Jugend sein vaterländisch-politisches Interesse. Das Bedürfnis, sich mitzuteilen und seine eigenen Ansichten zu entwickeln, zeigte sich schon, als er noch hinter dem Ladentisch die Kunden bediente, und sein drolliger Humor machte ihn bald zu einem gern gesehenen, weithin bekannten Spaßvogel, der bei keiner geselligen Gelegenheit fehlen durfte, um so weniger, da er auch bei jeder sich etwa entspinnenden Rauferei bereitwilligst seinen Mann stand.

Beizeiten aber gewöhnten sich Freunde und Bekannte, ihn als etwas

Ungewöhnliches zu betrachten, denn er hatte hin und wieder seine nachdenklichen Stunden, in denen er nicht gestört sein wollte. Dann schrieb er mit Holzkohle auf eine weißgescheuerte Holzschaufel oder auf Schindeln von Lindenholz, denn das teure Schreibpapier war nur selten für ihn erreichbar, und er war schon deshalb darauf angewiesen, sich bei solchen schriftstellerischen Versuchen über Erfahrungen und Beobachtungen des täglichen Lebens so kurz und knapp wie nur möglich auszudrücken.

Großjährig wie er jetzt war, ging er abermals als Schifferknecht nach Neuorleans, und hier erlebte er etwas, was für seine spätere Entwicklung von entscheidendem Einfluß wurde: er wohnte zum erstenmal einer Sklavenauktion bei, und die tiefste Entrüstung über diese barbarische Einrichtung senkte sich hier in seine Seele als eine Mitgift fürs ganze Leben.

Dann kamen Jahre, in denen er, halb Bummler, halb Tagelöhner, von der Hand in den Mund lebte, heute auf einem Mississippidampfer Dienste tat, morgen in einer Mühle handlangerte, in einem Laden mit Branntweinverkauf aushalf oder auch durch Niederwerfung eines gefürchteten Raufbolds eine Schar muskelkräftiger Gesellen um sich sammelte, mit denen er in einem Indianerkrieg eine Freiwilligentruppe bildete. Er mißbrauchte aber seine Körperkräfte keineswegs zu Grausamkeiten gegen die Rothäute, sondern kam mehr als einmal in die Lage, mit Lebensgefahr einen von ihnen gegen die Wut seiner eigenen weißen Kameraden zu schützen.

Nach Beendigung des Krieges machte er selbst einen Laden auf, der ihm aber vom Gerichtsvollzieher bald wieder geschlossen wurde, und etliche andere Versuche, sich eine bürgerliche Existenz zu gründen, waren ebensowenig vom Glück begünstigt. Aber er ließ darum den Kopf nicht hängen. Unaufhörlich arbeitete er an seiner Weiterbildung; meilenweit konnte er wandern, um sich von einem Schullehrer eine Grammatik zu borgen, und mit unermüdlicher Ausdauer vertiefte er sich in die Gesetzesbücher, ohne deren Kenntnis, das hatte er bald erkannt, eine öffentliche Wirksamkeit, zu der er sich berufen fühlte, unmöglich war. Schon 1834 wählte man ihn in die Verwaltung des Staates Illinois; zwei Jahre später ließ er sich als Advokat in der Stadt Springfield nieder, und hier machte er sich durch die Rechtschaffenheit seines Charakters und die liebenswürdige Originalität seiner Persönlichkeit bald so beliebt, daß er 1846 als Abgeordneter von Illinois in den Kongreß der Vereinigten Staaten gewählt wurde.

Die Augen von ganz Amerika richteten sich aber erst auf ihn, als in den fünfziger Jahren wegen der Sklavenfrage die Geister mit besonderer Heftigkeit aufeinanderplatzten und Lincoln sich in den Debatten darüber als der geschickteste und ehrlichste Gegner der Sklaverei bewies. Was er in der Jugend unbewußt an sich selbst ausgebildet hatte, Klarheit, Kürze und Schärfe des Ausdrucks, kam ihm jetzt als Redner trefflich zustatten, und vor seiner unerbittlich logischen Beweisführung, die er mit einer Fülle schlagender Anekdoten zu würzen liebte, wurden die sophistischen Verteidiger der Sklaverei genauso kleinlaut, wie ehemals die Raufbolde vor der nachdrücklichen Sprache seiner Arme und Hände. Denn jeder fühlte, daß ihm seine Meinung aus dem Herzen kam und daß er es nicht über sich gebracht hätte, auch nur ein Wort zu sagen, von dessen Wahrheit er nicht felsenfest überzeugt gewesen wäre. Der Haß gegen die Sklaverei war zu einer Leidenschaft bei ihm geworden, die ihn ganz erfüllte und ihn nicht ruhen ließ, bis er das Volksgewissen aus seiner Gleichgültigkeit aufgerüttelt und vor die Entscheidung gestellt hatte: Für oder wider die Sklaverei! Und durch seine Erwählung zum Präsidenten gab ihm das Volk die Antwort, für die er so viele Jahre gearbeitet hatte.

Um so furchtbarer war es für ihn, den Menschenfreund, daß sein Name die Losung zu einem Bürgerkrieg wurde, der die Union entzweite, Hunderttausende an Menschenleben kostete und Besitztümer von Milliarden vernichtete. Die gute Sache siegte zuletzt nach vier Jahren erbitterten Kampfes, und die Südstaaten wurden niedergeworfen, aber bis zu den letzten großen Entscheidungsschlachten war das Kriegsglück schwankend, und oft genug wurde des Präsidenten Gottvertrauen auf eine schwere Probe gestellt. Dabei führte dieser einfache Mann, der auch als Bewohner des Weißen Hauses in Washington seine Hinterwäldlerherkunft nie verleugnete und allezeit einem Holzfäller im ungeschickten Sonntagsrock ähnlich sah, seine Regierungsgeschäfte mit einer so überlegenen Ruhe und diplomatischen Klugheit, daß mancher ausgelernte Politiker vor ihm die Segel strich. Der Höhepunkt seiner Präsidentschaft war der 22. September 1862, wo Lincoln alle Sklaven Nordamerikas für frei erklärte und dadurch die ganze zivilisierte Welt wenigstens moralisch zur Bundesgenossin gewann. Jetzt beträgt die Zahl der Neger und der Mulatten in Nordamerika beinahe neun Millionen, und sie haben bei der Regierung der Vereinigten Staaten ein Wort mitzureden.

Die Früchte seines Sieges sollte Lincoln aber nicht mehr sehen. Eben hatte man ihn nach Ablauf seiner ersten Amtszeit zum zweitenmal als Präsidenten gewählt, und Washington war noch erfüllt vom Jubel über den letzten entscheidenden Sieg, denn die Hauptarmee der Südländer hatte am 9. April 1865 die Waffen gestreckt – da wurde Lincoln am 14. April während einer Theatervorstellung durch einen Pistolenschuß ermordet! Der Täter war ein Schauspieler, ein fanatischer Südländer, der die Niederlage seiner Heimat an dem siegreichen Präsidenten rächen wollte; so starb der »Sklavenbefreier« den Heldentod für die große Aufgabe seines Lebens!

Ein lauter Schrei des Schmerzes und der Empörung über diese Tat eines Wahnsinnigen hallte durch die Welt, und besonders die Soldaten, die noch im Felde lagen und sich des endlich errungenen Friedens freuten, vernahmen die Kunde von diesem Meuchelmord mit wildem Ingrimm. Ein Glück, daß der Bruderkrieg beendet war! Wären diese Leute noch einmal in Feindesland losgelassen worden, sagte der Deutsche Karl Schurz in seinen Lebenserinnerungen, so hätte die Rache für das vergossene Blut ihres guten »Vater Abraham« Taten gezeitigt, vor denen das Jahrhundert geschaudert hätte! Den Mörder Lincolns ereilte schnelle Rache. Er war nach Virginia geflohen, wurde aber von seinen Verfolgern in der Scheune eines Farmers entdeckt. Trotzdem er auf der Flucht ein Bein gebrochen hatte, setzte er sich mit der Flinte in der Hand zur Wehr, so daß nichts übrigblieb, als die Scheune in Brand zu stecken; beim Schein der Flammen empfing er dann trotzig die rächende Kugel. Bei dem Toten fand man ein Tagebuch, worin er sich mit Brutus und Wilhelm Tell verglich und bittere Klage darüber führte, daß er wie ein Wild gehetzt werde, während jene als Helden der Weltgeschichte gefeiert würden! Seine Mitverschworenen endeten, weniger theatralisch, am Galgen. –

Einer der begeistertsten Anhänger und Freunde Lincolns war der vorhin erwähnte Deutsche Karl Schurz, der als Zwanzigjähriger an den revolutionären Bewegungen des Jahres 1849 teilnahm, den wegen gleicher Vergehen gefangenen Dichter Gottfried Kinkel aus den Kasematten von Spandau rettete, dann nach Amerika flüchtete und hier zu hohen Ehren gelangte. Er ist in seinen Erinnerungen unerschöpflich, wenn es gilt, den staatsmännischen Scharfsinn, die Herzensgüte und den unverwüstlichen Humor des geliebten Präsidenten zu schildern. Einen großen Teil der Popularität, die Lincoln auch bei denen gewann, die nie seinen hohen Menschenwert aus persönlicher Nähe zu würdigen Gelegenheit hatten, verdankt er seinem allzeit schlagfertigen Witz, und zahlreiche köstliche Anekdoten darüber gehen in Amerika noch heute von Mund zu Mund. Zwei davon erzählt auch Karl Schurz. Als Lincoln bei Beginn des Bürgerkrieges Freiwillige aufrief, strömte eine Menge von Deutschen zusammen, die als geschulte Soldaten besonders willkommen waren, vielfach zu hohen Stellungen aufrückten und an den Waffentaten der Unionsarmee ruhmvoll Anteil nahmen. Darunter war mancher Adlige von hohem Rang, und oftmals hatte einer der bürgerlichen Unionsgenerale Prinzen von Geblüt und Freiherren zu Adjutanten.

Eines Tages meldete sich ein deutscher Graf, um Dienst im Heere der Union zu suchen, aber er bestand darauf, eine persönliche Audienz beim Präsidenten zu haben. Als er dann schließlich vor ihm stand, hatte er nichts anderes mitzuteilen, als immer nur zu wiederholen, daß seine Ahnen schon seit Jahrhunderten deutsche Grafen seien. Der Präsident hörte ihn eine Weile ruhig an, dann sagte er tröstend zu seinem Gast:

»Nun, deshalb brauchen Sie sich keine Sorge zu machen! Das wird Ihnen bei uns nicht im Wege stehen, wenn Sie sich nur als Soldat gut führen.«

Der Graf war über diese Antwort nicht wenig verblüfft und zerbrach sich noch lange darüber den Kopf, was Lincoln mit einer so sonderbaren Bemerkung wohl gemeint haben könnte.

Ein andermal machte ein junger Engländer, der die Vereinigten Staaten bereist hatte, einen Besuch bei Lincoln und äußerte sein Erstaunen darüber, daß in Amerika manch angesehener Herr höchstselbst seine Stiefel putzte.

»Ja, das ist richtig«, entgegnete Lincoln, »würden denn angesehene Herren bei Ihnen zu Hause das nicht tun?«

»Nein, gewiß nicht!« erklärte der Engländer mit Entrüstung.

»So?« meinte Lincoln ruhig, »wessen Stiefel putzen Sie denn?« –

»Merrimac« und »Monitor«

Als im Frühjahr 1861 der Bürgerkrieg zwischen den Nord- und Südstaaten der Union entbrannte, kostete es bei dem Mangel eines großen stehenden Heeres auf beiden Seiten ungeheure Schwierigkeiten, die zur Ausfechtung des Streites erforderlichen Truppenmassen ins Feld zu stellen. Zwar strömten Freiwillige in unübersehbarer Zahl herbei, aber das waren vorwiegend kriegsunkundige Leute, die sich an den Dienst im Heere und an militärische Disziplin erst gewöhnen mußten, ehe eine ernsthafte Leistung von ihnen zu erwarten war. Da exerzierte der in strenger Manneszucht gedrillte ehemalige deutsche Soldat neben dem phantastisch kostümierten Jäger, der aus der Prärie oder dem Urwald herbeigeeilt war, um für sein Sternenbanner zu fechten, und hinter ihnen marschierten im Takt des »Yankee Doodle«, des nordamerikanischen Nationalliedes, der Zuave, der Turko oder der Araber, so daß solch eine Kompanie oft genug einer Statistengruppe ähnlich sah, die in ihren Theaterkostümen der Bühne entlaufen war. Und die Befehlshaber waren nicht weniger bunt zusammengewürfelt. Manche von ihnen hatten noch nie den Säbel geschwungen und kamen unmittelbar aus ihrer bürgerlichen Tätigkeit zu einem Kommando, dessen Pflichten sie erst noch zu lernen hatten. Aber das war nun einmal das amerikanische Prinzip, dem auch der Präsident Lincoln mit Vorliebe huldigte, daß sich der tüchtige Mann an der rechten Stelle unter allen Umständen bewähren und im Kriege selbst die Meister des blutigen Handwerks sich herausfinden müßten.

Daher dauerte es lange, bis sich auf beiden Seiten eine planvolle Leitung des Krieges herausbildete, und fast ein Jahr verging unter zwecklosen Scharmützeln, die große Opfer an Menschen kosteten und doch für die endgültige Entscheidung nichts besagten. In der ersten Hälfte des Krieges waren die Südstaaten vielfach im Vorteil, zählten sie doch in ihrem nicht weniger bunt zusammengeworfenen Heer die meisten Abenteurer, die von Jugend auf gewohnt waren, mit den wilden Tieren des Urwalds, den flüchtigen Indianern oder den verschmitzten Mexikanern erbitterten Krieg zu führen und Entbehrungen aller Art zu ertragen, Regen und Sturm, Hunger und Durst, Kälte und Wunden, wenn sie nur ihr Primchen Tabak im Munde hatten und nicht müßig im Zelte liegen mußten, sondern unter dem Oberbefehl irgendeines tollkühnen Guerillaführers, den man ohne weiteres mit dem Rang eines Generals der konföderierten Armee der Südstaaten bekleidet hatte, losschlagen konnten. Nach den Plänen und Befehlen der obersten Kriegsleitung wurde dabei blutwenig gefragt. Am liebsten führten diese Banden, zu denen sich viele Verbrecher geflüchtet hatten, den Krieg auf eigene Hand, ganz gleichgültig, ob sie in Feindes- oder Freundesland raubten und mordeten.

Die Überlegenheit der Unionstruppen bestand zum Teil in dem Besitz einer Flotte, deren Kriegsausrüstung aber ebenfalls fast ein Jahr in Anspruch nahm, und erst mit dem Frühjahr 1862 war sie in der Lage, in den Gang der Ereignisse einzugreifen. Sie begann die Häfen der Konföderierten, wie sich die Südstaaten nannten, zu blockieren, ihnen die Zufuhr an Lebensmitteln abzuschneiden und an manchen Punkten der feindlichen Küste festen Fuß zu fassen. Dadurch geriet bald die von den Südstaaten erwählte Hauptstadt Richmond im Staate Virginia in die gefährlichste Lage, da die feindlichen Schiffe leicht von der Küste her durch den Jamesfluß bis zu ihr vordringen konnten, und so begann nun der Feind, sich ebenfalls auf eine bevorstehende Seeschlacht zu rüsten.

Südlich von Richmond liegt an der Mündung des Elizabethflusses die Stadt Portsmouth mit dem großen Hafen von Norfolk und seinen mächtigen Schiffswerften. Dieses Arsenals hatten sich die Südstaaten beizeiten bemächtigt, und hier entwickelte sich nun eine außerordentliche Tätigkeit.

Tag und Nacht dampften die Maschinen, mächtige Rauchsäulen wirbelten durch die Schornsteine, und in den Werkstätten klang ein unaufhörliches Konzert der Hämmer auf Eisen und Stahl. Gewaltige Eisenplatten wanderten nach Portsmouth, um hier verarbeitet zu werden. Aber was in dieser von Rauchwolken verschleierten Höhle Vulkans zusammengeschweißt wurde, das wußte niemand; die Regierung der Südstaaten bewahrte darüber das strengste Geheimnis. Nur ein dunkles Gerücht ging von Mund zu Mund, von einem Schiffe, das ganz mit Eisen überzogen werde, so daß selbst die schwersten Kugeln ihm nichts anhaben könnten. Aber selbst die Bewohner von Portsmouth, die sich neugierig zu den Schiffswerften drängten, lachten über dieses Märchen und tadelten die Regierung, die an solche aussichtslosen Experimente Millionen verschwendete.

Am 8. März 1862 wurde endlich das Geheimnis offenbar: das Kriegsministerium der Südstaaten hatte in aller Eile ein Panzerschiff bauen lassen, und an diesem Tage lief der »Merrimac«, wie es genannt wurde, von Stapel. Unzählige Neugierige hatten sich eingefunden, um einem Schauspiel beizuwohnen, das sogleich in den blutigen Ernst des Krieges übergehen sollte. Denn draußen vor dem Hafen von Norfolk lagen bereits die Schiffe der Union.

Erst seit einigen Jahren hatte man, zuerst in Frankreich, dann in England, Panzerschiffe zu bauen versucht, und dem »Merrimac« sollte es vorbehalten sein, ihre Verwendbarkeit in der Seeschlacht zu erproben.

Wie ein schweres Verderben, so erzählt einer der Augenzeugen dieser denkwürdigen Begebenheit, wälzte sich der eiserne Koloß in die offene Bai hinaus. Kein lebendes Wesen war an irgendeinem Teile dieser schwimmenden Festung zu sehen; wie von Seemöwen wurde es von den schlanken, flüchtigen Kanonenbooten umkreist, die ihre Kräfte versuchten und in raschem Fluge über die Wellen strichen, sich aber doch immer in der schützenden Nähe des Panzerschiffes hielten. Mit bebendem Herzen folgten die am Ufer Harrenden der Bewegung der kleinen Flotte der Konföderation, die außer dem »Merrimac« und seinen Kanonenbooten nur noch aus zwei Korvetten bestand.

Auf den feindlichen Schiffen der Union zeigte sich jetzt lebhafte Bewegung, und durch einen mächtigen Kanonenschuß gab die »Minnesota« das Signal der Gefahr. Alle kleineren Schiffe suchten wie aufgescheuchte Vögel Schutz unter den starken Befestigungen des nahen Forts Monroe. Alle Stückpforten der feindlichen Schiffe öffneten sich, und die Kanonen streckten ihre drohenden Mündungen hervor, zum Zeichen, daß man entschlossen sei, die Herausforderung anzunehmen.

Als sich die Flotte der Konföderierten auf Schußweite genähert hatte, blieben die beiden Holzschiffe und die Kanonenboote zurück; nur der »Merrimac« bewegte sich ruhig vorwärts, als wolle er allein den Kampf mit der feindlichen Flotte aufnehmen, und kaum befand er sich einem der Unionsschiffe, dem »Congreß«, gegenüber, als er auch schon ein mörderisches Feuer eröffnete. Der »Congreß« erwiderte sofort, und auch die Strandbatterien richteten mit großer Lebhaftigkeit ihr Feuer auf den »Merrimac«. Aber ohne Erfolg! An dem Eisenpanzer platteten sich alle Kugeln wie Lehmklumpen ab, und der »Merrimac« setzte unbekümmert seine Fahrt fort, als ob man ihn mit harmlosen Schneebällen bewerfe.

Geradewegs dampfte er auf die feindliche Fregatte »Cumberland« los, und als er sich dieser auf vierzig Schritt genähert hatte, konnte seine Bemannung deutlich die Unterredungen auf dem feindlichen Schiffe hören.

»Was kommt denn da? Wie zum Teufel sieht das Ding aus? Was mag es wollen?«

In diesem Augenblick erscholl auf dem »Merrimac« ein Kommando, und eine seiner zylinderartigen Riesenkugeln fegte der Länge nach über das Deck der »Cumberland« hin, alles vernichtend, was ihr im Wege stand. Dann machte der »Merrimac« eine Wendung und fuhr mit der Spitze auf die Breitseite des Feindes los. Der Kapitän des »Cumberland« ließ nun aus allen Batterien auf das immer näher kommende Ungetüm feuern. Aber ohnmächtig prallten die Kugeln ab, und schon erreichte die Spitze des »Merrimac« die Wand der Fregatte. Ein ungeheures Brechen und Krachen – das noch vor wenigen Minuten so stattliche Schiff taumelt wie ein Betrunkener zur Seite und beginnt zu sinken, die Wogen schlagen zu den Stückpforten hinein, die bis zum letzten Augenblick Feuer speien; dann legt sich die »Cumberland« auf die Seite, und die Wogen verschlingen sie samt ihrer heldenmütigen Besatzung, ohne daß ein Schrei vernommen wird!

Jetzt sahen die übrigen Schiffe der Union, was der »Merrimac« zu bedeuten hatte und welches Schicksal ihrer wartete. Dennoch behielt der »Congreß« seine Stellung bei und wich nicht, als der »Merrimac« jetzt auch auf ihn losdampfte. Das seichte Wasser verhinderte ihn aber, den »Congreß« ebenfalls in den Grund zu bohren; dafür richtete er aber ein so fürchterliches Feuer auf ihn, daß der Kapitän, um der völligen Zerstörung seines Schiffes zu entgehen, nach kurzer Zeit die Kapitulationsflagge hißte. Da aber von den Landbatterien während der Übergabe das Feuer nicht eingestellt wurde, ließ der Kapitän des »Merrimac« den »Congreß« mit glühenden Kugeln beschießen, und bald sank auch der zweite Feind auf den Grund des Meeres.

Ein ungeheurer Siegestaumel hatte sich der Zuschauer am Ufer bemächtigt. Zwei stolze feindliche Fregatten hatte das Panzerschiff wie zum Spaß in kurzer Zeit vernichtet, und am nächsten Tag sollten auch die übrigen feindlichen Schiffe an die Reihe kommen, so daß mit einem Schlag der Hafen vom Feinde gesäubert war. Niemand konnte in dieser Nacht schlafen, die meisten kampierten unter freiem Himmel am Ufer und erwarteten mit Ungeduld den Morgen und die Wiederaufnahme des Kampfes.

Endlich brach die Morgenröte an, und draußen auf der Höhe des Hafens bot sich ein überraschendes Schauspiel. Von den feindlichen Fregatten lag nur noch die »Minnesota« an ihrer Stelle; die anderen hatten sich unter die Befestigungen des Forts Monroe zurückgezogen. Aber neben der »Minnesota« lag ein merkwürdiges kleines Ding, das mit einem Schiff kaum eine Ähnlichkeit hatte; die einen hielten es für einen umgeschlagenen Walfischfahrer, und die anderen lachten bald über die wunderliche »Käseschachtel«, die man da habe schwimmen lassen. Etwas beunruhigend war nur der Umstand, daß aus einem kleinen Turm auf dieser »Käseschachtel« die Schlünde von zwei gewaltigen Kanonen herausguckten.

Der »Merrimac« dampfte siegesgewiß unter dem tausendstimmigen Jubel der am Ufer Harrenden dem Feinde entgegen. Zur Vorsicht sandte der Kapitän zwei seiner Kanonenboote voraus, um das sonderbare fremde Fahrzeug in Augenschein zu nehmen. Aber kaum hatten sie sich auf Schußweite genähert, als die beiden Kanonen der »Käseschachtel« zwei fürchterliche Kugeln über sie hinsausen ließen. Schleunigst machten sie kehrt.

Jetzt dampfte der »Merrimac« auf den kecken Gegner los. Schon hatte er sich ihm auf dreißig Schritt genähert, und in den nächsten Augenblicken mußte er ihn aufgespießt haben – doch schnell wie ein Fisch wich das feindliche Fahrzeug zur Seite und gab dem »Merrimac« eine seiner Kugeln zu kosten, die ihm bewiesen, daß er einen ebenbürtigen Gegner vor sich habe.

Die Regierung der Union war nämlich genauso vorsichtig gewesen wie die Gegnerin, und hatte gleichfalls ein Panzerschiff bauen lassen, das durch einen unglücklichen Zufall am Tage vorher nicht zur Stelle gewesen war. Der Erbauer dieses Panzerschiffes »Monitor« war der schwedische Ingenieur John Ericsson. In hundert Tagen hatte dieser ein Kanonenboot eigener Erfindung hergestellt, das sich kaum 60–80 Zentimeter über dem Wasser erhob, also nur eine ganz geringe Angriffsfläche bot, keine Masten hatte, mit einem starken Eisenpanzer versehen war und obendrein dem »Merrimac« durch eine weit größere Beweglichkeit bedeutend überlegen war.

Nun entwickelte sich zwischen den beiden Panzerschiffen auf hundertundfünfzig Schritt Entfernung ein Geschützkampf, der mehrere Stunden dauerte, ohne daß aber die hundertundzwanzigpfündigen Kugeln auf einer der beiden Seiten irgendwelchen Schaden anrichten konnten. Schließlich verlor der »Merrimac« die Geduld und versuchte nochmals mit voller Kraft gegen den »Monitor« anzulaufen, um ihn in den Grund zu bohren. Aber wiederum entwischte der flinke »Monitor« und gab nun dem »Merrimac« eine Kugel, die durch eine der Stückpforten drang und Tod und Verderben im Innern des Schiffes verbreitete. Jetzt erkannte der Kapitän des »Merrimac«, daß er diesem kleinen gewandten Gegner nichts anhaben konnte, und da es außerdem durch den glücklichen Schuß des »Monitor« mit seinen Maschinen übel bestellt war, machte er kehrt und dampfte in den Hafen zurück.

Die Menge am Ufer hatte unterdes nicht begreifen können, warum der »Merrimac« mit der kleinen »Käseschachtel« nicht noch viel schneller fertig geworden war als Tags zuvor mit den beiden stattlichen Fregatten. Als sie aber jetzt hörte, daß auch die Flotte der Union ein Panzerschiff besitze und mit diesem dem großen »Merrimac« die Ausfahrt aus dem Hafen streitig mache, wandelte sich der Siegesjubel schnell in die größte Bestürzung um, und die Regierung, der man noch bis vor kurzem Verschwendung durch sinnlose Experimente vorgeworfen hatte, mußte nun die Klage hören, warum sie nicht gleich mehrere »Merrimacs« gebaut habe. –

So ruhmvoll der »Merrimac« begonnen hatte, so ruhmlos endete er sein kurzes Dasein. Als die Truppen der Union sich immer mehr der feindlichen Hauptstadt Richmond näherten, ließ die Regierung der Konföderation die Schiffswerften von Portsmouth und Norfolk zerstören, damit diese nicht in die Hände der Feinde fielen. Mit dem Panzerkoloß wußte man aber nichts Rechtes anzufangen. Der Marineminister hatte den etwas wunderlichen Befehl gegeben, der »Merrimac« solle aus dem Hafen ausbrechen, nach Neuyork fahren, auf diesem Wege so viele feindliche Schiffe wie möglich zu vernichten suchen und sich dann im Hafen von Neuyork selbst in die Luft sprengen.

Der Kommandant zog es aber im Einverständnis mit seinen Offizieren und der Mannschaft vor, diesen Befehl des Ministers nicht auszuführen. Er wollte vielmehr das Schiff erleichtern, um es dann den Jamesfluß aufwärts steuern zu können, wo es bei der Verteidigung der Hauptstadt gute Dienste leisten konnte.

Die Bemannung war mit diesem Ausweg gerne einverstanden, und eine ganze Nacht wurde unermüdlich gearbeitet, um Ketten, Anker, Eisen, Kanonen usw. über Bord zu werfen. Und wirklich hatte sich das Schiff am andern Morgen um acht Fuß gehoben. Aber jetzt war seine Achillesferse bloß geworden: der Teil, der im Wasser gelegen hatte, war nicht mehr eisengepanzert, und dem »Monitor« gegenüber war jetzt der »Merrimac« völlig wehrlos! Der Kommandant wußte sich nun nicht anders zu helfen, als daß er beim nächsten Herannahen feindlicher Schiffe die Mannschaft auf Booten ans Land setzte und wenigstens den zweiten Teil des ministeriellen Befehls ausführte, indem er den »Merrimac« in Brand setzen ließ!

In wenigen Augenblicken drangen aus allen Öffnungen dicke Rauchwolken, feurige Flammen leckten an den Stückpforten, die Kanonen entluden sich nach und nach, und bald war der Eisenkoloß, der stolze Vernichter der beiden feindlichen Fregatten, in ein Feuermeer eingehüllt. Zuletzt ein furchtbarer Krach, die Wogen hoben sich haushoch, das Feuer hatte in der Pulverkammer gezündet, und der »Merrimac« schwamm in tausend Trümmern auf den Wellen. Damit war der Flotte der Union ihre Überlegenheit gesichert, ein Panzerschiff der Konföderation existierte nicht mehr.

Seitdem hat man noch weit gewaltigere Panzerschiffe gebaut, als der »Merrimac« und der »Monitor« waren, und unermüdlich arbeiten die Ingenieure der ganzen Welt daran, diese Werkzeuge der Zerstörung, bei denen im Seekriege der Zukunft die Entscheidung liegt, immer unüberwindlicher zu gestalten. In der Geschichte des Seekriegswesens aber spielt dieser erste Zweikampf zwischen zwei Panzerschiffen eine denkwürdige Rolle, da sich seitdem auch die übrigen Nationen der Erfindung Ericssons bemächtigten und die Entwicklung des Panzerschiffbaues mit einem Schlage einen gewaltigen Aufschwung nahm. Innerhalb des amerikanischen Sezessionskrieges bildete diese Seeschlacht wohl die interessanteste Episode, die die ganze Welt in Aufregung hielt und so populär wurde, daß noch lange die Jungen in ihren Freistunden auf den Schulhöfen »Merrimac und Monitor« spielten.

Der Alexander der neuen Welt

Seit Kolumbus durch seine Entdeckungen der Menschheit eine neue Welt geschenkt hatte mit unermeßlichen, weglosen Wildnissen, mit ungekannten Völkern und mit Reichtümern, die man mehr ahnte und erhoffte als sah, stürmte die Phantasie der europäischen Jugend wie ein ungezügeltes Roß über den Atlantischen Ozean, der jetzt seine Schrecken verloren hatte, da seine Grenze gefunden war. Schon im Jahre 1495 hatte die spanische Regierung auf den Rat eifersüchtiger Neider des Kolumbus jedem ihrer Untertanen freigestellt, auf Entdeckungsfahrten nach dem fernen Westen auszuziehen, um auf den Spuren jenes Großen weitere unbekannte Länder für die Krone Spaniens zu erobern. Das war ein Signal zur Sammlung aller Abenteurer der alten Welt unter der Fahne Spaniens, und zahllose Schiffe voll von Glücksrittern, denen vielfach der heimatliche Boden unter den Füßen zu heiß geworden war, landeten nun an den geheimnisvollen Küsten, von denen man noch nicht wußte, ob sie lauter Inseln oder ein neues Festland begrenzten. Wo man ausstieg, hißte man die andalusische Flagge, dann baute man einen Altar von rohen Steinen, befestigte ein Kreuz oder vielleicht ein Muttergottesbild darauf, der begleitende Pater, der zur Bekehrung all der unbekannten Heidenvölker mit dabei zu sein pflegte, las vor den andächtigen Seefahrern eine feierliche Messe, in die nächsten Baumstämme wurden die Namen des Königs und der Königin von Spanien eingeritzt, und aus dem nächsten Flusse trank der Anführer von dem Wasser des Landes. Damit war von der Küste und dem zugehörigen Hinterland Besitz für die spanische Krone ergriffen, ein umständlicher Bericht wurde mit den ersten gut- oder böswillig erlangten Kostbarkeiten an die heimatliche Regierung abgesandt, und Spanien war wieder um eine unübersehbare, dunkle Ländermasse bereichert, die irgendwo jenseits der großen Salzflut lag.

Im Anfang ließen die zutraulichen Eingeborenen die Fremden ruhig ihrer Wege gehen und gaben für Glasscherben, Blechbüchsen und dergleichen wertlosen Abhub bereitwilligst Lebensmittel, wie Hühner und Mais, her. Damit waren aber diese Konquistadoren, wie die Anführer der spanischen Entdeckungsfahrten genannt wurden, wenig zufrieden. Denn sie alle träumten von einem Goldland, wo man sich wie im Märchen riesige Klumpen edlen Metalles von den felsigen

Abhängen der Gebirge brechen konnte, und wo die Edelsteine haufenweise wie Kiesel verstreut lagen, so daß man sich nur danach zu bücken brauchte. Statt dessen aber fand man meist unwirtliche, sandige Küsten, und wenn man bei den Bewohnern goldenen Schmuck entdeckte und sie nach dessen Herkunft fragte, wiesen sie tiefer und immer tiefer ins Land hinein. Ungesundes Klima, Entbehrungen und Krankheiten aller Art richteten viele Niederlassungen, die bald hier, bald dort angelegt wurden, zugrunde, und Habsucht und Grausamkeit der weißen Eindringlinge machten die Eingeborenen zu erbitterten und gefährlichen Feinden. Dazu kam noch die maßlose Eifersucht der Eroberer untereinander, die sich selbst gegenseitig befehdeten und durch eine verkehrte Günstlingspolitik daheim in diesen Streitigkeiten noch unterstützt wurden. Jeder wollte für sich allein das erträumte Goldland »el Dorado« gewinnen und dachte nicht mehr im entferntesten wie Kolumbus daran, etwa mit den erbeuteten Schätzen das Heilige Grab den Türken zu entreißen.

Aber immer neue Scharen heldenmütiger oder auch tollkühner Eroberer überströmten unwiderstehlich diese neuen spanischen Kolonien. Daß das von Kolumbus entdeckte Kuba eine Insel war, hatte schon 1508 eine von Sebastian Ocampio unternommene kühne Umschiffung bewiesen. 1511 eroberte Diego Velazquez diese bedeutendste Insel der Großen Antillen und wurde ihr erster Statthalter. Von da bis zum amerikanischen Festland war nur noch ein kleiner Schritt, eine Meeresstraße von nur 220 Kilometern trennt Kuba von der Halbinsel Yucatan, und diese wurde denn auch die Brücke, über die die Spanier in das Innere Zentralamerikas eindrangen. Einer der Konquistadoren, Juan de Grijalva, unterwarf einen Teil dieses Landes und kam bis an die Grenzen von Mexiko, wo er von den dortigen Kaziken gegen Messer und Scheren Gold und Perlen eintauschte, aber auch voll Entsetzen sah, daß mit der hohen Kultur der dortigen Indianerstämme die gräßlichsten Menschenopfer, ja Kannibalismus Hand in Hand gingen.

Aber das leidenschaftlich gesuchte Goldland schien damit gefunden, und mit Schätzen beladen kehrte Grijalva zu dem Statthalter von Kuba, Velazquez, zurück. Dieser schrieb schleunigst einen Bericht über das fabelhafte Kulturvolk im Westen seiner Insel und war sofort entschlossen, die neue Entdeckung für seine Statthalterschaft in Anspruch zu nehmen. Schnell war eine große Flotte ausgerüstet, und zu ihrem

Befehlshaber ernannte Velazquez seinen Sekretär und Günstling, Ferdinand Cortez.

Damit hatte Velazquez eine seinem eigenen Ansehen zwar wenig förderliche, aber für die Entdeckungsgeschichte der neuen Welt überaus glückliche Wahl getroffen. Denn Cortez wurde der erfolgreichste aller dieser Konquistadoren, und es war keine törichte Anmaßung, wenn er sich selbst den »Alexander der neuen Welt« zu nennen liebte. Mit unermüdlicher Ausdauer und heldenhafter Tapferkeit ging er auf sein Ziel los; aber er ließ es nicht bei blutiger Eroberung bewenden, sondern machte den ersten Versuch, die eroberten Länder zu kolonisieren und ihren Einwohnern die europäische Kultur nahe zu bringen, während er die alte Kultur der Mexikaner nach Möglichkeit zu erhalten strebte.

Cortez wurde 1485 als Sohn adliger Eltern in Medellin in der spanischen Provinz Estremadura geboren; er studierte zwei Jahre an der Universität Salamanca und scheint schon in seiner Jugend sein Vaterland kreuz und quer durchstreift zu haben, denn in seinen späteren Berichten über seine mexikanischen Eroberungen pflegte er, zur besseren Veranschaulichung der unerhörten Neuigkeiten, die er zu melden hatte, Vergleiche mit der Natur und den Zuständen Spaniens zu ziehen, woraus hervorgeht, daß er dieses ungemein gründlich kannte. Die Entdeckungen des Kolumbus entzündeten schon früh seine glühende Phantasie; der Reiz des Wunderbaren, das jenseits des Ozeans neben ritterlichen Abenteuern goldene Berge verhieß, lockte auch ihn, und schon in seinem neunzehnten Jahre schiffte er sich mit einem nach Hispaniola (Haïti) bestimmten Geschwader ein. Durch Geistesgegenwart, Unerschrockenheit und Ausdauer zeichnete sich der Jüngling so hervorragend aus, daß der Statthalter von Santo Domingo ihn in seine Dienste nahm. Sieben Jahre später beteiligte er sich an der Eroberung Kubas und kam dadurch zu Landbesitz und Wohlstand in der neuen Welt. Der Statthalter Velazquez zog den gewandten und durch Schönheit auffallenden jungen Mann in seine Nähe, wählte ihn zu seinem Sekretär, machte ihn später zum Alkalden der Stadt Santiago auf Kuba und ernannte ihn schließlich zum Admiral der elf Schiffe, die er nach dem verheißungsvollen Mexiko zu schicken gedachte.

In Cortez vereinigten sich die besten spanischen Eigenschaften: leidenschaftlicher Nationalstolz, furchtlose Tapferkeit, Gerechtigkeit und Ritterlichkeit. Dabei beseelte ihn ein unbändiger Ehrgeiz. Mit Feuereifer betrieb er die Ausrüstung der Expedition und übernahm selbst einen großen Teil der Kosten. Aber ehe er noch den Hafen von Santiago verlassen hatte, ergriff den Statthalter die Unruhe, Cortez werde sich, im Besitz einer so bedeutenden Kriegsmacht, von seiner Oberherrschaft befreien und auf eigene Faust seine Entdeckungsreise antreten. Er befahl daher dem Admiral, mit der Ausreise bis zu seiner Ankunft zu warten.

Aber Cortez witterte Unrat. Er wußte zu gut, wie manchem tapferen Gefährten durch einen ehrgeizigen Vorgesetzten der Ruhm und die Früchte seiner Eroberungen vorenthalten worden waren, und er dachte nicht daran, das Schicksal eines Kolumbus zu teilen. Er wollte sein Gut und sein Leben nicht im Dienst eines schon jetzt mißtrauischen und später gewiß undankbaren Statthalters aufs Spiel setzen und wagte daher einen kühnen Handstreich: Sobald er den Befehl des Velazquez erhalten hatte, fuhr er unverzüglich mit seiner Flotte von Santiago nach Trinidad, vollendete hier in Ruhe die Ausrüstung und Verproviantierung seiner Expedition und ging am 18. Februar 1519 unter Segel.

Mit vierhundert spanischen Kriegern, zweihundert Indianern, sechzehn Reitern und vierzehn Geschützen segelte die Flotte an der Küste von Yucatan entlang, landete auf der Insel Cozumel und erreichte bald die Küste von Mexiko. In der Nähe von Chiahuitztla nahm Cortez in der üblichen Weise das neue Land für Spanien in Besitz und gründete eine Niederlassung Villa Rica de Vera Cruz, die er mit spanischer Verwaltung ausstattete. Die neuzuschaffenden Ämter verteilte er unter seine Getreuen, und diese wählten nun, streng nach der vorgeschriebenen Form, ihn zum Generalkapitän und Oberrichter der spanischen Krone. Dadurch gewann er einen Rechtstitel, der es ihm erlaubte, auch gegenüber den Freunden des Velazquez innerhalb der kleinen Eroberungsarmee seine Autorität geltend zu machen und die verschiedenen Strafexpeditionen, die der Statthalter ihm nachsandte, nach friedlichen Verhandlungen zu sich herüberzuziehen.

So begann er mit seiner kleinen Schar den Feldzug mitten hinein in ein unbekanntes mächtiges Reich, dessen starke und kriegerische Bevölkerung, das sah Cortez voraus, sich keinesfalls ohne Schwertstreich einem Häuflein fremder Eindringlinge ergeben würde.

Cortez auf dem Wege nach Mexiko

Cortez wußte von dem Lande, das vor ihm lag, nichts weiter, als daß hundert Stunden in das Innere hinein ein mächtiges Indianerreich liege, in dessen Mitte, in einem unzugänglichen See erbaut, eine große goldene Stadt mit tausend Türmen throne. Ein blutgieriger König namens Montezuma herrsche über dieses Reich und hüte die goldene Stadt, und die Indianer der Küste wußten ihm nicht genug von der unbegrenzten Macht dieses Aztekenfürsten zu erzählen. Das ganze Land weit und breit zolle ihm Tribut an Gold, Kleinodien und – jungen Menschen, die zu Hunderten den Götzen der Azteken geopfert würden.

Meilenweit seufzte die indianische Bevölkerung unter dieser Blutherrschaft – ein ungemein glücklicher Umstand für den klugen und kühnen Spanier, den man schon in Cempoalla, der ersten großen Indianerstadt nahe der Küste, als den langersehnten Befreier vom blutigen Joch der Azteken mit offenen Armen aufnahm.

Aber Cortez war vorsichtig und mißtrauisch, doch nahm er die ihm entgegengebrachte Freundschaft der Indianer gern an. Jenseits des Meeres, über das er gefahren, so erzählte er den Rothäuten, herrsche noch ein weit mächtigerer Fürst als Montezuma, voll Wohlwollen und Güte, und er sei gekommen, um die Huldigung der Indianer für seinen großen Kaiser entgegenzunehmen. Keine Menschen- und Blutopfer verlange dieser Herrscher jenseits des Meeres – nichts weiter als Gold. Und Cortez war vorsichtig und menschlich genug, diesen Tribut in Gold den Eingeborenen nicht mit Gewalt abzuzwingen; unter seinen Begleitern hielt er strenge Manneszucht und gestattete den Farbigen gegenüber weder Roheiten noch Grausamkeiten. So kam er auf den ersten Etappen seiner Expedition mit den Eingeborenen friedlich aus. An die Zahlung von Tribut waren sie ja gewöhnt, und sie brachten dem Herold des sagenhaften Herrschers jenseits des unermeßlichen Meeres freiwillig ihre Schätze dar.

Schon ehe Cortez von Cempoalla weitermarschierte, traf eine Botschaft vom Könige der Azteken bei ihm ein. Durch seine Spione hatte Montezuma sehr bald von dem seltsamen weißen Fremdling gehört, der nur ein Abgesandter eines weit mächtigeren Königs zu sein sich rühme. Aber er bat dringend, sein Land und seine Stadt nicht zu betreten, da er und sein Volk arm seien und die Spanier nicht gebührend bewirten könnten. Aber er strafte seine eigenen Versicherungen Lügen, indem er zugleich Geschenke mitschickte, die Cortez und seine Begleiter in nicht geringes Erstaunen setzten.

Da war eine Scheibe von der Größe eines Wagenrads, das die Sonne vorstellte, aus purem Golde und von herrlichster Arbeit; sie mochte wohl an 20 000 Goldpiaster Wert haben. Dann brachten die Gesandten Montezumas eine zweite Scheibe, noch größer als die erste und von schwerem Silber. Sie stellte den Mond mit vielen Strahlen dar, und wunderbare Figuren waren kunstvoll darin eingraviert. Das dritte Geschenk war eine Sturmhaube, ganz mit gediegenen Goldkörnern gefüllt, so wie sie aus den Bergwerken kommen, an 3000 Piaster Wert, für die Spanier aber noch viel wertvoller, da diese Sendung ihnen verriet, daß es reiche Goldgruben im Lande gab. Dazu kamen zwanzig goldene Enten, getreu nach der Natur und sehr zierlich gearbeitet; dann Figuren von Hunden, Tigern, Löwen und Affen und zehn Halsketten aus Gold, in Silber und Gold gefaßte Fächer und Büsche der schönsten grünen Federn und schließlich noch dreißig Pakete Baumwollstoff, der mit bunten Federn durchwirkt war.

Nichts war natürlich besser geeignet, die Neugier und Habsucht der Fremden zu reizen, als diese kostbaren Geschenke, und Cortez erwiderte also den Abgesandten höflich, aber bestimmt, er habe von seinem kaiserlichen Herrn im fernen Spanien den bestimmten Auftrag erhalten, den König der Azteken zu dessen Vasallen zu ernennen, und da sich diese Botschaft nur persönlich ausrichten lasse, werde er auf jeden Fall nach Mexiko kommen. Bei dieser Antwort blieb er, unbekümmert um der Abgesandten Bitten und Drohungen.

Noch von Cempoalla aus sandte Cortez einen Bericht über seine bisherigen Abenteuer und dazu als nachdrücklichste Zeugnisse den größten Teil der erhaltenen Kostbarkeiten an den König von Spanien, Kaiser Karl v. Sein Verhältnis zu Velazquez behandelte er dabei mit der nötigen Diplomatie und bat, ihn selbst als Statthalter und Oberrichter in den neuen von ihm gesehenen und zu unterwerfenden Ländern anzuerkennen. Die kostbare Fracht verlud er auf das beste Schiff, das auch glücklich nach Spanien gelangte, wenn auch sehr spät.

Die übrigen Schiffe ließ er als seeuntüchtig auf den Strand laufen, um den Feiglingen und den Anhängern des Statthalters von Kuba unter seiner Mannschaft, die schon eine Rebellion gegen ihren Feldherrn angezettelt hatten, den Rückweg abzuschneiden. Dann erst begann er seinen eigentlichen Alexanderzug quer durch das Indianerreich nach der Hauptstadt Mexikos.

In Vera Cruz ließ er 150 Mann zurück, die eine Festung erbauen sollten, und ihrem Oberbefehlshaber übertrug er zugleich die Herrschaft über die Indianer von Cempoalla. Zur größeren Sicherheit seiner Niederlassung und um nicht im Rücken heimtückisch angefallen zu werden, wußte er aber die meisten Vornehmen jener Stadt und zahlreiches Kriegsvolk zu veranlassen, mit ihm nach Mexiko zu ziehen. Diese Leute von Cempoalla wurden ihm treue Verbündete.

In geschlossener Marschordnung zog nun dieses Heer von 350 Spaniern und vielen tausend Indianern durch die Provinz Cempoalla, wälzte sich die Bergrücken nach der Hochebene von Anahuac hinauf und durchquerte eine Wüste bis zur Stadt Tlatlanquitepec. Hier sahen die Spanier zum erstenmal trefflich gebaute Häuser aus behauenen Steinen und trafen auf Zeugnisse einer hochentwickelten fremden Kultur.

Auf die Frage des Cortez an den Häuptling oder Kaziken, ob auch er Vasall des Montezuma sei, erhielt er die erstaunte Antwort:

»Gibt es denn jemand, der nicht Vasall des Montezuma ist?«

Cortez aber ließ sich durch diese Antwort nicht verblüffen, sondern er begann, dem Häuptling klarzumachen, daß Montezuma keineswegs der Beherrscher des ganzen Weltalls sei, sondern daß es noch viele andere und größere Fürsten gäbe, die aber alle Vasallen des Königs von Spanien seien und sich dies zu nicht geringer Ehre schätzten. Auch Montezuma müsse mit seinem ganzen Volke Vasall dieses mächtigsten aller Herrscher werden, und der Kazik von Tlatlanquitepec könne daher nichts Besseres tun, als sich gleich in die Dienste der europäischen Majestät zu begeben. Des zum Zeichen ersuchte ihn Cortez um einen Tribut an Gold, wofür er ihm hohe Ehre und Gunst versprach; weigerte er sich aber zu gehorchen, so werde er Strafe erleiden.

Der schlaue Häuptling wollte aber nur auf Befehl Montezumas seine Schätze herausrücken, und Cortez gab sich damit zufrieden, um sich keine Feinde im Rücken zu schaffen. Auch die übrigen Gesandten der benachbarten Indianerfürsten empfing er freundlich, obgleich sie nur dürftige Gastgeschenke brachten. Ihm lag daran, sie über Montezuma und ihr Verhältnis zu jenem Tyrannen auszuforschen, und dann setzte er, obgleich auch seine Freunde aus Cempoalla ihm dringend abrieten, seinen Weg nach Mexiko fort.

Bei der großen Stadt Tlascala stellten sich ihm die Indianer zum erstenmal feindlich gegenüber. Unter schweren Gefechten mit den äußerst kriegerischen Eingeborenen mußte sich Cortez in einem Götzentempel auf einem Hügel verschanzen, machte von hier aus bald hierhin bald dorthin Ausfälle auf die ungeordneten Scharen der Feinde und gab ihnen durch Zerstörung ihrer Dörfer seine Überlegenheit zu fühlen. Abends zog er sich dann immer wieder in seine Festung zurück.

Bei diesen Gefechten erregten die wenigen Reiter, die Cortez mit sich führte, die größte Furcht, denn Pferde waren den Rothäuten völlig unbekannt, und wenn die prächtig aufgeschirrten Streitrosse in die dichten Haufen der indianischen Krieger eindrangen, verbreiteten sie überall den größten Schrecken, um so mehr als die steifen Baumwollrüstungen, die die Indianer trugen, sie in der Flucht behinderten.

Bald sahen die Rothäute, daß sie trotz ihrer gewaltigen Übermacht an Zahl der kleinen Armee von Europäern nicht beikommen konnten; sie versuchten es daher mit List. Ihre Häuptlinge kamen zu Cortez, baten reumütig um Verzeihung und erklärten sich als Vasallen des allmächtigen Herrschers, den ihnen Cortez durch seine Dolmetscher als den Herrn der Welt schildern ließ. Während sie nun Lebensmittel brachten und mit den Spaniern unterhandelten, merkten sie sich das Innere der Festung, um sich bei einem nächtlichen Überfall zurechtzufinden.

Aber Cortez hatte einen Gefangenen zum Eingeständnis dieses Kriegsplanes gebracht und war auf seiner Hut. Als daher auch die List der Indianer nichts half, bot endlich ihr Oberfeldherr mit fünfzig der vornehmsten Kaziken aus Tlascala den Frieden an. Cortez willfahrte nur zu gern, denn schon hatte sich seiner Soldaten ein panischer Schrecken bemächtigt; sie fürchteten, sich auf die Dauer gegen die Übermacht der tapferen Rothäute nicht halten zu können, und es bedurfte schon der ganzen Überredungskunst des Anführers, um Meuterei unter ihnen zu ersticken.

Nachdem sich dann Cortez eine Weile abwartend verhalten hatte, folgte er endlich den dringenden Einladungen der Häuptlinge und betrat die Provinz Tlascala, d. h. Brotland, und die gleichnamige prächtige Hauptstadt. Wie staunten die Spanier hier über die stattlichen und wohnlichen Häuser, über den großen Marktplatz, auf dem alles zu kaufen war, wie bei ihnen daheim: Fleisch und Gemüse, baumwollene Kleidungsstücke und Porzellan, nicht geringer als in Spanien, Kohlen und Arzneikräuter, und goldene Schmucksachen in Menge. Sogar öffentliche Bäder gab es hier und Barbierläden, in denen man sich den Kopf waschen lassen konnte!

Die Verwaltung der Stadt und Provinz war eine Art Republik, und eine große Beamtenschaft sorgte für die öffentliche Sicherheit. Die Einwohner bezeigten sich jetzt als zuverlässig und treu, denn Cortez hatte ihnen die Überzeugung beigebracht, daß er auch den mächtigen Montezuma zum Vasallen seines Königs machen werde. Sie selbst verachteten und haßten die Azteken und deren Götzendienst, dem so viele von ihrer jungen Mannschaft, die durch Hinterlist oder im Krieg gefangen wurden, auf blutigen Altären geopfert wurden. Tapfer und kriegsgewandt, wie sie waren, hatten sie sich gegen Montezumas Tyrannei bisher behauptet, und sie verzichteten lieber auf den Genuß von Salz, als daß sie mit den Mexikanern in Berührung kamen, die große Salzlagunen besaßen.

Als Montezuma die Niederlage der Tlascalaner, die ihm selbst bisher widerstanden hatten, erfuhr, schickte er abermals eine noch größere Gesandtschaft an Cortez mit einem großen Schatz an Gold und Baumwollstoffen. Aber er wiederholte um so dringlicher die Aufforderung, sein Land zu meiden; lieber wolle er freiwillig Tribut zahlen.

Aber Cortez blieb natürlich bei seinem Entschluß. Darauf erhielt er von Montezuma eine Einladung nach der ersten aztekischen Stadt Cholula, und obwohl ihn die Tlascalaner warnten, folgte er diesem Rufe und zog in die prächtige, türmereiche Stadt ein. Er versäumte aber nicht, sich in dem großen Quartier, das man ihm zur Verfügung gestellt hatte, tüchtig zu verschanzen, denn er merkte bald, daß Montezuma ihn hier wie in einer Mausefalle zu fangen beabsichtigte. Als er dann durch eine getaufte Indianerin, die als Dolmetsch diente, über die hinterlistigen Pläne Montezumas Gewißheit erhalten hatte, kam er ihm zuvor, indem er kurz entschlossen die Häupter der Stadt und die Befehlshaber der ringsum liegenden Kriegsheere, nachdem er sie zu einem Besuche eingeladen hatte, gefangennehmen ließ. Ihrer

Führer beraubt, unterwarfen sich nun auch die aztekischen Soldaten, und sie taten dies um so lieber, als ihnen Cortez Hoffnung machte, daß er die Tyrannenherrschaft des Aztekenkönigs, unter dem auch sie alle litten, vernichten werde.

Als nun alle Bitten und Drohungen, List und Gewalt und immer wieder erneute Geschenke den fremden Eindringling nicht zurückhalten konnten, gab Montezuma schließlich nach und ließ ihm sagen, er möge »zu glücklicher Stunde« kommen.

Von einer glänzenden Gesandtschaft aus Mexiko wurde nun Cortez mit seinem kleinen spanischen Troß, der aber durch große Haufen seiner indianischen Freunde zu einer stattlichen Armee angewachsen war, über die Einsenkungen zwischen den beiden mächtigen Vulkanen Popocatepetl und Iztaccihuatl geleitet und jenseits der Grenze in geräumige Quartiere gebracht, die mit Lebensmitteln und Heizmaterial reichlich versehen waren, denn hier in der Nähe der hohen Berge war es empfindlich kalt. Dann ging es über Cuitlahuac und Iztapalapa, die Stadt der hängenden Gärten und duftenden Blumen, an der Lagune von Mexiko entlang, und schon erhob sich das Ziel des Marsches, die gewaltige türmereiche Stadt, königlich aus den Wassern.

Die vornehmsten Kaziken beeilten sich jetzt, den mächtigen Fremden mit Geschenken an Gold zu empfangen; die Einwohner standen in kostbarer Kleidung zu beiden Seiten des Heereszuges und betrachteten staunend, halb mißtrauisch, halb kindlich neugierig, die fremden Blaßgesichter. Besonderen Respekt erweckten auch bei ihnen die blitzend angeschirrten Rosse mit ihren gepanzerten Reitern. Zuletzt führte der Weg auf einen breiten Damm, an einem festen Bollwerk vorüber, und über mehrere Brücken hinweg betrat nun Cortez die wunderbare Hauptstadt der Azteken.

Mit seinen dreihundert Spaniern war er jetzt hundert Stunden von der Küste aus durch fremdes Land und ein kriegerisches Volk gezogen, ohne einen anderen Schutz als seinen festen Willen, sein tapferes Herz und sein gutes Schwert. Das Wunder seiner Erscheinung und die geheimnisvolle Sendung des Fremden an den allmächtigen Montezuma von einem noch weit gewaltigeren Herrscher jenseits des Meeres umgab das Häuflein Spanier in den Augen der Eingeborenen mit einer überirdischen Gloriole. Und dieses Wunder war ihr sicherster Schutz gegen die an Zahl tausendfach überlegenen Indianerhorden.

Der König der Azteken

Am 8. November 1519 fand der Einzug der Spanier in Mexiko statt. Ob »zu glücklicher Stunde«, wie der Indianerfürst freundlich gewünscht hatte – das war die Frage, die ihn und Cortez wohl am meisten beschäftigte.

Der in die Stadt führende Hauptdamm war acht Schritt breit, aber für die Menschenmenge, die in Begleitung der Fremden mit hineinwollte oder zu ihrer Begrüßung ihnen entgegenströmte, viel zu enge. Alle Türme und Opfertempel der Residenz waren mit Zuschauern besetzt, und der ganze See lag voll von Fahrzeugen, die mit Neugierigen angefüllt waren. »Wer wollte sich auch darüber wundern«, meint ein schreibgewandter Begleiter des Cortez, Bernal Diaz, »da man Leute unserer Art und Pferde noch nie hier gesehen hatte. Von Strecke zu Strecke hatten wir eine neue Brücke zu passieren, und vor uns dehnte sich die große Stadt Mexiko in all ihrer Herrlichkeit aus. Und wir, die wir durch die zahllosen Menschenmassen hinzogen, waren ein Häuflein von dreihundertundfünfzig Mann, und hatten den Kopf noch voll von den Warnungen der Bewohner von Tlascala und anderen Städten, und von den Vorsichtsmaßregeln, die sie uns empfohlen hatten, um unser Leben gegen die Mexikaner sicherzustellen. Wenn man unsere Lage erwägt, darf man wohl fragen, ob es je Männer gegeben hat, die ein so kühnes Wagestück unternommen haben!«

Mit einem glänzenden Gefolge von zweihundert angesehenen Kaziken kam Montezuma in der Hauptstraße der Stadt seinem Gast selbst entgegen, und bald standen sich die beiden von Angesicht zu Angesicht gegenüber. Unter einem Thronhimmel, der mit grünen Federn, mit Gold, Silber und edlen Steinen reich geschmückt war, wurde Montezuma auf einem goldblitzenden Sessel von den Angesehensten seines Reiches einhergetragen. Als er sich aber Cortez näherte, verließ er seinen Sitz und schritt über ausgebreitete Decken ihm entgegen.

Die Fürsten des königlichen Gefolges, so berichtete Cortez an den Kaiser Karl V., gingen sämtlich barfuß, waren aber im übrigen in eine gleichartige Hoftracht gekleidet. Sie bildeten rechts und links der Straße zwei Reihen. Die Straße war sehr breit, schön und schnurgerade, so daß man sie von einem Ende bis zum andern übersehen konnte, und zwei Drittel Stunde lang. Auf beiden Seiten erhoben sich schöne und große Gebäude, teils Wohnhäuser, teils Tempel.

Montezuma schritt in der Mitte der Straße mit nur zwei Begleitern, einem zur Rechten und einem zur Linken; jeder stützte ihn mit einem Arm. Auch sie waren alle drei gleich prächtig und malerisch gekleidet, nur daß Montezuma Halbstiefel trug, die mit Juwelen besetzt waren und goldene Sohlen hatten, während seine Adjutanten barfuß gingen wie die übrigen, und auf seinem Haupte winkte ein Busch grüner Federn, denn grün war die königliche Farbe. Niemand aus der Menge durfte zu ihm aufschauen; jeder senkte demütig den Blick.

Als Cortez des Königs ansichtig wurde, stieg er vom Pferde und ging auf ihn zu; dann nahm er ein Halsband von Perlen und Glasdiamanten und legte es ihm um den Hals. Als er ihn aber umarmen wollte, wehrten ihm die Begleiter, denn die Person des Herrschers galt als geheiligt. Nun vollzog der Indianerfürst die übliche Begrüßungszeremonie; er und seine Begleiter berührten mit der Hand die Erde und küßten sie, und nachdem er einige Worte mit Cortez gewechselt hatte, kamen auch die sämtlichen übrigen Häuptlinge, die in den beiden Reihen aufgestellt waren, einer nach dem andern in vollkommener Ordnung, auf Cortez zu, um ihn ebenfalls der Sitte des Landes gemäß zu bewillkommnen.

Dann setzte sich der Zug nach der Stadt zu in Bewegung. Montezuma befahl dem einen seiner Begleiter, der sein Bruder war, bei Cortez zu bleiben und ihn am Arme zu führen. Er selbst ging mit dem andern einige Schritte vorauf, und alsbald kam ein Diener mit einem Korbe, dem Montezuma zwei Hummerhalsbänder entnahm, die er nun seinerseits Cortez um den Hals hängte. Diese Schmuckstücke waren aus roten Muschelschalen zusammengesetzt, die bei den Mexikanern für sehr wertvoll galten, und an jedem Halsband hingen acht goldene Hummer von gediegener Arbeit, jeder etwa fünfzehn Zentimeter groß.

Dann setzte der König seinen Weg die Straße hinunter fort, bis der Zug an einen großen und schönen Palast gelangte, der früher die Residenz von Montezumas Vater gewesen und jetzt zum Quartier für die Fremden wohnlich eingerichtet war. Die Zimmer waren mit bunten Vorhängen aus Baumwolle geschmückt und die Fußböden mit Matten belegt. Hier nahm Montezuma seinen Gast bei der Hand und führte ihn in einen weiten Saal, hieß ihn sich auf eine Erhöhung niedersetzen, die für den König selbst prächtig hergerichtet war, bat, ihn hier zu erwarten, und entfernte sich.

Nach kurzer Zeit kehrte er zurück mit einer Menge von Kleinodien aus Gold und Silber, mit kostbaren Federbüschen, sechstausend Stück Baumwollzeug, das in verschiedener Art kunstvoll und prächtig gewoben war, und gewaltigen Lasten Lebensmittel. Alles dies machte er Cortez zum Geschenk, und zuletzt bat er seinen Gast, über ihn und sein Land zu verfügen, denn er zweifle jetzt nicht mehr, daß Cortez kein anderer sei als der Lichtgott, dessen einstige Wiederkehr zahlreiche Prophezeiungen verkündeten. Dieser Lichtgott war ein Priester und Reformator der Tolteken, die von den Azteken ehemals unterdrückt worden waren. Da er die Menschenopfer der Azteken bekämpfte, hatte man ihn aus dem Lande vertrieben, und die Sage ging, daß er auf einem aus Schlangenhaut gefertigten Zauberschiff nach Osten übers Meer geflüchtet sei, aber feierlich erklärt habe, daß er dereinst zurückkehren und sein Reich wieder in Besitz nehmen werde. Der Glaube an die Wiederkunft dieses Messias war im niederen Volke weit verbreitet, und alle Zeichen sprachen jetzt dafür, daß Cortez dieser Verheißene sei; denn jenen Lichtgott dachte man sich von ebenso weißer Hautfarbe, von ebenso hoher Gestalt und mit wallendem Bart.

Der König Montezuma war zur Zeit der Ankunft der Spanier etwa vierzig Jahre alt. Er hatte eine stattliche Figur und war schlanken Wuchses. Seine Hautfarbe war heller als die der übrigen Indianer, sein Haar war kurz geschnitten und fiel nur oberhalb der Ohren in dichten Locken herab. Sein längliches Gesicht war von einem schwarzen dürftigen Bart umrahmt. Sein Wesen war heiter und freundlich, und seine »wohlaussehenden Augen«, erzählt Bernal Diaz, »drückten, je nachdem es paßte, Liebe und Ernst aus«.

Cortez ließ nun sein Quartier, das durch eine dicke Mauer ringsum und mehrere Türme zu einer Festung wie geschaffen war, mit Wachen besetzen und an den Eingängen Kanonen aufpflanzen. Dann machte er am nächsten Morgen mit vier seiner Hauptleute dem Könige seinen Gegenbesuch.

Der königliche Palast war ganz aus behauenen Steinen gebaut und die Wände der Gemächer mit Platten von Marmor, Jaspis und Porphyr belegt, die so glatt geschliffen waren, daß man sich darin spiegeln konnte. Kostbare Webereien und Federteppiche mit eingestickten Vögeln und Blumen machten die Zimmer wohnlich, und in den Höfen rauschten Springbrunnen. Solcher Paläste besaß Montezuma eine ganze Reihe, mit hängenden Gärten über dem See und den Kanälen.

Einer dieser Paläste war zu einem reichhaltigen zoologischen Garten eingerichtet, worin eine große Dienerschaft der Züchtung und Wartung der verschiedensten seltenen und merkwürdigen Tiere oblag. Ein anderer diente als ein Museum, dessen gleichen sich wohl kaum irgendein Tyrann der alten Welt je angelegt hat: lauter mißgestaltete Menschen wurden hier gleich wilden Tieren in Käfigen und Höfen gehalten, Riesen und Zwerge, Bucklige und wessen man sonst an Unglücklichen habhaft werden konnte, und der König Montezuma begab sich sehr oft mit seinem Gefolge dahin, um sich an diesen seinen Hofnarren zu ergötzen.

In einem andern Palaste wieder wurden die kostbarsten Schaustücke aufbewahrt. Von allem, was es nur im Lande gab, von Tieren und Früchten, Häusern und Geräten, von Sonne, Mond und Sternen pflegte sich der König kunstvolle Nachbildungen in Gold machen zu lassen, und auf große Blätter vom Faserpapier der Aloe mußten die Hofmaler jede merkwürdige Begebenheit, wie z. B. die Ankunft der Spanier mit ihren niegesehenen Rossen und Schiffen, mit Farbe verewigen. Sogar Landkarten hatte der König aufnehmen lassen, die Cortez bei seinen späteren Kriegszügen wertvolle Dienste leisteten.

Am Hofe Montezumas herrschte ein strenges Zeremoniell. Er war ständig von dreihundert Jünglingen aus den vornehmsten indianischen Familien umgeben, die ihn bedienten. Dabei durfte ihn niemand anrühren oder auch nur ansehen. Eine Art Zeremonienmeister trug stets drei dünne hohe Stäbe vor ihm her, bei deren Anblick sich alle Leute tief verneigen mußten, damit die heilige Person des Königs kein profaner Blick streife. Er kleidete sich täglich viermal in immer neue Gewänder, speiste ganz allein in einem prächtigen Speisesaal, wo ihm täglich von allen Gerichten vorgelegt wurde. Auch sein Eßgeschirr wurde nur einmal benutzt. Seine höchsten Würdenträger ehrte er, indem er ihnen dann und wann von seinen Speisen vorlegte. Nach der Mahlzeit wurden ihm täglich eines neues Waschgefäß und ein neues kostbares Handtuch gereicht.

Obwohl die Königswürde an eine Familie gebunden war, ging sie nicht direkt vom Vater auf den Sohn über, sondern der neue König wurde von den höchsten Würdenträgern gewählt. Vor Montezuma herrschte sein Vater, nach ihm sein Bruder und dann sein Neffe, mit dem die Dynastie erlosch, obwohl noch heute Nachkommen jener Königsfamilie in Mexiko als spanische Granden leben.

Montezumas Reich erstreckte sich zweihundert Stunden weit im Umkreis. Die Felder waren meilenweit mit Mais bebaut, dem wichtigsten Getreide des Landes; dazwischen sah man Pflanzungen von Tabak, Bananen und Kakao. Die Azteken rauchten den Tabak zusammengerollt in Form von Zigarren, und aus den Kakaobohnen und dem Saft des ebenfalls von ihnen angebauten Zuckerrohrs bereiteten sie ein Getränk – nun ratet einmal was? – jawohl, die Schokolade! Schokolade ist ein aztekisches Wort, das sich in alle Kultursprachen eingebürgert hat und euch daher jedesmal, wenn ihr eure Geburtstagsgäste damit bewirtet, an das von Cortez überwundene indianische Kulturvolk erinnern soll.

Außerdem wuchs hier die Baumwollstaude, die in großen Kulturen gezogen wurde, und eine Aloeart, aus deren Blattfasern man Papier bereitet und aus deren Saft der noch jetzt in Mexiko beliebte Pulquewein gewonnen wird. In den meisten Flüssen wurde Gold gefunden, und die Bewohner der einzelnen Provinzen sandten einen Teil von allen diesen Produkten als Steuer in die Residenz zum Unterhalt des Königs und seines Hofes.

Die Hauptstadt Mexiko lag inmitten zweier Seen, einem süßen und einem salzigen, und durch einen breiten Kanal standen die Seespitzen miteinander in Verbindung, so daß sie wie mit einem Ring von Wasser umschlossen war. Von drei verschiedenen Seiten führten breite Dämme in die Stadt, die noch obendrein kreuz und quer von Wasserkanälen durchschnitten war. Mächtige Brücken, die im Kriegsfalle leicht entfernt werden konnten, verbanden die einzelnen Stadtteile, die lauter abgeschlossene, unzugängliche Inselfestungen bildeten. Die Zahl der viereckigen Häuser, die mit ihren flachen Dächern großen Würfeln ähnlich sahen und mit Türmen besetzt waren, schätzte Cortez auf 60 000 und die der Einwohner auf 300 000, und da, wie sich die Spanier auf ihrem Zuge von der Küste her hatten überzeugen können, das ganze Land reich bevölkert war, mochte Cortez und seinen tapferen Gefährten in ihrer Festung oftmals zumute sein wie einem Häuflein Schiffbrüchiger, das sich auf eine kleine Insel des Weltmeers gerettet hat.

Menschenopfer in Mexiko

Schon gleich bei seinem Gegenbesuch hatte Cortez dem Könige durch einen Dolmetscher erklären lassen, daß er von seinem kaiserlichen Herrn den Auftrag erhalten habe, Montezuma zum Christentum zu bekehren. Aber sooft der Spanier anfing, ihm die Grundlehren seines Glaubens auseinanderzusetzen, wich der König stets mit der Versicherung aus, daß er ja gerne bereit sei, seinem spanischen Oberherrn allen verlangten Tribut zu bezahlen.

Montezuma hatte früher selbst das Amt eines Oberpriesters bekleidet, und von den blutigen Mysterien seines Volkes sich so plötzlich ab- und der unverständlichen, milden Religion des Lichtgottes zuzuwenden, das war ein Schritt, zu dem er sich bei aller sonstigen Nachgiebigkeit und trotz aller von Cortez aufgewandten Überredungskünste nicht bestimmen lassen wollte.

Hatten schon die Spanier in Tlascala und Cholula über die vielen großen Tempel und Stufentürme gestaunt, so fanden sie in der Residenzstadt Mexiko alle ihre Erwartungen weit übertroffen. Die Heiligtümer ließen sich kaum zählen, da fast jede vornehme Familie ihren eigenen Tempel für die Götter des Hauses und ihre eigenen Begräbnistürme besaß. Vor allen anderen aber ragte das gewaltige Heiligtum des Kriegsgottes hervor.

Es lag in der Mitte der Stadt und bildete hinter einer hohen, stark befestigten Mauer mit seinen vierzig Türmen eine drohende Festung für sich. Der höchste dieser Türme lag inmitten eines riesigen Platzes, auf dem religiöse Spiele gefeiert wurden. Rund um diesen wohlgepflasterten Platz erhoben sich viele prächtige Gebäude, in denen neben zahlreichen Kapellen für einzelne Götter auch die Wohnungen der Priester und viele Gräber lagen. In hundertundsieben Stufen verjüngte sich dieser gewaltige Turm nach oben, und die höchste Stufe bildete ein flaches Dach, das zwei Hallen trug. In diesen Hallen standen die Bilder der Hauptgötter, weit über natürliche Menschengröße, aus schwerem Gold und edlen Steinen errichtet oder aus einem Stoff, von dessen Zusammensetzung Cortez in seinen Berichten an den König von Spanien eine grauenhafte Erklärung gibt. Aus einer Masse Sämereien und Gemüse kneteten die Priester einen Teig, den sie mit dem rauchenden Herzblut menschlicher Schlachtopfer anfeuchteten! Oben auf der höchsten Plattform jenes Turmes, auf einem mächtigen Jaspisblock, wurde diesen Opfern, nachdem man sie vorher zum Tanz vor den Götzenbildern gezwungen hatte, das Herz aus dem lebendigen Leibe gerissen und sein Blut mit jenem Teige vermengt, so lange, bis eine zur Herstellung so großer Bildsäulen hinreichende Menge vorhanden war. War das Götzenbild vollendet, so wurde ihm ein weiteres Opfer an zuckenden Menschenherzen gebracht, und ebenfalls mit Herzblut pflegte man die Gesichter der Götzen zu bestreichen, wenn Festtage begangen wurden oder die Priester ein besonderes Anliegen an ihre Götter hatten.

Der höchste und zugleich blutgierigste Gott der Azteken, dem diese grausamen Opfer gebracht wurden, hieß Huitzilopochtli – oder wie wir sagen: Fitzliputzli; er war der zur Gottheit erhobene erste Anführer der Azteken, der sie, ungefähr zu Anfang des vierzehnten Jahrhunderts, auf die Hochebene von Anahuac geführt, die früheren Einwohner des Landes, die Tolteken, vertrieben und durch Unterwerfung zahlreicher Nachbarstämme das gewaltige Reich gegründet hatte, das Montezuma jetzt beherrschte.

Zu diesem greulichen Götzendienst brauchten die Mexikaner jährlich etwa 20 000 Menschen, die teils als Tribut von den Nachbarstämmen geliefert werden mußten, teils im Kriege oder auf Raubzügen gefangen wurden. Die Schädel der geschlachteten Opfer wurden zu Pyramiden aufgetürmt, und einige Begleiter des Cortez versicherten, daß sie an einer einzigen solchen Schädelstätte 136 000 Menschenköpfe gezählt hätten!

Diese blutigen Religionsbräuche machten das Volk der Azteken zu einem Schrecken für alle Nachbarn, und so mochte wohl die Persönlichkeit des tapferen Spaniers, der sich mit seiner kleinen Schar furchtlos in die Höhle des Löwen begab, diesen geknechteten Völkerschaften als der Lichtgott erscheinen, der im Auftrage eines weit mächtigeren Herrschers kam, sie von der Blutherrschaft Montezumas und der Azteken zu erlösen. Wenn Montezuma selbst in Cortez den verheißenen Lichtgott zu erkennen vorgab, so handelte er nicht anders als einstmals der König Herodes, als er durch List sich des neuen Königs der Juden, des Messias, zu bemächtigen und ihn zu töten beabsichtigte. Des sollte Cortez bald innewerden.

Montezumas Gefangennahme und Tod

Wenige Tage nach seinem Empfang bei Montezuma erhielt Cortez von der Küste her die Nachricht, daß seine Niederlassung dort überfallen, zwei der Spanier getötet und ihr Befehlshaber tödlich verwundet worden seien. Hier war Verrat im Spiel, und Cortez zweifelte keinen Augenblick, daß dieser Überfall nicht ohne Wissen des Königs Montezuma erfolgt sei. Er verlangte daher von diesem nicht nur die Bestrafung der Übeltäter, sondern entschloß sich kurzerhand, sich des Königs Person zu bemächtigen, um so die vornehmste Geisel für seine eigene Sicherheit in Händen zu haben.

Montezuma bot erst seinen Sohn und seine Töchter als Geiseln an; da aber Cortez damit nicht zufrieden war und mit Gewalt drohte, begab sich der König in die Gefangenschaft der Spanier, und als das Volk Miene machte, den König befreien zu wollen, beruhigte er selbst es mit der Versicherung, daß er sich freiwillig seinem Gast als Geisel ausliefere.

Die Spanier behandelten übrigens ihren Gefangenen mit allen ihm zukommenden Ehren, und er führte seinen Hofhalt wie im eigenen Palast. »So gut war die Behandlung, die ich ihm erwies«, erzählt Cortez selbst, »und so groß seine Zufriedenheit mit mir, daß ich es wagen konnte, ihn mit der Freiheit zu reizen, ja ihn zu bitten, er möge doch wieder in seine eigene Wohnung zurückkehren. Er aber wollte nicht fortgehen, denn er habe beschlossen, Euer Majestät Vasall zu werden, und er wolle seine Untertanen davon überzeugen.«

Der Verdacht des Cortez gegen Montezuma war nur zu wohl begründet. Als der aufrührerische Kazike, der die spanische Niederlassung überfallen hatte, durch des Königs Abgesandte nach Mexiko gebracht und nebst seinem Sohn und fünfzehn Hauptleuten von Cortez zum Feuertode verurteilt wurde, gestanden er und seine Genossen auf dem Scheiterhaufen, daß sie nur auf des Königs Gebot also gehandelt hätten. Zur Strafe dafür ließ Cortez den hinterlistigen Montezuma als Anstifter des Verrats in Fesseln legen, die schlimmste Demütigung, die er dem Könige vor seinem Volke antun konnte. Als er ihm darauf die Freiheit schenkte, wagte Montezuma nicht mehr, den Schutz der Spanier zu verlassen, und blieb in dem ihm angewiesenen Palast.

Als dann der Neffe des Königs, der Fürst einer großen benachbarten

Stadt, die etwa 150 000 Einwohner zählte, der unwürdigen Behandlung des Landesherrn ein Ende machen wollte, wurden die Verschworenen auf Montezumas eigenen Befehl verhaftet, und angesichts der Vornehmsten seines Volkes huldigte nun der König in feierlicher Form dem Beherrscher Spaniens. Die alte Prophezeiung von der Wiederkehr des Lichtgottes, versicherte er jetzt in öffentlicher Versammlung seinen Untertanen, sei in Erfüllung gegangen, und das ganze Volk solle nun dem General jenes großen Königs Karl dienen und ihm die geforderten Abgaben entrichten.

Wohl oder übel gehorchten die Azteken dem Befehl ihres Königs, und monatelang durchstreiften die Spanier ungefährdet das Land, um es zu kolonisieren und allenthalben die Steuern für den König Karl in Form von Gold und Kleinodien einzutreiben. Im geheimen aber ging die Empörung durch das Land und wartete nur auf den günstigen Moment loszubrechen, denn Cortez hatte nicht nur die geheiligte Person des Königs verunglimpft, er hatte auch als guter Christ scharfe Maßregeln gegen die Menschenopfer der Azteken ergriffen. Und dieser von den Indianern ersehnte Augenblick war nahe.

Der beleidigte Stolz und die Rachsucht des Statthalters Velazquez hatten nicht geruht, und eine Expedition zur Gefangennahme und Bestrafung des Abtrünnigen war auf dem Wege. Achtzehn Schiffe hatte Velazquez mittlerweile ausgerüstet, und mit achtzig Pferden, achthundert Mann und siebzehn Kanonen, also mit einer weit größeren Heeresmacht, als Cortez sie je besessen hatte, stieg plötzlich der Bevollmächtigte des Statthalters, der Hauptmann Panfilo Narvaez, in der Nähe von Vera Cruz ans Land.

Bei seiner gefährlichen Lage, deren sich Cortez wohl bewußt war, wirkte diese Nachricht auf ihn und seine Leute wie ein plötzlicher Donnerschlag. Erst versuchte er, sich friedlich mit dem Gegner zu verständigen. Aber Narvaez ließ die ihm zugesandten Boten festnehmen, horchte sie über die Lage des Cortez aus und forderte seine Unterbefehlshaber und indianischen Verbündeten auf, zu ihm überzugehen, da er, Narvaez, allein der vom Könige von Spanien bestätigte General und stellvertretende Gouverneur sei.

Das plötzliche Auftauchen dieses Prätendenten drohte nicht nur Cortez um die ganzen Früchte seiner Anstrengungen zu betrügen, sondern mußte auch die wenigstens angebahnte friedliche Eroberung des Landes für die spanische Krone gänzlich in Frage stellen. Und wenn sich die neuen Ankömmlinge mit den grollenden Azteken verbanden, war Cortez verloren.

Hier half nur ein kurzer Entschluß. Der Befehlshaber von Vera Cruz hatte sich durch das Auftreten des Narvaez nicht verblüffen lassen, sondern dessen Gesandte gefesselt auf dem Rücken mexikanischer Lastträger Cortez zugesandt. Nachdem dieser sie freundlich aufgenommen hatte, waren sie bald für ihn gewonnen und berichteten ihm, daß auch die Soldaten des Narvaez ihm keineswegs übel gesinnt seien. Da war keine Zeit zu verlieren. Cortez ließ daher den König Montezuma und die in seinem Quartier aufgehäuften Schätze unter der Aufsicht von hundertfünfzig Mann in Mexiko zurück, eilte mit dem Rest seiner Getreuen, im ganzen mit einer Streitmacht von zweihundertsechzig Spaniern und zweitausend Indianern, Narvaez entgegen, überfiel ihn in der Nacht und nahm ihn gefangen. »Als wir eindrangen«, erzählt Bernal Diaz, »war es stockfinster, und es regnete stark, und erst später ging der Mond auf; aber auch die Finsternis war uns von großem Nutzen, denn in der dunklen Nacht flogen eine Menge Leuchtkäfer umher, die von Narvaez' Leuten für Lunten zum Losbrennen der Musketen gehalten wurden und ihnen daher einen ganz besonderen Begriff von der großen Zahl unserer Feuergewehre beibrachten.«

Den gefangenen Hauptmann und seine Freunde sandte Cortez unter starker Bedeckung nach Vera Cruz; die übrigen Soldaten gingen ohne Widerstand zu ihm über, und für die zwei von Cortez' Leuten, die in dem kurzen Nachtkampf geblieben waren, sah der kühne Feldherr jetzt seine Streitmacht um achthundert Mann und achtzig Pferde verstärkt. Die Indianer kamen erst am andern Morgen an; Cortez hatte sie nicht an dem Kampfe teilnehmen lassen wollen, damit sie nicht die Niederlage der Weißen sähen und nun auch an seiner Unüberwindlichkeit zweifeln sollten. Der Nimbus, der in den Augen der Indianer die Weißen wie überirdische Wesen schützend umgab, war sowieso schon im Weichen begriffen.

Aber kaum war Cortez dieses Sieges froh geworden, als eine noch weit schlimmere Botschaft aus Mexiko eintraf. Der Befehlshaber der dortigen Besatzung hatte in leichtsinnig herausfordernder Strenge bei einem indianischen Opferfest sechshundert junge vornehme Azteken niedermetzeln lassen, weil sie einen Aufruhr zu Montezumas Befreiung angezettelt hätten. Da war die Geduld der langmütigen Indianer zu Ende, die ganze Stadt war in Aufruhr geraten, und die Indianer belagerten nun das kleine Häuflein der Spanier, die sich ohne Entsatz unmöglich lange halten konnten.

Schleunigst kehrte Cortez nach Mexiko zurück. Die sonst so lebhafte Stadt schien wie ausgestorben, und kaum hatte er sein zum Glück jetzt so stattliches Heer in den umliegenden Palästen einquartiert und das Lager befestigt, als der Kampf begann.

Unter ohrenbetäubendem Kriegsgeschrei machten die unübersehbaren Massen der Indianer einen Angriff auf die spanische Festung, und hätte Cortez nicht seine Kanonen gehabt, so wäre er mit seiner ganzen Schar von der Wucht und Übermacht dieses verzweifelten Ansturms erdrückt worden. Die Brustwehren und Hauswände starrten von Pfeilen und Wurfgeschossen, und die Höfe der Paläste waren mit Haufen von Wurfsteinen bedeckt. Auch waren die Azteken keineswegs zu verachtende Soldaten, die ohne Ordnung und Disziplin in den Kampf liefen. Ihre Wehrmacht war fast nach europäischen Begriffen in Kompanien und Bataillone geteilt und hatte die verschiedensten Rangstufen. Die gemeinen Soldaten schützten sich durch einen Baumwollpanzer gegen leichtere Wurfgeschosse; die Vornehmen aber hüllten sich in silberne oder goldene Brustharnische und trugen hölzerne, federgeschmückte Helme. Neben Pfeil und Bogen führten sie Schwerter, Keulen und Lanzen, und sie waren obendrein große und starkgebaute Leute, mit denen die Europäer ohne ihre überlegenen Feuerwaffen sich kaum hätten messen können.

Am folgenden Tag machte Cortez mit seinen gefürchteten Reitern einen Ausfall, aber die rotbraune Menschenmauer, die seine Festung belagerte, schien nur immer zu wachsen, obgleich die Indianer von den Flinten- und Kanonenkugeln in Reihen niedergemäht wurden; die Artilleristen brauchten gar nicht zu zielen, sondern nur aufs Geratewohl ihre Feuerschlünde in die hellen Haufen der Andrängenden hineinzurichten. Aber mit Todesverachtung drängten immer neue Scharen der Feinde vor, und von den Dächern der Häuser hagelten schwere Steine auf die Weißen herab. Vergebens, daß Cortez die nächsten Häuser niederbrennen ließ – es waren ihrer zu viele, und das Feuer verbreitete sich nicht, da es immer schnell von dem nächsten Wassergraben eingedämmt wurde.

Noch immer hatten die Spanier den König Montezuma in ihrem Gewahrsam, und da er offenbar an dem Aufruhr der Stadt unbeteiligt war, hatten sie ihn nach wie vor freundlich behandelt. Da Cortez nun einsah, daß er ohne Zufuhr von Lebensmitteln und Trinkwasser inmitten des Feindes mit seinem ganzen Heer elend umkommen müsse, blieb nichts übrig als der Rückzug, und Montezuma sollte nun den Unterhändler abgeben. Er wurde auf das Dach eines Hauses geführt, um von seinen eigenen Untertanen den freien Abzug der Spanier zu erwirken.

Aber der König hatte durch die schmachvolle Gefangenschaft bei den Weißen sein Ansehen bei dem Volke verloren, und man hatte bereits seinen Bruder zu seinem Nachfolger erwählt. Als er jetzt, ein entthronter König, im vollen Schmuck seiner bisherigen Würde zu den Seinen von der Freundschaft der Spanier und ihrem beabsichtigten Rückzug sprach, schimpfte man ihn einen Feigling, und statt einer Antwort schleuderte man Steine und Geschosse auf ihn, so daß er schwerverwundet zusammenbrach.

Als Montezuma aus seiner Betäubung erwachte und sich der Demütigung bewußt wurde, die er von seinem Volke erlitten hatte, riß er sich den Verband von seiner Wunde herunter, und drei Tage später war er tot.

Das war am 30. Juni 1520. Cortez ehrte den um seinetwillen gefallenen Aztekenkönig. Durch gefangene Indianer ließ er den Feinden den Leichnam zur Bestattung übergeben, die auch seinem Range gemäß erfolgte. Aber mit dem Tode Montezumas gab es nichts mehr, was die Indianer noch zur Schonung hätte bewegen können, und sie schworen, die Waffen nicht eher niederzulegen, als bis der letzte Spanier gefallen sei.

»Die traurige Nacht«

Zwei Tage nach Montezumas Tod war Cortez fertig zum Abmarsch. Hungersnot und Wassermangel hatten schon den höchsten Grad erreicht, und in den unaufhörlichen Kämpfen zur Verteidigung des Lagers wurden auch die spanischen Truppen allmählich aufgerieben. An einem Tage hatten sie achtzig Verwundete. Die Stunden waren zu zählen, wo das letzte Häuflein der Kämpfenden sich ergeben oder mit den Verwundeten von den Indianern niedergemacht werden mußte. Denn Gnade war von dem entfesselten Ingrimm und Blutdurst dieser Wilden nicht zu erwarten. Sie hatten schon einen Teil der spanischen Verschanzungen erstürmt und sogar die Kapelle erobert, die sich die Spanier in einem ehemaligen Götzentempel eingerichtet hatten, und von dem flachen Dach dieses Tempels aus beherrschten sie mit ihren sicher treffenden Wurfgeschossen fast das ganze Lager. Friedensanerbietungen und Vorschläge zum Rückzug wurden mit Hohn zurückgewiesen; sie sähen wohl ein, erklärten sie, wie viele von ihnen sterben müßten, aber ihr Entschluß sei unerschütterlich, gemeinsam in den Tod zu gehen, wenn sie nur die verhaßten Spanier zugleich vertilgen könnten. Cortez möge sich nur umschauen nach allen Straßen, Plätzen und Dächern, wie vollgepfropft sie noch immer von Menschen seien! Auch wenn 25 000 gefallene Indianer auf jeden einzelnen Toten der Spanier kämen, so werde es doch mit letzteren früher zu Ende gehen!

Hatten die Spanier unter ihrem heldenhaften Anführer bisher schon manches Wunder der Tapferkeit verrichtet, so gestaltete sich der Rückzug aus Mexiko zu einer der ruhmvollsten, aber auch furchtbarsten Kriegstaten, von denen die Geschichte weiß. Nur einen Ausweg gab es aus der Stadt, denn die Indianer hatten alle zum Lande führenden Dämme zerstört, bis auf einen, und dieser war noch durch zahlreiche Kanäle zerschnitten, über die jetzt keine Brücken mehr führten, denn die Feinde hatten sie abgerissen. Fahrzeuge besaß Cortez nicht, während ganze Schwärme von flinken Booten der Indianer die Seen ringsum bedeckten.

Nachdem Cortez das für den Kaiser Karl bestimmte Gold aus den Schätzen Montezumas der Obhut der treuesten Indianer anvertraut hatte, durfte sich jeder Soldat von den aufgehäuften Schätzen nehmen, was er fortschaffen zu können glaubte, und manch einer mußte der allzuschweren Last Goldes halber, die er sich aller Mahnungen des Befehlshabers ungeachtet aufgebürdet hatte und die ihn an der Führung der Waffen behinderte, sein Leben lassen.

So verließen die Spanier in der Nacht vom 1. Juli 1520 ihre Festung im Innern Mexikos, alle bis zum äußersten entschlossen, um sich aus der Umklammerung der Indianer herauszuhauen und wieder freies Land zu gewinnen. Cortez hatte vorher eine tragbare Brücke zimmern lassen, die auch über den ersten Kanal weg gute Dienste tat. Aber der

Regen goß in Strömen herunter, auf den nassen, frischgezimmerten Balken glitten die Pferde aus, das Kriegsgeheul der Feinde, die den Damm besetzt hielten und erst niedergeritten oder in den See geworfen werden mußten, machte sie scheu, und sie kehrten sich gegen die Reihen der Spanier oder überschlugen sich in das Wasser. Auch die Brücke schlug um, und alles stürzte in den Kanal, der bald durch das ungeduldige Nachdrängen der Hintermänner, die in der finstern Nacht nicht sahen, was an der Spitze des Zuges vor sich ging, völlig mit Menschen- und Pferdeleibern angefüllt war.

In wildem Siegesjubel eilten nun die Indianer in ihren Booten von beiden Seiten herbei, und ein verzweifeltes Ringen begann in dem schmalen Wasserarm, während die tiefe Finsternis und der strömende Regen kaum Freund und Feind unterscheiden ließen. Eingekeilt zwischen den Wasserläufen und den Wällen der feindlichen Scharen, drängten die kopflos gewordenen Spanier nur immer vorwärts und setzten blindlings über die lebendige Brücke im Kanal hinweg, um bald wieder auf einen offenen Wasserarm zu stoßen, der gleichfalls mit Menschen zugeschüttet werden mußte und an dem die Eingeborenen in ihren Booten der neuen Opfer harrten. Jeder konnte nur noch auf die Rettung des eigenen Lebens bedacht sein, und wer nicht unter den Wurfgeschossen und Keulen der Indianer fiel, unter den Füßen der eigenen Genossen zertreten und zermalmt wurde oder in den von Blut gefärbten Fluten ertrank, wurde, wenn er sich schwimmend auf festes Land retten wollte, von den jubelnden Feinden gefangen und als willkommene Opfer für ihre Götzen, die so lange den Duft frischen Herzblutes entbehrt hatten, fortgeschleppt. Dem Anführer Cortez aber glückte es trotz alledem, mit fünf Reitern und hundert Fußsoldaten die Brückenöffnungen zu durchschwimmen und das Festland zu gewinnen.

Als endlich die Kanäle alle überwunden waren, sammelte Cortez die noch Lebenden und warf sie nach vorn. »Ich aber«, heißt es in seinem Bericht, »mit drei oder vier Reitern und etwa zwanzig Fußsoldaten, welche Mut genug hatten, bei mir zu bleiben, bildeten die Nachhut. Unter fortwährenden Kämpfen mit den Indianern gelangten wir an eine Stadt, die Tlacuba heißt und jenseits des Dammes liegt. Gott aber weiß, welche Mühe und Gefahr ich dabei ausgestanden. Jedesmal, wenn ich gegen die Feinde Front gemacht, kam ich bespickt mit Pfeilen und langen Wurfspießen und wohl gesteinigt wieder heraus. Da wir zu beiden Seiten Wasser hatten, verwundeten sie uns, selbst in Sicherheit und ohne Furcht. Die etwa ans Land kamen, sprangen, sobald wir uns gegen sie wandten, wieder ins Wasser, so daß sie nur geringen Schaden erlitten. Auch bei der Vorhut und auf den Flanken ward scharf gefochten; doch am heftigsten war es im Rücken, wo die ganze Bevölkerung der Hauptstadt gegen uns kam.

In der Stadt Tlacuba angekommen, fand ich mein ganzes Volk auf einem Platze zusammengeknäuelt. Keiner wußte, wo aus noch ein. Ich befahl ihnen, vorläufig nur schleunigst auf freies Feld zu rücken, ehe sich die Indianer sammelten und die Häuser besetzten, von deren Dächern sie uns vielen Schaden zufügen konnten. Die Leute an der Vorhut aber wußten nicht, wo hinaus. Also ließ ich sie die Nachhut bilden und nahm selbst den Vortrab, bis ich ihn aus der Stadt herausgeführt hatte. Auf einem Acker machte ich halt und erwartete die übrigen. Ich kämpfte hier mit den Indianern, bis meine ganze Mannschaft vorübergezogen war und bis mein Fußvolk einen Hügel genommen hatte, wo ein Turm stand, den sie besetzten, ohne den mindesten Verlust zu erleiden. Denn ich wich nicht von der Stelle und ließ meine Gegner nicht vorwärts, bis jene den Hügel besetzt hatten.

Gott aber weiß, welche Arbeit und Strapazen man hier erduldete. Unter den vierundzwanzig Pferden, die uns überhaupt noch übrigblieben, war keines mehr, das hätte laufen, noch ein Reiter, der den Arm hätte aufheben können, noch ein unverletzter, ganz dienstfähiger Fußsoldat. An dem Turme angekommen, befestigten wir uns daselbst. Die Feinde aber blockierten uns und hielten uns die ganze Nacht belagert, ohne uns eine Stunde ruhen zu lassen.«

Unter dem Namen der »traurigen Nacht« ist dieser furchtbare Rückzug auf die Tafeln der Geschichte mit blutigen Lettern eingeschrieben, für Kinder und Kindeskinder der späteren Einwanderer noch lange eine schreckensvolle Erinnerung! Von den 1300 Spaniern blieben in dieser einen Nacht 860 unter den Händen der blutgierigen Indianer, und sämtliche treu gebliebenen, eingeborenen Bundesgenossen und Begleiter des Cortez, darunter auch ein Sohn und zwei Töchter Montezumas, wurden niedergemacht! Alles Gold und alle Kleinodien und ebenso die Kanonen gingen verloren. Bei Popotla unter einem Zedernbaum, der noch heute gezeigt wird, hielt Cortez Heerschau über die Überbleibsel seiner stolzen Armee, die noch vor wenigen Tagen dem mächtigen Königreiche der Azteken Gesetze vorgeschrieben hatte. Von Tlacuba zog Cortez unter der Führung eines treuen Tlascalaners nach Norden und gelangte am 7. Juli zu den beiden berühmten Pyramiden von Teotihuacan, der »Wohnung der Götter«, den ältesten Baudenkmälern Mexikos, die noch jetzt teilweise erhalten sind. Aber die Indianer blieben ihnen auf den Fersen, und am nächsten Tag, als Cortez bei der Stadt Otumba rastete, wurde er selbst durch zwei Steinwürfe schwer verwundet. Doch er hielt sich aufrecht und blieb nach wie vor an der Spitze seiner bedrängten Schar, die seit dem Auszug aus der Hauptstadt nichts gegessen hatte als gekochten oder gerösteten Mais in dürftigsten Rationen und allerlei Kräuter, die die Soldaten von den Felsen lasen.

Hinter Otumba stellte sich ein Indianerheer von 200 000 Mann den Ermatteten entgegen und schloß sie von allen Seiten ein. Jetzt verzweifelte Cortez selbst an der Möglichkeit einer Rettung, aber mit Todesverachtung vorwärtsdrängend ermutigte er seine erschöpften Leute mit dem stolzen Zuruf: »Heute ist noch nicht der Tag, an dem wir besiegt werden sollen!« Und im Augenblick der höchsten Not rettete ein kühner Handstreich eines seiner Hauptleute die Spanier vor dem gewissen Tode.

Der Ritter Juan Salamanca sah, während der Kampf ringsum wogte, mitten im Getümmel die feindliche Standarte ragen; schnell sammelte er einige Reiter um sich, durchbrach mit diesen die feindlichen Reihen, in unwiderstehlichem Ansturm alles zu Boden reitend, riß das Feldzeichen an sich und tötete den vornehmen Kaziken, der es trug. Diese Heldentat verbreitete ringsum Entsetzen unter den Indianerhorden, der Fall des Heerführers war das Zeichen zur Flucht, und so löste sich mit einem Male der lebendige Panzer, der das Häuflein des Cortez und seiner Mannschaft zu ersticken drohte.

Nachdem sie einige Tage unangefochten gerastet hatten, erreichten sie endlich die Provinz Tlascala, wo ihre indianischen Verbündeten ihnen in unerschütterter Treue an der Grenze entgegenkamen und sie bereitwilligst aufnahmen. Hier wurde Rast gemacht, die Verwundeten, vor allem Cortez, dessen Befinden sich sehr verschlimmert hatte, wurden gepflegt und geheilt, und mit den wiederkehrenden Kräften stand die tapfere Schar des Cortez bald wieder, zu neuen Taten stark, im Felde.

Die Zerstörung Mexikos

Cortez hatte seinem zweiten Bericht an die spanische Regierung, der mit seiner großen Niederlage und dem unglücklichen Rückzug aus Mexiko endete, noch die wenig ermutigende Nachricht hinzugefügt, daß der Nachfolger und Bruder Montezumas allen seinen Vasallen den Tribut erlassen habe, wenn sie bereit seien, unerbittlichen Krieg gegen die fremden Eindringlinge zu führen. Trotzdem schloß der kühne Alexander der neuen Welt seinen Brief an Kaiser Karl V. mit der Erklärung, er habe dem von ihm entdeckten und teilweise eroberten Lande den Namen »Neuspanien des großen Ozeans« erteilt, »wegen der großen Ähnlichkeit mit Spanien, so in der Fruchtbarkeit als in der Größe, in der zuweilen vorkommenden Kälte und vielen andern Dingen, die in beiden Ländern vergleichbar sind.« Seine Tatkraft und sein Unternehmungsmut waren noch keineswegs erschöpft, und er dachte nicht daran, das von ihm gefundene Goldland wieder seinen Ureinwohnern zu überlassen.

Wenn nur der ferne Kaiser ihn endlich als Gouverneur von Neuspanien bestätigt hätte! Aber daheim in Madrid saßen die Herren von der Feder über dem Usurpator und Verräter zu Gericht, und noch am 11. April 1521 unterzeichnete der spanische Großkanzler Fonseca, ein Gönner des gegen Cortez hetzenden Statthalters Velazquez, einen Verhaftbefehl gegen den Eroberer von Mexiko. Aber dessen Anhänger ließen den Gesandten der spanischen Krone gar nicht erst landen, sondern zwangen ihn, Ausrüstung und Waffen gegen angemessene Bezahlung auszuliefern, und schickten ihn dann nach Kuba zu Velazquez. Dieser mochte über den unerwarteten Gast und dessen Botschaft nicht wenig erstaunt und verzweifelt sein, denn noch kurz vorher hatte er seinem Hauptmann Narvaez, in der Annahme, daß er längst Herr des Landes sei und Cortez gezüchtigt habe, ein Hilfsheer nachgeschickt. Auch diese Truppen traten nach kurzen Verhandlungen einmütig zu Cortez über, und so war nun wieder eine stattliche Armee beisammen, um die erlittene Schlappe auszuwetzen und die Hauptstadt Mexiko aufs neue zu erobern.

Zunächst unterstützte Cortez seine treuen indianischen Verbündeten von Tlascala und Cempoalla gegen die sie bedrängenden Aztekenheere, eroberte das Land zwischen den Bergen Popocatepetl und Citlaltepetl von neuem und unterwarf oder befreundete sich alle umwohnenden indianischen Fürsten. Dann ließ er in Tlascala dreizehn Schiffe bauen, um den Mexikanern auch zu Wasser beikommen zu können. Nachdem er sich dann noch um 130 Mann, die Überbleibsel einer zu dieser Zeit im Golf von Mexiko gestrandeten Expedition, verstärkt hatte, gebot er über eine Heeresmacht von 40 Reitern, 550 Fußsoldaten, 80 Armbrust- und Büchsenschützen und 8 Feldstücken, und begleitet von einem Heer von 100 000 Indianern, die sich durch die Vernichtung Mexikos ihre Unabhängigkeit zu erkämpfen hofften, brach er am zweiten Weihnachtsfeiertage des Jahres 1520 abermals nach dem Schauplatz der »traurigen Nacht« auf.

Um seine Truppen nicht durch Hinterhalte und Überfälle vorzeitig aufzureiben, wählte er den steilsten und unwegsamsten Zugang zur Hochebene von Mexiko. Aber auch dieser Weg war von den vorsichtigen Feinden schnell in Verteidigungszustand versetzt worden. Gewaltige Fichten und Zypressen hatte man gefällt und damit den Weg verlegt und den Boden mit Holzsplittern gespickt. Unter großen Schwierigkeiten rückte Cortez vor. »Nach Zurücklegung einer halben Stunde indessen«, heißt es in seinem weiteren Bericht, »gefiel es Gott, daß wir ins Licht hinabkamen, wo ich haltmachte, um meine übrigen Leute zu erwarten. Als sie angekommen waren, sagte ich ihnen allen, sie möchten Gott dem Herrn danken, der uns in Sicherheit bis hierher gebracht, wo wir schon die ganze Provinz von Mexiko mit den Lagunen übersehen konnten. Obgleich wir viel Vergnügen hatten, sie zu erblicken, so überkam uns dennoch bei Erwähnung des früher daselbst erlittenen Verlustes eine Traurigkeit. Wir gelobten uns sämtlich, nicht wieder ohne Sieg von dannen zu gehen, sondern lieber das Leben zu lassen! Mit diesem Entschluß schritten wir alle munter vorwärts.«

Zunächst wandte sich Cortez gegen die Stadt Tezcuco, deren Kaziken ihm schon auf seinem ersten Zuge böse zu schaffen gemacht hatten. Allenthalben riefen Feuersignale auf den Bergen die Indianer zum Kampfe auf, und Cortez war auf heftigen Widerstand gefaßt. Um so erstaunter war er, als ihm vier Indianer aus Tezcuco mit einer goldenen Friedensfahne entgegenkamen, ihn der Vasallentreue ihres Fürsten versicherten und ihm anboten, seinen Truppen in ihrer Stadt Quartier zu bereiten. An den früheren Feindseligkeiten hätten sie nur von den Mexikanern gezwungen teilgenommen.

Cortez rückte auch am Vorabend des Neujahrstages in Tezcuco ein, aber bald sah er, daß die angebotene Unterwerfung der Stadtbewohner nur eine Kriegslist gewesen war. Sie hatten lediglich Zeit gewinnen wollen, um ihr Hab und Gut zusammenzupacken und ins Gebirge oder nach der Residenz Mexiko zu flüchten. Auch der Häuptling der Stadt war entwischt. Cortez richtete sich daher in der menschenleeren Stadt häuslich ein, befestigte sie sorgfältig und benutzte sie für seine nächsten Unternehmungen als Standquartier.

Der Bau der dreizehn Schiffe, ohne deren Hilfe Cortez eine neue Belagerung der Stadt Mexiko nicht wagte, nahm mehrere Monate in Anspruch, und diese Frist benutzte Cortez dazu, die ganzen Seeufer abzustreifen, um das Terrain kennenzulernen, die Lage der Hauptstadt auf ihren Lagunen zu studieren, sich ihre Ein- und Ausgänge zu merken und alle Angriffsmöglichkeiten zu erwägen. Außerdem versuchte er, das Land weit und breit von Feinden zu säubern; die den Mexikanern verbündeten Nachbarstädte wurden erobert und vernichtet, wenn sich nicht die Eingeborenen ergaben, ihre Kaziken sich taufen ließen und seine Bundesgenossen wurden. Ebenso sorgte Cortez dafür, daß der Weg nach Vera Cruz von Feinden frei wurde, damit im Notfall von dort aus Unterstützung zu ihm stoßen konnte.

Diese Säuberung des Landes erforderte Tag für Tag hartnäckige Kämpfe mit den Eingeborenen, die sich mit Tapferkeit und List der fremden Eindringlinge zu erwehren wußten. Wenig fehlte, daß den Spaniern bei der Erstürmung der Stadt Iztapalapa das gleiche Schicksal zugestoßen wäre wie in der »traurigen Nacht«. Auch diese Stadt war zum größten Teil auf Lagunen am Rande des Sees von Tezcuco gebaut, nur zwei Stunden auf dem Wasserwege von Mexiko entfernt, und ihre Verteidiger lockten den Feind bis in die äußersten, in den See vorgeschobenen Stadtteile hinein, um dann hinter ihm die schon durchstochenen Dämme zu öffnen und ihn wie in einer Mausefalle zu fangen. Mitten im heftigen Kampfe erkannte Cortez plötzlich die Kriegslist der Gegner, machte sofort kehrt und entkam im letzten Augenblick unter Verlust einiger Indianer und der ganzen in der Stadt gemachten Beute dem drohenden Verderben. »Ich versichere Ew. Majestät«, sagt er in seinem Bericht an den König Karl, »wenn wir nicht denselben Abend noch das Wasser passiert oder nur drei Stunden damit gezögert hätten, so wäre kein Mann von uns davongekommen; denn wir wären gänzlich vom Wasser umschlossen gewesen, ohne irgendeinen Ausweg!« Bei den Kämpfen um die Stadt Xochimilco stürzte sogar sein eignes Pferd vor Ermattung mitten im feindlichen Handgemenge, und wäre ihm nicht ein Indianer aus Tlascala zu Hilfe gekommen, so wäre der Feldherr der Übermacht der auf ihn eindringenden Feinde erlegen.

Aber auch gegen Feinde im eigenen Heer mußte Cortez auf der Hut sein, denn noch immer gab es darin Anhänger des Statthalters Velazquez, die die Soldaten aufzuwiegeln und mit der Aussicht auf baldige Rückkehr in die Heimat unzufrieden und abtrünnig zu machen suchten und Mordpläne gegen Cortez und seine treuesten Offiziere schmiedeten. Als dieser noch rechtzeitig die Verschwörung entdeckte, ließ er den Hauptsträdelsführer hinrichten, zerriß aber die Liste der übrigen Verschworenen, die er schon in Händen hatte!

Auch den Feinden gegenüber war Cortez menschlich und zur Nachgiebigkeit geneigt, und es war nicht seine Schuld, wenn dieser zweite Zug gegen Mexiko mit Strömen von Blut gezeichnet ist. Von den Mexikanern wurden die Anwohner des Sees bei diesen vorbereitenden Kämpfen zu Wasser und zu Lande tatkräftig unterstützt, und oft kamen die Spanier bei diesen Plänkeleien in die Nähe der Hauptstadt und kämpften mit den Siegern der »traurigen Nacht«, die noch die erbeuteten spanischen Schwerter trugen und alle Friedensanerbietungen mit Spott und Hohn beantworteten.

»Kommt nur wieder in unsere Stadt«, riefen sie Cortez und den Seinen zu, »damit wir unsere Kurzweil mit euch haben! Meint ihr, es sei ein zweiter Montezuma hier, um alles zu tun, was euch gelüstet?«

Und wenn ihnen Cortez damit drohte, daß er sie aushungern werde, bewarfen sie ihn mit Kuchen aus Maismehl und schrien:

»Da nehmt und eßt selbst, wenn ihr Hunger habt! Wir haben keinen! Und wenn es so weit kommt, werden wir euch und die Leute aus Tlascala fressen!«

Noch weit mehr aber erbitterte die Spanier der grausige Anblick, der ihrer in den Tempeln der eroberten Ortschaften wartete. Vor den Götzenbildern sahen sie mit Schaudern die Überreste ihrer Waffenbrüder, die auf dem unheilvollen Rückzug in der »traurigen Nacht« geblieben, den Azteken lebendig in die Hände gefallen und grausam ihren Göttern geopfert worden waren! Wer konnte es da den Kriegern verdenken, wenn sie in der Hitze des Gefechtes Rache für die hingemordeten Kameraden nahmen. Oft genug regte sich in Cortez, das beweist seine Darstellung des ganzen Feldzugs, »ein mitleidiges Gefühl, daß nicht alles gemordet und zerstört ward«, und wo es der Ernst seiner Lage erlaubte, schonte er eine Ortschaft, wenn sich die Einwohner unterwarfen und Reue über das Vergangene zeigten, und ließ sie in ihre Häuser zurückkehren.

Wenn er aber auch seinen eigenen Leuten wehren konnte – über seine indianischen Verbündeten, die den Azteken an Grausamkeit und Blutdurst nicht nachstanden, hatte er keine Gewalt, wenn er sie nicht verlieren oder sich gar zu Feinden machen wollte. Sie waren zur Vernichtung der verhaßten Azteken ausgezogen und kannten bei ihrem Morden und Plündern keine Schonung; sie verlangten Sklaven und Beute und Lebensmittel für ihre Tausende von Kriegern, und sie mußte Cortez gewähren lassen, auch wenn sich ihm das Herz in der Brust umkehrte vor diesen unerhörten Menschenopfern. Einmal, erzählt er selbst, wurde ein solches Blutbad angerichtet, daß ein kleiner Bach länger als eine Stunde so von Blut gefärbt war, daß die Soldaten nicht daraus trinken mochten, obgleich sie sehr durstig waren. Und bei der Zerstörung Mexikos lesen wir einmal in dem Bericht des Feldherrn: »Unsere guten Freunde hatten heute ein leckeres Abendbrot; denn die getöteten Feinde nahmen sie in Stücke zerhackt mit sich, um sie aufzufressen.« So erscholl der fromme Kriegsruf der Spanier nur zu oft über Greueln, die die Herzen der Christen erstarren machten. –

Unterdessen waren die Schiffe in Tlascala fertig und die einzelnen Holz- und Eisenteile auf den Schultern von 8000 Indianern achtzehn Stunden über Land nach Tezcuco getragen worden. Vom Vortrab bis zur Nachhut war der Zug zwei Stunden lang, und auf beiden Seiten wurde er von Abteilungen der spanischen Truppen und gewaltigen Heeresmassen befreundeter Indianer gedeckt. Am vierten Tage zog er mit Paukenschlag feierlich in Tezcuco ein, von wo aus Cortez ebenfalls durch sein indianisches Hilfsheer einen Kanal bis zum See hatte graben lassen. Auf diesem Kanal wurden die Schiffe zusammengesetzt, und am 28. April 1521 liefen sie zur Verwunderung und zum Schrecken der feindlichen Rothäute in den See hinaus. Jetzt konnte die Belagerung der Stadt Mexiko beginnen.

Zunächst ließ Cortez unter harten Kämpfen mit den Azteken ihre

Wasserleitung abschneiden, die aus Quellen im Gebirge in hölzernen Röhren zur Stadt ging, und dann erfocht er mit seinen Schiffen, deren Oberbefehl er selbst führte, einen glänzenden Sieg über die Kahnflotte der Azteken. »Unvermutet«, erzählt er selbst, »versammelte sich eine sehr große Flotte von Kähnen, um uns anzugreifen und zu erproben, was es mit den Brigantinen für eine Bewandtnis habe. Nach unserer Schätzung waren es über fünfhundert Kähne. Als ich sah, daß sie gerade auf uns zu kamen, schiffte ich mich mit meiner an einem großen Hügel gelandeten Mannschaft schleunigst wieder ein. Ich befahl den Kapitänen der Brigantinen, keinerlei Bewegung zu machen, damit sie uns angriffen und glaubten, wir wagten aus Furcht nicht, auf sie loszusteuern. Doch etwa auf zwei Armbrustschußweiten hielten sie an und blieben ruhig. Ich wünschte sehr, daß hier unser erstes Zusammentreffen mit ihnen entschieden siegreich sein möchte, so daß sie viel Furcht vor den Brigantinen bekämen, weil wirklich in diesen der Schlüssel des ganzen Krieges lag.

Da gefiel es Gott dem Herrn, während wir so einander ansahen, daß ein zum Angriff für uns sehr günstiger Landwind aufsprang. Augenblicklich befahl ich den Kapitänen, auf die Kahnflotte loszusegeln und nicht abzulassen, bis sie wieder in Mexiko eingeschlossen wäre. Da der Wind sehr gut war, so durchbrachen wir sie in der Mitte, verdarben ihnen zahllose Kähne, töteten und ertränkten sehr viele Feinde. Es gab auf der Welt keinen merkwürdigeren Anblick. Wohl drei Stunden weit ward die Verfolgung fortgesetzt, bis sich die Kähne wieder eingesperrt hinter den Gebäuden ihrer Stadt befanden. Also gefiel es Gott dem Herrn, uns einen größeren und schöneren Sieg zu verleihen, als wir zu bitten und zu wünschen gewagt hatten.«

Dann gelang es Cortez, sich der mitten auf dem nach Mexiko führenden Hauptdamm liegenden Vorstadt Xoluc zu bemächtigen, und von diesem seinem Hauptquartier aus wurde die Bestürmung der Hauptstadt unternommen. Aber jeder Schrittbreit Landes mußte den verzweifelt kämpfenden Feinden mühsam abgerungen werden, und jeden Abend mußten die Spanier in ihr Hauptquartier zurückkehren, weil sie in der Dunkelheit auf dem Damme keinerlei Deckung hatten. Jeden Morgen aber fanden sie die den Damm durchschneidenden Wasserkanäle, die sie den Tag vorher mit den Steinen niedergerissener Häuser zugeschüttet hatten, wieder an ihrer alten Stelle; Tausende von braunen Händen leerten über Nacht wieder die Gräben und warfen immer neue aus, je weiter die Spanier zur Stadt vordrangen. Und so viele Feinde auch unter den Waffen der Spanier und ihrer Verbündeten fielen oder in den Seen ihren Tod fanden, immer neue Scharen wuchsen aus dem Boden, und oftmals ließen die Spanier mutlos die Waffen sinken! Nur die eiserne Energie des Feldherrn hielt sie fest bei diesem nutzlos erscheinenden Ringen.

In Mexiko war nach nur vier Monate langer Regierung der Bruder Montezumas gestorben, und sein Nachfolger, der Neffe der beiden letzten Herrscher, der fünfundzwanzigjährige Guatemotzin, verteidigte seine Hauptstadt und seinen Thron mit wunderbarem Heldenmut. In seiner Person schien sich noch einmal alle Tapferkeit und Kühnheit des Königstammes der Azteken zu einem glänzenden Vorbilde zu vereinen. Er hatte die einzelnen Stadtteile aufs stärkste befestigen lassen und stachelte sein Volk zum erbittertsten Widerstand an. Jede Aufforderung zur Übergabe erwiderte er mit um so heftigeren Angriffen, und selbst als das Schicksal Mexikos durch die einbrechende Hungersnot besiegelt war, wies er mit unbeugsamem Stolz jede Friedensunterhandlung von sich. Lieber Tod und Untergang des ganzen Volkes als Gnade von den verhaßten Spaniern! Einen gefangenen Kaziken, den Cortez mit einer Friedensbotschaft zu ihm sandte, ließ er unter schrecklichen Qualen seinen Götzen opfern, und denselben Tod erlitt, hoch oben auf der Plattform des großen Tempels angesichts seiner entsetzten Kameraden, jeder Spanier, der den in racheschnaubende Tiere verwandelten Azteken in die Hände fiel.

Cortez hätte die schöne Hauptstadt gerne geschont. Aber jedes Haus war ein Bollwerk des Feindes, dessen Eroberung Opfer an Menschen kostete, und so blieb schließlich nichts anderes übrig, als Haus für Haus dem Erdboden gleichzumachen. So sank die herrliche Stadt mit ihren prächtigen Palästen und Gärten und ihren unermeßlichen Kostbarkeiten in Trümmer.

Fünfundsiebzig Tage dauerte schon die Belagerung, der Marktplatz und der größte Teil der Stadt waren schon in den Händen der Eroberer, aber noch immer tobte der Entscheidungskampf um den großen Tempel des Kriegsgottes, auf dem sich der König mit dem Rest der noch waffenfähigen Mannschaft verschanzt hielt – da gelang es, den König, der sich auf einem Boote über den See hin flüchten wollte, gefangenzunehmen, und damit war der Sieg der Spanier entschieden.

Vor Cortez geführt, erklärte Guatemotzin, er habe alles getan, was zu seiner und seines Volkes Verteidigung seine Pflicht gewesen; jetzt möge sein siegreicher Gegner nach Willkür mit ihm verfahren. »Dann«, fährt Cortez fort, »legte er die Hand an einen Dolch, den ich trug, und sagte mir, ich möge ihn durchstoßen und töten. Ich aber ermutigte ihn und sagte, er möge sich nicht fürchten. Als dieser Herr unser Gefangener war, hörte augenblicklich der Krieg auf. Es war Dienstag am St. Hippolytustage, dem 13. August 1521, wo es Gott dem Herrn gefiel, denselben zu beendigen.«

Mit dem Falle Mexikos war die Macht der Azteken völlig vernichtet und eine wunderbare Metropole alter indianischer Kultur in Nordamerika für immer zerstört. Aber Cortez war nicht nur Eroberer und Vernichter, sondern auch Kolonisator und Förderer des unterworfenen Landes. Mit großer Umsicht ging er sofort an den Wiederaufbau der Stadt, viele Gräben wurden zugeschüttet, die Straßen verbreitert, nur die Hauptstraße in ihrer ursprünglichen Anlage erhalten. Wo ehemals die Todesschreie der Götzenopfer die Luft durchschnitten, erklangen jetzt die feierlichen Glocken einer christlichen Kirche. Schon nach wenigen Jahren waren zweitausend spanische Familien in Mexiko ansässig, und Cortez war jetzt der vom König bestätigte Statthalter und Generalkapitän von Neuspanien. –

Aber auch er sollte ein ähnliches Schicksal wie Kolumbus erleiden. 1528 mußte er nach Spanien zurückkehren, um sich vor den Anklagen seiner Feinde zu rechtfertigen, und die Verwaltung des Landes erhielt er nicht mehr zurück. Man erlaubte ihm nur noch, weitere Entdeckungs- und Eroberungszüge auszuführen, und er fand auf diesen im Jahr 1536 den Meerbusen von Kalifornien. Vier Jahre später mußte er aber wiederum persönlich vor dem spanischen König Karl V. erscheinen, um die Intrigen seiner Gegner zu zerreißen. Doch seine Bemühungen waren vergeblich, und nachdem er sich sechs Jahre lang in diesen Zänkereien aufgerieben hatte, beschloß er, sein undankbares Vaterland für immer zu verlassen. Da erkrankte er in Sevilla und starb am 2. Dezember 1547 in einem benachbarten Dorfe.

Kaiser Maximilian von Mexiko

Fast drei Jahrhunderte lang blieb das von Cortez unterworfene Mexiko die wertvollste Kolonie der spanischen Krone, und trotz mancher Empörungen gegen die Gewalttätigkeit und Habsucht der spanischen Vizekönige gelang es diesen noch immer, sich in dem ehemaligen Reiche Montezumas zu behaupten. Die blutige Religion der Azteken war durch das Christentum siegreich verdrängt, aber mit ihr waren auch die tapferen und tüchtigen Indianerstämme zugrunde gegangen, die einstmals die Hochebene von Anahuac reich bevölkerten und ein nach ihren Begriffen glückliches Dasein führten. Nach und nach wurden sie in die unzugänglichen Schlupfwinkel der Urwälder und Gebirge verdrängt, und spanische Sitte und Lebensart gelangten zur unumschränkten Herrschaft. Die meisten Indianer ließen sich von den katholischen Missionaren taufen, die spanischen Ansiedler übernahmen die Bewirtschaftung und Ausbeutung des Landes, und neben den im Lande selbst geborenen Europäern, den sogenannten Kreolen, wuchs eine neue Mischlingsbevölkerung empor, die im Lauf der Jahrhunderte sich so weit ausbreitete, daß Mexiko heute zur Hälfte ein Mestizenstaat geworden ist. Nicht die Vorzüge, wohl aber die Fehler der lateinischen und mexikanischen Rasse haben sich in diesen Mestizen vorherrschend entwickelt, und seit dem Beginn des neunzehnten Jahrhunderts ist Mexiko ein revolutionärer Vulkan, dessen Anwohner stets auf plötzliche Ausbrüche vernichtender Elemente gefaßt sein müssen. Es gibt kaum ein Land der Erde, daß sich mit solcher Hartnäkkigkeit in Bürgerkriegen unbarmherzig selbst zerfleischte.

Seitdem sich nun aber die Vereinigten Staaten Nordamerikas von ihrem Mutterland England unabhängig gemacht hatten, begann auch die Herrschaft der Spanier in Mittelamerika zu wanken, und im Jahre 1824 folgten die Mexikaner dem Beispiel ihrer nördlichen Nachbarn: Sie proklamierten die Republik, gaben sich nach dem Muster der Vereinigten Staaten eine neue Verfassung und trieben die Spanier zum Lande hinaus. Die von den Vereinigten Staaten im Dezember 1823 verkündete »Monroedoktrin« kam ihnen sehr gelegen. Diese für die heutige und künftige Weltpolitik ungemein wichtige, vom Präsidenten Monroe erlassene Erklärung besagte kurz und bündig, daß sich keine europäische Macht mehr in die inneren Angelegenheiten amerikanischer Staaten einzumischen habe, die schöne Zeit also, wo die reichen Landstrecken Nord- und Südamerikas noch als gute Beute unternehmungslustiger Konquistadoren betrachtet wurden, endgültig vorüber sei. »Amerika für die Amerikaner« lautet heute die Formel.

Die außerordentliche Tragweite dieser Erklärung kam den europäischen Großmächten erst durch ein Ereignis zu Bewußtsein, das eine der traurigsten und erschütterndsten Episoden der modernen Geschichte bildet.

In der Mitte des neunzehnten Jahrhunderts hatten die Wirren und Unruhen in Mexiko ihren Höhepunkt erreicht. Genauso wie heute kämpften die kirchliche und die liberale Partei mit Erbitterung gegeneinander, unter wechselnden Siegen und Niederlagen, und wer denn eigentlich die gesetzmäßige Regierung bildete, war oft genug ein schwer zu lösendes Rätsel. Im Jahre 1854 standen sich nicht weniger als vier Prätendenten um das Amt des Präsidenten gegenüber, die von ihrer Partei auf den Schild erhoben wurden, sich alle auf die Stimme des Volkes berufen konnten oder sich auf die Heldentaten einer aus Räuberbanden gebildeten Soldateska verließen. 1857 erhob die liberale Partei den Indianer Juarez zum Präsidenten, einen klugen und verschlagenen, ungemein energischen und hartnäckigen, aber auch rücksichtslosen und grausamen Menschen, der jedoch von den Vereinigten Staaten als der richtige Präsident anerkannt wurde. Die Partei der Geistlichkeit hatte alle Ursache, sich gegen dieses Regiment zu wehren, denn Juarez proklamierte nicht nur völlige Religionsfreiheit, sondern hob alle Mönchsklöster auf und erklärte das kirchliche Vermögen für Nationaleigentum. 1861 machte ihn der Kongreß der mexikanischen Republik sogar zum Diktator, und er benutzte diese Macht, um alle vertragsmäßigen Zahlungen, die Mexiko auswärtigen Gläubigern schuldete, auf zwei Jahre zu vertagen.

In diesen inneren Kämpfen lag Handel und Wandel natürlich völlig darnieder, Guerillabanden durchstreiften das Land, und Raub und Mord waren auf der Tagesordnung. Ausländer vor allem waren der schamlosesten Erpressung und Plünderung ausgeliefert, und den europäischen Staaten erwuchs schließlich die unabweisbare Pflicht, sich ihrer bedrängten Untertanen, deren Leben und Besitz in Mexiko gefährdet waren, anzunehmen.

Im Herbst 1861 schlossen also Spanien, England und Frankreich ein

Bündnis, um Mexiko durch Waffengewalt zur Bezahlung seiner Schulden zu zwingen und ihren Untertanen zu ihrem Recht zu verhelfen. Lange dauerte aber die Einigkeit der drei Mächte nicht; England und Spanien zogen sich bald von dem gemeinsamen Unternehmen zurück, und die französischen Truppen blieben allein auf dem Platze. Dem Ehrgeiz des französischen Kaisers Napoleon III. war diese Wendung ganz erwünscht; sein offenbares Ziel war, in Mittelamerika festen Fuß zu fassen und der lateinischen Rasse, wie er sich ausdrückte, dort zum Übergewicht zu verhelfen. So kam er auf den Gedanken, in Mexiko eine von Frankreich abhängige Monarchie zu gründen, und zum künftigen Kaiser erkor er einen österreichischen Erzherzog, einen Bruder des Kaisers Franz Joseph. Mit Hilfe der französischen Bajonette veranstaltete man in den von den Franzosen besetzten Teilen Mexikos eine sogenannte Volksabstimmung, die sich natürlich für eine Monarchie aussprach, da eine Abstimmung für die Republik gar nicht zugelassen wurde, und im Sommer 1863 bot man daraufhin dem Erzherzog Maximilian die neugeschaffene Kaiserkrone an.

Maximilian war ein junger und begabter Fürst, der sich als Admiral um die Flotte seines österreichischen Vaterlandes bereits hohe Verdienste erworben hatte und zu dieser Zeit auf seinem wunderbaren Schloß Miramar bei Triest als Gouverneur ein beschauliches Leben führte, das seinem Tatendrang und Ehrgeiz nicht völlig Genüge leisten mochte. Da bot sich ihm nun plötzlich eine Aufgabe, in jeder Beziehung eines geborenen Herrschers würdig. Es galt ein anarchisches Chaos zu einem geordneten Staatswesen umzuschaffen und ein reiches Land, das sich im Bürgerkrieg zerfleischte, zu Ruhe und neuer Blüte emporzuheben! Welch verlockende Aufgabe für einen ideal gesinnten Fürsten, der Maximilian nur zu sehr war! Seine junge Gattin Charlotte, eine Tochter des Königs Leopold von Belgien, schreckte zwar vor diesen abenteuerlichen Plänen zurück. Aber hatte das mexikanische Volk nicht selbst seinen Willen kundgetan, und durfte er sich diesem Rufe entziehen? Der arme Fürst ahnte nicht, wie jene Volksabstimmung zustande gekommen war und daß bei weitem der größte Teil der Mexikaner von der neuen katholischen Majestät nichts wissen wollte. Er glaubte den Versicherungen Napoleons, nahm die dargebotene Krone an und landete am 28. Mai 1864, ein zweiter Cortez, in Vera Cruz. Am 12. Juni hielt er seinen Einzug in die Hauptstadt Mexiko, die seit einem Jahr in den Händen der Franzosen war, ohne daß aber in einer Reihe blutiger Gefechte das Heer der Republikaner vernichtet worden wäre. Der Präsident Juarez hielt sich zwar, geächtet, irgendwo bei den Indianern versteckt, aber immer neue Truppen sammelten sich um seine Generale, ein Beweis, daß es der Republik nicht an entschlossenen Anhängern fehlte.

Napoleons Rechnung enthielt nur leider eine falsche Zahl. Er hatte nicht bedacht, wie sich die Vereinigten Staaten und ihre Monroedoktrin zu seinen mexikanischen Plänen verhalten müßten. Die Regierung zu Washington hatte Juarez als gesetzmäßigen Präsidenten anerkannt, und obgleich auch sie an der Beruhigung Mexikos stark interessiert war, hatte sie es ausdrücklich abgelehnt, mit den drei europäischen Mächten gemeinsam vorzugehen. Nun waren aber die Vereinigten Staaten zur selben Zeit durch den Bürgerkrieg völlig in Anspruch genommen, und Napoleon rechnete darauf, vor dessen Beendigung sein mexikanisches Abenteuer zum glücklichen und unwiderruflichen Abschluß zu bringen. Darin täuschte er sich, und als die Regierung der Union nach dem Frieden 1865 wieder die Hände frei hatte, war ihr erstes, auf die Beseitigung des unbequemen Kaiserreichs an ihrer Südgrenze, das in den Organismus Nordamerikas so wenig paßte, hinzuarbeiten. Nach kurzer Zeit sah sich Napoleon vor die Wahl gestellt: entweder Krieg mit den Vereinigten Staaten zugunsten eines fremden Landes oder – Rückzug aus Mexiko und Verzicht auf allen Einfluß auf dessen politische Entwicklung.

Napoleon war klug genug, den friedlichen Ausweg zu wählen, er gab also seinen Truppen Befehl, sich wieder nach Europa einzuschiffen, und schon am 5. Februar 1867 rückten die letzten französischen Kolonnen aus Mexiko ab, obgleich sie der mit Maximilian geschlossene Vertrag von Miramar verpflichtet hätte, noch mindestens drei Jahre das junge Kaiserreich zu unterstützen. Bazaine hatte es nicht einmal für nötig gehalten, den Kaiser von seinem Entschluß in Kenntnis zu setzen, sondern er überließ diesen ganz plötzlich sich selbst und seinen etwa tausend Mann zählenden Truppen, obgleich die 200 000 Einwohner Mexikos keineswegs alle Freunde der kirchlichen und kaiserlichen Partei waren und die Hauptstadt stets von feindlichen Guerillabanden umschwärmt wurde, die sie leicht hätten überrumpeln können, wenn sie besser aufgepaßt hätten. Und was waren das für Truppen, denen die

Zukunft des Kaiserreichs überantwortet war! Die Hefe des Volkes hatte man zusammengetrieben, Vagabunden und Bettler, die man nächtlich auf der Straße mit dem Lasso aufgriff, stumpf und apathisch gewordene Nachkommen des alten, tapferen Aztekenvolkes, die nur auf die Gelegenheit warteten, wieder auszureißen. Wer bei einem Gefecht gefangen wurde, pflegte ohne weiteres in die Armee des Feindes einzutreten; von Soldatenehre war hüben und drüben nur sehr wenig zu finden.

Schlimmer als dieser traurige Zustand der kaiserlichen Armee war aber, daß sie den ganzen Haß, der sich besonders bei den Republikanern gegen die übermütige Franzosenwirtschaft aufgehäuft hatte, nunmehr auf sich nehmen mußte, vor allem die Empörung über eine Verfügung Bazaines, daß künftig keine Gefangenen mehr gemacht, sondern jeder Gefangene kriegsrechtlich erschossen werden solle. Diese unglückliche Verfügung untergrub nicht nur die Popularität, die sich Kaiser Maximilian durch seinen liebenswürdigen Charakter, seine Leutseligkeit und Gerechtigkeit schon erworben hatte, sondern wurde ihm geradezu zum Verhängnis.

Warum nur schloß er sich nicht den französischen Truppen auf ihrem Rückwege an? Das anmaßende Auftreten Bazaines hatte es ihm unmöglich gemacht, sich unter dessen Schutz zu begeben! Der maßlose Ehrgeiz des späteren Kapitulanten von Metz hatte mit dem Gedanken gespielt, sich selbst die Kaiserkrone von Mexiko aufs Haupt setzen zu können! Das wechselnde Kriegsglück durchkreuzte aber seine Pläne, und als er jetzt von Napoleon den Befehl zum Rückzug erhielt, sollte mit ihm zugleich auch das Kaiserreich von Mexiko verschwinden! Da sich aber der ritterliche Charakter Maximilians gegen den Gedanken sträubte, seine Anhänger kurzerhand im Stich zu lassen, wollte Bazaine ihn zur Niederlegung seiner Krone zwingen, und er schreckte sogar nicht davor zurück, dem General Porfirio Diaz die Auslieferung des Kaisers anzubieten! Aber der stolze Mexikaner wies das heimtückische Angebot zurück. Bei seinem Abzug hatte dann Bazaine noch die französischen und belgischen Offiziere, die im Heere des Kaisers dienten, ebenfalls zur Rückkehr zu veranlassen gewußt.

So hatte sich Maximilian, ein Nachkomme jenes Habsburger Karls V., in dessen Namen Cortez einstmals Mexiko eroberte, die letzte Möglichkeit zur Rückkehr und zur Rettung abgeschnitten, und von einem kleinen Häuflein Getreuer umgeben, zog er am 19. Februar 1867 mit seinen beiden Generalen Miramon und Mejia in die Bergstadt Queretaro ein, freudig begrüßt von deren Bevölkerung, die sich auch bis zum Ende anhänglich erwies. Maximilians Gattin Charlotte hatte sich schon im Sommer 1866 wieder nach Europa begeben, um bei befreundeten Staaten Hilfe für die bedrängte Lage ihres Gatten zu erbitten.

Hier in Queretaro sollte es nun zum Entscheidungskampf mit dem Feinde kommen. Aber statt die sich allmählich erst sammelnden republikanischen Truppen einzeln anzugreifen, wartete der Kaiser auf den Rat des unentschlossenen Generals Miramon so lange, bis der feindliche General Escobedo, ein früherer Maultiertreiber, selbst zum Angriff überging. Man hatte sogar versäumt, die Queretaro umgebenden Bergeshöhen zu besetzen und zu befestigen, und mußte nun nachträglich unter blutigen Opfern die gefährlichsten Punkte erstürmen, von denen aus die Kanonen der Feinde die Stadt beherrschten.

Bald sah Maximilian ein, daß er ohne Verstärkung sich nicht mehr halten könne. Er sandte deshalb seinen General Marquez nach Mexiko, dort ein neues Heer zu bilden und in vierzehn Tagen zum Entsatz der Stadt zurückzukehren. Aber der General brach sein Ehrenwort, und der Kaiser sah ihn nie wieder!

Zehn Wochen dauerte die Belagerung Queretaros, und die kleine Armee des Kaisers verrichtete Wunder der Tapferkeit gegenüber dem ihr an Zahl vielfach überlegenen Feind. Noch immer hörte Kaiser Maximilian ausschließlich auf den Rat des im übrigen so tapferen Generals Miramon, der aber zu keiner Entscheidung kommen konnte und die zahlreichen, von den Kaiserlichen erzielten Erfolge nicht auszunutzen verstand. Als schließlich, als mächtigste Feindin, die Hungersnot in Queretaro ausbrach, blieb nichts anderes übrig als Übergabe der Stadt oder Durchbruch durch den Feind.

Nach langem Drängen der übrigen Generale ließ sich der Kaiser endlich bestimmen. Auf den Morgen des 15. Mai war der Ausfall verabredet, aber ehe sich noch der Kaiser bei Tagesanbruch erhob, hatte ein Verräter aus dem eigenen Heere, der Oberst Lopez, den Feind in die Stadt geführt, und alles war verloren! Mit seinen letzten Getreuen kämpfte Maximilian auf dem Hügel, der während der ganzen Zeit der Mittelpunkt seiner Schlachtordnung gewesen war, auf dem Cerro de Campaña, wie ein Löwe gegen die feindlichen Scharen. Als aber zuletzt von allen Seiten die feindlichen Kanonen des Kaisers Verschanzung zum Ziel nahmen, übergab endlich Maximilian, um der vergeblichen Metzelei Einhalt zu tun, dem Feinde seinen Degen. Stets hatte er sich freiwillig dem feindlichen Kugelregen ausgesetzt – keine Kugel war so barmherzig gewesen, ihn vor dem Schicksal zu bewahren, lebendig in die Hände des über die hartnäckige Verteidigung erbitterten Gegners zu fallen!

Dennoch hätten die Republikaner es vielleicht nicht ungern gesehen, wenn dem Kaiser die Flucht aus Queretaro gelungen wäre. Sogar der Verräter Lopez führte ihm bei Überrumpelung der Stadt eigenhändig ein Pferd zu, und auch während der Gefangenschaft des Kaisers fanden sich jederzeit Offiziere und Befehlshaber des feindlichen Heeres, die gegen Bezahlung bereit waren, dem Kaiser zur Flucht zu verhelfen.

Aber Maximilian, den die Anstrengungen des wochenlangen Kampfes und der Ekel vor der schauderhaften Gefangenenkost auf das Krankenlager geworfen hatten, konnte zu keinem endgültigen Entschluß kommen. Als er bei der ersten persönlichen Begegnung mit dem General Escobedo diesen um das Leben seiner Generale und Offiziere gebeten hatte, war ihm die Antwort geworden, daß sie als Kriegsgefangene behandelt werden würden. Auf dieses Wort des Generals verließ sich Maximilian nur allzu fest; im Vertrauen darauf versäumte er die rechtzeitige Vorbereitung seiner Flucht, bis er schließlich vor der niederschmetternden Gewißheit stand, daß Juarez gegen ihn und seine Generale nach dem Gesetz verfahren werde, das der Präsident selbst im Januar 1862 erlassen hatte und das die Anführer der kaiserlichen Armee und den Kaiser selbst zu Rebellen stempelte! Ein Kriegsgericht sollte daher über das Schicksal der Helden von Queretaro entscheiden.

Das Trauerspiel von Queretaro

Am 13. Juni trat das Kriegsgericht zusammen, das über den Kaiser und seine Generale das Urteil fällen sollte – eine elende Komödie, denn nach den Gesetzen der Republik waren sie unbedingt dem Tode verfallen! Und als ob man die ganze zivilisierte Welt verhöhnen wollte, wählte man zum Schauplatz dieses Kriegsgerichtes – das Theater Iturbide, das man wie zu irgendeinem andern Fest mit den Fahnen und

Farben der Republik prächtig ausgeschmückt hatte. Das ganze Offizierkorps der republikanischen Armee mit seinen Damen füllte die Logen, und mancher dem Kaiser ergebene Bürger hatte sich seiner eigenen Sicherheit zuliebe überwinden müssen, von den ihm übersandten Billetts zu dieser entsetzlichen Vorstellung Gebrauch zu machen. Schon in früher Morgenstunde war das Theater gedrängt voll; um 9 Uhr sollte die Komödie beginnen.

Auf der Bühne, die durch Dekorationen zu einem Saal umgeschaffen war, agierten die Vertreter des Gesetzes, der Oberstleutnant Sanchez, der noch im November desselben Jahres von seinen eigenen Soldaten ermordet wurde, und sechs junge Hauptleute, von denen mehrere weder lesen noch schreiben konnten.

Nach Verlesung der Anklageakte schritt man zur Vernehmung der Angeklagten, und die Spannung der Zuhörerschaft erreichte sogleich ihren Höhepunkt: einen Sproß des Habsburger Kaiserstammes auf der Bühne vor ein mexikanisches Kriegsgericht treten zu sehen, war eine Sensation, die wohl in der Weltgeschichte nicht wiederkehrte!

Aber welch bittere Enttäuschung! Der Kaiser hatte sich unbedingt geweigert, sich persönlich dem Gericht zu stellen, und erklärt, daß man ihn nur mit Gewalt dorthin bringen werde. Ein menschlich fühlender Arzt hatte ihn dann durch ein Krankheitsattest vor dem Äußersten bewahrt. Aber seinen beiden »Mitschuldigen, den sogenannten Generalen Miramon und Mejia«, ersparte man ihre Rolle in der Komödie nicht. Von je zwei Soldaten mit aufgepflanztem Bajonett bewacht, führte man sie auf die Bühne, wo sie auf den Anklagestühlen Platz nehmen durften; der dritte, mittlere Stuhl, der für den Kaiser bestimmt war, blieb leer.

Die eskortierenden Soldaten hatten den Befehl, bei jeder verdächtigen Bewegung die Angeklagten sofort niederzustoßen – so fürchtete man noch die allen rühmlichst bekannte Tapferkeit der beiden Helden, die selbst dem feindlichen Theaterpublikum Sympathie abnötigten. Vor dem stolzen Auftreten Miramons, der seiner Gewohnheit nach mit ausgesuchter Eleganz gekleidet war und sich mit der Sicherheit eines beliebten Salonhelden bewegte, geriet selbst die plumpe Soldateska dieses räuberhaften Kriegsgerichts in klägliche Verlegenheit. Der Indianer Mejia war nur von kleiner Statur, und seine Füße berührten von seinem Sitz aus kaum den Boden; obendrein war er von Krankheit geschwächt; aber als ihn der Vorsitzende des Gerichts nach seinem Namen fragte, erwiderte er mit sarkastischem Lächeln: »Den kennen Sie gut genug!« Mejia war der einzige von den drei Angeklagten, der vielleicht auf Gnade zu rechnen hatte; während dem jungen heißblütigen Kreolen Miramon mancher Akt rücksichtsloser Strenge zur Last fiel, hatte der Indianer Mejia während des ganzen Krieges gegen die Republik die feindlichen Gefangenen milde behandelt und sogar einmal dem General Escobedo, der in seine Hände gefallen war, die Freiheit geschenkt! Daß im übrigen das Kriegsgericht von Escobedo den Auftrag hatte, gegen alle drei das Todesurteil zu fällen, wußte das ganze Theater, und den Verteidigern des Kaisers blieb daher nur die Aufgabe, durch juristische Einwendungen die Kompetenz dieses Gerichtes anzufechten, was im glücklichsten Fall den Urteilsspruch um kurze Zeit verschieben konnte. Die Richter kümmerten sich denn auch nicht im geringsten um die nutzlosen Anstrengungen der Advokaten, und selbst der General Miramon zog bei den Plädoyers der Verteidiger ganz ostentativ die Uhr, zum Zeichen, daß man der grausamen Komödie doch ein Ende machen solle.

Bis um drei Uhr nachmittags tagte das Gericht; dann wurden die Gefangenen wieder abgeführt, wobei Mejia, die Bühne verlassend, freundlich ins Parterre hinuntergrüßte. Erst am nächsten Tag wurde das Urteil gefällt, das den Kaiser und seine beiden Generale zum Tode des Erschießens verurteilte. Drei der Beisitzer hatten auf Verbannung erkannt, die Stimme des Vorsitzenden hatte den Ausschlag gegeben.

Am 16. sollte das Urteil vollstreckt werden. Aber noch immer hoffte der unglückliche Kaiser, daß der Präsident Juarez der blutigen Katastrophe im letzten Augenblick Einhalt tun oder ein Fluchtversuch gelingen werde. Wie furchtbar rächte sich jetzt das Vertrauen, das Maximilian auf das Wort des Generals Escobedo gesetzt hatte! Alle Vorbereitungen zur Flucht waren versäumt, und man besaß nicht einmal das, was zur Bestechung der Soldaten und Offiziere völlig unentbehrlich war: bares Geld, womit man Wunder hätte wirken können trotz der kurzen Spanne Zeit, die zur Verfügung stand. Wer von diesen indianischen Landsknechten, die gewohnt waren, im Fall einer Gefangenschaft ohne weiteres in das Heer des jeweiligen Feindes eingereiht zu werden, wenn sie nur ihren spärlichen Sold und halbwegs erträgliche Nahrung erhielten, hätte dem lockenden Reiz blanken Goldes Widerstand geleistet?

Aber von Wechseln verstanden sie nichts, und über Summen auf dem Papier, mochten sie noch so hoch sein, schüttelten sie lächelnd den Kopf! Was galt ihnen die Bürgschaft eines österreichischen Erzherzogs, wenn er nicht mehr in ihren Händen war! Da teilten sie lieber Escobedo den ganzen Anschlag mit, um sich vor Verrat zu schützen. Und noch bevor der letzte Fluchtplan in der Nacht vom 15. auf den 16. ins Werk gesetzt werden konnte, wurden die diplomatischen Vertreter mehrerer europäischer Staaten, die bei seiner Vorbereitung beteiligt waren, gezwungen, sofort die Stadt zu verlassen, und keiner seiner Getreuen wurde mehr zum Kaiser gelassen.

Schon marschierten die Truppen, die zur Ausführung der Hinrichtung bestimmt waren, mit klingendem Spiel zur Richtstätte hinaus, zu der man den Cerro, den Hügel erwählte, auf dem der Kaiser sich so lange heldenhaft behauptet hatte, und der hohe Dulder bereitete sich gefaßt zu seinem letzten Gang. Da – ein Telegramm des Präsidenten: die Exekution ist bis auf den 19. verschoben! Also doch Menschlichkeit! Gnade!? Die Freunde des Kaisers atmeten schon auf! Unmöglich konnte der Präsident so grausam sein, den Todeskampf der drei Opfer nur verlängern zu wollen!

Der Kaiser selbst aber hatte die Hoffnung aufgegeben. Nur als ihm der General Escobedo am Abend des 18., als sein Opfer schon eingeschlafen war, einen – Abschiedsbesuch zu machen für richtig fand, blitzte aus den Augen Maximilians einen Augenblick so etwas wie ein letzter Hoffnungsstrahl. Aber der General empfahl sich bald wieder – kein Wort von Begnadigung! Es war nur eine Ausartung mexikanischer Höflichkeit, die Escobedo veranlaßt hatte, den Verurteilten in seinem letzten Schlaf zu stören! Und nur die dringende Bitte des preußischen Gesandten hatte Juarez zu jenem Aufschub bestimmt, um nicht allzu hart zu erscheinen. An der Erfüllung des Gesetzes war nichts zu ändern – die blutdürstigen Truppen der Republikaner murrten schon, als es kurze Zeit den Anschein hatte, daß der Kaiser ihnen doch entgehen würde. Juarez hätte sein eignes Leben gewagt, wenn er seinen demoralisierten Räuberhorden das Schauspiel der Hinrichtung eines Kaisers vorenthalten hätte! Auch die letzte Bitte Maximilians, wenigstens die beiden Generale zu schonen, hatte er abgeschlagen.

So graute der Morgen des 19. Juni. Der Kaiser hatte sich schon um $^1/_24$ Uhr erhoben; er trug einen dunklen kurzen Rock, schwarze Beinkleider und Weste und einen Filzhut. Nachdem der Geistliche, der dem Verurteilten Beistand leisten sollte, vor dem Kaiser eine Messe gelesen hatte, gab dieser seinem Leibarzt noch einige Aufträge und Grüße an seine Getreuen; sein Testament hatte er schon vorher gemacht; auch die Abschiedsbriefe an seine Gattin und seine Familie waren schon in den Händen sicherer Boten.

Punkt 6 Uhr erschien der kommandierende Offizier, dem der Kaiser sofort folgte. Als ihn vor der Zelle seine wenigen Diener weinend umringten und seine Hände küßten, tröstete er sie mit den Worten: »Seid doch ruhig, ich bin es ja auch! Es ist Gottes Ratschluß, daß ich sterben soll, und dagegen läßt sich nichts machen.«

Dann trat der Kaiser an die Zellen der beiden Generale heran und rief: »Meine Herren, sind Sie bereit? Ich bin schon fertig!« Als die beiden Todesgefährten heraustraten, umarmte der Kaiser sie und ging ihnen festen Schrittes voran, die Treppe hinunter. Auf der Straße atmete er die frische Morgenluft mit voller Brust ein und sagte: »Solch einen herrlichen Tag habe ich mir immer zum Sterben gewünscht!«

Dann stieg er mit dem Geistlichen in eine der bereitstehenden Droschken; eines besseren Wagens hatte man den Kaiser nicht für wert gehalten.

Eine dichte Menschenmenge war auf den Straßen versammelt, obgleich der General Escobedo, um Demonstrationen vorzubeugen, die Exekution eine Stunde früher, als angekündigt war, stattfinden ließ. Alles grüßte in stummem Schmerz den Kaiser, die Frauen brachen in Tränen aus. Der Verurteilte dankte mit freundlichem Lächeln. Vier Monate gerade war es her, daß ihn bei seiner Ankunft die Bevölkerung der Stadt mit Jubel empfangen hatte! Welch ein furchtbarer Gegensatz zwischen jenem Einzug in Queretaro und diesem letzten Gang zur Richtstätte!

Bei der Ankunft auf dem Cerro ließ sich der Wagenschlag nicht öffnen; ungeduldig sprang der Kaiser über ihn hinweg und sah sich um. Niemand von den vielen, die sich zur Zeit des Glücks an ihn gedrängt hatten, war zu sehen; seine letzten Getreuen saßen selbst in sicherem Gewahrsam, und Escobedo hatte ihnen die Erlaubnis verweigert, ihren Kaiser zu begleiten. Nur sein ungarischer Koch hatte es durchgesetzt, Augenzeuge des Todes seines Herrn zu sein.

Während der Geistliche, der die Verurteilten trösten sollte, sich kaum aufrecht halten konnte, trat der Kaiser festen Schrittes in das offene Viereck, wo die Soldaten seiner warteten, und stellte sich mit seinen beiden Generalen gegen eine Mauer, die man zur Exekution errichtet hatte. Um Miramon noch in der Todesstunde zu ehren, bot er ihm den mittleren Platz an.

Nun traten ein Offizier und sieben Mann vor jeden der drei Verurteilten. Der Kaiser ging auf die Soldaten zu, drückte jedem ein Goldstück in die Hand, und auf die Stelle seines Herzens weisend, sagte er: »Schießt gut, schießt grade hierher!« Schon vorher hatte er den General Escobedo bitten lassen, man möge nicht nach seinem Kopfe zielen, damit sein Gesicht nicht so entstellt würde. Dann trat er wieder an seine Stelle zurück, wischte sich mit dem Taschentuch die Stirn, gab Tuch und Hut seinem Koch mit dem Befehl, sie seiner Mutter zu bringen, und sprach noch mit klarer Stimme folgende Worte:

»Mexikaner! Personen meines Ranges und meines Ursprunges sind von Gott entweder zu Beglückern der Völker oder zu Märtyrern bestimmt. Von einem Teile von euch gerufen, kam ich zum Wohl des Landes; ich kam nicht aus Ehrgeiz; ich kam, von den besten Wünschen für die Zukunft meines Adoptivvaterlandes und für diejenigen meiner Tapfern beseelt, denen ich vor meinem Tode für die mir gebrachten Opfer danke. Mexikaner! Möge mein Blut das letzte sein, das vergossen wird für das Wohl des Vaterlandes; und wenn es noch nötig ist, daß Söhne desselben das ihrige vergießen, so möge es zum Wohl desselben und nie durch Verrat fließen. Es lebe die Unabhängigkeit, es lebe Mexiko!«

Fünf Schüsse knallten, und jede Kugel war tödlich. Der Kaiser fiel auf die rechte Seite, aber da er noch zuckte, zeigte der Offizier mit der Säbelspitze auf des Kaisers Herz – ein Soldat trat hervor und schoß auf die bezeichnete Stelle. Wenige Augenblicke später fielen auch die beiden Generale von Kugeln durchbohrt – das Trauerspiel von Queretaro war beendet. –

Als des Kaisers Anhänger einige Tage später die Richtstätte besuchten, hatten arme Indianer, die den Gefallenen als Märtyrer verehrten und ihre Tücher in sein Blut getaucht hatten, drei einfache Kreuze dort errichtet, und von liebender Hand war von Blättern ein Kissen dort aufgehäuft, wo der Kopf des Kaisers beim Fallen den Boden berührt hatte. Bei der Einbalsamierung wurde der Leichnam von Ärzten, die in ihrem Schlächtergewerbe jedes Gefühl für die Würde des Todes verloren hatten, in der brutalsten Weise mißhandelt, und seine Auslieferung und Überführung nach Europa wurde nur unter den größten Schwierigkeiten durchgesetzt; denn mit allem, was dem Toten gehörte, wurde seitens der Ärzte und der zufälligen Besitzer ein schwungvoller Handel getrieben! Endlich, am 18. Januar 1868, fand die Leiche des Kaisers von Mexiko in der Kapuzinerkirche zu Wien ihre letzte Ruhestätte.

Und was war das Schicksal der Kaiserin, die einst im Glanze jugendlicher Schönheit und allen Erdenglücks mit ihrem Gatten von den Ufern des Adriatischen Meeres ausgezogen war, um in der neuen Welt der Republiken der Vereinigten Staaten eine Krone zu tragen? Vielleicht daß sie noch immer nicht ahnt, was sich vor bald fünfzig Jahren Furchtbares in Queretaro begeben! Nachdem sie in Paris bei Napoleon und beim Papst in Rom vergeblich um Hilfe für ihren bedrängten Gatten gebettelt hatte, verfiel sie, von Kummer und Verzweiflung gebrochen, in Geistesumnachtung, aus der sie nicht mehr erwachen sollte. Noch heute lebt die unglückliche Tochter Leopolds von Belgien und ehemalige Kaiserin von Mexiko in stiller Zurückgezogenheit auf einem Schloß in der Nähe von Brüssel.

Mit der Eroberung von Queretaro und der Erschießung des Kaisers war der Sieg des Präsidenten Juarez entschieden. Auch die Hauptstadt Mexiko ergab sich jetzt dem sie belagernden General Porfirio Diaz, und am 16. Juli 1867 zog der Indianer Juarez als Triumphator in den ehemaligen Palast des Ferdinand Cortez ein! Im Laufe der nächsten Jahrzehnte kamen dann die inneren Zustände Mexikos einigermaßen zur Ruhe, besonders seitdem der General Porfirio Diaz im Jahre 1876 und dann wieder 1884 die Präsidentenwürde erlangte und sich bis 1911 auf diesem schwierigen Posten zu behaupten wußte. Aber noch immer ist bei dem unzuverlässigen Charakter der mexikanischen Mischlingsbevölkerung das Schicksal der dortigen Europäer allen Unsicherheiten revolutionärer Bewegungen ausgesetzt, und Räuberbanden sind die eigentlichen Beherrscher des Landes, genauso wie zu Zeiten des unseligen Kaisers Maximilian.

Die Landenge von Panama

Ist es euch nie aufgefallen, wie schwer es ist, den Blick von einem Erdglobus zu wenden? Jedesmal, wenn ihr ihn betrachtet, macht ihr neue Entdeckungen. Er gibt euch ein wahreres Bild der Erde, als eine Karte das je könnte. Er zeigt euch deutlich, daß Erdteile und Meere Wölbungen bilden, und macht euch ihre Lage und ihre Größe im Verhältnis zueinander klar.

Gewiß habt ihr schon eines Tages mit einemmal entdeckt, daß der Nordpol mitten in einem von gewaltigen Landmassen umgebenen Meere liegt, während der Südpol mitten in einem festen Kontinent zu finden ist, den große Meere umgeben. Und gewiß habt ihr euch auch schon verwundert gefragt, warum alle Weltteile gerade nach Süden hin Halbinseln aussenden. Seht nur in Europa Skandinavien, dann vor allem Spanien, Italien und Griechenland. Nach Süden zeigen Kamtschatka und Korea, Arabien und die indischen Halbinseln! Afrika, Australien und Südamerika enden nach Süden hin in immer schmäler werdenden Keilen. Man könnte dabei fast an die Bildungen einer Tropfsteinhöhle denken. Aber ihr mögt über dem Globus grübeln, soviel ihr wollt, und die Gelehrten mit Fragen bestürmen – ihr werdet dennoch nie erfahren, warum das Antlitz der Erde gerade diese und keine andern Züge angenommen hat!

Ein andermal gewahrtet ihr, daß Europa, Asien, Afrika und Australien in einem fast zusammenhängenden Bogen auf der östlichen Halbkugel der Erde liegen, während Amerika die westliche Halbkugel für sich allein in Anspruch nimmt. Wie eine ungeheure Scheidewand liegt es zwischen zwei Meeren und fällt immer wieder auf durch seine eigentümliche langgestreckte Gestalt von Pol zu Pol. Man könnte sich vorstellen, daß der Bildner des Erdballs mit seiner Arbeit nicht recht zufrieden war und im letzten Augenblick noch aus Amerika zwei besondere Weltteile habe machen wollen. Sind nicht die Spuren seiner starken Hand allenthalben zu sehen? In der Linken hält er Nordamerika, in der Rechten Südamerika. Da, wo die Hudsonbai ins Land eindringt, lag sein Zeigefinger, und der Mexikanische Meerbusen ist der Abdruck seines Daumens. Südamerika hält er mit der ganzen Hand umspannt, und nur vom Daumen ist gerade auf der Grenze zwischen Peru und Chile ein Eindruck sichtbar. Seine Hände haben den ganzen

Weltteil mit solcher Kraft zusammengepreßt, daß der Westrand in gewaltigen Runzeln und Falten zerknitterte, die wir Menschen das Felsengebirge und die Anden nennen. Wüßte man nicht, daß die Winde der Ozeane die Flüsse mit Regen speisen – man wäre versucht zu glauben, der Mississippi und der Amazonenstrom, der Rio de la Plata und all die andern Flüsse seien nichts anderes als die Feuchtigkeit, die den Gebirgen noch heute unter dem Druck der Hand ihres Schöpfers entströmt.

Und wie hat er gezerrt und gedreht, um Amerika auseinanderzubringen. An einer Seite ist der Zusammenhang wirklich zerrissen, aber einzelne Stücke liegen noch da, die wir die Westindischen Inseln oder die Antillen nennen. An der andern Stelle war aber das Material zu zäh. Freilich bildet Mexiko nach Süden hin einen Keil, als ob es im Meer enden wollte, und Zentralamerika liegt da wie ein ausgewrungenes Handtuch. Zwischen Guatemala und Honduras wäre es beinahe durchgerissen, und auch der große See von Nicaragua bildet eine schwache Stelle. Aber erst da, wo Costa Rica in die Panamaenge übergeht, wäre auf ein Haar der Zusammenhang zwischen den beiden Hälften der neuen Welt gerissen. Doch die Landenge widerstand dem Drehen und Reißen, und als sie zu sechzig Kilometer Breite zusammengeschrumpft war, wurde sie in Ruhe gelassen.

Nachher kamen dann die Menschen, um dem Schöpfer zu helfen und das Werk, das er selbst gut fand, noch zu verbessern. Zwar dauerte es lange, ehe sie sich an ein so gewaltiges Unternehmen wagten. Aber da es ihnen so gut gelungen war, Afrika von Asien durch den Suezkanal zu trennen, gingen sie zuletzt auch daran, einen Kanal durch die hundert Meter hohen Berge der Panamaenge zu sprengen. Viele Jahre und viele Milliarden waren dazu erforderlich, aber bald wird der Meisterschnitt fertig sein, der Südamerika von der nördlichen Hälfte der neuen Welt lostrennt. Wie eine Siegesfanfare wird rings um die Erde die Nachricht erklingen, daß der erste Dampfer mit rauchenden Schornsteinen diesen Richtweg vom Stillen zum Atlantischen Ozean durchfurcht habe. Und ist es nicht auch eine tüchtige Leistung, mit einem einzigen Schnitt den Weg eines von Liverpool nach San Francisco gehenden Dampfers um fast 1000 Meilen verkürzt zu haben?

Aber noch ist die Brücke nicht abgebrochen, und noch können wir trocknen Fußes nach Südamerika hinübergehen, da, wo die Kordilleren der Anden ihren mächtigen Zug längs der ganzen Westküste beginnen. Gleich ungeheuren Festungswerken sind ihre Ketten in doppelten oder in mehrfachen Reihen gegen den Stillen Ozean vorgeschoben, und zwischen diesen Ketten dehnen sich Hochebenen aus, die 4000 Meter über dem Meeresspiegel liegen. Hier erheben sich die höchsten Berge der neuen Welt, in Argentinien der mächtigste von allen, der Aconcagua, ein erloschener, mit ewigem Schnee und glänzendweißen Gletschern bedeckter Vulkan, in Bolivia der Sorata, in Ecuador der Chimborasso, ebenfalls ein erloschener Vulkan, dessen Eismantel einer Marmorkuppel gleicht, und schließlich einer der berühmtesten Berge unserer Erde, der Cotopaxi, der höchste der noch tätigen Vulkane der ganzen Welt.

Laßt uns nun einen Augenblick in einem Tal oberhalb der Baumgrenze verweilen, wo dem steinigen Boden nur noch spärliche Kräuter entsprießen! Da seht ihr einen Bergkegel, der ebenso regelmäßig ist wie der Gipfel des Fujijama. Sein Krater hat 700 Meter im Durchschnitt, und von seinem 6000 Meter hohen Rand wallen an den Bergseiten Schneemäntel herunter, gleich den Zacken eines riesengroßen Seesternes. Als vor bald 400 Jahren spanische Eindringlinge diese ehemals freien Länder eroberten, zeigte der Cotopaxi gerade einen seiner wütendsten Zornesausbrüche, und noch in neuerer Zeit haben europäische Reisende seinen Schneemantel wie von einem geheizten Ofen abschmelzen sehen, während ein bräunlichroter Widerschein der Kraterglut die Verwüstung beleuchtete, die die Fluten des Schmelzwassers und das Vordringen der Lavaströme in den Dörfern und Tälern am Fuß des Berges anrichteten.

Selbst unter der glühenden Sonne des Äquators ragen also diese Bergriesen mit Hauben aus ewigem Schnee und blauschimmernden Eisfeldern in die eiskalte Luft empor. Dort könnte man sich in die Nähe der Pole versetzt glauben. Auf diesen hohen Kämmen, die unmittelbar aus der Tiefe des Stillen Ozeans aufzusteigen scheinen, gibt es keine Bäume; aber doch ist das Klima erträglich, und der Ackerbau schenkt den Menschen ihren Unterhalt. Auf den Ostabhängen, die von häufigen Regenfällen bespült werden, ist die Vegetation überströmend reich, und hier betritt der Wanderer den tropischen Urwald. Der Chinabaum hat hier seine Heimat, Orchideen ranken sich von Stamm zu Stamm, und die Wälder scheinen durch Netze von Lianen wie zusammengeschnürt. Ungeheuer große Gebiete von Brasilien und Bolivia bedeckt unzugänglicher Urwald, der dem Vordringen des Forschers noch heute eine Grenze setzt.

So vereinigen die Anden alle denkbaren Vegetationsgürtel, von den heißen bis zu den kalten, vom tropischen Urwald bis zu völlig verödeten Höhen, von der Nachbarschaft des Äquators bis in hohe südliche Breitengrade hinein.

Das Inkareich

In diesen Bergen an der Westküste Südamerikas wohnte einst ein bewunderungswürdiges Volk, das unter gerechten und geliebten Königen an Macht und Bildung hoch dastand. Zu dem führenden Stamm gesellten sich einige umwohnende Völker, und im Lauf der Zeiten blühten hier das mächtigste Reich und die höchste Kultur Südamerikas empor. Der Sage nach leitete das regierende Königshaus seinen Ursprung aus einer Gegend her, wo sich die Firnfelder einiger höchster Andengipfel in dem Wasser des Titicacasees spiegeln. Der König hieß Inka, und wenn wir vom Inkareich sprechen, so meinen wir das alte Peru, ein Land, dessen unschuldige Träume von Europäern, den Spaniern, zerstört und vernichtet wurden.

Das Reich des Inka erstreckte sich von Columbia und Ecuador im Norden bis weit in das jetzige Chile hinein. Die Macht dieses Königs war unbeschränkt, und nach seinem Tode erwies man ihm göttliche Verehrung. Eine rote Kopfbedeckung mit weißen und schwarzen Federn war das Zeichen seiner Würde, und königliche Pracht und Reichtum umgaben ihn. Ihm zur Seite stand der Oberpriester, dem es oblag, den Willen der Götter zu erforschen und zu verkünden.

In Cuzco, der heiligen Stadt der Indianer, nordwestlich vom Titicacasee, hatte das Inkavolk der Sonne und dem Mond herrliche Tempel erbaut. Die Säle des Sonnentempels waren mit Platten von rotem Gold gepflastert, und Friese und Portale waren ebenfalls aus lauterem Gold. Im innersten Heiligtum des Tempels verehrte man das Bild der Sonne, eine Goldscheibe, deren von Strahlen und Edelsteinen umgebene Mitte ein menschliches Antlitz zeigte. In einem andern Saale glänzte das Bild der Mondgöttin aus Silber.

Sonne und Mond waren also Gegenstand der höchsten göttlichen Verehrung. Aber auch den Regenbogen und den Gott des Donners betete das Inkavolk an, und seinen Götzen empfahl es den Schutz seiner Herden und Wohnungen, seiner Felder und Kanäle. Um den Hals trugen die Eingeborenen Amulette, die vor Gefahr und plötzlichem Tod bewahrten und auch den Verstorbenen mit ins Grab gegeben wurden. Die Leichen wurden zusammengebogen in Häute oder Matten eingenäht und unter dem Wohnhaus oder, wenn es vornehme Leute waren, in besonderen Grabtürmen beigesetzt. An der Küste bettete man die Leichen in Geröllgrotten, Sandhügel oder große Tongefäße. Toten Männern gab man Waffen und Werkzeuge mit, Frauen ihre Hausgeräte und Handarbeiten und Kindern ihre Spielsachen, und man opferte den Abgeschiedenen Blumen, Früchte und Lamas. Die Begräbnisstelle der Könige war der Sonnentempel selbst, die ihrer Gemahlinnen der Mondsaal.

Zur Zeit der Wintersonnenwende wurde das Sonnenfest gefeiert, und hierbei war der Inka selbst in seiner Eigenschaft als Sohn der Sonne der Hohepriester. Dann zündete man auf einem Altar das Sonnenfeuer an, das von den Sonnenjungfrauen das ganze Jahr hindurch unterhalten wurde. Diese Jungfrauen hatten ihr Kloster in der Nähe des Sonnentempels, der Königsburg und der Häuser der Adligen, und ihre Pflicht war es auch, kostbare Gewänder für die Priester und die Fürsten zu weben, das Maisbier zu den Götterfesten zu brauen und bei Siegesfesten oder beim Regierungsantritt eines Inka sich selbst den Göttern opfern zu lassen.

Die frühesten Geschicke des Inkavolkes verschwinden im Dunkel der Sage. Genauer aber kennen wir die Staatseinrichtung und ihre sozialen Verhältnisse, denn die spanischen Eroberer haben ja alles mit eigenen Augen gesehen. Die Verfassung war durchaus kommunistisch. Grund und Boden, Äcker und Weiden waren in drei Teile geteilt; zwei davon gehörten dem Inka und der Priesterschaft, und einer war Eigentum des Volkes. Der angebaute Boden stand unter der Aufsicht besonderer Regierungsbeamten, die für die nötige Düngung mit Guano von den Inseln der Westküste und für die gerechte Verteilung des Ertrags zu sorgen hatten. Auch Kleidungsstücke und Haustiere wurden von Staats wegen unter dem Volke verteilt. Alle Arbeiten wurden gemeinsam zum Wohl der Gesamtheit ausgeführt; man baute Brücken und Landstraßen, legte Bergwerke an, schmiedete Waffen, und wenn feindliche Stämme den Frieden bedrohten, rückte alle waffenfähige Mannschaft ins Feld. Die Steuern wurden in den Regierungsgebäuden der verschiedenen Provinzen erlegt, und über alles Eigentum des Staates, wie Lebensmittel, Kleider und Waffen, wurde peinlich genaue Rechnung geführt. Niemand durfte seinen Wohnsitz ohne Erlaubnis wechseln, niemand auch sich einem andern Berufe widmen als dem seines Vaters.

Allenthalben herrschte militärische Ordnung, und diese Einrichtung machte das Inkavolk stark genug, sich seine Nachbarn zu unterwerfen. Todesfälle und Geburten wurden genau verzeichnet. Mit welcher Schrift? werdet ihr fragen. Ja, dieses merkwürdige Volk hatte gar keine Schrift! Statt ihrer bediente man sich einzelner Schnüre, deren Knoten und Verschlingungen in verschiedenen Farben verschiedene Bedeutung hatten. Wenn der Inka einer entfernten Provinz einen Befehl erteilen wollte, schickte er einen Läufer mit solch einem Bündel verknoteter Schnüre hin. Der Empfänger sah sich die Schnüre an und wußte sofort, um was es sich handelte.

Zur leichteren Beförderung seines Heeres legte der Inka zwei vortreffliche Straßen an, eine durch die Berge, die andere längs der Küste. In Cuzco trafen beide zusammen. Mit Recht haben die Europäer diese gewaltigen Anlagen bewundert. Die Heerstraßen waren gepflastert und mit Mauern und Alleen versehen, und in bestimmten Abständen fanden sich Herbergen, in denen die schnellfüßigen Boten während der Nacht einkehrten. Die Hauptstraße verband Cuzco und Quito. Wenn sich der Inka selbst auf Reisen befand, saß er auf einem goldnen Thron, den die Großen des Reiches auf einer Bahre trugen.

Noch heute werden von europäischen Forschern wunderbare Altertümer aus der Zeit der Inka gefunden. Sie waren hervorragende Baumeister. Zwar kannten sie keine Gewölbe, keine Ziegelsteine und keinen Mörtel. Und dennoch sind ihre Tempel und Festungen, ihre Tore, Türme und Mauern wirkliche Perlen der Baukunst! Oft sind kaum noch die Fugen zwischen den verschiedenen Blöcken sichtbar; viele Portale sind aus einem einzigen Stein gehauen und zeigen kunstvoll und eigenartig gemeißelte Figuren und Bilder des Sonnengottes.

Ebenso hoch stand die Geschicklichkeit des Inkavolkes in der Töpferei, und auch in der Metallbearbeitung fand es auf dem südamerikanischen Festland nicht seinesgleichen. Aus Bronze fertigte es Keulen und Beile, und aus Gold und Silber Gefäße und Schmucksachen. Auch die Kunst der Weberei zeigt die hohe Entwicklung des Inkavolkes; in Gräbern haben Forscher neuerer Zeit viele sprechende Beweise dafür gefunden. Benutzt wurde dazu die Wolle des Lamas, des Alpakas, des Vicuñas und des Guanakos, und noch heute leisten diese dem Kamel nahestehenden Tierarten den Indianern große Dienste. Das Lama ist über den größten Teil der Anden verbreitet und dient gleich dem Kamel als Karawanentier, wenn auch nur das Männchen mit seinen Kräften entsprechenden Lasten beschwert wird. Das Lama ist scheu, dumm und friedfertig, und sein Kopf erinnert ein wenig an den des Schafes. Das Alpaka wird nicht beladen, aber des Fleisches und der feinen Wolle wegen als Haustier gehalten. Das Vicuña und das Guanako werden nicht im Dienst des Menschen verwendet. Letzteres ist hauptsächlich auf den Steppen Patagoniens heimisch und teilt hier das Schicksal des südamerikanischen Straußes, unter den Pfeilen der Indianer zu fallen.

Aus der Wolle dieser Tiere und außerdem auch aus Baumwolle webte das Inkavolk sich seine Kleider. Das wichtigste Kleidungsstück der Männer war ein kurzes, ärmelloses Hemd, das der Frauen ein längeres Hemd mit einem den Leib umschließenden Gürtel. Das Haar trugen die Männer kurz geschnitten und um den Kopf eine schwarze Binde, um die wieder eine Wurfschlinge, ein Lasso, gewunden war. Die Frauen hatten langes Haar. An den Füßen trug man Sandalen, und in die Ohrläppchen zwang man runde Zapfen.

Das Inkavolk trieb Viehzucht, Jagd und Fischerei. Es baute Kartoffeln und viele andere Knollenfrüchte, Bananen, Tabak und Baumwolle und säte seinen Mais auf weitausgedehnten Feldern. Die Eingeborenen trugen alle Kennzeichen der amerikanischen Rasse, einen kurzen Schädel, der oft absichtlich gewaltsam zusammengepreßt wurde, scharf ausgeprägte Züge und einen kräftig gebauten Körper.

Pizarro

In ungestörter Ruhe lebte das Inkavolk in seinen schönen Tälern und auf seinen von der Sonne überfluteten Hochebenen zwischen den Kordilleren der Anden. Wenn hier und da kriegerische Nachbarstämme einmal den Frieden störten, ging das Aufgebot in Knotenschrift durch das ganze Reich, und die Heerstraßen füllten sich mit Bewaffneten. Von großen Gefahren aber ließen sich die Inkas nichts träumen. Seit mehreren Jahrhunderten war die Macht vom Vater auf den Sohn vererbt worden, und kein Nachbar war stark genug gewesen, der Hand des Inka das Zepter zu entwinden. Und nach Europa war nicht einmal das Echo solcher Namen wie Chimborasso und Cotopaxi gedrungen.

Da starb im 16. Jahrhundert ein großer Inka und hinterließ die Herrschaft seinen beiden Söhnen Huascar und Atahualpa. Wie in der alten Welt, führte auch hier diese Teilung zum Zwist und schließlich zum offenen Bruderkrieg. Diese inneren Kämpfe teilten das Inkavolk in zwei feindliche Hälften und schwächten es so, daß es zur leichten Beute eines fremden Eroberers wurde. Bald genug sollte die letzte Stunde der Inkaherrschaft schlagen und eines der herrlichsten Reiche der Erde der Vernichtung anheimfallen.

Kaum war das Waffengerassel verhallt, seit der ritterliche Cortez an der Küste Mexikos seine Schiffe vernichtet, das Reich des Montezuma erobert und der Krone Kastiliens unterworfen hatte, als ein anderer Spanier, der grausame Pizarro, seine Blicke nach Süden warf, um neue Goldländer zu erobern. Mit einer Handvoll Abenteurer zog er ins Feld, sah aber bald ein, daß er ohne Unterstützung aus der Heimat nichts erreichen konnte. Kaiser Karl V. lauschte seinen Reden von unermeßlichen Goldschätzen und allen möglichen Herrlichkeiten, und im Jahre 1531 stand Pizarro an der Spitze einer aus hundertachtzig gutbewaffneten Reitern bestehenden Schar, mit der er aufs neue nach Südamerika aufbrach. Nach und nach erhielt er noch Verstärkungen, landete nun im November 1532 an der peruanischen Küste und zog in das Reich des Inka hinauf.

Pizarro war ein kluger Kopf, aber im Gegensatz zu Cortez eine niedrige Seele. Die notdürftigste Bildung und jede Spur von Rechtsgefühl fehlten ihm; er war nicht einmal imstande, seinen Namen zu schreiben, während Cortez, wie wir gesehen haben, in seinen Berichten an den König von Spanien selbst der ausgezeichnete Geschichtschreiber seiner Taten und Abenteuer geworden ist. Aber Pizarro war verschlagen und listig und verstand es, die Gunst des Augenblicks zu nutzen. Warum nur mußte Montezuma mit benachbarten Stämmen ringsum verfeindet sein, als Cortez ins Land kam und ihn seines Reiches beraubte! Und warum mußte Peru gerade in dem Jahre durch Bürgerkrieg zerrüttet sein, als Pizarro mit seiner schändlichen Rotte angezogen kam!

Durch Kundschafter und Gesandte war Pizarro bald genau über die Lage der Dinge unterrichtet. Mit den schönsten Versicherungen schläferte er den Argwohn des Atahualpa, des einen Inka, so völlig ein, daß dieser ihn sogar um Unterstützung gegen seinen Bruder Huascar bat. Wären die Brüder einig gewesen, so hätten sie mit Leichtigkeit die spanische Pest aus dem Lande gejagt. Ihr Zwist aber besiegelte beider Schicksal.

Man vereinbarte, daß Atahualpa sich in eigener Person im Lager des Pizarro einfinden sollte. Und er kam mit großem Pomp und brachte eine Armee von dreißigtausend Mann mit! Hochaufgerichtet saß er auf einer goldenen Tragbahre, und alle seine Feldherren umgaben ihn. Aber wenn er glaubte, dadurch seinem neuen Verbündeten einen hohen Begriff von seiner Macht beizubringen, hatte er sich verrechnet. Auf ihn zu trat Pizarros Feldprediger, in der einen Hand das Kruzifix, in der andern das Brevier, und das Kruzifix erhebend, ermahnte der Pater im Namen Jesu den Inka, das Christentum anzunehmen und den König von Kastilien als seinen Herrn anzuerkennen.

Atahualpa antwortete ruhig, daß niemand ihn der Rechte berauben könne, die er von seinen Ahnen geerbt habe. Er wolle den Glauben seiner Väter nicht abschwören und verstehe nicht, was der Pater sage.

»Hier in diesem Buche steht es geschrieben!« rief der Priester aus, indem er dem König das Brevier hinreichte.

Atahualpa hielt das Buch ans Ohr und sagte dann, es auf den Boden werfend: »Euer Buch spricht ja nicht.«

Das war die Losung zu einem furchtbaren Blutbade. Die Kanonen und Musketen der Spanier pflügten rote Furchen in das Heer der Peruaner. Im Schutz ihrer stählernen Helme und Panzer rannten die wilden Reiterhaufen mit eingelegten Lanzen und gesenkten Hellebarden durch die Reihen der halbnackten Eingeborenen und verbreiteten Verwirrung und Schrecken um sich her. Was man mit Schwert, Spieß und Kugel erreichen konnte, wurde ohne Gnade und Barmherzigkeit abgeschlachtet. Viertausend Leichen und noch weit mehr Verwundete und Verblutende lagen auf der Walstatt. Das Heer der Eingeborenen wurde vollständig auseinandergesprengt und zerstreute sich in hoffnungsloser Flucht. Den König hatte man gefangengenommen, damit er als Geisel diene. Ungeheure Beute fiel dem Sieger in die Hände. Das Gerücht von dem Goldland im Süden war kein leeres Gerede gewesen. Offiziere und Mannschaft teilten sich in die Beute, und die Räuber dankten Gott für ihren Sieg!

Der gefangene Inka bat und flehte, man möge ihm seine Freiheit wiedergeben, und Pizarro versprach ihm auch, seine Bande zu lösen, aber unter einer Bedingung: Atahualpa solle ein mittelgroßes Gemach so hoch mit Gold füllen, wie er mit der Hand reichen könne. Der Gefangene ging auf den Handel ein. Boten durcheilten das Land, das ihm treu geblieben war, und von den Tempeln und Schlössern her strömten nun Gefäße, Schalen, Schmucksachen und Goldbarren herbei. In kurzer Zeit war das Zimmer mit Gold gefüllt und das Lösegeld erlegt. Aber Pizarro dachte nicht daran, sein Wort zu halten, sondern lachte höhnisch in seinen schwarzen Bart. Statt den König freizugeben, beschuldigte er ihn geheimer Umtriebe und ließ ihn zum Tode des Erdrosselns verurteilen! Diese verabscheuungswürdige Tat hat die spanische Eroberung für ewige Zeiten mit Schande bedeckt.

Durch einen seiner Waffenbrüder namens Almagro erhielt Pizarro neue Verstärkungen, und er konnte nun mit einem fünfhundert Mann starken Heer durch das Hochland weiterziehen und sich nach der Hauptstadt Cuzco begeben, die er eroberte. Dabei entzweite er sich aber mit Almagro, und dieser ging nun auf eigene Hand auf die Suche nach Goldländern im Süden. Mit einer kleinen Schar zog er in die Gebirgsgegenden Bolivias hinauf und von da aus die Küste entlang südwärts bis in die Nähe des Aconcagua. Gold fand er auf diesem Zuge allerdings nicht, aber eine große Heldentat führte er aus, indem er seine Schar durch die Atacamawüste geleitete.

Unterdessen hatte Pizarro die Regierung des neueroberten Reiches an sich gerissen und in unmittelbarer Nähe der Küste die Stadt Lima gegründet, die auch lange die Residenz des spanischen Vizekönigs blieb. Noch jetzt ist Lima mit fast 150 000 Einwohnern die Hauptstadt von Peru. Es ist reich an Klöstern, Kirchen und Brunnen und besitzt eine prachtvolle Kathedrale. Die Hafenstadt Callao wurde vor hundertsechzig Jahren fast völlig durch eine Erdbebenwelle zerstört, die Häuser fortgespült und die Einwohner ertränkt. Jetzt aber hat Callao wieder gegen 50 000 Bewohner.

Die Grausamkeit Pizarros führte bald zum Aufruhr. Während man ihn selbst in Lima belagerte, wurden seine drei Brüder in Cuzco eingeschlossen. Zu eben der Zeit kam Almagro aus der Atacamawüste zurück, schlug die Peruaner, nahm Cuzco ein und machte die drei Brüder zu Gefangenen. Doch gelang es Pizarro, ihre Freigabe zu erwirken, und nun kam die Reihe an Almagro. Er fiel in die Hände des Eroberers und endete am Galgen. Einige Jahre später aber nahmen Almagros Freunde Rache an Pizarro. Unter dem Ruf: »Tod dem Elenden!« erstürmten Verschworene den Palast des Statthalters und drangen mit gezückten Schwertern in das Gemach, wo sich Pizarro mit einigen Freunden und Dienern befand. Die meisten sprangen aus den Fenstern; die übrigen wurden niedergemacht.

Pizarro selbst verteidigte sich wütend mit Schwert und Schild, und erst nachdem er vier seiner Gegner getötet hatte, stürzte er zu Boden, mit lauter Stimme nach einem Beichtvater rufend. Während er ein Kreuz auf den Boden zeichnete, stieß man ihm ein Schwert in die Kehle.

So endete dieses Scheusal in Menschengestalt. Seine Habe wurde so gründlich geplündert, daß der Rest nicht einmal zur Bezahlung der Begräbniskosten reichte. Ein treuer Diener begrub ihn in aller Stille.

Der von Pizarro so grausam ermordete Inka Atahualpa ist ein Sinnbild des blutenden Südamerika. Aufklärung und Christentum wollte man verbreiten und dem Welthandel neue Bahnen erschließen. In Wirklichkeit aber wurden die Kinder des Landes ins Verderben gelockt; sie füllten die Gemächer der Europäer mit Gold, und zum Dank dafür wurden sie zu Tode gehetzt! Zivilisation war nur das Aushängeschild, Habgier und Mordlust waren die eigentlichen Beweggründe. Wenn sie nur gesättigt werden – wer kümmert sich noch heute darum, ob die Nachkommen eines alten Kulturvolkes von der Erde verschwinden?

Der Kondor

Der Kondor ist der König unter den Vögeln Südamerikas und der mächtigste aller Geier der Erde. Seltsam sieht er aus mit seinem grauen Kamm auf dem Scheitel, den herabhängenden Fleischlappen neben dem

Schnabel und dem nackten Hals, den ein Ring weicher Daunen umgibt. Lautlos schwebt er über den Ketten der Anden, und in der Dämmerung läßt er sich auf einen vorspringenden Felsen nieder, seinen Leib in den schwarzen Mantel seiner gewaltigen Flügel hüllend. Wie er so sitzt, sieht er koboldartig und hexenhaft aus, besonders wenn er mit dem Schnabel in den Eingeweiden verfaulender Tiere wühlt und an ihnen herumzerrt. Aber ehrfurchtgebietend und majestätisch ist er, wenn er sich zur Sonne emporschwingt. Auf schwindelerregenden Höhen, wo menschliches Leben in der dünnen Luft erlöschen würde, fühlt sich der Kondor noch behaglich. Er breitet seine Flügel aus, deren Spannweite von einer Spitze zur andern sechs Meter beträgt, und steigt noch mehrere tausend Meter höher über die Erde empor. Den Gipfel des Aconcagua sieht er wie einen glänzenden Fleck unter sich in der Tiefe. Das Rauschen der Schmelzbäche der Soratagletscher dröhnt zu ihm empor, wird schwächer und verstummt, je höher er steigt. Wenn aus dem Cotopaxikrater glühendheiße Dampfwolken herauswirbeln, glaubt er wohl, daß auf der runzeligen Stirn der Erde ein Geschwür geplatzt sei.

Wie gut kennt er die Kordilleren der Anden! Sein ganzes Leben hat er ja über ihnen zugebracht, und mit seinen Vettern ist er zwischen der Magalhães-Straße im Süden und der Hochebene von Quito im Norden unzählige Male hin und her geflogen. Gleich einer vielfachen Mauer liegen die grauen Berge tief unter seinen luftigen Wegen. Er kennt die nackte, gelbe Wüstenküste nach dem Stillen Ozean zu und die abschüssigen Gründe der feuerroten Porphyrfelsen am Westfuß der Anden. Er weiß, daß nur da, wo Flüsse den Küstengürtel durchqueren, Ernten von Reis und Mais, Zuckerrohr, Oliven und Weintrauben aus dem Boden hervorgezaubert werden und daß in den Talmündungen im Schutz der Felsen eine üppige Vegetation wuchert von Mimosen und Akazien, Weiden und Walnußbäumen, Tamarinden und Eukalyptus. In einigen Tälern hat er sogar den Baumwollstrauch wild wachsen sehen. Während der heißen Jahreszeit, vom Dezember bis zum März, sieht er die Stadt Lima wie eine Bratpfanne im Sonnenbrande liegen. Nur vom Juni bis zum September ist es dort unten erträglich. »Da lobe ich mir die kalten Winde der Anden«, denkt der Kondor und schwebt weiter über die Silbergruben am Titicacasee.

Die Vorfahren des Kondors sahen das freie Leben der Indianer im grauesten Altertum. Sie sahen die Inka als Kinder heranwachsen, ihre Stirn mit bunten Federn, den vergänglichen Symbolen ihrer Würde, schmücken, sahen sie in der Blütezeit ihrer Macht und dann altern und sterben, um schließlich in ihre stillen Gräber im Sonnentempel geführt zu werden. Dreihundert Jahre lang haben die Vorfahren des Kondors beobachtet, wie die spanischen Eindringlinge das einst so glückliche Peru knechteten und auspreßten – endlich war die Zeit reif, wo die letzten Tyrannen vertrieben wurden. Jetzt weiß der Kondor, daß nur noch die Hälfte der Bevölkerung Perus aus Indianern besteht, und es dauert ihn, wenn er sieht, wie die Weißen und die Schwarzen und die Gemischtfarbigen sich nach allen Seiten hin immer mehr auf Kosten der reinen amerikanischen Rasse vermehren.

Voll Staunen und Schrecken stieg der Kondor zu größerer Höhe als je empor, als die ersten Eisenbahnzüge sich auf die Pässe der Anden hinaufarbeiteten, 4500 Meter über dem Meeresspiegel! Was trieb nur die weißen Männer dazu, auf Höhen, die den Gipfel des Montblanc überragen, Tunnel in die Berge zu sprengen!

Wenn nun der Kondor so hoch emporgestiegen ist, daß kein Laut dieser Erde mehr an sein Ohr dringt, dann ruht er auf seinen ausgespannten breiten Flügeln und schaut sich um. Kein Fernglas der Erde ist stark genug, um ihn von da unten aus zu erkennen. Ein gestürztes Lama ist eben erst seine Mahlzeit gewesen, und sein Körper selbst wiegt schon ohnehin schwer genug. Das Gewicht seiner Muskeln, Knochen und gewaltigen Krallen will ihn abwärts ziehen, und so leicht, wie seine Federn auch sind, leichter, als er ist, können sie ihn doch nicht machen, denn sie selbst sind ja schwerer als die Luft. Und dennoch schwebt er droben so regungslos wie eine Seifenblase! Er kennt keinen Schwindel und keine Furcht. Er weiß nichts davon, daß ein plötzlicher Muskelkrampf ihn wie einen Stein auf die Felsen hinunterschmettern würde. Er ist ganz allein da oben, denn kein anderes lebendiges Wesen vermag ihm auf diesen luftigen Wegen zu folgen. Rings umgibt ihn die Stille des grenzenlosen Raumes, und er hört nichts als das Sausen des Sturmes in den Federn seiner Flügel.

Weit hinten im Westen schimmert der Ozean. Senkrecht in der Tiefe ziehen sich die höckrigen Ketten der Anden mit Eis- und Schneestreifen hin. Nach Osten hin verschwimmen die grauen Farbentöne der Felsen in Grün, das sich immer mehr verdichtet. Das sind die Urwälder

Brasiliens. Hier und dort blitzt es zwischen den Bäumen, wenn das Morgenlicht sich in dem Wasserspiegel eines der riesigen Nebenflüsse des Amazonenstroms bricht.

Höher noch aber als der Kondor steigt die Sonne. Die Hitze des Tages lockt Dünste und Nebel aus den Wasserläufen und Sümpfen des Amazonenstroms, und aus dem undurchdringlichen Dickicht des Urwaldes brodelt ein Dampf von Feuchtigkeit empor. Graue Schleier breiten sich über die Erde und bedecken Brasilien. Da neigt der Kondor leicht seine Schwingen, und durch sein eigenes Gewicht abwärts gezogen, saust er mit ungeheurer Geschwindigkeit im Gleitfluge meilenweit durch die dichter werdenden Luftschichten hinab. Auf einem steilen Felsen in den Anden Bolivias wartet sein Weibchen, dort ist sein Heim.

Die Fahrt des Orellana

In Peru hat der größte Fluß der Erde, der Amazonenstrom, seine Quelle. Zwischen den grünbewachsenen und mit ihren Gipfeln im Blau des Himmels verschwimmenden Ketten der Anden strömt er nach Norden. An seinen Ufern schwankt der Weizen im Wind, und hin und wieder spiegelt sich ein Gräberturm oder eine Ruine aus der Inkazeit in seinen Wellen. Kleine Flöße dienen als Brücken über ihn. Aber zur Zeit des Hochwassers rauscht er wildschäumend durch das Tal.

Ganz plötzlich macht er einen Bogen nach Osten und bricht sich ein Bett durch die östlichen Kämme der Anden. Durch eine kaum fünfzig Meter breite Schlucht drängt sich seine Wassermasse und stürzt mit ohrenbetäubendem Donnern in Wasserfällen und Stromschnellen hinab. Manchmal ruht sie sich gleichsam von ihrem Laufe aus und erweitert sich zu fünfhundert Meter Breite. Von den Firnfeldern der Anden eilen dem Amazonenstrom kristallklare Nebenflüsse zu, Berge und Wälder an seinem Ufer leisten ihm Abgaben in Quellen und Bächen, und wenn er die letzten Hügel hinter sich läßt, ist er ein majestätischer Strom.

Die Quelle des Amazonenstroms wurde im Jahre 1535 durch einen spanischen Soldaten namens Marañon entdeckt, und schon im Jahre 1500 hatte Vincente Pinzon seine Mündung gefunden. Aber Marañon wußte nichts davon, wo sich der Fluß ins Meer ergoß, und Pinzon nicht, in welchem Tal seine Quelle sprudelte. Das Rätsel seines Laufes von der Quelle bis zur Mündung zu lösen, war einem andern Spanier vorbehalten.

Unter dem Eroberer Francisco Pizarro diente sein Bruder Gonzalo in Nordperu. Erzählungen von reichen Goldländern im Osten bewogen auch ihn, sich dahin aufzumachen. Mit einem Heere von 350 spanischen Reitern und Fußsoldaten und 4000 Indianern brach er von Quito auf und zog am Fuße des Cotopaxi über die Anden nach dem Tiefland des Napoflusses. Ein wahnsinniges Unternehmen! Die Indianer erfroren massenhaft auf den Höhen, und anstatt des Goldes fand man nichts anderes als trostlose Wüsten, Moräste und öde Wälder, deren Boden zweimonatiger Regen aufgeweicht hatte. An Tieren zeigte sich nichts als der dickhäutige Tapir, der mit seiner rüsselartig verlängerten Schnauze nach Kräutern und Blättern wühlte und die sumpfigen Gegenden in der Tiefe des Urwaldes bevorzugte. Die spärlich verstreuten Einwohner zeigten sich feindlich gesinnt.

Am Neujahrstage des Jahres 1540 erreichte die schon stark zusammengeschmolzene Schar das Ufer des Napoflusses, und da der Hunger mit allen seinen Qualen drohte, beschloß Pizarro, einen seiner Begleiter, einen kühnen Seemann namens Orellana, flußabwärts vorauszusenden, um Menschen und Lebensmittel aufzutreiben. Bei einem Lager wurde eine Schiffswerft angelegt und in Hast eine kleine Brigantine zum Segeln und Rudern gezimmert. Mit fünfzig Mann Besatzung ging Orellana an Bord, und die starke Strömung führte ihn schnell vom Lagerplatz weg.

Auf beiden Ufern zeigte sich dunkler, stiller Urwald. Keine Dörfer, keine Menschen! Gewaltige Bäume reckten ihre Kronen wie Triumphbogen über die Flut, und von ihren Zweigen hingen Lianen herab, die den munteren Greifschwanzaffen als Strickleitern und Schaukeln dienten.

Von Tag zu Tag glitt Orellanas Fahrzeug immer tiefer in dieses mit Feuchtigkeit gesättigte Land hinein, das noch nie ein Weißer gesehen hatte. Vergeblich spähte man nach Eingeborenen aus, vergeblich suchte der Blick das grüne Dunkel zwischen den Stämmen zu durchdringen. Der Mannschaft bemächtigte sich Angst und Unruhe. Nur Orellana saß unbekümmert am Steuer, erteilte seine Kommandos an die Ruderer und setzte die Segel, je nachdem der Wind über das Wasser hinfuhr. Nirgendwo Lagerplätze auf den Ufervorsprüngen, nirgends eine mit Palmblättern oder Gras gedeckte Hütte, nirgends auch nur eine Rauchwolke, die auf die Nähe von Indianern schließen ließ. Auf einem Abhang lag im Gebüsch eine Boa, eine Verwandte der Pythonschlange der alten Welt, in graziösen Ringen aufgerollt und mit dem Verzehren eines kleinen Nagetiers, des Aguti, beschäftigt. In dem mit Wurzeln durchzogenen Ufermorast wühlten einige Wasserschweine, und unter einem Gewölbe stachliger Büsche lauerte ihr ärgster Feind, der Jaguar, dessen Augen gleich feurigen Kugeln glühten.

Schließlich hellte es sich an den Ufern auf. In den lichteren Säulengängen des Waldes zeigten sich Hütten, zwischen denen erschrockene Indianer hin und her liefen. Orellana ging nun mit seinen Leuten an Land, und nachdem er die Wilden beruhigt hatte, ließ er sich einige Zeit bei ihnen nieder, um soviel Lebensmittel herbeizuschaffen, wie nur aufzutreiben waren. In zehn Tagen, versicherten die Indianer, werde er im Süden ein großes Wasser erreichen, und Orellana vermutete sogleich, daß dies der Fluß sei, dessen Mündung Pinzon entdeckt hatte.

Lebensmittel waren nun gefunden. Aber wenn Pizarro und seine Schar auf Orellana gewartet hatten, mußten sie längst vor Hunger umgekommen sein, und gegen die Strömung des Napoflusses anzurudern, war mit diesem Fahrzeug ausgeschlossen. Lieber also weiterfahren! Vielleicht glückte es, den Atlantischen Ozean zu erreichen. Die übrigen Ausreißer hatten gegen den Vorschlag ihres Anführers nichts einzuwenden, denn sie fühlten sich in der Niederlassung der Indianer recht behaglich. Ein größeres Segelschiff wurde nun gebaut, aus den Lianen des Waldes drehte die Mannschaft Kabel und Taue, und aus den Grasmänteln der Einwohner wurden Segel zusammengenäht.

Da Orellana nicht zurückkehrte, glaubte Pizarro, er sei das Opfer feindlicher Stämme geworden, und beschloß daher, wieder nach Quito umzukehren. Was noch lebte, nährte sich von dem Fleisch der Pferde, verspeiste dann Hunde und Kriechtiere und schließlich Wurzeln und Leder. Nach ungeheuren Entbehrungen langte Pizarro wirklich wieder in Quito an, aber seine Begleitung bestand nur noch aus achtzig Mann! Viertausend Indianer und zweihundert Weiße waren auf dem Marsche umgekommen! –

Orellana befrachtete unterdes seine beiden Schiffe mit Lebensmitteln, bemannte das größere mit dreißig, das kleinere mit zwanzig seiner Leute und setzte seine Fahrt fort, die mit einem Schlag das gewaltige Flußsystem des tropischen Südamerika entwirren sollte! Um ihn her dehnte sich das größte tropische Tiefland der Erde aus, und vor ihm lag der wasserreichste Strom der Erde. Er sah nichts anderes als Wasser und Wald, er besaß keine andere Ausrüstung als die, die ihm die Ufer des Napoflusses boten, und obendrein hatte sich die Unternehmungslust seiner unwissenden Mannschaft sehr bald in heftiges Murren über die lange gefährliche Reise umgewandelt.

Durch die Urwälder des Amazonenstroms

Nach zehn Tagen erreichten die Schiffe das von den Indianern gemeinte »große Wasser«; der Napo mündete in den Amazonenstrom, und dieser war gerade in starkem Steigen begriffen. Wenn er seinen höchsten Wasserstand erreicht hat, also im Juni und Juli, liegt sein Spiegel zwölf Meter über der Tiefstandsmarke! Weiter abwärts gleicht sich der Unterschied mehr und mehr aus, denn die nördlichen Nebenflüsse des Amazonenstroms kommen vom Äquator, wo es zu jeder Jahreszeit regnet, und die südlichen steigen zu verschiedenen Zeiten, je nach den Gegenden, in denen sie ihre Quellen haben. Um vom Fuß der Kordilleren zur Mündung zu gelangen, braucht die Hochwasserflut des Hauptflusses gegen zwei Monate.

Die Spanier glaubten nicht anders, als auf einem unendlich großen See zu treiben. Wo das Ufer flach war, zeigte sich der Wald meilenweit überschwemmt, und die Bäume standen mitten im Wasser. Die wilden Tiere hatten sich landeinwärts in sichere Gegenden geflüchtet, und nur Schwimm- und Waldvögel und die Vierfüßler, die ihr ganzes Leben auf den Bäumen verbringen, waren zurückgeblieben. Auf einigen Uferstrecken, die das Hochwasser nicht erreichte, hatten die Indianer ihre Hütten. An diesen vor dem Wasser geschützten Stellen finden sich auch heute noch die Niederlassungen der Gummisammler.

Als das Hochwasser dann zu sinken begann, konnten Orellanas Leute beobachten, wie sich von dem gelockerten Uferrand gewaltige Erdschollen ablösten und unter dem Gewicht der Riesenbäume, die sie trugen, in den Fluß stürzten. Ganze Inseln von Wurzeln, Erde, Holz und Lianen riß die Strömung mit fort. Einige strandeten auf Schlammbänken mitten im Flusse, andere blieben an Ufervorsprüngen hängen, und an ihnen sammelte sich dann wieder neues mitgeschwemmtes Gestrüpp, bis die Gewalt des Wassers alles wieder auseinanderriß und flußabwärts zum Meer hin entführte. Jeden Augenblick konnte man also gegen einen auf Grund geratenen Baumstamm stoßen und kentern. Die Stromgeschwindigkeit betrug dreiviertel Meter in der Sekunde, und wenn der Wind günstig war, kamen die beiden Schiffe schnell vorwärts.

Aus dem wechselnden Aussehen des Waldes lernte die Mannschaft bald beurteilen, wo man landen konnte und wo nicht. Da, wo die mächtigen Kronen der Laubbäume wellenförmige Gewölbe über den Palmen bildeten, war der Boden trocken. Wenn aber die Wedel der Palmen mit ihrem üppigen Grün den niedrigeren Laubwald überragten, war das ein Zeichen, daß hier der Fluß das Ufer zu überschwemmen pflegte.

Abgesehen von diesen Gefahren der Schiffahrt wurden die Spanier noch mehr durch die Indianer bedroht, die in ihren flinken Kanus scharenweise heranruderten und die Fremden mit einem Regen vergifteter Pfeile überschütteten.

Ende Mai wurde die Mündung des Rio Negro erreicht, durch den der Amazonenstrom mächtig anwächst. Denn dem Rio Negro strömen die Wasser aus Columbia, Venezuela, Guayana und den wasserreichen Llanos auf der Nordseite des Amazonenstroms zu, und da, wo ihn Inseln in mehrere Arme teilen, erreicht er eine Breite bis zu fünfzig Kilometer.

Hier blieb Orellana mehrere Wochen bei freundlich gesinnten Indianern, deren anmutige Hütten unter den Zweigen der Bananenbäume lagen. Die Schiffe wurden gründlich ausgebessert und neuer Proviant, Mais, Hühner, Fische und Schildkröten, an Bord geschafft. Es wimmelte hier von eßbaren Schildkröten, und auch die Indianer pflegten sie zu fangen und ihre Eier zu sammeln. Der Fischfang war ebenso ergiebig wie abwechslungsreich, denn im Gebiet des Amazonenstroms leben nicht weniger als zweitausend Fischarten.

Mit neuen Kräften wurde die Fahrt fortgesetzt, und bald glitten Orellanas Schiffe an der 2½ Kilometer breiten Mündung des Madeira vorüber. Durch diesen Nebenfluß erhält der Amazonenstrom einen Zuschuß, der seiner eigenen Wassermenge wenig nachgibt; denn der Madeira hat seine Quellen weit im Süden und kommt teils aus den Kordilleren Perus und Bolivias, teils aus dem brasilianischen Hochland.

Endlose Wasserflächen und Wälder, wohin man blickte, einen Monat nach dem andern! Dazu eine Wärme, die das ganze Jahr hindurch gleich bleibt, zwar selten die Höhe von vierzig Grad erreicht, aber infolge der feuchten Luft dennoch drückend und erschlaffend wirkt. Aber voller Abwechslung war jeder Tag der Fahrt. Gegen den Mast oder die Reeling gelehnt oder nachlässig die Ruder eintauchend, konnte die Bemannung der Schiffe die Sprünge der Delphine beobachten, die flinken Wendungen des Alligators, wenn er hinter einem großen Fische herschoß, oder die plumpen Bewegungen des Lamantin, eines der Sirenentiere, das am Uferrand auf die aalähnlichen Lungenfische lauert, die zufällig aufs Land hinaufgehen. Vielleicht sahen die Männer auch gelegentlich Indianer in ihren leichten Kanus den Lamantin und den Alligator mit Harpunen jagen, um in Besitz ihres Fleisches zu gelangen, und beim Anblick der riesengroßen Wasserschlangen des Amazonenstroms mochte ihnen recht schauerlich zumute werden.

So durchquerten sie den unendlich großen Urwald, der sich vom Fuß der Anden und von den Quellen des Madeira bis zu den Mündungen des Orinoco und des Amazonenstroms erstreckt, diesen dichten, üppigen Urwaldkomplex, der Selvas genannt wird, die ganze Tiefebene Brasiliens mit seinem überquellenden Leben bedeckt und so kunstvoll durch tropische Regengüsse und übertretende Flüsse bewässert wird. Aller Regen, der in den Selvas und auf den Llanos fällt, gelangt durch die unzähligen Nebenflüsse in den Amazonenstrom und durch seine trompetenförmige Mündung ins Meer. Mit den ungeheuren Wäldern seiner Ufer gleicht dieser Fluß einem Füllhorn der großen, wilden, unbezwinglichen Natur. Hier brodelt und rieselt, gärt und quillt es von keimenden Lebenskräften in dem saftigen Erdreich, hier wimmelt es von Wild und Käfern, und Schmetterlinge sind zahlreicher als irgendwo auf der Erde und kleiden sich in die üppige Farbenpracht der Tropen. Uralte Bäume an den Ufern werden von den Wellen unterwaschen und fortgespült, während andere in den dumpfen Irrgängen des Urwaldes vermodern. Durch den Guano, die Kadaver der Tiere und die verwesenden Pflanzen wird der Boden beständig gedüngt, und aus Gräbern zaubert der unerschöpfliche Reichtum der Natur beständig neues Wachstum hervor.

Zu Streifzügen in das Innere des Landes hatten die kühnen Spanier keine Gelegenheit, und es wäre ihnen auch schwergefallen, sich durch die unentwirrbaren Schlingpflanzennetze zwischen den Stämmen und durch das Dickicht des Buschwerks hindurchzuarbeiten. Abseits von den Wasserläufen, besonders in den Gebieten zwischen einigen der großen südlichen Nebenflüsse, liegt der Urwald seit unvordenklichen Zeiten unzugänglich in seinem grünen Dämmerlicht. Vielleicht birgt sein Inneres Indianerstämme, die noch nichts davon gehört haben, daß Amerika von den Weißen entdeckt wurde, und die sich glücklich preisen können, daß die fremden Eroberer noch nicht Herren ihres Waldes zu werden vermögen. Hier herrschen noch die Palmen in paradiesischer Ruhe, und zu ihren Füßen wuchern Farne mit holzartigen Stämmen. Unter den hohen Lorbeerbäumen, deren Stämme sich unter dem Laubgewölbe der Kronen wie die Säulen eines Kirchenschiffs erheben, um die Mimosen, Fikusarten und Kletterpalmen herrscht dunkelgrüne Dämmerung. Nur die Lianen, die Schmarotzer der Pflanzenwelt, klettern aus der dunklen Tiefe die Stämme aufwärts, um ihre Blütenkelche der Sonne zu öffnen. Auf geschützten, der Sonne ausgesetzten Uferseen prangt die stolzeste aller Blumen, die Victoria regia aus der Familie der Wasserrosen. Ihre Blätter werden zwei Meter groß und die Blumen mehr als ein drittel Meter. Nur zwei Abende öffnet sich die Blüte; sie ist am ersten Abend weiß, am zweiten purpurrot. Auf sechzig Meter hohen Bäumen reifen runde, holzartige Früchte so groß wie ein Kindskopf. Wenn sie reif sind, fallen sie herab, die Schale platzt und aus dem Innern rollt ein ganzer Schoß voll dreieckiger Paranüsse. Durch seinen hellen Stamm und seine hellgrünen Blätter zeichnet sich der Gummibaum ab, dessen weißer Milchsaft in erstarrtem Zustand den besten Gummi der Welt liefert. Die Indianer aber hassen diesen Baum, denn die Europäer treiben Raubbau damit, um reich zu werden. Die Indianer arbeiten für die weißen Eindringlinge in harter Sklaverei, um den Kautschuk abzuzapfen, damit die Herrschaften in den Städten Europas bequem im Automobil fahren können.

Noch ein Baum, der jedem Kinde bekannt ist, gedeiht in diesem Urwald. Er wird bis zu fünfzehn Meter hoch und trägt große blanke, lederartige Blätter. Seine Blüten aber wachsen aus dem Stamm heraus, nicht in den Blattscheiden, und seine gurkenähnlichen gelbroten Früchte reifen zu jeder Jahreszeit in dem ewigen Sommer Amazoniens. Der Baum wächst wild im Walde, wurde aber bereits vor der Ankunft der Weißen von den Indianern angepflanzt, die, ebenso wie die Mexikaner, aus den zerstoßenen Kernen seiner Frucht Kakao und Schokolade bereiten.

Nicht weniger berühmt und beliebt ist ein anderes Getränk, der Kaffee. Der Kaffeebaum aber ist nicht im Urwald zu Hause, sondern auf den Plantagen, und auch dort nur ein Gast. Denn seine Heimat ist die Provinz Kaffa in Abessinien, und aus Arabien gelangte der Kaffee zuerst über Konstantinopel nach Europa. Jetzt liefern die Pflanzungen Brasiliens drei Viertel des Kaffees für die ganze Welt, und diese verbraucht alljährlich nicht weniger als eintausend Millionen Kilogramm. Denkt nur, wieviel Kaffeegesellschaften und Kaffeeschwestern das gibt – und wieviel Klatschgeschichten!

Auch die Vanillepflanze, deren Heimat die Bergwälder von Mexiko und Peru sind, gehört zu den wunderbaren Gästen des Urwaldes. Damit das wilde Gewächs Frucht ansetzt, muß der Blütenstaub durch Insekten übertragen werden. Vor vielen Jahren brachte man die Pflanze nach der Insel Réunion, wo sie vortrefflich gedieh, aber ohne Frucht zu tragen. Dort fehlten eben die hilfreichen Insekten ihrer Heimat. Man versuchte es daher mit künstlicher Übertragung des befruchtenden Blütenstaubs, und dieses Experiment gelang ausgezeichnet. Heute liefert Réunion den Hauptteil der auf den ganzen Weltmarkt kommenden Vanille.

Und diese Mannigfaltigkeit der Tiere, die im Urwald und an seinen die Savannen begrenzenden Rändern leben! In den Bambusrohrdikkichten spielt das Jaguarweibchen mit seinen Jungen, und am Rand des Sumpfes springt der Pekari, das kleine niedliche Nabelschwein, mit seinen hohen, gelenkigen Beinen. Hier findet sich die eigenartige Beutelratte und das schwerfällig gepanzerte Gürteltier, das die abscheulichen Termiten liebt, die weißen Ameisen, deren scharfe Kiefer Papier, Zeug, Holz, ja sogar ganze Häuser zernagen. Hier lebt auch das kletternde Faultier mit seinem runden Affenkopf und seinen großen Krallen. Ganze Tage lang hängt es schläfrig unter einem Ast und wacht erst auf, wenn es dunkel wird. Es hält sich nur in den Kronen der Bäume auf und nährt sich von Blättern. In der Urzeit gab es Faultiere, die so groß waren wie Nashörner und Elefanten. In den hohlen Bäumen schläft bei Tage der Waschbär mit seinem gelbbraunen Pelz; bei Nacht stellt er kleinen Säugetieren und Vögeln nach oder sucht er Eier und Früchte; aber er verzehrt seine Beute nicht eher, als bis er sie gründlich mit Wasser gescheuert hat. Am Rande des Urwalds, auf der Grenze zwischen dem Reich der Sonne und dem der Schatten, schreien muntere Papageien, flattern unzählige Schmetterlinge in prunkenden Farben und huschen geschäftige Tauben auf sausenden Flügeln zwischen den Bäumen hin. Pfeilschnell durchschießen Kolibris die Luft, die kleinen niedlichen Vögel, deren Kopf, Hals und Brust in grellen, bunten Farben metallisch glänzen. Ihre Nester bauen sie sorgfältig aus Pflanzendaunen und Moos, und ihr Schnabel ist so lang und fein wie ein Pfriemen. Einen Kolibri gibt's, der nicht länger wird als 3½ Zentimeter und der wenig mehr als 1 Gramm wiegt. –

Durch dieses Paradies der Natur fuhr nun Orellana mit seinen beiden Brigantinen dahin. Unterhalb der Mündung des Madeira landete er einmal am Nordufer in einer Gegend, wo angeblich lauter hochgewachsene Schildjungfrauen, »Amazonen«, lebten, und nach ihnen gab er dem Fluß den Namen »Amazonenstrom«. In Wirklichkeit war die Sage von den Amazonen nichts weiter als Schifferlatein!

Weiter und weiter ging die Fahrt. Der Fluß schien kein Ende zu nehmen. Zwischen den Mündungen der mächtigen Nebenflüsse Schingu und Tapajoz traten die großen Grasebenen an den Fluß heran, und mit genauer Not entkamen die Reisenden den Menschenfressern des Nordufers.

Da endlich kündigte sich die Nähe des Weltmeeres an. Freundliche Indianer warnten die Weißen vor der Proroca, einer geheimnisvollen Sturzwelle, die mit Ebbe und Flut in Verbindung steht und zweimal monatlich aus dem Ozean in den Fluß hineinstürmt, wo sie alles, was sich ihr entgegenstellt, vernichtet. Jetzt erreichte Orellana endlich den nördlichen Mündungsarm des Amazonenstroms.

Hier versah er seine Schiffe mit einem Deck und segelte nun in das offene Meer hinaus. Aber der gewaltige Strom folgte ihm bis weit in den Atlantischen Ozean hinein, und als schon die Küste ihm längst aus dem Gesicht entschwunden war, segelten die Schiffe noch immer in lehmgelbem Süßwasser. Noch fünfhundert Kilometer vor der Mündung liegt das süße Wasser des Amazonenstroms über dem salzigen des

Ozeans. Erst weiter nordwärts gelangte man endlich in die blaugrüne Meeresflut hinaus.

Fünf Monate hatte Orellana gebraucht, um 4000 Kilometer auf dem im ganzen 5000 Kilometer langen Fluß zurückzulegen. Nun wandte er sich nordwärts, um längs der Küsten Guayanas und Venezuelas nach Westindien zu gelangen, und um die Weihnachtszeit warf er an der Küste von Santo Domingo Anker.

Alexander von Humboldt

Seit der Räuber Pizarro das Reich der Inka zerstört hatte, warf sich die Unternehmungslust der spanischen und portugiesischen Konquistadoren auch auf den südamerikanischen Kontinent, dessen ungeheure Ausdehnung den Kolonisten und Geographen erst langsam zum Bewußtsein kam. Die indianische Bevölkerung zog sich nach heftigen Kämpfen mehr und mehr in das Innere zurück, wo undurchdringliche, fieberschwangere Urwälder und endlose dürre Grassteppen, die Llanos, die wirksamste Wehr gegen die beutegierigen Eindringlinge bildeten. Die Küstenstriche waren bald bevölkert und kolonisiert, Europäer und Kreolen, Indianer und Mulatten teilten sich in das Land, das von den aus Afrika eingeführten Sklaven in harter Fron bestellt wurde.

Tiefer in das Innere des Landes, den Heerstraßen der großen Ströme folgend, drangen nur die Missionare der Jesuiten und später der Kapuzinermönche; aber Moskitos und Krokodile, Ameisen und Jaguar machten den wenigen Europäern das Leben zur Plage, und sie erstickten geradezu in der unerschöpflichen Vegetation, die sie erdrückend umgab. Wenige Palmstielhütten um ein hölzernes Kreuz und daneben ein Missionshaus aus Bambus galten als Dörfer oder gar Städte und wurden mit stolzen Namen in die Landkarten eingetragen, die man willkürlich mit Flußläufen und Gebirgen ausfüllte, um keine weißen Flecke auf der Karte zu behalten, und die Kabinette von Spanien und Portugal stritten sich mit großem Aufwand von List und Diplomatie um die Grenzen ihrer fernen Besitzungen, die niemand kannte und die in Wirklichkeit noch immer den Eingeborenen und der Tierwelt Südamerikas gehörten.

Dieses Dunkel, das noch zu Ende des achtzehnten Jahrhunderts über Südamerika lastete, reizte einen deutschen Gelehrten, dessen Name mit der Entdeckungsgeschichte jenes Weltteils für alle Zeiten unlösbar verknüpft ist. Es ist Alexander von Humboldt. Er entwarf die erste zuverlässige Karte Südamerikas; während einer fünf Jahre dauernden Forschungsreise in das Innere folgte er dem Lauf der Ströme und zeichnete er die Konturen der Gebirge; er bestimmte Fauna und Flora, machte Studien über klimatische Verhältnisse, über Erdbeben und Vulkanausbrüche, stellte die Lage der einzelnen Ortschaften nach den Längen- und Breitengraden fest und gab den Kolonialstaaten wertvolle Winke für die Entwicklung ihrer Ansiedlungen. Diese Reise Humboldts kostete ihn mehr als 100 000 Mark, fast die Hälfte seines Vermögens, aber sie verschaffte ihm einen Weltruhm und machte ihn unsterblich; vielleicht hat es niemals einen Gelehrten gegeben, der sich zeit seines Lebens in allen fünf Erdteilen einer solchen Popularität erfreute wie Humboldt!

Am 14. September des Jahres 1769, in dem auch Napoleon und sein Besieger Wellington zur Welt kamen, wurde Humboldt in Berlin geboren. Mit seinem Bruder Wilhelm, der gleichfalls am Himmel deutscher Wissenschaft als Stern erster Größe leuchtet, erhielt er eine sorgfältige Erziehung. Aber der künftige große Entdeckungsreisende, der sich später den äußersten Strapazen gewachsen zeigte, war in seiner Jugend so zart und schwächlich, daß seine Erzieher ihn nicht allzusehr mit Lernen quälen mochten. Während Bruder Wilhelm von Kind auf hervorragende Begabung zeigte, schien es bei Alexander zweifelhaft, ob er es jemals zum Besuch einer Universität bringen werde. Aber eine leidenschaftliche Liebhaberei verriet sich schon in dem ernsten und schüchternen Knaben: er sammelte mit unermüdlichem Eifer Käfer und Schmetterlinge, Steine und Muscheln, preßte Pflanzen und verwaltete seine Schätze in Kästchen und Schachteln mit so peinlicher Ordnung, daß er den Scherznamen »der kleine Apotheker« erhielt. Erst mit den zunehmenden Jahren festigte sich seine Gesundheit so weit, daß er von den besten Lehrern Berlins gemeinsam mit dem Bruder für die Universität vorbereitet werden konnte, die er 1787 in Frankfurt an der Oder bezog.

Der Vater war schon früh gestorben, und der Wille der Mutter bestimmte den jüngeren Bruder Alexander zum Staatsmann, während sich der ältere der Rechtswissenschaft widmen sollte. Deshalb studierte Alexander zunächst das Finanzfach; als er aber dann nach Göttingen kam, wandte er sich seinen geliebten Naturwissenschaften zu und befreundete sich dort eng mit dem Südseereisenden Georg Forster, mit dem er eine durch Forsters Schilderung berühmte Rheinreise machte und England und Frankreich besuchte. Dieser anregende Verkehr mit einem so glühenden Bewunderer der Tropenwelt, wie Forster war, weckte in Humboldt eine leidenschaftliche Sehnsucht nach den Ländern jenseits des Äquators, und die Lektüre einer kleinen Erzählung des französischen Schriftstellers de Saint-Pierre, die eine der Inseln der Südsee zum Hintergrund hat, wurde ihm ein unvergeßliches Erlebnis. Diese Erzählung ist wohl jedem meiner Leser bekannt, sie heißt »Paul und Virginie« und ist eines der verbreitetsten Bücher der Welt.

Während dann Humboldt eine Handelsakademie in Hamburg und die Bergakademie zu Freiberg besuchte, verlor er seinen Jugendtraum, Entdeckungsreisen in fremde Länder zu machen, nicht aus den Augen, und alles, was er in diesen Jahren studierte, sollte nur dazu dienen, umfassende wissenschaftliche Resultate von den geplanten Reisen vorzubereiten. Anfang 1792 wurde er Assessor im Departement für Bergbau und Hüttenbetrieb, und in königlichem Auftrag bereiste er die Bergwerke in den fränkischen Fürstentümern, die Steinsalzgruben Oberbayerns und das Salzkammergut. Geologie, Physik und Naturwissenschaft waren seine Lieblingsstudien, und seine ersten Bücher brachten ihn schon mit den größten damaligen Gelehrten in Briefwechsel oder persönliche Berührung.

Der Tod der Mutter im Jahre 1796 setzte die beiden Brüder in den Besitz eines ansehnlichen Vermögens. Damit war für Alexander die Zeit gekommen, seine Jugendträume zu verwirklichen. Er schüttelte die Fesseln seines Amtes ab und begab sich auf Reisen. Mehrere Versuche, Anschluß an wissenschaftliche Expeditionen zu finden, schlugen fehl; er beschloß daher, auf eigene Faust auf Entdeckungen auszugehen. Bei einem Aufenthalt in Paris hatte er den französischen Botaniker Aimé Bonpland kennengelernt, und ein längerer Aufenthalt in Spanien verschaffte ihm die Gunst des spanischen Hofes, den er für seine Pläne mit Erfolg zu interessieren wußte. Damit hatte er den Schlüssel zu Südamerika und zu allen spanischen Besitzungen im Stillen Ozean in der Hand, und am 5. Juni 1799 schiffte er sich mit seinem Freunde Bonpland zu einer auf Jahre berechneten großen Entdeckungsreise ein.

Über die Llanos von Venezuela

Am 16. Juli 1799 betrat Humboldt mit seinem Pylades Bonpland zum erstenmal die Küste Südamerikas. Ein unter der Mannschaft ausgebrochenes Fieber zwang den Kapitän des »Pizarro«, bei Cumana in Venezuela an Land zu gehen. Mit welcher Spannung hingen die Blicke der beiden Reisenden an der Küstenlandschaft, die beim frühen Morgengrauen allmählich sichtbar wurde! Kokosbäume, deren Stämme mehr als zwanzig Meter maßen, umsäumten das Ufer, und die gefiederten Blätter der Palmen hoben sich klar von dem Blau des Himmels ab, das keine Spur von Dunst trübte. Baumartige Mimosen breiteten gleich den Pinien Italiens schirmartig ihre Zweige aus, und die Ufer wimmelten von braunen Pelikanen, Reihern und Flamingos. »Das glänzende Tageslicht«, schrieb Humboldt noch an Bord des »Pizarro« in sein Tagebuch, »die Kraft der Pflanzenfarben, die Gestalten der Gewächse, das bunte Gefieder der Vögel, alles trug den großartigen Stempel der tropischen Natur.«

Nachdem die beiden Forscher vier Monate lang die Umgegend von Cumana kreuz und quer durchstreift hatten, begaben sie sich nach der Hauptstadt Caracas, um von hier aus südwärts über die Llanos von Venezuela, ungeheure Grassteppen, die im Sommer an Dürre mit Sandebenen wetteifern, sich aber zur Regenzeit, von April bis Oktober, in ein wogendes Meer tropischer Vegetation verwandeln, zum Orinoco vorzudringen, dem drittgrößten Strom Südamerikas, dessen gewaltige Süßwassermenge bei seiner Mündung in den Atlantischen Ozean Kolumbus auf seiner dritten Reise in der Nähe der Insel Trinidad verspürt hatte.

Schon die Umgegend von Cumana und das Gebirgsland bei Caracas boten durch die Pracht und Mannigfaltigkeit der Vegetation für die Sammlungen der beiden Naturforscher, die sich durch einen längeren Aufenthalt an gesunden Plätzen der Meeresküste an das tropische Klima erst gewöhnen mußten, eine unermeßliche Ausbeute. Da wuchsen auf dürren Sandstrecken Fackeldisteln, die über zehn Meter hoch wurden. Stachlige Kaktuspflanzen bildeten undurchdringliche Dickichte, und an den Ufern der Flüsse kletterten herrliche Rankengewächse mit ihrer bunten Blütenlast an prächtigen Tamarinden- und Ceibabäumen empor. Der Sagobaum, die Bananenstaude und der Kakaobaum erlaubten den faulen Eingeborenen, ein Leben wie im Schlaraffenland zu führen; Mais und Zuckerrohr bedurften kaum der Pflege. Die Blumenscheiden der Palmen boten Kopfbedeckungen und Kleider ohne Naht, und die Stämme des Bambus dienten zum Bau von Hütten und zur Herstellung von Waffen und Hausgerät. Das Merkwürdigste war aber der Kuhbaum, dessen Erscheinung auf Humboldt einen der stärksten Eindrücke machte, die je ein Wunder der Natur auf ihn ausübte. »An einer kahlen Felswand!«, so schildert er selbst dieses Phänomen, wächst ein Baum mit trockenen, lederartigen Blättern; seine dicken holzigen Wurzeln dringen kaum in das Gestein. Mehrere Monate im Jahre netzt kein Regen sein Laub, die Zweige scheinen vertrocknet, abgestorben; bohrt man aber den Stamm an, so fließt eine süße nahrhafte Milch heraus. Bei Sonnenaufgang strömt die vegetabilische Quelle am reichlichsten; dann kommen von allen Seiten die Eingeborenen und die Schwarzen mit großen Näpfen herbei und fangen die Milch auf, die sofort an der Oberfläche gelb und dick wird. Die einen trinken die Näpfe unter dem Baume selbst aus, andere bringen sie ihren Kindern. Es ist, als sähe man einen Hirten, der die Milch seiner Herde unter die Seinigen verteilt.«

Sorglos botanisierend streiften Humboldt und Bonpland eines Abends am Meeresufer von Caracas hin, um nach der Hitze des Tages sich zu erfrischen und den Eintritt der Flut zu beobachten. Ein Geräusch schleichender Schritte veranlaßte Humboldt, sich umzuwenden – da stand vor ihm ein baumlanger Neger, eben im Begriff, seine Keule aus Palmholz auf den Kopf des Fremden niedersausen zu lassen. Ein Sprung zur Seite, und Humboldt war gerettet, aber der ihm bestimmte Schlag streifte die Schläfe Bonplands, der bewußtlos zu Boden sank. Während sich Humboldt um den Freund bemühte, kümmerte sich der Neger nicht weiter um sein Opfer und dessen Begleiter, hob vielmehr Bonplands Hut auf, der eine Strecke weit fortgerollt war, betrachtete ihn mit Neugier und trollte sich dann langsam davon. Nach kurzer Zeit kam Bonpland wieder zu sich, und die beiden Forscher begaben sich nun auf die Verfolgung des Meuchelmörders, den sie auch erreichten. Als aber Bonpland ihn angriff, zog der Kerl ein scharfes Messer aus seinen weiten Baumwollhosen, und die beiden zufällig unbewaffneten Europäer wären verloren gewesen, wenn nicht vorübergehende Handelsleute zu Hilfe geeilt wären. Vor der Übermacht entwich der Neger in die Kaktushecken, als man ihn aber von mehreren Seiten umstellte, flüchtete er in einen Ziegenstall, wo er sich ruhig gefangennehmen ließ. –

Nicht weniger reich und mannigfaltig als die Flora zeigte sich auch die Tierwelt Südamerikas. Durch die Dickichte streifte der Jaguar auf Beute, und im Uferschlamm der Sümpfe und Lagunen, die sich durch den Sommerregen bildeten, lagen die Krokodile zu Dutzenden mit weit aufgerissenem Rachen und träge blinzelnd behaglich in der Sonne. Sie und die zahlreichen Wasserschlangen geboten Vorsicht beim Baden. Unzählige Affenarten belebten mit Geschrei und Gezänk die Wälder, und buntgefiederte Sumpfvögel jagten im Röhricht ihre krabbelnde und zappelnde Beute. Überall eine sprudelnde Fülle, eine beängstigende Überkraft der Schöpfung! Das Merkwürdigste war die berühmte Guacharohöhle bei Caracas. Bis zu dreiundzwanzig Meter hoch, erstreckt sie sich weit in das Innere eines Berges hinein, und in dieser Höhle nisten Tausende großer Nachtvögel, die Guacharos heißen. Die Spannweite ihrer Flügel beträgt einen Meter. An die Wände der Höhle kleben diese Tiere ihre beutelartigen Nester, und um Johanni, kurz bevor die Jungen flügge werden, kommen die benachbarten Missionare und Indianer, um ihre alljährliche »Fetternte« zu halten. Mit langen Stangen reißen sie die Nester herab, sammeln und töten die jungen Tiere, währen die alten mit heftigen Flügelschlägen und mißtönigem Geschrei ihre Brut zu verteidigen suchen, und gewinnen an riesigen Feuern das vielbegehrte Guacharoschmalz, denn am Unterkörper tragen diese Vögel dicke Fettgeschwulste, die für die ganze Umgegend das nötige Speisefett und den Missionsanstalten außerdem das zu ihren Kirchenlichtern nötige Öl liefern müssen. So unerschöpflich ist die Natur in den Tropen, daß trotz diesem regelmäßigen Massenmord der Guacharos immer noch ein genügender Überschuß für das nächste Jahr übrigbleibt.

Eine der frühesten wissenschaftlichen Untersuchungen des jungen Humboldt hatte die elektrischen Erscheinungen des tierischen Organismus zum Gegenstand, und der Forscher brannte auf seiner Reise nach Südamerika geradezu darauf, darüber neue Experimente zu machen. Die Lagunen der Llanos von Venezuela boten dazu die beste Gelegenheit, denn hier leben die Zitteraale, die so starke elektrische Kraft in sich erzeugen, daß sie gefährliche Schläge an Tiere und Menschen austeilen können. Die eingeborenen Indianer hatten vor diesen Tieren einen höllischen Respekt, und nur das unablässige Drängen Humboldts vermochte sie, ihn an eine der ihnen bekannten Lagunen hinzuführen.

Aber wie sollte man den Tieren beikommen? Die Indianer wußten Rat. Sie trieben etwa dreißig Maulesel mit großem Geschrei in die Lagune hinein. Dieser unwillkommene Besuch schreckte die Zitteraale auf, und bald gingen sie zum Angriff über, indem sie sich an die Maultiere herandrängten und bei der Berührung ihre elektrischen Schläge austeilten. Die Maultiere zitterten und rissen angstvoll die Augen auf, mehrere wurden sofort betäubt und ertranken, andere schlugen mit den Hufen und strebten, wild geworden, nach dem Ufer zurück, von wo sie immer wieder aufs neue ins Wasser hineingetrieben wurden. Das Elektrizitätswerk der Zitteraale kann aber auch nur eine gewisse Menge Kraft erzeugen, und nachdem sich diese im Kampf gegen die Maultiere nach und nach erschöpft hatte, wurden sie matt und flüchteten sich auf das Ufer, wo sie jetzt leicht gefangen wurden. Die Experimente, die Humboldt und Bonpland mit ihnen anstellten, erzeugten Übelkeit und Muskelschwäche bei beiden Forschern, und als Humboldt einmal unvorsichtigerweise beide Füße auf solch ein Tier setzte und dadurch den elektrischen Strom schloß, erhielt er einen so starken Schlag, daß er noch lange heftige Gliederschmerzen verspürte!

Zwanzig Tage dauerte der Ritt durch die Llanos bis zu dem Punkte, wo sich Humboldt mit seiner Expedition auf dem Rio Apure, einem Nebenfluß des Orinoco, einschiffen wollte. Meilenweit zeigte sich nicht die geringste Erhebung, nicht das kleinste Gebüsch, das Schutz gegen die senkrechten Sonnenstrahlen bot. Diese unermeßliche Einförmigkeit der Ebene ohne Hügel, Baum und Strauch wäre beinahe Humboldt und Bonpland zum Verhängnis geworden.

Zwei Nächte waren sie unausgesetzt zu Pferde gewesen; an Schlaf war tagsüber bei der mörderischen Hitze nicht zu denken. Da kamen sie endlich an ein Haus, das ein Viehzüchter mit seinen Knechten bewohnte. Rinder, Pferde und Maultiere liefen frei umher, und die Hirten jagten zu Pferde über die Savannen, um das Vieh zurückzutreiben, wenn es sich allzuweit vom Hofe entfernte. Aber statt der erbetenen Milch erhielten die Reisenden nichts anderes als gelbes, schlammiges

Wasser für ihren quälenden Durst. Die Maultiere wurden von ihren Lasten befreit, damit sie sich selber Wasser in der Wüste suchen gingen. Sie schnupperten eine Weile in der Luft herum und und stürmten dann mit hocherhobenem Schweif auf kleine schlammige Teiche zu, in denen sich noch Wassertümpel erhalten hatten. Humboldt und Bonpland eilten ihnen nach, in der Hoffnung, wenigstens ein erquickendes Bad nehmen zu können. Schon plätscherten sie in dem trüben Wasser umher, als am jenseitigen Rande des Teiches ein mächtiges Krokodil sie Hals über Kopf zurücktrieb!

Darüber war die Nacht plötzlich hereingebrochen, und sie wollten nun zu dem Viehhofe zurückkehren. Aber nirgends am Horizont war die dunkle Silhouette eines Hauses zu sehen! Einen Kompaß hatten sie zwar bei sich, aber nach welcher Richtung sie von dem Hofe aus gegangen waren, konnte keiner von ihnen sagen! So wanderten sie also aufs Geratewohl in die Nacht hinaus. Vergebens spähten sie nach einem Feuerschein am Horizont – immer waren es aufgehende Sterne, deren Bild durch die atmosphärischen Dünste rötlich vergrößert wurde.

Halb verdurstet und unfähig noch weiter zu wandern, beschlossen sie endlich, an einer trockenen, mit kurzem Gras bewachsenen Stelle den Tag zu erwarten.

So lagen die beiden in der weiten stillen Nacht und sahen mit begreiflicher Unruhe dem Morgen entgegen. Da traf auf einmal ferner Hufschlag an ihr Ohr – er kam näher und näher, und plötzlich sahen sie einen mit einer Lanze bewaffneten Indianer vor sich, der von einer Streife auf verirrtes Vieh zurückkehrte. Bei dem Anblick zweier Weißen fürchtete er zuerst einen Hinterhalt, und es kostete schwere Mühe, ihm so viel Vertrauen einzuflößen, daß er sich bereit erklärte, die Verirrten zum Hofe zurückzuführen!

Nach diesem Abenteuer wurden Humboldt und Bonpland vorsichtiger, und ohne weitere Fährlichkeiten kamen sie am 27. März 1800 in der Kapuzinermission San Fernando am Rio Apure an.

Auf dem Orinoco

Von dem Flußsystem des Orinoco hatte man vor Humboldts Entdeckungsfahrt nur eine höchst ungewisse Vorstellung. Daß der Orinoco einen breiten Wasserarm abzweige und dem Rio Negro, einem stattlichen Nebenfluß des Amazonenstroms, zusende, daß also diese beiden großen Wasseradern Südamerikas in einer natürlichen Verbindung miteinander ständen, dieses merkwürdige Naturphänomen galt noch bei vielen Gelehrten als eine aller tatsächlichen Begründung entbehrende Sage. Alexander von Humboldt war es vorbehalten, diese eigentümliche Gabelung des Orinoco und den Lauf des Casiquiare, des Verbindungsgliedes zwischen den beiden Flußsystemen, einwandfrei festzustellen.

Am 30. März 1800 schiffte er sich mit seinem Gefährten in San Fernando auf dem Rio Apure, einem damals so gut wie unbekannten Nebenfluß des Orinoco, ein. Auf dem Hinterteil eines breiten Bootes, einer sogenannten Piroge, hatte man eine Hütte mit Tisch und Bänken errichtet und reichlich Proviant für vier Wochen, vor allem Bananen für den Steuermann und die vier eingeborenen Ruderer, und auch Branntwein zum Tauschhandel mit den Indianern eingenommen. Mit der kräftigen Strömung ging es schnell flußabwärts, und bald nahm der Urwald die Reisenden auf.

Schon am sechsten Tag lief die Expedition in den Orinoco ein. Nun ging die Fahrt stromaufwärts. Soweit das Auge reichte, dehnte sich eine ungeheure Wasserfläche vor den Augen der Forscher aus. Der Urwald auf beiden Seiten trat bis zum Horizont zurück, und die Uferlandschaft zeigte sich von einer erhabenen Einsamkeit. Bei Encaramada drängten sich Berge an den Strom heran, malerische Felswände waren von üppigstem Pflanzenwuchs wie mit Teppichen behangen, nur ihre Gipfel waren kahl und glichen verfallenen mächtigen Gebäuden.

Ein frischer Segelwind führte die Piroge an großen Inseln vorüber. Einmal wäre sie beinahe umgeschlagen, Papiere und Bücher Humboldts schwammen bereits auf dem Wasser. Da riß zum Glück das Segeltuch und die Gefahr war vorüber. Als der indianische Steuermann Vorwürfe über sein ungeschicktes Manöver erhielt, meinte er ruhig, es werde den weißen Männern gewiß nicht an Sonne fehlen, ihre Papiere wieder zu trocknen! Und daran fehlte es in der Tat nicht, wohl aber oft genug an

Trinkwasser, um den quälenden Durst zu löschen. Wenn die Reisenden der gefährlichen Jaguare wegen im Boot selbst oder auf einer kahlen Flußinsel übernachteten, mußten sie sich oft mit dem trüben, lauwarmen Orinocowasser begnügen. Hier und da zeigten sich an den Ufern abstoßend aussehende Indianer, deren einzige Kleidung in einer roten Bemalung bestand, eine primitive Toilette, in der gleichwohl ein großer Luxus entfaltet wurde. Denn dieser rote Farbstoff, Onoto genannt, war so teuer, daß der Verdienst von zwei Arbeitswochen auf einer Missionsanstalt oder bei einem Ansiedler kaum zu einer den ganzen Körper bedeckenden Farbmasse ausreichte. So wie wir etwa einen Menschen bemitleiden, der in Lumpen einhergehen muß, pflegten die Indianer den als einen armen Teufel zu bezeichnen, bei dem die Farbe nur für einen Teil des Körpers ausgereicht hatte.

Oberhalb der breiten Mündung des Rio Meta wurde der Orinoco gegen fünf Kilometer breit, und bald machten die gewaltigen Stromschnellen von Atures und Maypures die Weiterfahrt unmöglich. Hier durchbricht der Orinoco das Parimegebirge und stürzt über zwei granitene Stufen abwärts. Für die Überwindung dieser Katarakte war die Piroge viel zu groß. Der Vorsteher der Missionsanstalt bei diesen Katarakten, Pater Bernardo Zea, verschaffte daher den Reisenden einen Einbaum, wie ihn die Indianer zu ihren Flußfahrten gebrauchen; er war dreizehn Meter lang, aber nur einen Meter breit, und unter der schmalen Hütte auf seinem Hinterteil konnten die Europäer nur eben den Oberkörper gegen die sengenden Sonnenstrahlen bergen. Neben ihren Büchern, Papieren, Herbarien und Sammlungen führten sie aber auch eine sich stets vergrößernde Menagerie von Affen und Vögeln mit, und zwischen deren Käfigen und den Proviantvorräten hockte nun die Besatzung so eng eingeklemmt, daß die Ankunft am abendlichen Rastort jedesmal eine Erlösung wie aus einem Gefängnis bedeutete. Seit jener Fahrt nahm Humboldt die Gewohnheit an, auf den Knien zu schreiben, was er auch später, selbst in seinem Berliner Studierzimmer, zu tun pflegte.

Pater Zea hatte sich der Expedition angeschlossen. Ein großer Gewinn für die Forscher, denn seiner Vermittlung verdankten sie die Hilfe, die sie allenthalben bei den Indianern fanden. Bei den »Randales« von Atures und Maypures war der Fluß bedeutend enger, und zwischen gewaltigen Granitklippen stürzte das Wasser in schäumenden Fällen herab. Oft war die einigermaßen ruhige Wasserstraße so schmal, daß das Fahrzeug zwischen den Felsen steckenblieb, an Seilen vorwärts gezogen oder am Ufer stromaufwärts getragen werden mußte. Vierzehn Tage lang sahen die Europäer kein Dach über ihrem Kopf, und es kostete unsägliche Mühe, bis schließlich wieder ruhiges, fahrbares Wasser erreicht wurde.

Nach einem kurzen Erholungsaufenthalt steuerten die Reisenden in einen Nebenfluß des Orinoco, den Atabapo, hinein und dann wieder in dessen Nebenfluß, den Rio Temi, dessen Lauf sie aufwärts verfolgten. Da der Fluß übergetreten war, fuhren sie oft in schmalen Kanälen durch den dichtesten Urwald bis zum sogenannten Trageplatz am Pimichin, wo schon die Indianer gewöhnt waren, ihre Fahrzeuge aus dem noch zum Flußgebiet des Orinoco gehörenden Rio Temi über Land an den nahen Bach Pimichin zu schaffen. Auf hölzernen Walzen wurde Humboldts Kanu fünf Tage lang vorwärts geschoben, und dann ging die Fahrt auf dem Pimichin weiter. Schon nach fünf Stunden lief man in den Rio Negro ein, der einer der bedeutendsten Nebenflüsse des Amazonenstroms ist.

Am 10. Mai erreichte dann Humboldt mit seinen Begleitern die Stelle, wo der Casiquiare aus dem Orinoco von Norden her dem Rio Negro zuströmt, und nachdem sie zehn Tage lang gegen dessen starke Strömung aufwärts gerudert waren, gelangten sie richtig wieder in den Orinoco! Damit hatte Humboldt die Verbindung der beiden Flußgebiete, des Amazonenstroms und des Orinoco, festgestellt und bald auch die einfache Lösung des Problems gefunden. Der siebenhundert Meter breite Orinoco wird durch eine sich plötzlich entgegenwerfende Felsschwelle gespalten; während der Hauptstrom seinen Lauf nach Nordwest fortsetzt, weicht etwa ein Drittel der Wassermasse nach links aus, und da sich hier das Terrain nach dem Rio Negro zu abdacht, findet sie ihren Weg zum Hauptstrom nicht mehr zurück, sondern eilt dem ihr begegnenden Rio Negro zu.

Gar zu gern wäre nun Humboldt zu der noch unerforschten Quelle des Orinoco vorgedrungen. Aber in diesen Gegenden wohnten kriegerische Indianer, die niemandem das Betreten ihres Gebietes erlaubten. Auf einer Brücke von Lianen, die sie in einem Engpaß über den Strom gespannt hatten, stand Tag und Nacht ein Wächter, um den Stromlauf zu beobachten und die Ankunft jedes Fremden zu melden. Sogar eine militärische Expedition hatte wenige Jahre vor Humboldts Reise an dieser Stelle umkehren müssen. Noch heute ist die Quelle des Orinoco nicht genau erforscht. Die Fieber erzeugende Atmosphäre, die undurchdringliche Urwaldwildnis und die mörderische Insektenplage sind bessere Wächter als jene heute längst verschwundenen Indianerposten.

Die Strömung des Orinoco trug nun die Expedition schnell flußabwärts; einen Monat später fuhren die Reisenden bereits wieder an der Mündung des Atabapo vorbei, und von den Ufern grüßten ihre alten Lagerplätze. Auf dieser Rückfahrt besuchte Humboldt auch die Höhle von Ataruipe, wo der ausgestorbene Indianerstamm der Atures seinen Begräbnisplatz hatte. In diesem vom tiefsten Wald umgebenen schaurigen Mausoleum zählte Humboldt nicht weniger als sechshundert wohlerhaltene Skelette von Männern, Weibern und Kindern. Jedes Skelett lag sorgfältig zusammengebogen in einem Korb aus Palmblattstielen, und die europäischen Forscher erregten bei den sie begleitenden Eingeborenen großes Ärgernis, als sie einige dieser Skelette ihren Sammlungen einverleibten und mit sich fortführten. Im August 1800 trafen sie wieder in Cumana ein.

Nach einem Abstecher nach Kuba setzte Humboldt mit seinem Begleiter seine Streifzüge durch Südamerika noch vier Jahre lang fort. Am 23. Juni 1802 erstieg er sogar den Chimborasso bis zur Höhe von 5810 Metern und stand hier auf dem höchsten Punkte, den je ein Mensch vor ihm erstiegen hatte! Nur eine tiefe Schlucht hinderte ihn, noch fünfhundert Meter höher bis zur Spitze vorzudringen. –

Ein kleiner Chimborasso ist auch das Werk, das Humboldt über diese seine Reise veröffentlichte, ohne es jedoch zu vollenden; es umfaßte dreißig mächtige Bände, zu deren Ausarbeitung der Gelehrte sich bis zum Jahre 1827 in Paris aufhielt. Von da ab ließ er sich in seiner Vaterstadt Berlin nieder, wo er als Berater des Königs Friedrich Wilhelm III. und seines Nachfolgers eine ungewöhnlich bevorzugte Stellung zum Besten der Wissenschaft und der Kunst mit großer, auch diplomatischer Gewandtheit zu benutzen verstand. Noch in seinem sechzigsten Jahre hatte er im Auftrag des russischen Kaisers Nikolaus eine Forschungsreise nach Russisch-Asien angetreten, und der Mann, an dessen Entwicklungsfähigkeit man in seiner Jugend zweifelte, erreichte, gestählt durch die Abhärtungen seiner Reisen und durch rastlose geistige Arbeit, ein Alter von neunzig Jahren!

Unter den Indianern des Gran Chaco

Im Jahre 1908 begab sich ein junger Schwede namens Erland von Nordenskiöld, der Sohn des Entdeckers der Nordostpassage, nach Buenos Aires, der Hauptstadt der Bundesrepublik Argentinien und der größten Stadt Südamerikas, die am Südufer des Rio de la Plata liegt und 1½ Millionen Einwohner zählt. Von hier reiste er, so weit die Eisenbahn führte, nach Nordwesten und traf bereits an ihrem Endpunkt mit Indianern von der großen Ebene des Gran Chaco im Osten der Andenketten zusammen. Die ehemals freien Söhne der Wildnis sah er hier als Sklaven der Weißen schwere Arbeit in deren Zuckerfabriken verrichten, ein trauriges Los, das sie körperlich und geistig ruiniert.

Dann bahnte sich der schwedische Forscher durch den Urwald einen Weg zu den freien Räumen hinauf, wo der mit Schnee bedeckte Scheitel des Calilequaberges hoch über den düsteren Schlupfwinkeln der Wälder, über den Zuckerfabriken und Sägewerken und dem ganzen Leben und Treiben der Menschen drunten in der Tiefe emporragt. In diesen Regionen herrscht noch die Erdgöttin Pachamama, der die Indianer dieses Gebirgsstockes, die nur dem Namen nach Christen sind, Opfer darbringen. Wenn sie längs der Abhänge hinwandern und die Pässe überschreiten, versäumen sie nicht, einen am Wege aufgelesenen Stein als Opfergabe auf die Steinpyramide zu legen, die sich auf der Paßschwelle erhebt, damit sie auf der Wanderung nicht ermüden.

Die Indianer dieser Gegend hausen in kleinen viereckigen Hütten, die aus Stein oder an der Sonne getrockneten Ziegeln erbaut und mit Gras gedeckt sind. Zum Schutz gegen den Blitz krönt ein Kreuz den Dachfirst. Gegen andre Gefahren und Leiden aber weiß der Medizinmann den besten Rat. Beinschmerzen heilt er mit dem Fett des Tapirs, des Bären oder des Jaguars, der ein verwandelter Mensch sein soll. Bei Erdbeben pilgert man nach den Begräbnisplätzen, um dort zu beten, und bei Hagelschlag verbrennt man Palmblätter, die in Kreuzform hingelegt werden. –

Dann ritt Nordenskiöld nordwärts nach dem Pilcomayo, einem großen Fluß, der aus dem östlichen Teil der Anden austritt und seine Schlammassen durch die Ebenen des Gran Chaco wälzt. Während der trockenen Jahreszeit wirbelt der Sturm diesen Schlamm in undurchdringlichen Wolken umher, und wenn die Indianer das Präriegras in

Brand stecken, um den leckeren Feldmäusen beizukommen, verursacht die weiterfressende Flamme oft vernichtende Brände in den Dickichten, Palmenhainen und üppigen Wäldern. Die Regenzeit beginnt im November oder Dezember und dauert bis zum April oder Mai. Während eines großen Teils des Jahres leben die Indianer fast ausschließlich von Fischen, die der Fluß in reicher Menge bietet.

Selten ist ein weißer Mann so tief in das Leben und innerste Wesen eines Naturvolkes eingedrungen, wie Erland von Nordenskiöld. Er behandelte die Indianer nicht als tieferstehende Geschöpfe, sondern als gleichgestellte, und verkehrte mit ihnen wie mit seinesgleichen. Dadurch erwarb er sich bei diesen wilden Stämmen ein unbegrenztes Vertrauen und war stets ein gern gesehener Gast. Wenn das junge Volk an den Ufern des Flusses um die Lagerfeuer tanzte, nahm er an ihren Belustigungen teil, und wie der Indianer schmückte er seine Stirnbinde mit bunten Federn, trug er einen grobgewebten Schurz um die Hüften, bemalte sich sein Gesicht, ließ sich seinen Arm von einer in dieser Kunst bewanderten alten Indianerin tätowieren und lauschte den Sagen und Kriegsliedern der Eingeborenen, wenn sie vor ihren Hütten friedlich beisammen saßen und die Bierkalebassen die Runde machten. Er sprach ihre Sprache, aß ihre Speise und trank aus ihren Bechern. Er war gleichsam ein weißer Indianer geworden. Wenn die Rothäute am Fluß die Fische in ihre Netze lockten und scheuchten, ging er mit. Wenn sie im Waldesdickicht Wildschweine mit Hunden und Keulen jagten oder wenn sie die Vögel des Waldes mit abgestumpften Pfeilen flügellahm schossen, war er dabei, und wenn nach beendeter Tagesarbeit die Tabakspfeife von Mund zu Munde ging, saß er mit in der Reihe und wartete, bis die gemeinsame Pfeife auch an ihn kam, um einige Züge daraus zu tun.

Nur auf dem Kriegspfad folgte er ihnen nicht. Wenn einer der Indianerstämme zum Kriegszug gegen Nachbarn aufbrach und ihn zu überreden suchte, sich anzuschließen, erklärte er ihnen, daß der weiße Mann nicht das Recht habe, die Indianer mit seinen überlegenen Feuerwaffen wie Vögel niederzuknallen. Man versprach ihm Pferde, Gefangene und Skalpe bei Verteilung der Beute und konnte nicht begreifen, daß ihn das gar nicht lockte! Und oft versuchte er, sie von ihren kriegerischen Plänen zurückzuhalten, denn ihn dauerte die zwecklose Aufopferung. Auf dem Kriegspfad verbindet die Indianer kein starkes Zusammenhalten, und kein großer, mächtiger Häuptling vermag es, die Führung eines ganzen Stammes zu übernehmen und zu behaupten. Jedes Dorf zieht für sich in den Krieg, und von Ordnung ist keine Rede.

Manche Bräuche und Sitten der Indianer sind nach unsern Begriffen barbarisch, nach ihrer Anschauung aber durchaus natürlich. Wenn der Mutter ihr neugeborenes Kind zur Last wird, tötet sie es ohne weiteres. Der Sohn tötet seinen alten Vater oder seine blinde Mutter, wenn sie sich nicht länger selbst ernähren können, und niemand sieht darin etwas Unrechtes. Ja, er geht selbst so weit, sie lebendig zu verbrennen, wenn er glaubt, daß sie mit Hexen und bösen Geistern in Verbindung stehen! Die Toten werden in große Urnen gelegt und unter den Hütten der Lebenden eingegraben.

Einmal ritt Nordenskiöld mit einigen seiner Leute und einem Führer in den nördlichen Chaco und tief in die Wildnis hinaus. Da stieß er auf einen kriegerischen Stamm mit einem bösartigen Häuptling, und in dem Dickicht des Waldes lagen dessen Krieger mit Bogen und Keulen auf der Lauer. Nordenskiöld ritt dennoch geradewegs in das Dorf des Häuptlings hinein. Erzürnt trat ihm dieser mit dem Streitkolben in der Hand entgegen. Als ihm Nordenskiöld aber ein Messer schenkte, schien er besänftigt zu sein und legte seine Waffen nieder. Durch die Drohungen des Häuptlings eingeschüchtert, führte der Dolmetscher aber die Schar in verkehrter Richtung aus dem Dorf hinaus, und als es Abend wurde, mußte man wieder in einem Indianerlager Rast machen.

Während der Nacht erwachte der Dolmetscher durch ein schrilles Signal vom Walde her und bemerkte, wie sich einer der Indianer leise erhob, fortschlich und bald darauf mit einer Schar Bewaffneter zurückkehrte, die sich flüsternd unterhielten. Einer der Angekommenen fragte, warum die Indianer des Lagers die Reisenden nicht getötet hätten, um in den Besitz der Feuerwaffen des Fremden zu kommen und blonde Skalpe zum Schmuck ihrer Hütten bei Festen und Schmausereien zu gewinnen. Als nun der Dolmetscher Lärm machte, verschwanden die Aufhetzer wieder im Walde.

Bis in das Herz Bolivias hinein dehnte Nordenskiöld seine Reisen aus und besuchte die letzten Überreste der einst so volkreichen Stämme, die auf den Anden in den Nebenflüssen des Madeira Fischfang treiben.

Aus Fikusrinde klopfen sie sich ihre Kleiderstoffe zurecht und schnitzen sich ihre Pfeile aus dem schönen, sauberen Pfeilgras. An den Ufern des Sara wohnen sie in viereckigen Hütten, deren Wände aus Bambusrohr und Lehm bestehen und deren Dächer Palmblätter bilden. Der Feuerherd steht in einem besonderen Küchenschuppen. Kreuze und Heiligenbilder verraten, daß sie wenigstens dem Namen nach Christen sind. Aber in der Tiefe ihrer Seele sind sie noch völlig Heiden, und noch heute tanzen sie, in seltsame Larven und Straußfedergewänder gehüllt, heidnische Tänze um ihre Lagerfeuer. Nachts schlafen sie auf Palmblättermatten; als Kopfkissen dient ein Holzklotz. Auch sie sind Sklaven der Weißen geworden; der Branntwein ist ihr Unglück und hat sie in Schulden gestürzt, und ihre herzlosen Gebieter zwingen sie, auf den Plantagen und in den Gummiwäldern ihre Trinkschulden abzuarbeiten.

Mit Indianern als Führer und mit Paddelruderern befuhr Nordenskiöld zu Boot den Rio Grande, einen Nebenfluß des Rio Mamoré, der wieder ein Nebenfluß des Madeira, eines Nebenflusses des Amazonenstroms ist. Während sein Kanu am Saum des Urwalds entlangglitt, saßen die Eingeborenen mit rotbemalten Gesichtern und in Hemden aus geklopftem Bast regungslos am Ufer, aufmerksam auf jeden Laut achtend. Sie merken es, wenn der kleinste Fisch im Wasser plätschert, sie erkennen jeden aus dem Wald dringenden Ton und ahmen das Geschrei und das schnarrende Lachen der Affen täuschend nach. Oft landete Nordenskiöld mit seinen Begleitern und ging in eines der in den Urwald eingebetteten Dörfer hinauf, die von Bananenpflanzungen, Ananasbeeten und Gemüsefeldern umgeben sind. Hier spielen die Kinder mit gefangenen Affen, Beutelratten und Vögeln. Auf Wandbrettern in den Hütten liegen Pfeile, Boote und Ruder; Wertsachen verwahrt man in geflochtenen Körben. Stirbt ein Mitglied der Familie, so ziehen die Überlebenden fort, um dem übelwollenden Geist des Toten zu entfliehen. Eine Fülle prächtiger Vögel lebt im Walde und auf den morastigen Ebenen jener Gegend, schwarze Störche, Wildenten, Ibisse, Flamingos und Watvögel.

Auf der Suche nach Chacobo-Indianern gelangte Nordenskiöld einst mit seinen Ochsenwagen an einen hochangeschwollenen Fluß, der mit den Wagen nicht zu passieren war. Man brachte also das notwendigste Gepäck in einem Boot unter und schwamm hinüber. Als Nordenskiöld mit seinen Begleitern mitten im Fluß war, tauchte plötzlich ein Alligator unter ihnen auf. Lautes Geschrei vertrieb ihn. Dann ging es vom andern Ufer aus zu Fuß weiter. Oft war der Wald überschwemmt, und man mußte von Baum zu Baum klettern oder durch den überschwemmten Wald rudern und sich mit Waldmesser und Beil einen Weg bahnen. Endlich erreichte man wieder trockenen Boden. Frische Fährten verrieten die Nähe von Indianern, und bald saß Nordenskiöld in einem Chacobo-Dorfe.

Erstaunt und verdrießlich über den plötzlichen Besuch, begannen die Indianer den Fremdling mit ihren Pfeilen zu ängstigen, damit er sich aus dem Staube mache. Als er sich aber dadurch nicht aus seiner Ruhe bringen ließ, wies man ihm und seinen Begleitern eine Wohnstätte in dem geräumigen Trinkhause an. In der Mitte dieses Hauses steht ein gewaltiges Tongefäß; es enthält eine Art Bier, das aus den Wurzelknollen der Maniokstaude gebraut wird. Um dieses Gefäß herum tanzen die Indianer zu den Tönen der Flöte, und draußen sitzen die Weiber auf der Erde und schauen zu, wie sich die Männer unterhalten. Nachbarn mit Bogen und Pfeilen in der Hand kommen auf Besuch, sie trinken von dem ihnen vorgesetzten Maniokbier bis zu widerwärtiger Unmäßigkeit. Auch sie bleiben die Nacht über da und binden ihre Hängematten im Trinkhause an. Unter den Matten lassen sie kleine Feuer brennen, um die Mücken und die Nachtkälte der Tropen fernzuhalten.

Wunderbar und geheimnisvoll ist so eine Nacht in einem Indianerhaus. In dem flackernden, matten Schein der Feuer heben sich Bogen, Pfeile und Verzierungen tief schwarz gegen das Dach ab. Alles ringsum ist fein und sauber und gut gehalten. Einige der kupferbraunen Gäste führen im Flüsterton noch eine Unterhaltung über Kriegstaten und Jagdabenteuer, und von draußen, aus der nächtlichen Wildnis, dringen rätselhafte Laute herein.

Die großen Anpflanzungen um die Hütten herum sind die hauptsächlichsten Einnahmequellen der Chacobo-Indianer. Sie bauen Maniok, Bananen und Reis und bewahren die Ernte in Scheuern auf, die auf Pfählen ruhen. Die fremden Reisenden wurden mit Maiskolben, gerösteten Maniokknollen, Maniokmehl und gekochten Fischen bewirtet.

Die Männer sind stärker auf Putz erpicht als die Weiber. Sie bemalen sich das Gesicht rot und die Arme lila. Durch die Nasenscheidewand bohren sie ein Loch und stecken rote Tukanfedern als Zierat hindurch. In den Ohrläppchen tragen sie die Vorderzähne des Wasserschweins und um den Oberarm eine Boa aus Daunen und Papageienfedern. Das ungeflochtene Haar hängt bei Weibern und Männern lang herab, und den Leib reiben sie mit Vanille ein, um angenehm zu duften. Bei festlichen Gelegenheiten behängen sie sich mit allen ihren Schmucksachen, stecken sich rote, blaue und brandgelbe Papageien- und Tukanfedern ins Haar und binden sich eine hübsche, aus anderthalbtausend Affenzähnen bestehende Kette um den Hals. Da man hierzu nur Vorderzähne benutzt, muß der Indianer mit seinen kunstlosen Pfeilen gegen zweihundert Affen erlegen, ehe sein Halsschmuck fertig ist.

Der Albatros

Nach Süden hin verschmälert sich Südamerika wie eine schartige Säbelklinge. Im Westen erheben sich die Anden Chiles, und nach Osten hin erstrecken sich die Pampas von Argentinien und Patagonien. Über die endlosen Steppen reiten wir jetzt auf den wilden Rossen des Gedankens nach Süden.

Gleich dem Stachel an der Giftblase des Skorpions zeigt das Feuerland, die Südspitze Amerikas, in die Südsee hinaus. Vom Festland ist es durch eine Meeresstraße getrennt, die den Namen des unerschrockenen Magalhães trägt. In seinen Urwäldern, in denen immergrüne Buchen wachsen, herrschten ehemals kupferbraune Indianer, die dem Ona-Stamme angehörten. Auch sie wurden, wie ihre Brüder in der ganzen neuen Welt, von den Weißen verdrängt und sind jetzt zum Aussterben verurteilt; nur eine geringe Anzahl ist noch vorhanden. Aber der Rest zeigt noch heute die charakteristischen Eigenschaften ihres Stammes: sie sind kräftig gebaut, kriegslustig und kühn, leben mit ihren Nachbarn in dem unsicheren Verhältnis der Blutrache, und ihre Lagerfeuer lodern bald im Walde, bald am Ufer eines Binnensees, bald an der Küste.

In der Magalhães-Straße haben viele Segelschiffe auf immer ihre Flagge streichen müssen. Sie ist ein überaus gefährliches Wasser und wegen ihrer heftigen Stürme, die plötzlich auf die steilen Klippen der Meerenge herabsausen, sehr verrufen. Sicherer ist es, auf der offenen

See zu bleiben und südlich um die Inseln des Feuerlandes herumzufahren. Hier singen die Brandungswellen des Atlantischen und des Stillen Ozeans ihr gemeinsames Lied um die jäh abstürzenden Felsen des Kap Hoorn.

Wer lauscht ihrem Lied? Wer schaut mit königlicher Verachtung auf die Schaumkronen ihrer Wellen hinab? Wer schwebt mit ausgebreiteten Flügeln über Kap Hoorn hin? Wer anders als der Albatros, der größte aller Sturmvögel, der kühnste und unermüdlichste aller geflügelten Bewohner des Reiches der Lüfte!

Schaut ihn euch nur schnell an, denn in einer Sekunde ist er schon wieder entschwunden! Ihr seht, er ist so groß und so weiß wie ein Schwan, hat aber einen kurzen, dicken Hals und einen großen Kopf mit kräftigem, rosa und gelb gefärbtem Schnabel und nur auf den Schwungfedern schwarze Flecken. Seine Flügel gehören zu den Wunderwerken der Schöpfung. Wenn er sie zusammenfaltet, schmiegen sie sich so dicht um den Körper, daß sie ganz verschwinden. Jetzt aber hat er sie ausgebreitet, und der Abstand von einer Flügelspitze zur andern beträgt vier Meter. Die Flügel sind lang und schmal, dünn und zierlich geschwungen wie eine Säbelklinge, er bedient sich ihrer mit staunenerregender Sicherheit und ist ausdauernder und kräftiger im Fliegen als alle andern Vögel. Auch hat kein Vogel einen so schönen, vornehmen Flug wie er. Selbst im schärfsten Wind schlägt er nur alle sieben Minuten kaum merklich mit den Flügeln; die übrige Zeit sind sie straff gespannt, gleich den festgebundenen Segeln eines Schiffes.

Diese Kunst des Fliegens ist sein Geheimnis; sie besteht in der Art, wie er die Flügel ausgespannt hält, und in dem Neigungswinkel, den er diesen seinen vorzüglichen Monoplanen im Verhältnis zum Körper und zum Winde gibt. Alles andere, den Aufschwung in die Luft und die Weiterbewegung bei Mitwind oder Gegenwind, besorgt der Wind selbst. Will der Albatros von der Oberfläche des Meeres emporsteigen, so breitet er nur die Flügel aus, wendet sich gegen den Wind und läßt sich von ihm in die Höhe heben. Dann gleitet er in eleganten Bogen und Kurven die unsichtbaren Abhänge des Windes hinauf.

Das Merkwürdigste am Albatros ist seine grenzenlose Freiheitsliebe. Er haßt das Festland und nistet auf einsamen Inseln; auf dem Erdboden kann er sich kaum fortbewegen, und nur wenn er muß, geht er schwankend und ungeschickt gleich dem Schwan. Mit dem Staub dieser

Erde kommt er deshalb nur dann in Berührung, wenn er im Nest auf seinem einzigen Ei liegt und seinen weißen Kopf unter die Flügel steckt. Sonst berührt er die Erde nicht. Seine Nahrung holt er sich auf dem Meeresspiegel, und mindestens drei Viertel seines Lebens bringt er schwebend in freier Luft zu, von Meer zu Meer umherirrend, wie ein Trabant nur der Erde, der in ungebundener Freiheit federleicht die schwere Weltkugel auf ihrem rollenden Gang durch das Universum begleitet. Er hält sich nicht an bestimmte Strichwege, und keine noch so große Entfernung schreckt ihn; er ruht auf seinen Flügeln aus und läßt sich von ihnen bequem von Ozean zu Ozean tragen. Im Atlantischen Ozean ist er seltener als im Stillen Ozean, und der Wärme um den Äquator herum geht er aus dem Wege. Sonst segelt er überall hin, wo ihm die größte Aussicht winkt, seinen außerordentlich starken Appetit zu befriedigen.

Man erzählt von einem Albatros, der einem Schiff sechs Tage und sechs Nächte hindurch unermüdlich folgte, um stets bei der Hand zu sein, wenn Abfälle über Bord geworfen wurden. Die Mannschaft hatte ihn vorher gefangen und, um ihn wiedererkennen zu können, mit Farbzeichen versehen. Das Schiff befand sich auf offener See und legte zwölf Seemeilen in der Stunde zurück, aber der Albatros erlahmte nicht. Im Gegenteil, er zog noch in bedeutender Höhe meilenweite Kreise um das Schiff. An Bord löste eine Wache die andere ab, um sich auszuruhen und zu schlafen, der Albatros aber bedurfte keiner Ruhe und keines Schlafes. Er hatte niemand, dem er das Kommando über seine Flügel anvertrauen konnte, wenn er sich dem Schlaf hingab, und so wartete er eine ganze Woche, ohne Spuren der Ermüdung zu zeigen. Er flog unaufhaltsam und entschwand wohl manchmal den Blicken, aber nur, um sich nach einer Stunde, dem Schiff von vorn entgegenschwebend, wieder zu zeigen. Daß es immer derselbe Albatros war, sah man an der mit Farbe bestrichenen Brust. Erst am siebenten Tage verließ er das Schiff, als ihm die Kost nicht mehr behagte, die ihm vorgesetzt wurde. Viele hundert Meilen hätte er jetzt fliegen müssen, um die nächste Küste zu erreichen, und wie leicht konnte ein heftiger Sturm ihn überfallen! Aber die Entfernungen bedeuten ihm nichts, und in der Luft ist er ebenso zu Hause wie unsereiner in den Straßen unserer Heimat.

Walfischfänger

Wie viele Wunder und Merkwürdigkeiten mag der Albatros auf seiner luftigen Bahn zeitlebens gesehen haben! Er beobachtet das Treiben auf dem Deck der großen Segelschiffe und sieht die schwarzen Rauchwolken aus dem Schornstein der Dampfer emporqualmen. Er gewahrt die plumpen Bewegungen der sechs Meter langen See-Elefanten auf dem Strandkies der Inseln Südgeorgiens im Osten von Kap Hoorn und schaut zu, wenn die schwarzen oder grauen Rücken der Walfische sich spielend über dem Wasser krümmen.

Gewiß hat er sich auch einmal nordwärts in den Atlantischen Ozean hinein verirrt und dort zugesehen, wie die norwegischen Walfischfänger den Blauwal angreifen, das größte aller jetzt lebenden Tiere; denn der Blauwal wird 27 Meter lang. Heutzutage benutzen die Walfischjäger starkgebaute, schnell und leicht zu steuernde Dampfer, von deren Vorderseven aus eine drehbare Kanone die Harpunen schleudert. Am Vorderende der Harpune sitzt eine Spitzgranate, die im Leib des Walfisches explodiert und ihn tödlich verwundet. Am Hinterende ist ein dickes Tau befestigt. Der Dampfer folgt dem Walfisch, bis er tot ist, dann wird das Tier mit der Dampfwinde an das Schiff herangezogen und nach der Walfischstation in einen Küstenfjord hineinbugsiert. Hier wird es abgespeckt, der Tran wird gekocht, in Tonnen gefüllt und dann in den Handel gebracht.

Schöner und weit gefährlicher war der Walfischfang, den die Vorfahren unseres Albatros einst in den nördlichen Meeren sahen, denn der Mensch ist seit tausend Jahren der ärgste Feind der Walfische, und einige Walarten sind schon fast ganz ausgerottet. Damals schossen die Jäger nicht mit einer Kanone, sondern warfen die Harpune mit kräftiger Hand. Jedes Schiff hatte mehrere Walfischboote ohne Kiel, die vorn und hinten spitz zuliefen, so daß sie beliebig vorwärts und rückwärts gerudert werden konnten. Sobald man in der Ferne einen Walfisch erblickte, wurden die Boote ins Wasser hinabgelassen. Jedes war mit sechs erfahrenen Jägern bewaffnet; der eine war Steuermann, der andere Harpunierer, und die übrigen saßen an den Rudern. Die daumendicke Harpunenleine lag sorgfältig wie eine Spirale aufgerollt bereit. Jeder von den sechs wußte von alters her, was er in jedem

Augenblick zu tun hatte, daher war es an Bord mäuschenstill, und alle handelten ohne Kommando.

Nun rudert eins der Boote auf den Walfisch los, und aus etwa vier Meter Entfernung schleudert der Harpunierer seine scharfe Waffe dem Tier mit aller Kraft in die Seite. Die Harpune hat kaum ihr Ziel getroffen, so weicht das Boot wieder pfeilschnell zurück, denn jetzt steht das Leben auf dem Spiel! Haben die Jäger Unglück, so schlägt der Walfisch mit seiner waagerechten, ungeheuer starken Schwanzflosse von oben her auf das Boot und zertrümmert es mit einem Schlag, oder er bringt es durch eine Bewegung von unten zum Kentern. Meist aber denkt er nur an Flucht. Mit ungeheurer Geschwindigkeit sucht er die Meerestiefe, und die Harpunenleine läuft über die Messingrolle im Vorderende des Bootes so schnell ab, daß sie einen singenden Ton von sich gibt. Wehe dem Mann, der von ihr erfaßt wird, er wird mit hinabgerissen und ist verloren. Der Walfisch taucht mit einem Stoß bis zu vierhundert Meter Tiefe hinunter. Dort unten ist es still und dunkel, und hier verweilt er eine halbe oder wohl auch eine ganze Stunde, dann muß er wieder hinauf, um Atem zu holen. Die Leine verrät den Fängern, wo er ungefähr auftauchen wird, und dorthin rudert nun eines der übrigen Boote. Sobald sich der Wal wieder über der Oberfläche zeigt, saust eine zweite Harpune durch die Luft.

Jetzt ist der Walfisch viel zu atemlos, um wieder untertauchen zu können. Statt dessen schwimmt er auf dem Wasser geradeaus ins Meer hinein und peitscht die Wogen mit seiner Schwanzflosse, um sich von seinen Quälgeistern zu befreien. Aber so verzweifelt schnell er auch dahinsaust, so hoch die Schlagwellen ihn auch umschäumen – die Boote zieht er mit. Die Männer haben ihre Leine eingezogen, und die Boote sind dem Walfisch schon ganz nahe, aber noch ist höchste Aufmerksamkeit geboten, um die Leine wieder zu lockern, falls der Walfisch nochmals untertauchen sollte. Das Schicksal der Bemannung liegt in der Hand des Steuermanns. Die Vordersteven der Boote zeigen hoch in die Luft, und um sie herum schäumt das Wasser hoch auf. So schießen sie hin über den Ozean, bei Tag oder bei Nacht, gleich fliegenden Fischen, über den Wellenkämmen auf und nieder. Mit angespannten Muskeln, zusammengebissenen Zähnen und unverwandtem Blick folgen die Jäger jeder Bewegung des wunden Tieres und ihres Bootes.

Jetzt nimmt die Geschwindigkeit des Walfisches ab, er beginnt zu ermatten und ist schließlich ganz erschöpft. Seine Bewegungen werden ungleichmäßig, er macht halt, windet und wirft sich an der Oberfläche hin und her und schlägt mit dem Schwanz um sich, daß das Spritzwasser weit umherrauscht. Da nähert sich ihm eines der Boote. Eine lange Lanze wird dem Tier metertief in der Herzgegend ins Fleisch gestoßen oder wohl auch ein Sprengschuß auf ihn abgefeuert. Sind die Lungen getroffen, so sendet der Walfisch durch die Nasenlöcher einen Blutstrahl durch die Luft, er »hißt die rote Flagge«, wie der Jäger sagt. Damit ist sein Schicksal besiegelt, er hat sich ergeben, und bald zeigen die Todeszuckungen, daß wieder einer der Riesen des Meeres seinem weiten Reich auf ewig Lebewohl sagt.

Die Robinson-Insel

Hoch über dem Kap Hoorn schwebt auf regungslosen Flügeln der Albatros. Sein scharfes Auge entdeckt soeben im Westen den Rauch eines Dampfers, und schon nach zwei Minuten umkreist er das Schiff, um es auf seiner Fahrt nach Norden zu begleiten. Die Reise geht an der Küste Chiles entlang, über deren unzähligen Meerbusen, Schären und Inseln sich die Schneekämme der Anden erheben. Wenn Abfälle über Bord geworfen werden, schießt der Albatros pfeilschnell herab; eine Sekunde ehe er die Wasserfläche berührt, hebt er die Flügel, legt den Kopf hintenüber, streckt die großen Füße mit gespreizten Zehen nach vorn aus und schlägt dann klatschend auf das Wasser auf, auf dem er leicht wie ein Kork daherschwebt. Hastig verschlingt er alles, was auf dem Wasser treibt, öffnet dann seine Flügel wieder gegen den Wind und steigt aufs neue zu schwindelerregenden Höhen empor.

Der Dampfer, den er begleitet, bringt Frachtgüter für Santiago, die Hauptstadt Chiles, und macht in ihrer Hafenstadt Valparaiso halt. Über ihr ragt in der Ferne der höchste Berg Südamerikas, der Aconcagua, in die Luft.

Unser Albatros fliegt wieder meereinwärts, um anderswo sein Glück zu versuchen, und sechshundert Kilometer von der Küste Südamerikas entfernt sieht er das kleine Eiland Juan-Fernandez, die denkwürdige Insel Robinsons, unter sich liegen. In großen Kreisen segelt er um ihre vulkanischen Klippen herum, er überschaut ihre 900 Meter hohen, abschüssigen Felswände und hört die rollende Brandung, die den Fuß der Felsen umtost, ein Bild unbeschreiblicher Wildheit und Verlassenheit, das sich nur dem darüber schwebenden Albatros erschließt. Denn der Seefahrer kann nur mit größten Schwierigkeiten sich in einem kleinen Boot den Felsen dieses Eilandes nahen.

Vergeblich wird er jetzt hier nach Papageien, Affen und Schildkröten suchen und auch von den Stammverwandten Freitags, des Schützlings Robinsons, nichts mehr erblicken. Aber wenn er Naturforscher ist, wird er bald feststellen, daß die Hälfte von allen Pflanzen, die sich hier finden, dieser Insel eigentümlich ist und an keinem andern Ort der Welt vorkommt! Zu diesen Pflanzen gehört die Palme mit dem mattgrünen, glänzenden Stamm, die von den Menschen gedankenlos ausgerottet wird, um Spazierstöcke aus ihr zu fertigen! Zu ihnen gehören ferner Farnbäume und kleine, feinspitzige Kletterfarne, ein wunderbarer Zierat der Baumstämme und Zweige. Und schließlich gehört dazu das letzte Exemplar eines Sandelholzbaumes, der sich, so seltsam es auch klingen mag, aus seiner asiatischen Heimat hierher verirrt hat. Noch vor zweihundert Jahren wuchs er in großen Massen auf dieser Insel. Jetzt hat ihn die Geldgier der Menschen ausgerottet; sein rotes, stark duftendes Holz erschien gar zu geeignet zu feinen Drechslerarbeiten und anderem Kram. Nur noch ein einziger kleiner Zweig grünt jetzt an diesem letzten Sandelholzbaum, und mit diesem letzten Exemplar stirbt seine Art auf Erden aus.

In einer Höhle am Fuß des Berges wohnte der Sage nach Robinson Crusoe, und von einem sattelförmigen Paß des Bergkammes oberhalb seiner Wohnung schaute er mit sehnsuchtsvollen Blicken über den Großen Ozean. Eine im Gestein angebrachte Erinnerungstafel berichtet, daß der wirkliche Robinson ein schottischer Matrose namens Alexander Selkirk war, der vier Jahre und vier Monate, von 1704–1709, einsam auf dieser Insel gelebt hat. Freiwillig begab er sich in diese Einsamkeit, weil er sich mit den Befehlshabern des Seeräuberschiffes, zu dessen Mannschaft er gehörte, entzweit hatte. Das Klima der Insel war mild, alljährlich fiel die nötige Menge Regen, und sie beherbergte wilde Ziegen, die ihm neben mancherlei eßbaren Früchten zur Nahrung dienten. Im Februar 1709 wurde er von einem englischen Schiff aus seiner Gefangenschaft im Weltmeer befreit.

So war es in Wirklichkeit. Aber wer verweilt nicht weit lieber bei jenem Robinson, dessen romantisches Schicksal die dichtende Sage so wunderbar ausgeschmückt hat? Das Schiff, so berichtet sie, mit dem Robinson fuhr, scheiterte, und er war der einzige von der Bemannung, den die Sturzwellen auf den Strand der Insel warfen. Völlig auf sich und auf das kleine Eiland Juan-Fernandez angewiesen, richtete er sich hier häuslich ein, streifte am Ufer umher und durch den Wald und füllte seine aus Bisamblättern geflochtene Jagdtasche mit Austern, Schildkröteneiern und wilden Früchten. Mit einem einfachen Pfeilbogen erlegte er wilde Ziegen und andere Tiere, um sich aus ihrem Fell seine Kleidung anzufertigen; auch fing er einige der Ziegen, die er zähmte und die ihm nun Milch lieferten, so daß er sich Butter und Käse bereiten konnte. Nach und nach mußte er, der Not gehorchend, ein Handwerk nach dem andern lernen, er wurde Zimmermann, Töpfer, Kürschner usw. Die Höhe oberhalb seiner Höhle war seine Kirche, wo er den Sonntag feierte. Wildwachsender Mais lieferte ihm Mehl, und er wußte sich daraus sein Brot zu backen. Mit den Jahren kam er sogar zu einigem Wohlstand; sein Schicksal ist gleichsam ein Abbild des ganzen Menschengeschlechts, wie es sich aus der rohen Einfalt des Wilden im Lauf der Jahrtausende entwickelt und veredelt hat. Seine Sehnsucht nach Feuer befriedigte ein Blitz, der in einen Baum einschlug und zündete, und wer denkt nicht noch gern an seinen Eifer, mit dem er das Feuer lange Zeit unterhielt, damit es ja nicht wieder verlösche. Wie traurig war er, als schließlich doch die Flamme erstorben war! Da kam ihm der Ausbruch eines Vulkans auf der Insel zu Hilfe, und an der glühenden Lava zündete er sich ein neues Herdfeuer an. Er baute sich sogar einen Backofen aus Ziegelsteinen, besaß eine wohleingerichtete Hütte und machte auf einem selbstgezimmerten Boot mancherlei Ausflüge am Strand seines Gefängnisses entlang.

Als er sich einmal auf einem Streifzug fern von seiner Wohnung zum Schlafen niedergelegt hatte, fuhr er plötzlich erschrocken in die Höhe: Jemand hatte ihn bei seinem Namen gerufen! Aber es war niemand anderes als sein Papagei, den er selbst gezähmt und sprechen gelehrt hatte; der Vogel war ihm nachgeflogen und rief ihm nun von einem Ast herab zu: »Armer, armer Robinson!«

Und wer erinnerte sich nicht noch des aufregenden Moments, als Robinson auf einer einsamen Wanderung plötzlich die Spur eines menschlichen Fußes im Sande vor sich erblickte! Vor Entsetzen fast versteinert, blieb er stehen. Acht Jahre war er mutterseelenallein gewesen – jetzt gab es hier noch andere Menschen in der Nähe! Was konnten das anderes als Menschenfresser sein! Er spähte umher und lauschte, dann eilte er nach Hause und bereitete sich gegen einen möglichen Überfall zur Verteidigung vor. Doch nichts rührte sich. Nach einiger Zeit aber sah er eines Tages am Strande auf der andern Seite der Insel ein Feuer brennen. Wieder eilte er nach Hause, zog die Leiter über die Verschanzung seiner Wohnung hinüber und legte seine Waffen bereit. Zuletzt erklomm er einen Aussichtsberg und sah nun zehn nackte Wilde, die sich Fleisch am Feuer brieten. Zum Schluß ihrer Mahlzeit veranstalteten sie einen wilden Tanz, schoben dann ihre Kähne wieder ins Wasser und verschwanden. Neben dem erloschenen Feuer lagen abgenagte Menschenknochen und Schädel, ein Anblick, der unsern Robinson fast wahnsinnig machte.

Schon nahte das vierzehnte Jahr seinem Ende, da erweckte ihn in einer dunkeln Sturmesnacht ein Schuß. Sein Herz klopfte in heftigen Schlägen – die Stunde der Befreiung schien gekommen! Nochmals donnerte ein Schuß durch das nächtliche Dunkel. Zweifellos war es das Notsignal eines Schiffes. Er zündete daher ein gewaltiges Feuer an, um der Besatzung den Weg zur Insel zu zeigen. Als aber der Morgen graute, sah er, daß das Fahrzeug auf eine Unterwasserklippe aufgerannt und wrack geworden war. Keine Spur von der Besatzung! Doch – vorn am Strande lag ein Matrose ausgestreckt, und neben ihm stand ein Hund, der laut heulte. Robinson eilte hin – doch wenigstens ein Unglücksgefährte in seiner Einsamkeit! Aber der Gestrandete war tot, und alle Wiederbelebungsversuche waren vergeblich! Tiefbetrübt grub Robinson dem Fremden ein Grab. Aber der Hund wurde jetzt sein Gefährte.

Abermals verging ein Jahr, dessen Tage einander glichen wie ein Ei dem andern. Seine einzige Gesellschaft waren der Hund, der Papagei und eine Ziege, und wenn er an seinem Tisch saß, sein selbstgebackenes Brot brach und von Obst, Fischen und Austern seine Mahlzeit hielt, bekamen auch diese drei ihren Teil davon.

Da sah er eines Tages von seiner Warte aus fünf Kähne auf die Insel zurudern! Sie legten am Strande an, dreißig Wilde sprangen ans Land und entzündeten ein Feuer. Dann holten sie aus einem Kahn zwei Gefangene. Ein Keulenschlag tötete den einen. Der andere aber benutzte einen unbewachten Moment und floh, gerade in der Richtung auf Robinsons Wohnung hin. Nur zwei von den Wilden verfolgten ihn. Robinson stürmte deshalb hinunter, um dem Flüchtling beizustehen. Auf ein Zeichen seines Herrn stürzte sich der Hund auf den einen Verfolger und hielt ihn fest, bis Robinson ihn niedergeschlagen hatte; dem zweiten erging es ebenso. Dann gab Robinson dem Gefangenen, der über diese unerwartete Erscheinung aufs höchste entsetzt war, durch freundliche Zeichen und durch Lächeln zu verstehen, daß er einen Beschützer und Freund gefunden habe. Der arme Mensch stammelte unverständliche Worte. Aber welch eine Freude für Robinson, endlich wieder einmal den Laut einer Menschenstimme zu hören, den er seit fünfzehn Jahren entbehrt hatte! Die übrigen Wilden hatten Hals über Kopf die Flucht ergriffen.

Robinsons schwarzer Gefährte erhielt den Namen Freitag, denn an einem Freitag war er nach der Insel gekommen. Er lernte nunmehr die Sprache seines Herrn, wurde mit der Zeit ein ordentlicher Christenmensch und dem Einsiedler ein aufs herzlichste ergebener Freund. Eines Tages strandete dann wiederum ein Schiff auf der Unterwasserklippe, und in den Vorräten des Wracks fanden Robinson und Freitag Schußwaffen und Pulver, Lebensmittel, Werkzeuge und viele andere nützliche Dinge, die ihnen während der nächsten Jahre ihr Leben sehr erleichterten. Als dann achtzehn lange Jahre vorüber waren, wurde der Held unserer Kindheit mit seinem schwarzen Freund durch ein englisches Schiff gerettet.

Diese Erinnerungen aus unser aller Jugendzeit würden vor uns aufsteigen, wenn wir den Albatros auf seinem Flug über die Robinson-Insel Juan-Fernandez begleiten könnten. Der Albatros selbst weiß davon nichts, denn seine Vorfahren haben vor vielen, vielen Generationen nur den Matrosen Selkirk, das Urbild des Robinson, gesehen.

Der Stille Ozean

Unser Albatros ist ein kluger Vogel. Sonst würde er nicht wochenlang den Schiffen folgen, von deren Bord, wie er weiß, so mancherlei schmackhafte Dinge ins Wasser geworfen werden. Diesem Geier des Meeres ist gewiß auch schon von alters her bekannt, wo die kleineren

Sturmvögel sich ihre Beute holen; wenn er sie beim Fang überrascht, stößt er blitzschnell auf sie herab, raubt ihnen alles, was da ist, und kümmert sich nicht im geringsten um die laute Unzufriedenheit dieser kleinen Leute.

Aber sein Beobachtungsvermögen und seine Kenntnisse reichen sicherlich noch viel weiter, als wir Menschen ahnen. Seit vielen tausend Jahren haben die Vorfahren des Albatros auf dem Meere gelebt und hier ihre Sinne zu größter Schärfe entwickelt. Sie kennen die beständig herrschenden Winde und sehen es der Farbe des Wassers an, ob ein kalter oder warmer Meeresstrom unter der Oberfläche hinzieht. Wenn sich nun unser Freund, der Albatros, auf seinem Wege nach Westen über die Inseln Polynesiens vom Winde tragen lassen will, so weiß er genau, daß er nur immer zwischen dem Wendekreis des Steinbocks und dem Äquator zu bleiben braucht, um von dem beständig innerhalb dieses Gürtels wehenden Südostpassat getragen zu werden. Dieser Wind ist auch die Ursache des Äquatorialstroms, der sich breit und mächtig über den ganzen Stillen Ozean nach Westen hinzieht. Und will der Albatros im Norden des Äquators bleiben, so kann er bei dem beständig wehenden Nordostpassat auf die gleiche Hilfe rechnen. Flöge er aber vom Äquator aus viel weiter südwärts oder nordwärts, so würde er Gegenwind haben und finden, daß auch die Meeresströme nach Osten gehen. In der nördlichen Hälfte des Stillen Ozeans heißt dieser nordostwärts fließende Strom Kuro-schio; er wälzt sich längs der Küste Japans hin und dann in gerader Richtung nach Westkanada hinüber. Dieser Meeresstrom ist einer der Lieblingsaufenthalte des Albatros.

Auch im Atlantischen Ozean, das weiß der Vogel aus Erfahrung, haben Winde und Strömungen die gleichen Gesetze. Hier aber heißt der nach Osten gehende Strom Golfstrom, und sein vom Äquator kommendes warmes Wasser ist es, was das Klima Nordwesteuropas so mild macht und sogar die nördlichsten Fjorde Norwegens im Winter nicht einfrieren läßt. –

Unser Albatros fliegt also nun nach Westen, unabhängig von allen Winden und Strömungen. Er fürchtet ja selbst den heftigsten Sturm nicht, und wo sollte er sich auch vor ihm verstecken? Seine eigentliche Wohnung ist ja die Luft. Die See geht hoch. Er schwebt dicht über dem Wasser, hebt sich mit jedem Wellenkamm, senkt sich mit jedem Wellental und netzt sich die Flügelspitzen an den Schaumkronen der

Meereswogen. Die Sonne funkelt in dem Sprühwaser der Wellen, und der Albatros spiegelt sich in dem glatten, blauen Dach der Wellendünung, das sich über den kristallenen Märchengrotten der Tiefe wölbt.

Mit einemmal hebt er sich empor, um Ausschau zu halten, ob das, was ihn in Gedanken beschäftigt, schon über dem Horizont sichtbar ist. Unter ihm dehnt sich öde und verlassen das weißgestreifte, dunkle, rauschende Meer. Von Westen her ziehen blauschwarze Regenwolken herauf. Schon öffnen sie ihre Schleusen. Wird nun der Albatros vom Regen, der heftig auf seinen Rücken und seine Flügel herniederprasselt, in seinem Fluge gehindert oder hinabgedrückt? Nun freilich, ein Hindernis wird ihm der Regen schon sein. Aber das kluge Tier ist Wetterprophet genug, um ihm aus dem Wege zu gehen, und es fliegt schnell genug, um sich rechtzeitig davonzumachen, wenn der Regen es überraschen will. Im schlimmsten Fall hat es ja immer noch die Aussicht, die Luft zu verlassen, seine Fallschirme zusammenzufalten und schaukelnd auf den Wellen zu ruhen.

Der Regen hört wieder auf. Der Albatros schwingt sich wieder empor und sieht nun die Osterinsel vor sich, die sich in schauriger Einsamkeit und schwindelerregender Tiefe im Großen Ozean erhebt. Was sind das auf den Uferhängen für steinerne Statuen? Sie sind zehn Meter hoch und stellen Menschenköpfe vor! Sie bezeichnen uralte Gräber und sind Denkmäler einer längst verschollenen Kultur. Heute leben nur noch etwa 150 Eingeborene auf der Osterinsel; aber auch sie sind zum Aussterben verurteilt. Außer ihnen wohnen noch drei Weiße dort, aber man hat lange nichts von ihnen gehört, denn seit mehreren Jahren hat kein Schiff die Insel angelaufen. Im übrigen hausen nur Ratten, Ziegen, Hühner und Seevögel auf diesem Eiland.

In einiger Entfernung liegt Sala y Gomez, eine kleine, aus lauter kahlen Felsen bestehende Insel, die ein deutscher Dichter, Adelbert von Chamisso, besungen hat. Hier nisten nur Seevögel, und ab und zu macht ihnen der Albatros einen flüchtigen Besuch. Im allgemeinen aber zieht er das Alleinsein vor. –

Weiter geht es nach Westen, und bald taucht eine ganze Menge kleiner Inseln aus dem Meere auf; wir nennen sie die »Niedrigen Inseln«, aber die dunkelhäutigen Wilden, die ein unergründliches Schicksal hierhin verbannt hat, nennen sie Paumotu oder »Die Inselwolke«. Welch seltsamer Name! Kein Dichter hätte einen besseren ersinnen können. Nicht weniger als fünfundachtzig Inselgruppen liegen hier beisammen, und jede dieser Gruppen besteht aus unzähligen Schären. Das Ganze ist wirklich einer Inselwolke, einem Sternennebel am Himmel vergleichbar. Aber diese Inselmenge ist nur eine von den unzähligen andern, die dem ganzen westlichen Teil des Stillen Ozeans ein punktiertes Aussehen verleihen. Es ist, als ob die mächtige Hand des Schöpfers alles, was von Erde und Felsblöcken nach Vollendung der fünf Weltteile übriggeblieben war, wie Pfeffer über diesen Ozean gestreut hätte.

Dieses Gewirr von tückischen Riffen und Klippen hat einen Flächeninhalt von knapp zehn Quadratkilometern und birgt zahllose Gefahren für jedes Schiff, das in seinen Bereich kommt. Alle diese kleinen Inselchen sind von Korallen gebaut, kleinen Tierchen, die Kalk absondern. Sie vermehren sich durch Knospung, und jede Gesellschaft bildet einen gemeinsamen Stamm, worin lebende und tote Mitglieder bunt durcheinander hausen.

Das Korallentierchen braucht zum Gedeihen einen festen, harten Meeresboden, kristallklares Salzwasser, ausreichende Nahrung, die ihm durch Wellenschlag und Strömung zugeführt wird, und schließlich eine Wassertemperatur, die nicht unter zwanzig Grad hinabsinken darf. Deshalb findet es sich nur in den tropischen Meeren und nahe an der Oberfläche, denn mit zunehmender Tiefe wird das Meerwasser immer kälter. Tiefer als fünfzig Meter unter der Oberfläche leben diese Tierchen nicht gern. Sie vermehren sich ungemein schnell, und infolgedessen wächst das Korallenriff an Höhe und Breite, und nur der Wasserstand der Ebbe setzt seinem Aufbau nach oben hin eine Grenze. Die ewige Brandung des Meeres und seine vom Sturm gepeitschten Wellen brechen oft große Blöcke dieses Korallenkalkes los, die dann einherrollend zu Sand zerrieben werden. Dieser Sand füllt und verstopft alle Löcher, und so trägt das Meer selbst mit seiner zerstörenden Arbeit dazu bei, die Festigkeit und Stärke des Korallenriffs zu vermehren. Auch andere kalkabsondernde Tierchen und Algen lassen sich auf dem Riffe nieder. Im Lauf der Zeit spülen die Wellen abgerissene Blöcke auf die Oberfläche des Riffs hinauf, so daß nun einzelne Teile beständig über Wasser stehen. Wenn sich der Meeresspiegel zur Flutzeit hebt, erkennt man das Riff schon aus weiter Ferne an der weißschäumenden Brandung. Wenn Ebbe herrscht, liegt es sichtbar da, und das Wasser ringsherum ist ruhig. In der Zeit zwischen Ebbe und Flut sind diese Fahrstraßen am gefährlichsten, denn dann gibt es hier nichts, was vor einem Riff warnen könnte, und ein auflaufendes Schiff ist verloren!

Die Riffe haben verschiedene Formen und Ausdehnungen. Das große »Wallriff« z. B. vor der Nordostküste Australiens ist zweitausend Kilometer lang! Andere sind rund, bilden Ringe und heißen dann Atolle, Lagunenriffe, die im Innern eine ruhige Wasserfläche umschließen. Winde, Vögel und Meeresströmung tragen Pflanzenkeime über das Meer hin; diese schlagen dann in den Teilen des Riffes Wurzel, die über den höchsten Stand der Flut hinausragen So wird das Atoll langsam fertig, von Tieren und Pflanzen gemeinsam aufgebaut.

Die »Inselwolke« ist das größte zusammenhängende Atollgebiet auf der ganzen Erde. Die ringförmigen Koralleninseln liegen hier wie eine ganze Ernte kleiner Kränze, die man auf das Meer geworfen hat. Das Wasser in ihrem Innern kann bis zu siebzig Meter tief sein, und in den Lagunen einiger dieser Atolle hätten alle Flotten der Welt Raum genug! So gewähren diese winzig kleinen Korallentierchen durch ihre fleißige Arbeit oft genug gewaltigen Schiffen Schutz.

Auf vielen dieser Atolle wachsen Kokospalmen, und nur dann sind diese Inseln bewohnbar. Ein wunderbar seltsamer Anblick, wenn man sich mit einem Schiff ihnen nähert! Über dem Horizont winken nur die Kronen der Palmen, die Insel selbst ist zu niedrig, um schon sichtbar zu sein. Wie eine Oase erheben sie sich in der grenzenlosen Sahara des Meeres. Erst wenn man ziemlich nahe gekommen ist, tritt auch der feste Korallengrund der Insel hervor. An der äußeren Seite des Riffringes tosen die Meereswogen, aber die Lagunen im Innern liegen blank wie ein Spiegel da im Schutz der Korallen und Palmen.

Siebentausend Eingeborene polynesischen Stammes wohnen auf den Klippen dieser »Inselwolke«, zweihundert auf jedem Atoll. Sie treiben Handel mit Perlen und Perlmutter und kaufen zu schamlosen Preisen europäischen Kram dafür ein. Auf einigen Inseln werden Brotfruchtbäume, Ananas und Bananen gezogen. Das Tierleben ist sehr spärlich, es gibt nur Papageien, Tauben, Drosseln, Ratten und Eidechsen. Um so reicher aber ist das Leben draußen im Meere. Die Eingeborenen sind die vorzüglichsten Seeleute, und sie sind alles eher denn Gefangene auf ihren Inseln. Auf ihren flinken Kähnen, die mit von den Weibern angefertigten Mattensegeln versehen sind und durch Seitenquerplanken, Ausleger, große Sicherheit haben, wagen sie sich unerschrocken auf das Meer hinaus, und es findet ein lebhafter Verkehr zwischen den einzelnen Inseln statt.

Die Inseln der Südsee

Auf den Atollen der »Inselwolke« und ihren nächsten Nachbarn hat Frankreich seine dreifarbige Flagge gehißt. Unsern Albatros aber kümmert das wenig, denn er ist ja unbeschränkter Herrscher über sie alle und läßt sich von niemandem vorschreiben, wo er sich seine Beute holen soll. Er schlägt jetzt die Richtung nach den Gesellschaftsinseln ein und zieht einen weiten Kreis um die größte von ihnen, die Insel Tahiti, die schönste und berühmteste aller Inseln der Südsee. Er schaut auf ihre längst erloschenen Vulkane und ihre ungeheuren Felsen, auf denen dichte Wälder, undurchdringliche Farndickichte und üppiges Gras wuchern, und von deren Abhängen muntere Bäche nach den Lagunen hinabtanzen, nach den Wellenbrechern, die die Korallen im Meer meisterhaft aufgebaut haben. An den Ufern Tahitis wachsen die ewigen Kokospalmen, die charakteristischen Kennzeichen der Inseln der Südsee, wie die Dattelpalme das der Wüstengegenden der alten Welt ist. Auf Tahiti herrscht ein gleichmäßiges, warmes, tropisches Seeklima mit nur zwei Grad Unterschied zwischen Sommer und Winter, der Südostpassat weht das ganze Jahr hindurch, Regen fällt in genügender Menge, und Fieber kennt man hier nicht.

Die Insel ist daher wie geschaffen zu der heiteren, sonnigen Lebensanschauung, der die Eingeborenen von Tahiti huldigen. Sie schmücken ihr Haar mit Blumenkränzen, ihr Gang ist leicht und graziös, und sie kannten keinerlei Sorge, ehe – die Weißen dorthin kamen und zerstörend in ihr Leben und ihre Freiheit eingriffen! Aber vieles von den Dichtungen und Sagen der Weißen fand eine Heimat in Tahiti und verwandelte diese Insel in ein Paradies auf Erden. Jetzt sind auch Tahitis einst so glückliche Jünglinge und Jungfrauen dem Aussterben verfallen und werden durch Chinesen, Europäer und Eingeborene von andern Inseln im Nordwesten ersetzt. Noch bestellen sie zwar ihre Felder und befahren sie mit ihren Fischerkähnen die Uferlagunen; noch pflücken sie zur rechten Zeit die Kokosnüsse und tragen farbige Blumenkränze im Haar, als letzten Widerschein eines glücklichen Daseins. Tauben girren in den Bäumen, grüne und blauweiße Papageien lassen ihr durchdringendes Geschrei ertönen. Pferde, Rinder, Schafe, Ziegen und Schweine sind fremde Einwanderer; an Tieren waren dort nur Eidechsen, Skorpione, Fliegen und Moskitos zu Hause. Die Üppigkeit der Gärten und die entzückende Pracht der Natur haben die Europäer nicht ausrotten können, und der Fregattenvogel, der Adler des Meeres, mit dessen schwarzen Federn die Häuptlinge von Tahiti ehemals ihre Scheitel schmückten, nächtigt noch immer auf den Palmen des Ufers und sucht sich weit draußen auf dem Meer seine Beute.

Der Blick unseres Albatros verdüstert sich, wenn er den Fregattenvogel erblickt; denn dieser ist sein stärkster Nebenbuhler. So ungeheuer weite Reisen wie der Albatros unternimmt zwar der Fregattenvogel nicht, und er wagt sich auch nicht so weit auf das freie Meer hinaus; aber doch ist auch er ein Meister im Fliegen und ein kühner Räuber ohne jede Spur von Gewissen. Er folgt den Delphinen und Raubfischen, um ihnen einen Teil ihrer Beute wegzuschnappen, und andere Vögel zwingt er in frecher Weise, das, was sie gerade verspeisen wollen, zu seinen Gunsten fahren zu lassen. Wenn die Fischer draußen auf der See ihre ausgelegten Netze aufziehen, streicht er so dicht über die Boote hin, daß man ihn mit dem Ruder erreichen könnte, und in schreiend bunte Farben ist er so vernarrt, daß er sich mit besonderer Vorliebe auf die roten Wimpel der Fregatten niederläßt, die im Winde flattern und mit dem Stampfen des Schiffes bald hierhin, bald dorthin wehen. Wie der Adler erhebt auch er sich zu schwindelerregender Höhe, und kein menschliches Fernglas kann sich mit seinem Auge an Schärfe messen. Von da oben her sieht er den kleinsten Fisch unter der Oberfläche des Wassers spielen. Am liebsten jagt er den fliegenden Fischen nach, und in dem kurzen Augenblick, wo sie mit ausgebreiteten Flossen über die Wogen hinschweben, packt er sie in der Luft; auch stürzt er tauchend auf sie herab und bemächtigt sich ihrer in der Tiefe. Hat er seine Beute erfaßt, dann schwingt er sich wieder auf. Wenn ihm der Fisch nicht mundgerecht im Schnabel sitzt, läßt er ihn los, fängt ihn aber wieder, ehe er das Wasser erreicht hat; das tut er so lange, bis er ihn so gefaßt hat, daß er ihn bequem verschlingen kann.

Aber das Meer ist unermeßlich reich, und der Albatros tröstet sich bald darüber, daß ihm der Fregattenvogel ins Handwerk pfuscht. Unbekümmert setzt er seinen Flug nach Westen in der Richtung nach den Samoainseln fort. Eine gewaltige Strecke offenen Meeres hat er bis dahin zu überfliegen und Zeit, über all das Wunderbare nachzudenken, was er während seiner viel tausend Meilen weiten Reisen über alle Meere der Erde erlebt hat. Er sah Meteorsteine auf den offenen Ozean niedersausen, ohne daß die wißbegierigen Menschen auch nur etwas davon ahnten; er hörte dumpfes Grollen aus dem Schoß des Meeres aufsteigen, ohne zu verstehen, daß in der Tiefe vulkanische Ausbrüche stattfanden, die seinem Blick ebenso verborgen blieben wie den Augen der Menschen; er sah Inseln sich bilden und wieder verschwinden, ehe sie auf eine Seekarte eingezeichnet werden konnten, und sah gefährliche Untiefen da auftauchen, wo früher tiefes Wasser flutete und nun Schiffe, die nichts Böses ahnten, ihrem Untergang entgegengingen. Vielleicht weiß er auch, daß alle diese unzähligen Inseln der Südsee nichts anderes sind als die Gipfel gewaltiger Bergketten, die über dem Meeresspiegel auftauchen, während ihre Abhänge und Täler seit Millionen Jahren von den salzigen Fluten verdeckt sind.

Was aber drunten in der Tiefe vor sich geht, das wissen die klugen Menschen weit besser als er. Zwar haben sie sich nie in eine größere Tiefe als sechzig Meter hinuntergewagt; aber in dreißig Meter Tiefe können Taucher zwei Stunden verweilen, Perlen suchen, Brücken bauen und untergegangene Schiffe bergen, und beinahe überall hat man die Ozeane ausgelotet und aus fast zehn Kilometer Tiefe unter der Oberfläche des Meeres Bodenproben heraufgeholt. Daher weiß man, daß der Meeresgrund zum größten Teil mit organischem Schlamm und rotem Ton bedeckt ist und daß das Pflanzenleben mit dem Sonnenlicht schon in zwei- bis dreihundert Meter Tiefe erstirbt, während dem tierischen Leben nirgends Grenzen gesetzt sind. Selbst noch in den größten Tiefen leben kleine Wesen, denen der ungeheure Druck des gesamten Ozeans nicht das geringste anzuhaben vermag, und von all den Myriaden Tierchen, die überall im Meere leben, rieselt ein beständiger Kalkschalenregen auf den Meeresboden hinab. Aus diesem Schalenregen bilden sich während unermeßlicher Zeiträume mächtige Ablagerungen drunten in der Tiefe; aber undurchdringliche Finsternis herrscht hier, und was dort an Lebewesen sich aufhält, ist zu ewiger Blindheit verurteilt.

Schiffbruch

Auch auf den großen Schlachtfeldern des Meeres kann man von Verwundeten, Toten und Vermißten reden, und der Albatros könnte uns manche Auskunft geben über Schiffe, die monate- und jahrelang auf Nachricht warten ließen, auf den Klippen der Südsee strandeten und in den Wellen versanken. Wie unzählige Male ist er Augenzeuge solch furchtbarer Schauspiele gewesen!

Da treibt ein gewaltiger Dreimaster, alle Segel wie Trommelfelle gestrafft, mit dem Südostpassat nach den Samoainseln hin, und stolz wie ein Schwan durchschneidet er die blaugrüne Dünung. Gleich winzigen Ameisen laufen die Matrosen auf dem Deck hin und her, ziehen unter munterem Gesang die Schoten ein oder klettern geschickt wie Katzen an den Wanten umher, um Leine und Taue zu entwirren. Der Albatros glaubt bis in seine Höhe hinauf zu hören, wie es in dem Holzwerk knarrt und knackt, wenn der Wind frischer wird. Die Sonne geht unter, und die großen Segelflächen erscheinen wie mit Purpur übergossen; in der Dämmerung aber heben sie sich glänzend weiß gegen das dunkelgrüne Meer ab, und in der Nacht, beim Schein des Vollmonds, gleichen sie schneebedeckten Bergspitzen. Aber auch wenn kein Mond scheint und keine Laterne ihr Licht auf den Schiffskompaß wirft, verliert der Albatros den Dreimaster nicht aus den Augen.

Die Sonne geht auf und vergoldet zuerst die Wimpel und dann die Segel. Der Passat ist außerordentlich gleichmäßig, und wie alle Tage wird die einförmige Arbeit an Bord verrichtet. Die Seeleute ahnen nicht, was der Albatros genau sieht – ein Korallenriff gerade vor ihnen! Eine Dünung hebt das Schiff auf die seichte Stelle hinauf – das Wellental zieht es wieder hinab, und heftig prallt es auf den Grat des Riffes auf. Der schwere Rumpf knarrt, die Masten beben, die Matrosen laufen hin und her, und laute Kommandorufe ertönen. Jeder Fetzen Segeltuch strafft sich aufs äußerste, und die nächste anrollende Dünenwelle hebt das Schiff wieder über die Untiefe weg.

Nun will der Dreimaster, ein Kauffahrteischiff mit schwerer Fracht, weiterfahren, aber das Riff hat ein furchtbares Leck in seinen Boden gestoßen. Alle Pumpen arbeiten, und die Zimmerleute stehen mit ihren Werkzeugen bereit. Aber das Leck liegt unter den im Schiffsinnern aufgetürmten Lasten, und ehe man es findet, stehen die Kajüten schon voll Wasser. Da bleibt nichts übrig, als Rettung in den Booten zu suchen! Sie werden losgemacht und hinabgelassen, und die Mannschaft stürzt hinein. Furchtbarer Wirrwarr herrscht, und der eine rennt den andern nieder, um noch rechtzeitig mitzukommen. Das stolze Segelschiff sinkt so schnell, daß weder Lebensmittel noch Trinkwasser für die Rettungsboote beschafft werden können.

Schon schlägt die Dünung über das Deck, und der ganze Rumpf verschwindet in den Wellen. Die Segel sind noch straffer als vorher, nur zwei Schoten sind geplatzt, und das Tuch schlägt klatschend im Wind hin und her, der das Schiff langsam auf die Seite legt. Ein Rahsegel nach dem andern wird in die Tiefe hinabgezogen, und schließlich verschwinden auch die Wimpel. Der Albatros sieht genau, wie gerade das Schiff jetzt wieder steht, denn die schwere Last zieht es nach unten. Die Boote entfernen sich in hastiger Eile. Nur der Albatros bleibt in der Luft stehen, um abzuwarten, ob noch etwas Eßbares aus der brodelnden Tiefe auftaucht. Die Sonne steht hoch, die schlaffen Segel drunten erscheinen jetzt grün, nach einer Weile blau, und wenn sie etwa siebzig Meter Tiefe erreicht haben, ist nichts mehr von ihnen zu erkennen.

Das Schiff aber setzt seine Fahrt in die Tiefe unaufhaltsam fort. Das Schweigen der Ewigkeit und die Finsternis des Meeresgrundes schlagen ihre Fittiche um seine Seiten zusammen. Ein kranker, vergessener Matrose liegt noch in seiner Koje. Mit weit geöffneten Augen starrt er zur Decke hinauf, seine Züge sind vor Entsetzen verzerrt, und seine Hände greifen krampfhaft in seine Bettdecke. Pechfinster ist es in seiner Kabine.

Das gestrandete Schiff sinkt nicht lotrecht. Der Äquatorialstrom, der vom Passat getrieben wird, führt es nach Westen. Aber je tiefer es hinunterkommt, desto schwächer wird die Strömung, und schließlich beginnt das Wrack lotrecht hinabzusinken, bis es endlich seinen letzten Hafen erreicht hat. Sein Kiel prallt auf dem Meeresgrund auf, dann neigt es sich langsam auf die Seite und liegt nun mit vollen Segeln genau in derselben Lage, als ob es noch droben auf der Oberfläche vor dem Passatwind einherführe.

Rätsel- und grauenhaft ist die mit Wasser bedeckte Erdoberfläche hier unten in fünf Kilometer Tiefe. Endlose Ebenen dehnen sich nach allen Seiten hin. Meilenweit ist der Meeresboden so glatt wie eine

Tischplatte, und wir würden über diese trostlose Ebenmäßigkeit staunen, wenn wir beim Licht eines gewaltigen Scheinwerfers dort unten umherwandern könnten. Schließlich aber würden wir in eine Gegend gelangen, wo sich der Meeresgrund hebt, erst langsam, dann immer schneller, und zuletzt so schroff wie die steilsten Berge. Sogar senkrecht ansteigenden Felswänden würden wir hier begegnen. Folgten wir ihnen aufwärts durch die Wasserschichten, so würde es allmählich um uns dämmern und so hell werden wie auf der Erde, wenn der Morgen graut, und schließlich würde sogar die Sonne durch das Wasser hindurchscheinen und immer mehr an Leuchtkraft zunehmen. Tief unten, wo das Schiff bis zum jüngsten Tag liegt, war das Wasser eisig kalt, kaum mehr als $1^{1}/_{2}$ Grad warm. Je höher wir aber emporsteigen, desto wärmer wird es, zuerst nur langsam, dann wird der Temperaturunterschied schnell größer, und jetzt, wo die Sonne klar durch das salzige Kristall leuchtet und schon ein Hauch der wiegenden Dünung zu verspüren ist, wird die Flut lauwarm. Stecken wir nun unsern nassen Kopf aus dem Wasser hervor, dann sehen wir, daß der steile Abhang uns auf eine Koralleninsel hinaufgeführt hat. –

Was ist nun das Schicksal der Mannschaft des untergegangenen Schiffes? Der Albatros kann uns auch darüber Auskunft geben. Er sah, daß die Boote in der Nacht auf dem Meer voneinander getrennt wurden; zwei rettete ein Dampfer, und zwei andere erreichten eine Koralleninsel. Nur eines verirrte sich, und gerade diesem Boot ist unser Albatros gefolgt. Er beobachtete, wie Hunger und Durst die Matrosen quälten. Als der erste starb, warfen die Kameraden die Leiche über Bord. Mit derselben Absicht wie der Albatros sind zwei Haifische dem Boot gefolgt. Sie haben einen schieferblauen Rücken und einen weißen Bauch, und ihr scheußlicher Rachen ist mit mehreren Reihen dreieckiger, spitziger Zähne bewaffnet, die so scharf sind wie das Blatt einer Säge. Sie fallen nun über den toten Matrosen her und verschmähen nicht einmal seine Kleider. Deshalb ist der Albatros auch ihnen nicht hold, denn sie sind ebenso gefräßig wie er. Kaum ein Tag vergeht, wo er diese Nebenbuhler nicht umherschwimmen sieht. Sie schwimmen stets so schnell, als wenn sie auf der Suche nach etwas seien, und stets so dicht unter der Oberfläche, daß ihre hohe, gerade Rückenflosse aus dem Wasser hervorsieht. Wenn aber eine Beute ihr Ziel ist, vergrößern sie noch ihre Geschwindigkeit und schießen wie Torpedos durch das

Wasser hin. Sie folgen den Schiffen ebenso eigensinnig wie der Albatros, und an Klugheit können sie sich mit ihm messen. Wie oft hat er nicht zugesehen, wenn ein Hai einen über Bord gefallenen Matrosen packte. Aber einmal war es ihm auch begegnet, daß ein Matrose die Geistesgegenwart besaß, sich mit seinem Taschenmesser gegen den Haifisch zu verteidigen und sich von ihm zu befreien! Und auf den Inseln der Südsee hat er oft schon beobachtet, wie sich die Eingeborenen, selbst flink und gewandt wie Fische im Wasser, freiwillig in den Kampf mit diesen Raubtieren begeben und ihnen mit einem Messer den Bauch aufschlitzen. Das Furchtbarste aber, dessen er sich erinnern kann, war ein großes Schiff, an dessen Bord das gelbe Fieber wütete und auf dem die Leute wie Fliegen dahinstarben. Ein ganzer Schwarm von Haifischen war damals diesem Schiff gefolgt und hatte sich so satt gefressen, daß selbst der Albatros, den sonst dergleichen nicht weiter angreift, dieses Schauspiel widerwärtig gefunden hatte.

Über Samoa nach Neuseeland

Unser weitgereister Sturmvogel hat die Samoainseln erreicht und ihre hohen vulkanischen Felsen, ihren Tuffstein und ihre Lava, ihre prachtvollen Wälder und ihre Wasserfälle, die von üppigster Vegetation umgeben sind und von denen manche aus zweihundert Meter Höhe herabstürzen, wiedererkannt. Über den Dickichten der Farne, Schlingpflanzen und Kräuter, die an Indiens Dschungeln erinnern, flattern wunderbar farbenprächtige Schmetterlinge, und nachts, wenn der Mond am Himmel steht, schwirrt es in der Luft von Fledermäusen.

Um ovale Hütten, deren Dach die Blätter des Zuckerrohrs bilden und deren Boden mit Kokosmatten bedeckt ist, sind gelbbraune Polynesier beschäftigt, Leute von kräftigem Körperbau und stolzem Gang. Ihr teilweise tätowierter Oberkörper ist nackt, sie tragen Halsbänder aus Muscheln und Zähnen, schmücken sich mit Blumen und Federn und reiben sich die Haut mit Kokosöl ein. Friedlichen und heiteren Temperaments, sind auch sie von den weißen Eroberern in ihrer Ruhe gestört und gezwungen worden, die Herrschaft über ihre Inseln an Deutschland und Nordamerika abzutreten.

Auf den Samoainseln fällt erfrischender Regen. Schwarze Wolken senken sich auf das Meer hinab, heftige Windhosen saugen in spiralförmigen Säulen, die sich nach oben hin wie Pinienkronen erweitern, das Wasser empor, und dann folgen Sturzregen, die oft wochenlang anhalten und alles derart mit Feuchtigkeit übergießen, daß selbst der Versuch, ein Zündholz zum Brennen zu bringen, erfolglos ist. Fast jedes Jahr werden diese Inseln von plötzlichen Wirbelstürmen heimgesucht, die Wracktrümmer an die Küste werfen und Äcker und Anpflanzungen vernichten. Die Blätter der Kokospalmen fliegen wie Federbüschel umher, und oft auch liegen die Bäume selbst in langen Reihen da, als ob eine riesengroße Sichel sie niedergemäht habe. Dann fühlt sich der Albatros in seinem Element, er ist ja ein Sturmvogel.

Von alters her weiß er, wo sich die großen Dampferlinien hinziehen. Bei den Samoainseln und dann auf seinem weiteren Flug nach den Fidschiinseln im Südwesten sieht er mehr Dampfer, als ihm auf seiner bisherigen Reise begegnet sind, und besonders wenn das Wetter stürmisch ist, verläßt er seine Fangplätze auf der großen Wasserwüste und sucht eine bekannte Dampferfahrstraße auf. Denn bei stürmischem Wellengang lassen sich die Weichtiere nicht finden, aber von einem Schiff wird in jedem Wetter Abfall über Bord geworfen. Der Albatros weiß ganz genau, daß die Samoainseln in regelmäßiger Schiffsverbindung mit den Sandwichinseln stehen und daß sich von diesen aus Dampferlinien wie die Strahlen eines Sternes nach Asien, Amerika und Australien ziehen. Aber er ahnt nicht, daß er bei den Fidschiinseln sogar über ein Telegraphenkabel hinwegfliegt, das dort auf dem Grund des Stillen Ozeans ruht.

An den Fidschiinseln segelt er stolz vorüber, und ebensowenig denkt er daran, noch einen Abstecher nach den Samoainseln und der Unzahl all jener Eilande zu machen, die gleich den Pfeilern eingestürzter Brücken auf dem Weg nach der Küste Asiens liegen. Auch Neukaledonien ganz nahe im Westen lockt ihn nicht; die Franzosen haben hier eine Strafkolonie eingerichtet, und da ist für unsern Vogel nicht viel zu holen.

Jetzt stellt er die Segel seiner Flügel südwärts, und bald tauchen die Gebirge der Nordinsel Neuseelands über dem Horizont auf. Zwischen ihnen ragt der noch tätige Vulkan Tongariro mit seinen sieben Kratern empor, und nordöstlich von ihm zeigt sich der Kratersee Taupo zwischen seinen Bimssteinfelsen. Im Norden dieses Sees liegen zahlreiche andere Seen, um die herum Dampfwolken und heiße Quellen emporsteigen und wo manch prachtvoller Geiser wie ein Springbrunnen in die Höhe sprudelt.

Auf der Südinsel Neuseelands sieht der Albatros die Gebirge, ganz so wie in Skandinavien, an der Westküste sich hinziehen; mächtige Gletscherzungen gehen von ihren ewigen Firnfeldern aus, und ihre Flüsse verlieren sich in den prächtigsten Alpenseen. Er wirft noch einen flüchtigen Blick auf den riesigen Berg, der den Namen des großen Seefahrers Cook trägt. Wie leicht könnte er den Gipfel jenes Berges erreichen, aber da droben hat er nichts zu suchen.

Auf den Ebenen und an den Abhängen treiben Hirten gewaltige Schafherden vor sich her. Der Wald ist ewig grün; im Norden wachsen Nadelholzbäume, zwischen deren Säulengängen Buchen leuchten und zu deren Kronen Baumfarne und Schlingpflanzen emporklimmen. Die Palmen aber finden sich auf dem südlichsten Teil der Insel nicht mehr, hier ist es ihnen schon zu kalt.

Die Vogelwelt Neuseelands ist überaus reich. Von ihren vielen Arten erregt keine so die Spottlust unseres Albatros wie der Kiwivogel, wenn er auf seinen starken Beinen umhertrippelt und mit seinem langen Schnabel Würmer und Insektenlarven vom Boden aufpickt. Ein einsamer Kiwi, so groß wie ein Huhn, legt den Kopf auf die Seite und guckt zum Albatros hinauf, der auf seinen weißen Flügeln vornehm über ihm hinschwebt. Das arme Geschöpf hat überhaupt keine Flügel, und der Albatros hat deshalb für den Kiwivogel nur ein verächtliches Mitleid übrig. Aber das Necken kann er doch nicht lassen, und er ruft ihm zu:

»Komm doch einmal zu mir herauf, damit wir ein bißchen miteinander plaudern können.«

Ärgerlich piept der Kiwi: »Hast du mich jemals fliegen sehen?«

Auf Neuseeland war auch ein längst ausgestorbener Riesenvogel zu Hause, der vier Meter hoch wurde, aber ebenfalls nur ein Laufvogel war. Die Natur hat vielen Vögeln Neuseelands deshalb keine Flügel gegeben, weil sie ihrer gar nicht bedurften. Sie hatten ja keinerlei Feinde, vor denen sie fliehen mußten, und ihre Nahrung fanden sie auf dem Erdboden, wie der Kiwi. –

Ehemals waren die beiden Inseln Neuseelands von den Maoris bewohnt, die sich den ganzen Körper mit kunstvollen, zierlichen Mustern tätowierten. Sie waren Menschenfresser und spießten die

Köpfe ihrer Feinde um ihre Hütten herum auf. Jetzt leben ihrer nur noch 40 000, und auch diese werden allmählich von den Weißen ausgerottet. Ehemals gingen sie mit Streitkolben auf der Schulter einher, jetzt arbeiten sie als Tagelöhner im Dienst der fremden Eindringlinge.

Mit Wohlgefallen schaut der Albatros auf die Walfische, Delphine und Robben hinunter, die um die Küsten schwimmen und plätschern, aber ihm wird traurig zumute, wenn er bedenkt, daß auch ihnen das Schicksal des Maorivolkes bevorsteht. Die Pinguine weiter drunten im Süden würdigt er keines Blickes, auch sie können nicht fliegen, aber im Schwimmen sind sie dem Albatros weit überlegen, und das ärgert ihn.

Was für ein Einfall kommt plötzlich unserm Albatros? Er steigt so hoch über der Küste in die Luft, daß die Pinguine ihn kaum noch sehen können. Dort oben bleibt er eine Weile stehen, späht scharf umher und schießt dann pfeilschnell in südlicher Richtung nach der kleinen Insel Auckland hin. Plötzlich ist ihm eingefallen, daß er hier mit seiner Liebsten ein Stelldichein haben soll, und nun sind die beiden einige Tage eifrig beschäftigt mit der Herstellung ihres Nestes. Sie sammeln Binsen, Schilf und dürres Gras und kneten die Halme zusammen, bis das Ganze einem hohen runden Sessel gleicht. Der Monat November ist da, der Sommer hat also begonnen, denn auf der südlichen Halbkugel der Erde fällt der Mittsommertag auf den heiligen Abend und der Mittwintertag in das letzte Drittel des Monats Juni. Bei Beginn des Sommers versammeln sich die Albatrosse in unabsehbaren Scharen auf Auckland und andern kleinen einsamen Inseln dieser Gegend, um hier zu nisten.

Zurück zum Kap Hoorn

Lange Ruhe hat aber der Albatros nicht auf seinem Nest, bald begibt er sich wieder auf die Reise. Zur Abwechslung schlägt er jetzt eine westliche Richtung ein und segelt über ausgedehnte Seetangfelder hin, die einen riesigen Gürtel um die Landmasse des Südpols bilden. Auf dem ganzen Weg hat er starken Gegenwind, aber das hemmt seinen Flug nicht im geringsten. Infolge der beständigen Westwinde, die hier wehen, strömt auch das Oberflächenwasser des Meeres nach Osten.

Wenn es Nacht wird, schwebt der Albatros dicht an den Küsten der Insel Tasmania entlang und sieht dort Leuchttürme durch das Dunkel blinken. Mit einemmal schauen ihn aus der Ferne zwei grüne und rote Augen an, die sich schnell vergrößern; es sind die Lichter eines Dampfers, der sich auf dem Weg nach Adelaide im Süden von Australien befindet. Am nächsten Tag holt er einen andern Dampfer ein, der gegen Meeresströmung, Wind und Seegang westwärts fährt; sein Ziel ist Kapstadt, an der Südspitze Afrikas, und er steuert zwischen den Inseln Sankt Paul und Kerguelen hindurch.

Unser Albatros begleitet ihn nur bis Sankt Paul, denn diese Insel ist das Merkwürdigste, was er nur sehen kann. Nach Nordosten hin ist sie ein offener Krater, und in diesem Krater finden Schiffe einen ganz vorzüglichen Hafen. Aber nur sehr selten verirrt sich ein Schiff nach dieser einsamen Felseninsel hin; nur auf kurze Zeiten wird sie von Walfisch- und Robbenfängern bewohnt, die sich ihre Beute draußen auf dem Meer gesucht haben. Diesmal sieht der Albatros kein menschliches Wesen auf Sankt Paul, wohl aber viele Tausende von Seevögeln, die auf den kahlen Felsen entsetzlichen Lärm machen.

Fern von allen Fahrstraßen des Ozeans liegt auch Neu-Amsterdam, eine kleine, viereckige Insel, deren hohe, lotrechte Felsenküste stets eine tosende Brandung umkränzt. Ob wohl der ewige Wellengang des Meeres so lange an den Felsen genagt hat, bis sie schließlich so steil wurden? Wenn das noch hunderttausend Jahre so weitergeht, denkt der Albatros, wird dieses Inselchen wohl ganz verschwinden und nichts weiter übrigbleiben als eine gefährliche Untiefe.

Auf Kerguelenland wirft der Albatros nur einen flüchtigen Blick, aber wenn er die tief ins Land einschneidenden Meerbusen überblickt, schmunzelt er bei dem Gedanken, wie sich die Menschen wohl um diese Insel balgen würden, wenn sie nur in einem leichter zugänglichen Meere läge, das weniger von Stürmen heimgesucht würde. Jetzt ist sie wie verloren im südlichsten Teil des Indischen Ozeans, mächtige Gletscher ziehen sich von den Bergen ins Tal, und Menschen gibt es dort nicht. Aber die Franzosen haben sich die Insel angeeignet und dort einen Vorrat von Lebensmitteln, Kleidungsstücken und Werkzeugen niedergelegt, damit Schiffbrüchige, die durch heftige Stürme an diese zerrissene Küste verschlagen werden, sich zu helfen wissen.

Wohin nun von Kerguelenland? fragt sich der Albatros. Eine Weile ist er unschlüssig. Soll er nordwärts fliegen und sich Kapstadt ansehen? Oder soll er südwärts gehen? Er entschließt sich zum letzteren und ist noch nicht lange geflogen, als er einige ganz merkwürdige Schiffe mit der Strömung von Westen herantreiben sieht. Sie begegnen ihm nicht zum erstenmal, aber jetzt im Glanz der untergehenden Sonne sind sie herrlicher als je zuvor. Sie blitzen wie reinstes Kristall und leuchten wie Saphir, aber auch der Widerschein des dunkelgrünen Meeres spielt in ihrem Innern, Grün und Blau scheinen in diesen gewaltigen Bergen aus glasklarem Eis miteinander um den Vorrang zu kämpfen. Wenn die Sonne ins Meer hinabtaucht, gießt sie ihre letzten Strahlen wie flüssiges Gold auf ihre Gipfel, und am Fuß dieser Kolosse singt die ewige Brandung ein schwermütiges Lied. Aber hier hat sie größeren Erfolg als an den starken Felsen von Neu-Amsterdam. Die Eisberge treiben nordwärts wärmeren Meeren zu, aber der warme Wellenschlag zerfrißt das Eis in der Wasserlinie und höhlt in den Seiten der Berge tiefe Grotten, Portale und unterirdische Gänge aus. Oft sehen diese Gebilde aus wie Triumphbogen, die das Meer den Walfischen zu Ehren gebildet hat. Wenn dann die Sonne unter dem Horizont versunken ist und die Dämmerung sich grau und kalt über das öde Meer breitet, scheint eine ganze Stadt von weißen Kristallburgen und Märchenschlössern aus den unbekannten Tiefen emporgestiegen zu sein.

Der Albatros fliegt über diese abgetrennten Blöcke des dichten Packeises, der mächtigen Eisbarre im Süden, hinweg und hat in kurzem zehn Breitengrade zurückgelegt, wo die Eisberge immer dichter und höher werden. Ob nicht diese mit Wind und Strömungen umhertreibenden Eisberge nichts anderes als verzauberte Schiffe sind? Unzählige Fahrzeuge haben ja der Albatros und seine Vorfahren im Lauf der Jahrhunderte untergehen sehen, deren Wracks auf den großen Verkehrsstraßen aller Meere der Erde verstreut liegen geblieben sind, teils in die Riffe der Korallen eingemauert, teils von Schlamm umgeben, teils in ganze Wälder mächtiger Algen eingebettet. Oft glaubte er zu sehen, wie die Türen der Decksalons und der Kapitänskajüte weit aufgerissen waren und die Fische, die in sie hineinschwammen, vergeblich durch die Fensterscheiben wieder hinauszukommen versuchten. Ob nicht alle diese verunglückten Schiffe sich in der Mitternachtsstunde von ihrem Ankergrund lösen? Ob nicht Kapitän, Steuermann, Matrosen und was sonst von der Besatzung dereinst mit unterging, jetzt die

Kommandobrücke besteigen und Rufe über das Deck hin schallen lassen? Das mag ein schönes Laufen an Bord geben, denkt der Albatros, wenn alle die Schläfer mit einem Schlag erwachen und jeder auf seinen Posten eilt. Die Ankerkette rasselt, das Schiff stürmt durch die Reiche des Meeres, taucht in Eis verwandelt im äußersten Süden auf, jagt mit vollen Segeln über das Meer hin und kämpft mit der Brandung. Kalt und ruhig steht der Befehlshaber am Steuer und lenkt das Schiff wieder zu der Stelle hin, wo es einst untergegangen ist. Aber mit Entsetzen sieht er es nun immer mehr zusammenschrumpfen. Die Küste des Feuerlandes kann er wohl noch erreichen, das Kapland vielleicht aus der Ferne sehen, aber bis an die Küste Australiens gelangt er nicht mehr. An die Stelle seines Unglücks kommt er nicht eher, als bis sein ganzes Schiff sich wieder in Wasser verwandelt hat.

Unser Albatros aber ist ein Phantast! Könnte er bis auf den Meeresgrund hinabtauchen, so würde er dort das Schiff in ewiger Ruhe auf seinem Korallen-, Schlamm- und Algenbett liegen und die Fische durch Takel- und Tauwerk schwimmen sehen.

Doch nun wird es ihm zwischen dem Treibeis zu kühl, und er fliegt zur Insel Tristan da Cunha im südlichen Teil des Atlantischen Ozeans hinüber. Ihn hungert, und er weiß, daß er dort Nahrung findet, denn die Lage dieser Insel macht sie zu einem günstigen Haltepunkt für Segelschiffe, deren Ziel Indien oder Australien ist, und die es sich nicht leisten können, die kostspieligen Abgaben für die Durchfahrt durch den Suezkanal zu bezahlen. Kaum hundert Menschen wohnen auf der kleinen Insel. Zwei der ihr eigentümlichen Pflanzen wuchern in großer Üppigkeit auch auf Sankt Paul und Neu-Amsterdam; die nach Osten gehende Meeresströmung hat ihre Keime den weiten, weiten Weg dorthin mit sich geführt.

Auf seinen regungslos ausgebreiteten Flügeln ruhend begibt sich der unermüdliche Albatros schließlich nach den Inseln Süd-Georgiens, wo er die schwerfälligen See-Elefanten wiedersieht und über die Falklandinseln bald Kap Hoorn am südlichen Zipfel Südamerikas erreichen kann. Noch immer hört er die Brandung vergeblich an die verschlossenen Felsentore klopfen. Lange hält er sich auch hier nicht auf. Wir aber haben mehr zu tun, als ihn auf seinem endlosen Flug über alle Meere zu begleiten, und sagen ihm nun Lebewohl, wenn er hinter den Felsen Kap Hoorns im Westen verschwindet.

Der Südpol

Kaum hundert Jahre sind es her, daß europäische Seefahrer sich der Küste des geheimnisvollen Festlandes zu nähern begannen, das den Südpol der Erde umgibt. James Roß, der im Jahre 1831 den magnetischen Nordpol entdeckt hatte, fuhr zehn Jahre später mit den beiden berühmten Schiffen, dem »Erebus« und dem »Terror«, die dann 1846 bei der unglücklichen Franklin-Expedition im ewigen Nordpoleis versanken, an der Küste des südlichsten aller Meere entlang, des Meeres, das noch jetzt seinen Namen trägt. Er entdeckte auf dieser Fahrt einen über viertausend Meter hohen tätigen Vulkan und gab ihm den Namen »Erebus«; ein erloschener Vulkan, den er gleichfalls entdeckte, wurde »Terror« getauft. Aber weiter kam er nicht als bis an die hohe Eisbarriere, den Rand des Inlandeises, der stellenweise achtzig Meter Höhe erreichte.

In weit späterer Zeit begann ein heftiger Wetteifer zwischen den Nationen Europas um die Erforschung des »sechsten Weltteils«, und auch Schweden beteiligte sich an diesen Versuchen.

Der Dampfer »Antarctic« war ein alter, erprobter Walfischfänger, dessen Kiel sowohl nördliche wie südliche Meere durchpflügt hatte, um Spitzbergen herum und an der Ostküste Grönlands entlang gefahren war. Auf diesem Schiff verließen Otto Nordenskjöld und seine Kameraden im Herbst des Jahres 1901 Gotenburg. Der Kapitän hieß Larsen, und unter den Teilnehmern befanden sich Dr. J. G. Andersson und Leutnant Duse.

Die Fahrt ging über den Atlantischen Ozean nach Buenos Aires; die in immer gleichem Grün prangenden Wälder des Feuerlandes blieben in einiger Entfernung liegen, und am Neujahrstag 1902 ging das Schiff von Kap Hoorn aus nach Süden. Schon nach zehn Tagen gelangte man zu vereisten Inseln und bald darauf an das antarktische Festland; sein Eisrand, der sich im Westen hin zeigte, war höher als die Masten der »Antarctic«.

Im Sommer ließen sich Nordenskjöld und fünf seiner Kameraden auf einer Insel, die sie den Schneehügel nannten, ans Land setzen. Hier schlugen sie ein aus Schweden mitgebrachtes Holzhaus auf und legten Proviant auf zwanzig Monate nieder, denn so lange wollten sie auf der wüsten Insel bleiben, Beobachtungen anstellen und Ausflüge zu Forschungszwecken in der Umgegend machen. Nach Ablauf dieser Zeit sollte die »Antarctic« wiederkommen und sie abholen.

Der bald eintretende Winter brachte grimmige Kälte; jeder Wassertropfen im Haus gefror, Eisklumpen bildeten sich in allen Ecken, Schimmel überzog die Wände des Hauses, und alles wurde feucht und widerwärtig. Das beeinträchtigte jedoch die gute Laune der Ansiedler nicht, die von früh bis spät innerhalb und außerhalb ihres Hauses in eifriger Tätigkeit waren. Der Frost knarrte in den Eckbalken, und es war keine Kleinigkeit, bei 40 Grad Kälte durch den schneidenden Wind und das mehlfeine Schneegestöber zu dem aufgeschlagenen Observatorium zu gelangen. Oft sauste der Wind mit einer Geschwindigkeit dahin, wie sie die Brieftaube und der Adler erreichen, mit dreißig Meter in der Sekunde, das ist viel schneller als Schnellzüge und Rennpferde dahineilen. Auf der Windseite schmetterten kleine Steine gegen die Hauswand, und einmal entführte der Sturm das größte Boot eine ganze Strecke weit über die Eisblöcke und zersplitterte es vollständig.

Beim Eintritt des Frühlings, im September, machten die Forscher Jagd auf Seehunde und Pinguine, um Proviant für den nächsten Winter zu haben, und einen Monat später begaben sich Nordenskjöld und einer der Gefährten auf eine Schlittenreise über das Eis in nördlicher Richtung. Man kann sich leicht ihre Verwunderung vorstellen, als sie nach mehrtägiger Fahrt über die endlose Eiswüste und nach zwanzigmonatiger Einsamkeit mit einemmal drei schwarze Punkte erblickten, die sich ihnen durch den Schnee hindurch näherten! Zuerst glaubten sie, es seien Pinguine; dann aber war deutlich zu erkennen, daß es Menschen waren! Die Ankömmlinge waren bärtig, kohlschwarz, ganz zerlumpt und unheimlich anzusehen, und was konnte es Seltsameres geben, als hier auf diesem öden, natürlich unbewohnten Polarland plötzlich Menschen zu begegnen! Das Rätsel löste sich aber bald: Die drei Männer waren die Kameraden Andersson, Duse und der norwegische Matrose Gundersen, und ihre Wanderung hatte folgende Veranlassung gehabt:

Als der Dampfer »Antarctic« aus wärmeren Meeren zurückkehrte, um Nordenskjöld und seine Gefährten aus ihrer freiwilligen Gefangenschaft auf der Schneehügelinsel zu befreien, ließen sich diese drei Männer in der Hoffnungsbai absetzen, um sich von da aus zu Fuß nach dem Schneehügel zu begeben. Den Dampfer selbst hinderte das Eis, bis dahin durchzudringen. Mit unzureichenden Lebensmitteln versehen, mußten die drei Männer den Winter in einer erbärmlichen Steinhütte zubringen, die sie gebaut hatten, und die in ihren Vorräten entstehenden Lücken füllten sie mit dem Fleisch der Robben und Pinguine aus, die sie erbeuteten. Erst im Frühling konnten sie den Versuch machen, nach der Schneehügelinsel vorzudringen, und das Glück war ihnen günstig. Noch ehe sie ihr Ziel erreicht hatten, trafen sie, wie eben berichtet, auf Nordenskjöld und seine Begleiter. Ihre Überraschung war nicht geringer als die seine, und in der fröhlichsten Stimmung begaben sich nun alle miteinander nach der Station zurück.

Wie oft wird nicht Erfolg oder Mißerfolg einer Reise durch eine Kette von Zufällen entschieden! Durch die tückische Laune des Zufalles verunglückte Burkes Durchquerung von Australien, der wir auf unserer ersten Reise »Von Pol zu Pol« gedacht haben. Den Männern der »Antarctic« aber war der Zufall hold. Nur das Schicksal des Schiffes selbst war traurig.

Nachdem Kapitän Larsen jene drei, Andersson und seine Gefährten, in der Hoffnungsbai ans Land gesetzt hatte, versuchte er, auf einer äußeren Fahrstraße weiterzukommen; er dampfte an der Pauletinsel im Nordosten der Schneehügelinsel vorbei und fuhr dann südwärts, wurde aber wieder vom Treibeis gepackt. Ein Sturm aus Süden preßte das Schiff wie mit Schrauben in das Eis hinein und trieb es mit ihm wieder nordwärts. Ein gewaltiger Eisblock drängte sich unter den Boden der »Antarctic«, zerbrach das Steuer und den Kiel und zertrümmerte einige Rumpfplanken, so daß das Wasser in den Schiffsraum hineinströmte. Die Bemannung versuchte, die Lecke zu stopfen, und die Pumpen waren in fieberhaftem Gang. So trieb die »Antarctic« drei Wochen lang mit dem Eis umher. Dann wurden die Schollen spärlicher, und man hißte die Segel, um wenigstens zu versuchen, ob man noch die Pauletinsel erreichen könnte. Gelang es, das Schiff rechtzeitig auf Land auflaufen zu lassen, so wären alle Sammlungen und alles an Bord Befindliche gerettet worden. Boote, Proviant und Waffen dagegen schaffte man auf das Eis, und zwar im letzten Augenblick! Denn jetzt füllte sich das Schiff mit einem Male schnell mit Wasser und sank langsam immer tiefer, bis zuletzt der Wimpel des Mastes mit dem Namen »Antarctic« in den eisigen Wellen verschwand. So gesellte sich auch dieses Schiff der großen Flotte zu, die in den letzten Hafen drunten auf dem Meeresboden eingelaufen ist.

Die Schiffbrüchigen zogen nun ihre Boote über das Eis, schoben sie, als sie seinen Rand erreicht hatten, ins Wasser und nahmen so viel Proviant mit, wie nur hineinging. Der Rest sollte später abgeholt werden. Sie erreichten auch glücklich die Pauletinsel. Aber in der Nacht erhob sich ein schwerer Nordweststurm; hätte er sie noch in den Booten oder gar auf dem Eis überfallen, so wären sie verloren gewesen! Was an Kisten und Vorräten auf dem Eis zurückgelassen worden war, flog wie Spreu vor diesem Sturm davon.

Wohl oder übel mußte sich die Mannschaft in ihr Schicksal fügen. Sie baute sich eine Steinhütte, die sie mit Segeltuch und mit Robbenfellen bedeckte, und lebte von Pinguinen und Seehunden. Was unterdessen aus den Männern wurde, die auf dem Schneehügel auf Entsatz warteten, daran wagte niemand zu denken.

Nach acht Monaten endlich konnte Larsen mit fünf Kameraden aufbrechen, und er begab sich zuerst nach der Hoffnungsbai. Hier meldete ihm ein zurückgelassenes Schreiben, daß Andersson, Duse und Gundersen auf Schneeschuhen nach dem Schneehügel gegangen seien. Nun eilten auch er und seine Begleiter dorthin. Das Glück war ihnen günstig, wenige Stunden vor ihrer Ankunft war ein argentinisches Schiff an der Schneehügelinsel gelandet, und so konnte die ganze Schar, zwar ohne ihre »Antarctic«, aber doch mit reichen Forschungsergebnissen in ihre Heimat zurückkehren.

Shackleton

Um dieselbe Zeit, als Otto von Nordenskjöld auf der »Antarctic« dem Südpol zusegelte, hatte England ebenfalls eine große Expedition ausgerüstet, die unter der Führung des Kapitäns Scott die Meere und Küsten erforschen sollte, die Roß als erster besucht hatte. Scott machte großartige Entdeckungen an der Küste des sechsten Weltteils und kam dem Südpol näher als je ein Reisender vor ihm.

Einer der Teilnehmer an dieser Expedition folgte einige Jahre später Scotts Beispiel. Er hieß Shackleton, und seine Reise ist hochberühmt geworden.

Shackleton hatte sich vorgenommen, von seinem Winterquartier aus so weit wie nur möglich zum Südpol vorzudringen, und Ende Oktober des Jahres 1908 brach er auf. Nur drei Begleiter nahm er mit, und seine vier Schlitten wurden von vier kleinen, rundlichen aber starken Pferden gezogen, die er sich aus der Mandschurei hatte kommen lassen. Mais, Preß- und Kraftfutter war ihre Nahrung; als man sie während der Reise auf knappere Rationen setzte, hielten sie sich an Riemenzeug und Tauen schadlos und fraßen sich gegenseitig die Schwänze ab. Die vier Männer hatten Lebensmittel auf volle vier Monate mitgenommen.

Aus dem Krater des Vulkans Erebus stiegen schwarze Wolken auf, als Shackleton südwärts über das schneebedeckte Eis hinfuhr. Bald war der Schnee weich und dadurch sehr beschwerlich, bald mit einer hartgefrorenen Kruste bedeckt, die tückische Spalten im Eis verbarg. Um zu lagern, wurden zwei Zelte aufgeschlagen, die Männer krochen in ihre Schlafsäcke hinein, während die in Decken gehüllten Pferdchen draußen im Stehen schliefen. Oft mußte die kleine Schar einen oder mehrere Tage im Lager bleiben, wenn Schneestürme das Weiterfahren unmöglich machten.

Wenn sich die Sonne hinter den Wolken versteckte, war die Beleuchtung sehr unbehaglich. Keinerlei Schatten verriet die Unebenheiten des Schneefeldes, alles war weiß in weiß, und wo man über ebenen Boden zu gehen glaubte, konnte man unversehens kleine Böschungen hinunterstürzen. Einmal ließ sich fern im Osten ein donnerndes Getöse vernehmen. Es klang wie Kanonenschüsse, kam aber jedenfalls von dem mächtigen Inlandeis her, das gerade im »Kalben« begriffen war. Wenn nämlich das Eis bei seiner steten, wenn auch langsamen Bewegung nach den Küsten sich ins Meer hinaus schiebt, wird es von dem Wasser, weil dieses schwerer ist, in die Höhe gehoben, und dabei brechen gewaltige Eisblöcke und Eisberge ab, die nun auf eigene Hand umherschwimmen.

Mit einer Geschwindigkeit von zwanzig bis dreißig Kilometer im Tage näherte sich Shackleton dem Südpol. Seine kleine Reisegesellschaft verlor sich wie unscheinbare Pünktchen in der endlosen Eis- und Schneewüste. Nur im Westen erhob sich eine Reihe von Berggipfeln, eine unerreichbare weiße Mauer mit Türmen und Zinnen.

Am 21. November wurde eines der Pferde erschossen und sein

Fleisch als Proviant mitgenommen. Der Schlitten, den es gezogen hatte, wurde aufgerichtet und fest in den Schnee eingerammt, damit er bei der Rückkehr als Wegmarke diente. Fünf Tage später schon hatte Shackleton den südlichsten Punkt erreicht, bis zu dem ehemals Scott vorgedrungen war. Die hohen Gebirge mit den steilen, schwarzen Felswänden, die sich nun neben seinem Weg erhoben, hatte vor ihm noch nie ein Mensch erblickt.

Nach zwei weiteren Tagen wurde das zweite Pferd erschossen, und bald nachher mußte auch das dritte, das nicht mehr laufen konnte, geopfert werden. Das letzte überlebende wieherte sehnsüchtig seinen Kameraden nach und fühlte sich im Herzen der Südpolarwelt arg vereinsamt. Aber noch immer zog es tapfer seinen Schlitten, während sich die vier Männer vor einen zweiten gespannt hatten.

Die Bergkette, die ihnen bisher zur Rechten gefolgt war, machte jetzt einen starken Bogen nach Osten; glücklicherweise aber durchbrach sie ein Gletscher, die »große Landstraße« nach dem Südpol. Der Gletscher wurde erstiegen und auf einem kleinen Paß zwischen gewaltigen Granitpfeilern überschritten. Hohe Berge umgaben jetzt von allen Seiten die Wanderer. Gefährliche Spalten durchzogen das Eis, und nur mit äußerster Vorsicht konnte man auf zeitraubenden Umwegen vorwärtsdringen. Einmal zeigte sich ein einsamer Vogel über den Häuptern der Fremden, wahrscheinlich eine Möwe. Was mochte sie wohl hier über dem ewigen Eis zu suchen haben?

Eines Tages zogen drei der Engländer den einen Schlitten, während der vierte den andern lenkte, vor den das Pferd gespannt war. Plötzlich sah er sein Tier im Boden verschwinden – es war buchstäblich vom Eis verschlungen worden! Eine Schneebrücke war unter der Last des Pferdes gebrochen und dieses dabei in eine dreihundert Meter tiefe Spalte gestürzt! Die Männer beugten sich über den Rand des schwarzen Loches – aber von drunten her drang kein Laut mehr empor. Zum Glück war die vordere Querdeichsel losgegangen und der Schlitten selbst mit seinem Lenker am Rand dieses Grabes stehengeblieben. Wäre der wertvolle Proviant auf dem Schlitten dem Pferd in den Abgrund gefolgt, so hätte Shackleton sofort umkehren müssen.

Der letzten Hilfe beraubt, mußten sich die vier Entdecker nun selbst die Gletscher zwischen Felsen und Schiefer mit eingelagerten Steinkohlen mühsam hinaufarbeiten. Während der Weihnachtstage zeigte das Thermometer 44 Grad Kälte, ein schöner Mittsommer!

Endlich waren die Berge überwunden, und nun dehnte sich ein weites Plateauland aus überschneitem Eis vor Shackleton aus. Aber auch dieses Plateau stieg nach dem Südpol zu langsam an, und die bedeutende Höhe, auf der sich die Wanderer befanden, verursachte rasende Kopfschmerzen. Abermals wurde eine Wegmarke in den Schnee eingerammt, eine an ein Bambusrohr befestigte Flagge.

Am 7. und 8. Januar 1909 machte ein heftiger Schneesturm alles Vorwärtskommen unmöglich, und die Kälte sank auf 56 Grad! Wenn am Südpol schon der Sommer solche Temperatur zeigt, mußte es erst im Winter dort recht behaglich sein!

Ohne Lasten und Schlitten ging es dann am 9. Januar weiter, und man machte halt auf 88° 23' südlicher Breite. Das war der letzte Tag des Vormarsches. Zwar war man nur noch 180 Kilometer vom Südpol entfernt, aber Mangel an Lebensmitteln gebot die Umkehr. Den Pol zu erreichen war leicht noch möglich – aber an eine glückliche Rückkehr wäre dann nicht mehr zu denken gewesen.

Die Höhe des Plateaus betrug jetzt mehr als 3000 Meter über dem Meeresspiegel. Hier wurde die englische Flagge gehißt und in einer Blechbüchse ein Schriftstück über die Reise niedergelegt. Noch ein letzter Blick über das Eisfeld zum Pol hin – dann mußte, wenn auch blutenden Herzens, der Befehl zum Rückzug gegeben werden.

Glücklich erreichte Shackleton auf seiner eigenen Spur sein Winterquartier, und dann brachte ihn sein Schiff wieder in die Heimat zurück. Was er auf dieser Reise vollbracht hat, ist eine Großtat in der Geschichte der Entdeckungsreisen. Wenige Jahre nach ihm hat auf demselben Wege der Norweger Amundsen den Südpol tatsächlich erreicht – oder doch beinahe. Aber Shackleton wird immer der eigentliche Eroberer der Antarktis genannt werden müssen.

Im unendlichen Raum

Wir haben nun unsere gemeinsamen weiten Reisen um die Erde, von Pol zu Pol, über Land und Meere beendet. Wir haben Wüsten und Gebirge Tag und Nacht durchwandert. Am Äquator fühlten wir den Brand der Sonne, und an den Polen wären wir fast in der knisternden

Kälte erfroren. Die klaren Nächte sahen wir allenthalben durch ein Heer von Sternen verschönt, die bald wie Schmuckstücke und Diamanten funkelten, bald durch das silberweiße Licht des Mondes nur gedämpft hervorleuchteten. Dann verloren sich unsere Gedanken draußen im Weltenraum, und wir gedachten der Unendlichkeit des Raumes und der Ewigkeit der Zeit.

Die Erde ist eine Tochter der Sonne und hat sieben Geschwister. Ihr kennt ihre Namen und wißt, daß wir sie Planeten heißen. In kreisförmigen Bahnen umtanzen sie ihre Mutter, die Sonne. Der innerste Planet, Merkur, legt seine Runde in weniger als drei Monaten zurück, der äußerste, Neptun, braucht dazu 165 Jahre! Die Erde selbst durchläuft ihre Bahn in einem Jahre mit einer Geschwindigkeit von dreißig Kilometern in der Sekunde; ihre jeweilige Stellung gegenüber der Sonne verursacht die Jahreszeiten. Außerdem dreht sie sich in vierundzwanzig Stunden einmal um ihre eigene Achse, und dadurch entsteht der Wechsel zwischen Tag und Nacht.

So wälzt sich unsere schwere Erdkugel in einer doppelten Bahn durch den Raum. Und trotz ihres eiligen Tanzes wandern wir sicher auf der Erdoberfläche; statt uns in den Weltraum hinauszuschleudern, hält uns die Erde mit derselben Kraft fest, mit der sie den Mond zwingt, uns treu zu begleiten. Auf ihrer gewölbten Oberfläche trägt sie uns durch die endlose Leere des Weltenraumes.

Übrigens geht die Erdkugel durchaus nicht ihre eigenen Wege. Unsichtbare Ketten, die Gesetze der Schwerkraft, fesseln sie ebenso willenlos an die Sonne wie alle ihre Geschwister. Die ganze Familie stürmt ohne Rast und Ruh mit einer Geschwindigkeit von zwanzig Kilometern in der Sekunde nach der strahlenden Wega im Sternenbild der Lyra. Tretet einmal abends ins Freie und sucht euch die Wega, die sehr leicht zu finden ist, und dann vergegenwärtigt euch, daß jeder Augenblick uns ihr näher bringt. Morgen ist die Entfernung schon um 1 700 000 Kilometer kürzer als heute, und in einer Million Jahre würden wir bei der Wega angelangt sein! Dann wird wohl die ganze Sonnenfamilie in Atome zersplittert werden, meint ihr? Durchaus nicht! Die Wega selbst ist auf der Wanderschaft, und wenn wir dort ankommen, ist sie uns vielleicht ebenso fern wie jetzt. Es ist also nur ihr gegenwärtiger Platz im Weltenraum, zu dem uns die Sonne auf ihrer geheimnisvollen Wanderschaft führt.

Der Mann im Monde

Die Erde hat einen Sohn, den Mond. Die Sonne ist eigentlich seine Großmutter, und er ist ein alter Junggeselle, obwohl er immer wieder entflammt ist. Aber er flammt nur von fremdem Licht, denn wenn er seine Silberdecke über die Erde breitet, sind seine Strahlen nichts anderes als der Widerschein der Sonne. Der Mondschein ist die größte Zierde der Nacht und immer gleich bezaubernd, mag er zwischen den überschneiten Fichten des Waldes durchsickern oder sich wie silberne Schlänglein auf den Wellen ringeln.

Kein Himmelskörper ist der Erde näher als der Mond. Zu ihm haben wir nur einen Katzensprung, lumpige 380 000 Kilometer! Nach ihm ist die Venus die nächste Nachbarin, aber wenn sie uns auf ihrer Bahn am nächsten kommt, schwebt sie noch hundertmal so fern wie der Mond!

Unzählige Male habt ihr schon den Mann im Monde gesehen, der bei jedem Vollmond wiederkehrt und niemals seine Züge verändert. Das kommt daher, weil der Mond der Erde stets die gleiche Seite zukehrt. Gibt es auf der andern Seite des Mondes auch solch einen Mann, so hat er die Erde nie gesehen und ahnt nicht, daß unsere Welt existiert. Wohl aber sieht er die Sonne, wenn wir Neumond haben, und ebenso die Sterne, nur nicht die Erde, obwohl sie ihm beständig so nahe ist.

Ebenso unmöglich ist es uns Menschen, jemals zu schauen, wie es auf der uns abgewandten Seite des Mondes aussieht. Um so besser kennen wir die uns zugewandte. Mit den stärksten Ferngläsern können wir Gegenstände unterscheiden, die hundert oder zweihundert Meter im Durchschnitt haben, und wir kennen die Oberfläche des Mondes sogar besser als gewisse Teile unserer eigenen Erde, z. B. die Ländermassen um den Südpol herum.

Nun werft einmal einen Blick auf die Mondkarte. Die matter leuchtenden Gebiete, eben die, die wir den Mann im Monde zu nennen pflegen, sind auf der Karte als Meere angegeben. Da heißt es: Stilles Meer, Meer der Stürme, Meer der Fruchtbarkeit. Früher glaubte man nämlich, diese dunkleren Flecke seien wirklich Meere; jetzt aber wissen wir, daß sie nur mit Lava übergossene Einsenkungen sind. Denn auf dem Monde gibt es keinen Tropfen Wasser, weder Wolken noch Regen, weder Schnee noch Eis, und niemals spannt der Regenbogen dort seine farbenprächtige Brücke über die trockenen Meere.

Die Mondkarte verzeichnet auch einige wenige Bergketten, die Kordilleren, den Apennin und die Alpen. Viel zahlreicher aber sind die Krater und Ringberge, hohe, runde Wälle, die nach außen hin allmählich abfallen, nach innen aber steil nach dem muldenförmigen oder ebenen Boden abstürzen. Etliche dieser Ringberge haben einen Durchschnitt von zweihundert Kilometer, andere nur von einem Kilometer. Die höchsten Berge sind 8000 Meter hoch, im Verhältnis also viel höher als die auf der Erde, denn der Mond ist ja fünfzigmal kleiner als sie. Die Ringberge sind nach berühmten Astronomen und Naturforschern benannt; so trägt ein Berg den Namen Linnés, ein anderer den Newtons, und so ist der Mond eine im Weltraum schwebende Westminsterabtei mit den Denktafeln großer Toten. –

Nun laßt uns dem Mond einen Besuch abstatten! Es ist die leichteste Sache von der Welt, sobald wir auf einem Lichtstrahl reisen, und geht fabelhaft schnell, denn das Licht legt in der Sekunde 300 000 Kilometer zurück; wir brauchen also nur etwas mehr als eine Sekunde und sind bereits in diesem Augenblick an der Mondoberfläche angelangt! Zwischen den Ringbergen und Kratern wandern wir umher. Etwas unbehaglich ist uns zumute – denn Luft zum Atmen gibt es hier nicht. Aber wir sind auch so erstaunt über alles, was wir dort sehen, daß wir schwerlich zu atmen wagen. Es ist gerade Vollmond, die Sonne glüht unmittelbar über unsern Köpfen. Solch eine Hitze haben wir selbst in Belutschistan und in der Sahara niemals, denn hier auf dem Monde ist es fast zweihundert Grad heiß, und das Gestein, über das wir wandern, glüht wie ein feuriger Ofen.

Aber wir lassen uns das nicht anfechten. Merkwürdig, wie leicht es sich auf dem Monde geht! Man wird gar nicht müde und kann ohne sonderliche Anstrengung die steilsten Abhänge hinauflaufen. Auf dem Monde ist alles sechsmal so leicht wie auf der Erde, weil der Mond so klein ist. Nord- und Südamerika würden seine Oberfläche vollständig bedecken. Daher erscheint auch der Horizont so nahe, und wir können die Wölbung der Mondfläche mit bloßem Auge erkennen.

Nun seht nur, welch seltsamer Himmel sich über dem Horizont des Mondes wölbt! Daheim auf unserer Erde ist der Himmel fast immer schön, bald klarblau, bald in weiße Dünste oder bleigraue Wolken gehüllt. Hier auf dem Mond aber ist der Himmel pechschwarz, und die

Sterne funkeln wie Fackeln mitten am hellen Tag! Das kann auch nicht anders sein; denn hier gibt es keine Atmosphäre und keinen Luftkreis, kein Wasser, keine Nebel und keine Wolken. Niemals mildert eine Wolke die Sonnenglut, und der Himmel ist stets von gleicher Klarheit. Vergeblich suchen wir den kleinsten Bach, vergeblich ein Tal oder eine Rinne, die einstmals fließendes Wasser ausgewaschen hat. Die Berge hier haben ganz andere Formen als auf der Erde, sie sind plumper, steiler und höher. Keine Geröllhaufen sammeln sich an ihrem Fuß, Sand, Erde und Staub fehlen vollständig. Wohin wir auch im Wandern blicken, nichts als hartes, festes Gestein. Da es an Luft und Wasser hier fehlt, verwittern die Mondgebirge nicht; denn Luft und Wasser verursachen auf der Erde die Verwitterung, und die wechselnde Wärme und Kälte beschleunigen sie. Die Oberfläche des Mondes ist daher unveränderlich und sich gleich geblieben, seitdem er vor unzähligen Jahrtausenden erkaltete. Läge ein Sandkorn auf dem Rand eines Kraterringes, es würde liegenbleiben bis zum jüngsten Tag, denn kein Wind, nicht einmal der schwächste Lufthauch streicht je über die Oberfläche unseres Trabanten.

Auch zu hören ist hier kein Laut, wir mögen einander noch so heftig in die Ohren schreien; ohne Luft können sich die Schallwellen nicht fortpflanzen. Von der Höhe eines Kraterwalles stürzen wir einen Block in die Tiefe hinab; er ist sechsmal größer als die Blöcke, die wir auf Erden bewegen könnten; hübsch langsam rollt er die steilen Wände hinab, aber völlig lautlos. Am Rande des Kraters funkeln herrliche Kristalle, aber keine Schramme ist auf ihrer Oberfläche zu sehen; hier gibt es nichts, was sie verletzen könnte.

Nun klettern wir leichten Schrittes nach dem Rande eines der höchsten Ringberge hinauf. Tot und schweigend breitet sich die Oberfläche des Monds um uns her aus. Blendende Helle umgibt uns, und unsere Schatten verschwinden fast unter unsern Füßen. Nur der Himmel ist schwarz. Auf der Erde sieht man Anhöhen und Berge, je weiter sie entfernt liegen, in immer leichteren und luftigeren Farbentönen verschwimmen. Hier auf dem Mond stehen alle Berge bis an den Rand des Horizonts gleich klar und scharf abgezeichnet.

Ein Tag auf dem Monde ist fast fünfzehnmal vierundzwanzig Stunden lang, und die Sonne schreitet daher verzweifelt langsam über ihren schwarzen Himmel. Endlich nähert sie sich dem Horizont. Alle Ringberge und Krater werfen Schatten, die langsam wachsen. Diese Schatten sind so schwarz wie chinesische Tusche, und wenn wir auf unserer Wanderschaft an einen solchen Schatten gelangen, gähnt er uns wie ein schwarzer Abgrund entgegen. Wie schwarz die Schatten der Ringberge sind, kann man übrigens schon von der Erde aus mit einem gewöhnlichen Fernglas sehen. –

Nun geht die Sonne unter. Noch glänzen die höchsten Gebirge wie silberne Wolken, aber auch dieser Glanz erlischt bald, und nun wird es plötzlich eisig kalt. Die Kälte ist so schneidend, daß keine irdischen Pelze gegen sie schützen, und an Feueranzünden ist nicht zu denken; denn auf dem Monde gibt es durchaus nichts Brennbares, und wenn wir auch ein paar tüchtige Holzscheite mitgebracht hätten, wir würden sie nie zum Brennen bringen können, denn wo die Luft fehlt, ist keinerlei Verbrennung möglich.

Während der langsam dahinschreitenden Mondnacht, die ebenfalls fast fünfzehn Tage dauert, sinkt die Kälte auf 250 Grad herab, und im Weltenraum draußen soll es nach der Behauptung vieler Forscher sogar 273 Grad kalt sein! Da keinerlei Lufthülle die Ausstrahlung der Mondoberfläche dämpft, kühlt sie sich fast zur Kälte des Weltenraumes ab.

Aber in dieser Mondnacht wird das Schauspiel um uns unbeschreiblich schön. Wir eilen zur mittleren Mondscheibe, nach der flachen Einsenkung, die den Namen »Bucht der Mitte« führt. Dort legen wir uns auf den Rücken, um den gewaltigen leuchtenden Himmelskörper, der im Zenit gerade über unserm Kopfe steht, besser betrachten zu können. Wir sahen ihn eben, als wir am Rande des Mondes standen, aber dort zeigte er sich am Horizont. Wenn wir nun dort zwei Wochen lägen und ihn unverwandt anstarrten, ja, wenn wir Jahrtausende und Millionen Jahre hier liegen blieben – dieser Himmelskörper bewegt sich nicht von der Stelle! Die Sonne kommt und geht, aber dieser andere Himmelskörper, der viele Male größer als die Sonne aussieht, bleibt unentwegt auf demselben Fleck. Dieser Himmelskörper ist ja nichts anderes – als unsere eigene alte Mutter Erde! Da der Mond ihr stets die gleiche Seite zukehrt, muß auch der Mann im Monde die Erde ewig an demselben Himmelspunkt stehen sehen.

Die Erde

Wir liegen also auf der Mondoberfläche und sehen, wie die Sonne ihre Strahlen auf die Erde fluten läßt. Aber diese leuchtet nicht wie ein silberweißer Schild uns entgegen, sondern das Licht spielt auf ihr in grellen Farben. Es sieht fast so aus, als bestände sie aus dünnem Porzellan, das von innen heraus durch eine riesige elektrische Lampe erhellt wird. So schwebt sie über uns, grell gegen den nachtschwarzen Himmel abstechend. Sie verbreitet ein so starkes Licht, daß die Nacht auf dem Monde durchaus nicht dunkel ist. Die Erde erscheint vom Monde aus gesehen 13½ mal so groß wie der Mond von der Erde aus. Daher ist das auf die Mondoberfläche fallende Erdlicht so stark, daß es von der Erde aus mit bloßem Auge sichtbar ist, sobald der Mond seine Hörner über dem Horizont der Erde erhebt.

Warum aber ist der kreisrunde Rand der Erde nicht ganz klar und scharf? Das kommt von der Brechung des Sonnenlichts in der Lufthülle, die ihre Oberfläche umschließt. Und warum sieht in diesem Augenblick die ganze Erde glänzend grün wie Malachit aus? Nun, sie kehrt dem Monde gerade den Stillen Ozean zu. Deutlich sieht man Hawaii und Tahiti und zahllose andere Inseln. Und die weißen Streifen, die ihren Gürtel um den Äquator spannen? Das sind Wolkenmassen, die der Passatwind über das Meer hinjagt. Droben im Norden sind die Beringstraße zwischen Alaska und Asiens Ostkap erkennbar, und noch weiter nördlich glänzt ein großer weißer Fleck – das ist das Packeis um den Nordpol herum.

Wie aber erklärt sich das blendende Licht, das von der Mitte der Erde auszugehen scheint und so scharf ist, daß unsere Augen es nicht ertragen können? Das ist das Spiegelbild der Sonne im Stillen Ozean. Es blitzt wie eine Diamanteninsel im Meer, und sein Gefunkel ist fast ebenso blendend wie die Sonne selbst.

Die Stunden verrinnen, und wir sehen deutlich, wie sich die Erde von Westen nach Osten um ihre Achse dreht. An ihrem Ostrand verschlingt die Dämmerung allmählich die gewaltigen Wasserfelder des Stillen Ozeans; sie treten nun in die Nacht ein, die auf der andern Hälfte der Erde herrscht. Und an ihrer Stelle kommen vom Westrand her hellere Gürtel herauf. Hier ist Kamschatka, Japan und Korea und dort die mächtige Brücke der Sundainseln, die nach dem glänzenden

Festland Australien hinüberführt. Nun geht die Sonne über Siam und Malaka auf. In den Dschungeln des Gangesdeltas bricht ein neuer Tag an, und die wilden Elefanten, die über Nacht im Stehen geschlafen haben, begrüßen das Tagesgestirn mit gellenden Trompetenstößen, die durch die Wälder Indiens und Ceylons schmettern. –

Nach sieben Stunden ist ganz Asien langsam in unsern Gesichtskreis hineingeglitten. Auf der nördlichen Halbkugel herrscht der Sommer. Asien schillert in zahlreichen Farben, die bald lebhaft und rein, bald gedämpft und unklar sind. Die indischen Halbinseln, China und Japan erscheinen scharf grün, noch dunkelgrüner als vorher der Ozean. Der größte Teil Asiens aber ist leuchtend gelb – das sind die Wüsten im Innern dieses Kontinents. Zwischen dem Grünen und dem Gelben ziehen sich mächtige graue Gürtel hin, die Bergketten Tibets und Hochasiens, die hier und da mit weißen Streifen von ewigem Schnee gezeichnet sind, der Himalaja und mein lieber Transhimalaja!

Nun betrachtet Indien genauer! Seht ihr die großen weißen Flecke, die aus Südwesten heransegeln? Die Westküste Indiens erscheint wie verwischt, und die weiße Farbe verschlingt langsam die grüne. Die weißen Felder scheinen lange Ausläufer nach Tibet hineinzustrecken, dort aber verblassen sie, und zu den Wüsten im Innern gelangen sie nie. Diese weißen Felder, die über die Erdoberfläche hingleiten, sind die regenschweren Wolkenmassen des Südwestmonsuns.

Und nun die scharfen Linien im Herzen von Asien? Das sind die Wälder des Tarim und der Lop-nor. Und warum nur verschwinden sie jetzt langsam? Der gelbe Wüstenton scheint sie allmählich zu bedecken. Das ist gewiß ein Sandsturm, der mit ungeheurer Geschwindigkeit über die Wüste dahinjagt. –

Zwischen dem Persischen Golf und dem Roten Meer wird das gelbe Arabien sichtbar, und nördlich davon zeichnen sich drei scharfe, dunkelblaue Flecke ab, der Aralsee, das Kaspische und das Schwarze Meer.

So ist der Anblick Asiens vom Monde aus im Sommer. Welch anderes Bild würden wir sehen, wenn wir Zeit hätten, den Winter abzuwarten! Ganz Sibirien ist dann kreideweiß von Schnee, und die weißen Streifen auf den Gebirgen haben an Breite und Umfang zugenommen. Im Herbst wieder schimmern die vorhin so grünen Laubwälder strohgelb und rot, und wenn ihre Blätter gefallen sind, erscheinen sie vom Monde aus als hellgraue Gürtel und Flecke.

Wieder vergehen einige Stunden, und ganz Europa tritt aus dem Dunkel hervor. Das Morgenlicht streicht wie Fackelschein von Osten nach Westen über unsern Erdteil. Nun wandern die weißen Männer und Frauen zur Arbeit, nun beginnen alle Hämmer und Maschinen in den Fabriken zu schlagen und zu surren, und das geräuschvolle Leben in den Großstädten erwacht aufs neue. Wir unterscheiden deutlich unsere Heimat im Herzen Europas, und wir sehen Italien in das dunkelblaue Mittelmeer hinauszeigen wie eine gegen die Küste von Tripolis gerichtete Pfeilspitze.

Südlich davon dehnt sich ein gewaltiges Feld gelb wie die Wüste Gobi aus; das ist die Sahara, und noch weiter südwärts liegt, gefleckt wie das Fell einer Hyäne, der Sudan. Um den Äquator herum erscheint Afrika durch seine Urwälder dunkelgrün, und die sich verschmälernde Südzunge dieses Weltteils schimmert in gelben und grauen Farbentönen.

Es ist Mittag über Europa und Afrika, und langsam gleiten beide Erdteile dem Abend entgegen, der sie unserm Auge wieder verhüllt. Wenn dann der breite grüne Gürtel des Atlantischen Ozeans, der sich von Pol zu Pol über die ganze Erde hinzieht, in unsern Gesichtskreis tritt, blendet uns wieder das Spiegelbild der Sonne in der Oberfläche des Meeres.

Südlich vom Äquator kommt der brasilianische Keil Südamerikas hervor, und bald werden im Norden Neufundland und Labrador sichtbar. Noch einige Stunden, und in ganz Amerika herrscht heller Tag. Dann sind die Bewohner der neuen Welt an der Arbeit, während in der alten Welt alles schon schlummert oder sich auf die Nacht vorbereitet.

Aber auch Amerikas Tag geht zu Ende. Am äußersten Ostrand der Erde glüht noch die Abendsonne auf den Gipfeln der Anden, aber auch sie verschwinden in der Dämmerung ebenso wie die Felsengebirge, und dann kommt wieder das große malachitgrüne Feld, der Stille Ozean. Die Erde hat eine Drehung um ihre Achse vollendet. –

Wir aber warten geduldig in der Bucht der Mitte. Endlich nähert sich die lange Mondnacht ihrem Ende. Ein kleiner, scharf glänzender Lichtpunkt zeigt sich in unserer Nähe, einige tausend Meter über der Oberfläche des Mondes. Er wächst langsam, und andere Punkte beginnen silberweiß zu scheinen. Die aufgehende Sonne beleuchtet die höchsten Spitzen der Ringberge. Aber noch dauert es eine gute Weile, bis der oberste Rand der Sonnenscheibe selbst sich über dem Horizont des Mondes erhebt. Kein Morgenrot streut seinen Purpurschimmer auf die kahlen Berge ringsum, kein Farbenspiel zeigt sich im Weltenraum, und nicht das kleinste goldene Wölkchen segelt über den Horizont. Ganz plötzlich kehrt hier die Sonne zurück, und keine gedämpften Töne mildern hier den Übergang zwischen Tag und Nacht. Wieder werfen die Berge lange, tintenschwarze Schatten, die Kälte verschwindet mit einem Schlag, und wir schmoren in glühender Hitze. Nun geht die Grenze zwischen Licht und Schatten auch über die Bucht der Mitte – dann sagen sie auf Erden, daß der Mond im ersten Viertel sei.

Betrachten wir wieder unsere Erde, so zeigt auch sie nur die eine Hälfte ihrer dem Monde zugekehrten Scheibe. Die andere liegt unter nächtlichem Schatten. Sie gleicht daher einem gewaltigen Halbmond; aber sie ist vom Mond aus gesehen im letzten Viertel. Und nun sehen wir noch deutlicher als vorher, wie Weltteile und Weltmeere der Reihe nach in das Dunkel der Nacht eintreten. Nur der Nordpol erfreut sich eines Tages, der sechs Monate währt; zu gleicher Zeit herrscht am Südpol eine Nacht, die ebenfalls ein halbes Jahr dauert.

Nach einer Woche steht die Sonne wieder über uns im Zenit. Dann ist die Erde verschwunden, denn jetzt kehrt sie dem Mond ihre ganze Nachtseite zu. Wenn wir auf der Erde Vollmond haben, ist auf dem Mond »Neuerde«; die Erde wiederum ist voll, wenn der Mond dunkel ist.

Wenn wir aber die Sonne mit der Hand verdecken, so daß sie unsere Augen nicht blendet, können wir auch jetzt die Erde noch unterscheiden. Die Kugel selbst und ihre Randlinie sehen wir freilich nicht, statt dessen aber unzählige kleine Lichtpunkte, die uns ihre Lage verraten. Einige sind gelbrot, andere blauweiß; das sind die Lavaseen des Kilaueas und ähnliche rote Fackeln in dem Ring von Vulkanen, der die Küsten des Stillen Ozeans umgibt. In Nordamerika und Afrika leuchtet hier und da ein Prärie- und Savannenbrand, und Großfeuer, die Europas Wälder verzehren, sind bis zum Monde hin sichtbar. Der bläuliche Schein, der sich in zahllosen kleinen Tüpfelchen bemerkbar macht, ist das elektrische Licht in Berlin, Hamburg, Paris, London, Neuyork und anderen Großstädten der Erde!

Die Gluthitze um uns hat ihren höchsten Grad erreicht. Jetzt nähert sich vor unseren Augen die Sonne der Erdkugel! Schon ist sie am Rand der Erde angelangt, und nun verkleinert sich die Sonnenscheibe langsam, um schließlich ganz zu verschwinden. Dann wird es auf dem Monde wieder kalt und dunkel. Der Erdschatten schreitet über die Fläche des Vollmonds hin; die Erdbewohner nennen das eine Mondfinsternis. Aber lange dauert es nicht, und die Sonnenscheibe tritt am entgegengesetzten Rand der Erde wieder hervor, die Finsternis ist vorüber, und der Erdschatten verliert sich wieder als spitzer Kegel im unendlichen Weltenraum.

Die ersten Menschen

Was hat der Mann im Monde nicht alles in seinem Leben gesehen! Wenn der reden könnte! Doch er ist still und stumm und verrät nichts von all den tausend Geheimnissen des Weltenraums. In ihren ersten Anfängen war die Erde eine gasförmige Masse. Dessen erinnert sich zwar der Mann im Monde kaum noch, denn damals war es, daß er selbst sich erst gleich einer reifen Frucht aus der Mutter, der Sonne, loslöste. Wohl aber weiß er noch, wie die Erde ehemals eine feuerrote, heißflüssige Kugel war, wie ihre Oberfläche erstarrte und zu einer immer härter werdenden Kruste gerann, und wie dann diese Rinde durch die Ausstrahlung in den Weltenraum allmählich erkaltete. Schließlich war die Erde genügend abgekühlt, um Leben tragen zu können. Zuerst zeigte es sich in sehr tiefstehenden Formen. Aber weshalb es kam, und woher es kam, und warum es sich unter Milliarden vorhandener Himmelskörper gerade die Erde zu seiner Heimat wählte – darauf kann Gott allein Antwort geben! Wer kennt die unzähligen Welten unter den Sternen, die vielleicht ebenfalls bewohnt sind und auf denen das Leben vielleicht gar noch höher entwickelt ist als auf unserer Erde?

Der Mann im Monde weiß auch, daß tausend Millionen Jahre verflossen sind, seit das erste keimende Leben sich im Schoß der Erde niederließ. Bei ihrem rastlosen Suchen nach Wahrheit haben die Menschen gefunden, daß die ältesten Tierformen, die versteinert im Innern der Berge erhalten geblieben sind, Pilze, Korallen, Schnecken, Muscheln, Seesterne, Krustentiere, Kopffüßler und andere, daß diese alle ehemals Bewohner der morgenfrischen Wellen des Urmeeres gewesen sind. Jene Zeit nennen wir das Kambrium. Seit diesen Anfängen hat sich das Leben zu immer größeren Formen entwickelt.

Während der Steinkohlenzeit wucherten auf Erden ungeheuer dichte, üppige Wälder, in deren Farngebüsch Dämpfe und Dünste feucht und stickig schwebten. Während einer späteren Periode waren riesengroße Reptilien die Herren der Schöpfung. Einige von ihnen weideten die Blätter der Bäume ab, andere waren Raubtiere. Die einen glichen Delphinen, die andern sahen aus wie Flugeidechsen, und viele wurden dreißig bis vierzig Meter lang. Solch ein Reptil mit kleinem Kopf, langem, schwanenähnlichem Hals, kurzem Leib und langen Schwimmflossen war z. B. der Plesiosaurus.

Damals war Land und Meer nicht so verteilt wie heute, und die Grenzen zwischen beiden erlitten beständige, wenn auch sehr langsame Veränderungen. Noch in unsern Tagen gehen solche vor sich, nur die Oberfläche des Mondes ist unveränderlich. Die ganze Nordhälfte Asiens, der größte Teil Europas und das nordwestliche Nordamerika lagen unter Wasser, während Südamerika und Afrika als ein einziger Weltteil zusammenhingen.

Während der Tertiärzeit bildeten sich die größten Bergketten der Erde durch die fortgesetzte Abkühlung und Faltung der Erdrinde. Daher finden sich in Tibet, im Himalaja und in den Alpen Europas Gesteine, die sich in einem Meere abgesetzt haben, das sich noch zu Beginn der Tertiärzeit quer durch Europa und Asien erstreckte. Damals verschwanden die Rieseneidechsen von der Erde, und die Säugetiere gelangten zu schneller, großartiger Entwicklung.

Ein weiterer Schritt in der Nacht der Zeiten – und Europa prangt in tropischer Vegetation. Palmen gediehen in Skandinavien und England, und linde Seewinde säuselten durch die Wälder Grönlands und Spitzbergens, da, wo jetzt nur Schnee und Eis heimisch sind. Aus Afrika wanderte das Mastodon über Europa und Asien nach Nord- und Südamerika. Durch Vergleich des Alters der Erdschichten, in denen seine Skelette gefunden wurden, kann man auf sein weites Umherwandern auf der Erde schließen.

Dann breitete sich die Eiszeit über die nördlichen Gegenden der Erde aus. Mammut und Rhinozeros zogen südwärts.

Es ist zweifellos, daß schon während der Eiszeit Menschen in Europa lebten, ja, daß es schon zu Ende der Tertiärzeit menschliche Bewohner der Erde gab. Aber wie lange es her ist, daß die ältesten Menschen lebten, diese Frage kann niemand beantworten. Einige Forscher sagen: mehr als zwanzig Millionen Jahre. Während einer späteren Periode lebten schon ziemlich hochentwickelte Menschen in Mitteleuropa, und seit dem Anfang dieser Zeit sollen nicht weniger als vierundzwanzigtausend Jahre verflossen sein!

Die ältesten Menschen, von denen sich versteinerte Skelette bis auf unsere Tage erhalten haben, waren sehr tiefstehende Geschöpfe. Aus der Form der Gaumenwölbung hat man schließen zu müssen geglaubt, daß sie kaum sprechen konnten, wenigstens nicht in deutlichen Worten. Sie besaßen keine andern Werkzeuge als die Steine, die sie auf dem Erdboden fanden, und erst weit später verstanden sie es, Feuerstein scharfkantig zu schleifen und ihn zu Messern und Waffen zu benutzen. Mit mangelhaften Gerätschaften versehen, zum Schutz gegen die Kälte in Tierfelle gekleidet, in Grotten und Höhlen ihr Obdach für die Nacht suchend, führten diese Menschen ein schweres Dasein im Kampf mit der Natur, miteinander und mit den Riesentieren der Wälder, dem Mammut, dem Höhlenbären, dem Bisonochsen, dem Urstier und andern. Aber sie verstanden sich schon darauf, diese Tiere zu erlegen, um sich ihr Fleisch als Nahrung zu verschaffen. Auf unübersehbare Herden wilder Pferde machte man Jagd, man verfolgte die Tiere auf abschüssige Felsen hinauf und hetzte sie von da in die Tiefe am Fuße der steilen Wände. Das Mammut fing man in Fallgruben. Das Fleisch des Wildbrets wurde über dem Feuer geröstet, und an zerschlagenen Knochen, die sich gefunden haben, hat man erkannt, daß das Mark damals ein sehr beliebter Leckerbissen gewesen ist. Die Menschen jener Zeit verstanden es auch, Feuer anzuzünden, und brieten sich an seinen Flammen Schnecken und Muscheln. Auch waren sie Menschenfresser, und wenn sie mit Feinden in der Schlacht gekämpft hatten, verzehrten sie die gefallenen Gegner. –

Leisen Schrittes gehen die Jahrtausende dahin, und die schwere Erdkugel dreht ihre Masse unermüdlich um ihre Achse, durch ewige Gesetze an ihre Bahn gebunden. Nun schreiten die Menschen lichteren Zeiten entgegen. Gleich Robinson Crusoe auf seiner einsamen Insel benutzen sie, was die Erde ihnen bietet, zu ihrem Besten. Auch das Kunstbedürfnis erwacht in ihrer Seele, und sie schmücken sich mit durchbohrten Tierzähnen, die sie auf Sehnenstränge aufziehen und sich um den Hals binden. Aus Tierhäuten schneiden sie Riemen und fertigen sie Zelte an, aus Knochen und Horn stellen sie Werkzeuge und Geräte her, mit beinernen Nadeln und Sehnen lernen sie nähen, sie fangen sich wilde Pferde, um sie zu zähmen und zuzureiten, und können nun noch schneller und leichter als bisher umherwandern und das Wild verfolgen, ohne zu ermüden. Das Rentier spielt in ihrem Leben eine Rolle wie kein anderes Tier. Mit scharf zugespitzten Steinen ritzen sie Rentier-, Pferde-, Mammut- und Bisonbilder in Knochen ein und malen gewaltige Tierbilder an die Innenwände ihrer Höhlen in dem Glauben, daß dies ihnen Glück auf der Jagd bringen werde.

Aus ihrer Urheimat verzweigen sich die Menschen nach und nach in die verschiedenen Weltteile und entwickeln sich zu weißen, gelben, roten und schwarzen Rassen. Erst spät treten die am höchsten stehenden Völker in die Periode ein, die wir die geschichtliche Zeit nennen, in das graue Altertum, das schon Urkunden besitzt, die auf Stein und Ton geschrieben sind. Diese Zeit beträgt nur sechstausend Jahre! Ein verschwindend kleiner Bruchteil der ganzen Unendlichkeit! Aber niemals haben sich die Menschen mit solcher Schnelligkeit entwickelt wie in den letzten hundert Jahren!

Weltende

Was ist unser Ziel? Wohin geht unsere Reise auf den dunklen Wegen der Zukunft? Das wissen wir nicht. Aber der Mann im Mond hegt große Befürchtungen über unser Schicksal. Er selbst ist ja einst ebenfalls eine glühende Masse gewesen, und jetzt ist er erstarrt. Bald erwärmt ihn die Sonne, bald durchdringt ihn die Kälte in der Nacht des Weltenraumes, und wie ein riesengroßes Denkmal seiner eigenen Vergangenheit schwebt er dahin. Er ahnt, daß auch der Erde das gleiche Schicksal bevorsteht, denn auch sie war einst glühend heiß, ehe ihre Oberfläche erstarrte. Ihr Inneres ist noch jetzt weit über unsere Verstandesbegriffe hinaus erhitzt. Die Gelehrten haben ausgerechnet, daß vierhundert Kilometer unter dem Erdboden eine Hitze von zehntausend Grad herrscht! Kein Stoff vermag eine solche Temperatur anders als in Gasform zu ertragen, und man glaubt, daß der größte Teil dieses Erdgases Eisen sei. Aber die Abkühlung der Erde schreitet weiter, wie auch die der Sonne. Die Zeit ist ewig, ohne Anfang und ohne Ende, der Raum ist unendlich und hat keine Grenzen, und die Materie ist unzerstörbar; sie verändert sich wohl, aber sie vergeht nicht. Wohl aber ist die Erde als Heimat der Menschen, Tiere und Pflanzen vergänglich. Auch sie muß dereinst in Milliarden Jahren zu kalt werden, um noch Leben bergen zu können. Die letzten Menschen ziehen zum Äquator, um dort zu sterben, die Meere gefrieren bis auf den Grund, und die feste Erdrinde verwandelt sich in eine Sandwüste. Doch immer noch dreht sich die schwere Erdkugel um ihre Achse, und immer noch umkreist sie die Sonne, die dunkler geworden ist und rot mit erlöschendem Lichte glüht. –

Nun ist die Erde tot und still. Sie schwebt wie ein Friedhof durch den Weltenraum. Alle ihre Sorgen sind vergessen – das ganze Leben war nur ein Traum, und der Mann im Monde wird sich verwundert fragen, wo Sonne und Erde geblieben sind, und ob man ihm, dem Trabanten, auf immer den Laufpaß gegeben hat. Er könnte glauben, erblindet zu sein, wenn er nicht sähe, daß die Sterne noch immer in der beständigen Nacht so klar wie ehemals funkeln.

Zu den ewigen Sternen

Nun sind wir länger als einen Monat bei dem Mann im Monde zu Gast gewesen und sind nicht einmal an Erstickung gestorben! Wir könnten also unsere Reise fortsetzen und uns weiter in die Tiefe des Weltenraums hineinbegeben. Aber wie können wir dorthin gelangen? Es ist ja so unendlich weit und obendrein so grimmig kalt, daß man sich den feurigen Wagen des Elias wünschen möchte, um auf ihm im Sturmwind dahinzufahren.

Doch nein, wir wollen nochmals auf dem Lichtstrahl reisen, dann kommen wir wenigstens mit einer Geschwindigkeit von 300 000 Kilometern in der Sekunde vorwärts. Und trotz dieser ungeheuren Schnelligkeit brauchen wir nicht weniger als vier und ein halbes Jahr, um den nächsten Stern, das Alpha im Zentauren, zu erreichen! Wenn wir uns dann umwenden, ist unsere eigene alte Sonne nur noch ein funkelnder

Stern; von der Erde aber und den übrigen Planeten ist längst nichts mehr zu sehen. –

Wieder lassen wir uns auf den Lichtstrahl nieder und reisen geradeaus, Tage, Nächte und Jahre, Jahrzehnte und Jahrhunderte hindurch, immerfort mit der gleichen, schwindelerregenden Schnelligkeit. Die Sonne ist längst hinter uns verschwunden, aber vor uns funkeln immer neue Welten aus der Nacht des unendlichen Raumes. Wir sausen vorüber, gewahren aber, daß viele von ihnen Lebewesen und Pflanzen tragen, dergleichen wir auf Erden nie erblickten. Aber wir hören bald auf, darüber zu staunen. Denn warum sollte gerade die Erde der einzige Himmelskörper sein, der mit Leben begnadet wurde? Sie ist ja im Weltenraum winziger als ein Staubkorn, das unter Milliarden anderer durch den Fuß des Dromedars auf den Wüstenpfaden der Sahara aufgewirbelt wird; sie ist unbedeutender als ein Tropfen, der in der unermüdlich schäumenden Brandung die Felsen an der Küste der Insel Sankt Paul benetzt. Ein großer schwedischer Forscher, Svante Arrhenius, hat im Jahre 1900 nachgewiesen, daß von den Himmelskörpern eine Kraft ausgeht, die Strahlungsdruck heißt und die Materie und mikroskopisches Leben von einem Stern zum andern senden kann! Ohne solche Überführung im Weltenraum wäre es ja auch schwer zu begreifen, wie überhaupt das Leben auf unserer Erde, die im Anfang glühendflüssig war, hat entstehen können. Durch die schärfsten Fernrohre, die wir bis jetzt herstellen können, sehen wir am Himmelsgewölbe etwa hundert Millionen Sterne! Die Milchstraße ist eine einzige Anhäufung von Sonnen! Wie käme also die arme kleine Erde dazu, die einzige zu sein, auf deren Oberfläche das Leben eine Freistatt fand!

Tausend Jahre setzen wir unsere Reise fort. Hinter uns liegen die Sterne, die von der Erde aus nur durch die schärfsten Fernrohre sichtbar waren. Aber immer neue Welten funkeln an uns vorüber wie Sternschnuppen in der Nacht. Sonnen, viele Male größer als unsere eigene, Doppelgestirne, dunkle Sterne, die bereits erloschen sind, und leuchtende Nebelflecke in unendlichem Wechsel – der Reichtum der Schöpfung ist unerschöpflich!

Und noch immer weiter geht unsere Reise, Milliarden Jahre hindurch, geradeaus, immer in der gleichen Geschwindigkeit von 300 000 Kilometern in der Sekunde! Unsere schwache Hand würde ermüden, auch nur die Zahl der Jahre mit immer neuen Nullen zu vergrößern!

Unsere alte Sonne würde inzwischen erlöschen, während wir noch immer durch den Weltenraum eilen – und dennoch würden wir nie sein Ende erreichen; der Raum ist endlos, und die Zeit ist ewig, und unser irdischer Verstand ist nicht fähig, die Weite des Weltenraumes und die Ewigkeit zu fassen!

WERKE VON SVEN HEDIN
BEI F. A. BROCKHAUS

Abenteuer in Tibet
166 Seiten, 4 Textabbildungen, 21 Abbildungen auf Kunstdrucktafeln. 11. Auflage 1980. Ganzleinen.

Durch Asiens Wüsten
188 Seiten, 21 Zeichnungen, 1 Karte. 12. Auflage der Neuausgabe, 1978. Ganzleinen.

Transhimalaja
Entdeckungen und Abenteuer in Tibet. - 441 Seiten mit 34 Abbildungen auf Kunstdrucktafeln und 1 Karte im Text sowie einer farbigen Übersichtskarte. 5. Auflage 1979. Ganzleinen.

„Dieses Buch, Zeugnis eines kühnen abenteuerlichen Unternehmens, ging um die ganze Welt. Obwohl es vierzig Jahre alt ist, hat es nichts von seiner ursprünglichen Aussagekraft eingebüßt, im Gegenteil: es begeistert unser eingeengtes, aber nach Erlebnissen hungriges Herz stärker als je zuvor. Sven Hedin berichtet von seinen Nöten und Strapazen unsentimental und selbstverständlich."

Hessischer Rundfunk, Frankfurt

Große Männer, denen ich begegnete
Aus dem Schwedischen übertragen von Lothar Tobias. Band 2: 279 Seiten, 34 Tafelbilder. 2. Auflage 1955. Ganzleinen.

Mein Leben als Zeichner
Zum 100. Geburtstag des Verfassers herausgegeben von Gösta Montell. Aus dem Schwedischen übertragen von Siegfried Kienitz. 241 Zeichnungen und 47 Seiten Text. 1965. Ganzleinen.

Sven Hedin und Albert Brockhaus
Eine Freundschaft in Briefen zwischen Autor und Verleger. - Herausgegeben von Suse Brockhaus. 347 Seiten mit 2 Abbildungen und 3 Faksimiles. 2. Auflage 1956. Ganzleinen.

F. A. BROCKHAUS WIESBADEN

Eric Wennerholm

SVEN HEDIN

Aus dem Schwedischen übertragen von Wolfdietrich Müller. 268 Seiten, 20 Abbildungen auf Kunstdrucktafeln 1978. ISBN 3-7653-0302-X. Linson.

Diese erste vollständige Biographie über den schwedischen Asienforscher berichtet nicht nur von Hedins aufregenden Reisen und umfangreichen Entdeckungen, sie zeichnet Familie und Milieu, in dem Hedin aufgewachsen ist, schildert seine Entwicklung. Nach kritischer Auswertung der Quellen und mit großem Sachverstand wird Hedins politisches Engagement in Schweden und sein entschiedenes Eintreten für das Deutschland unter Wilhelm II. und während der Zeit des Nationalsozialismus dargestellt und erklärt. Vor unseren Augen entsteht das Bild des Menschen, des genialen Forschers Hedin, seiner Zeit, ihrer Kultur und der politischen Verhältnisse. Die Biographie mit vielen zeitgenössischen Illustrationen ist gleichzeitig in schwedischer und deutscher Sprache erschienen. Eric Wennerholm *1904 lebt als Rechtsanwalt in Stockholm. Er lernte Hedin, mit dem er entfernt verwandt ist, 1914 kennen und war ihm freundschaftlich verbunden. Wennerholm ist seit 1952 Sekretär der Sven-Hedin-Stiftung in Stockholm. Für seine Arbeit an der Biographie konnte er die im Hedin-Archiv gesammelten zahlreichen Briefe, Aufzeichnungen und Bände benutzen. Dabei wurden auch bis heute unveröffentlichte Dokumente berücksichtigt.

F. A. BROCKHAUS WIESBADEN